Incorporação de Ações
no Direito Brasileiro

Incorporação de Ações no Direito Brasileiro

2016

Evandro Fernandes de Pontes

INCORPORAÇÃO DE AÇÕES NO DIREITO BRASILEIRO
© Almedina, 2016

AUTOR: Evandro Fernandes de Pontes
DIAGRAMAÇÃO: Almedina
DESIGN DE CAPA: FBA
ISBN: 978-858-49-3145-3

Dados Internacionais de Catalogação na Publicação (CIP)
(Câmara Brasileira do Livro, SP, Brasil)

Pontes, Evandro Fernandes de
Incorporação de ações no direito brasileiro /
Evandro Fernandes de Pontes. -- São Paulo :
Almedina, 2016.
Bibliografia.
ISBN 978-85-8493-145-3
1. Acionistas 2. Sociedade anônima
3. Sociedades comerciais I. Título.

16-04065   CDU-347.725(81)

Índices para catálogo sistemático:
1. Brasil : Incorporações de ações : Direito
comercial 347.725(81)

Este livro segue as regras do novo Acordo Ortográfico da Língua Portuguesa (1990).

Todos os direitos reservados. Nenhuma parte deste livro, protegido por copyright, pode ser reproduzida, armazenada ou transmitida de alguma forma ou por algum meio, seja eletrônico ou mecânico, inclusive fotocópia, gravação ou qualquer sistema de armazenagem de informações, sem a permissão expressa e por escrito da editora.

Junho, 2016

EDITORA: Almedina Brasil
Rua José Maria Lisboa, 860, Conj.131 e 132, Jardim Paulista | 01423-001 São Paulo | Brasil
editora@almedina.com.br
www.almedina.com.br

"A Estratégia deve vir depois da Coragem"
J. Kishikawa Sensei

*"Fear is the path to the Dark Side.
Fear leads to anger.
Anger leads to hate.
Hate leads to suffering."*

NOTA DO AUTOR

Este trabalho é resultado da íntegra de tese de doutoramento de mesmo tema e título, aprovada com distinção e louvor pela Universidade de São Paulo e acrescida da totalidade dos comentários e sugestões da Banca Examinadora, composta pelos Professores Doutores Manoel de Queiróz Pereira Calças, José Marcelo Martins Proença, Francisco Satiro de Souza Junior, Otávio Yazbek e Erasmo Valladão Azevedo e Novaes França, a quem franqueio minha especial gratidão, retirando-lhes qualquer débito por imperfeição aqui encontrada, cuja responsabilidade fica integralmente a cargo do autor.

Reforço a gratidão ao Prof. Dr. Otávio Yazbek, com quem pude ter um debate extremamente proveitoso para este trabalho, com desdobramento para outros vetores jurídicos que me levaram a não desistir de reflexões sobre o verdadeiro papel dos Mercados de Capitais no Brasil.

Meu orientador, meu mestre, meu *Shihan* no mundo acadêmico, o Professor e pianista Erasmo Valladão Azevedo e Novaes França, a quem tenho o orgulho e a enorme responsabilidade de poder chamar de "Mestrão", terá no autor o aluno leal e o amigo que empenha a sua amizade para tentar retribuir algo que moeda alguma poderá algum dia pagar: o de ser verdadeiramente *orientado* e não apenas norteado.

Aos meus colegas de Mestrado e Doutorado, em especial ao Dr. Erik Frederico Oioli, com quem tive a honra de partilhar os pouco mais de 7 anos de pós-graduação na nossa sempre nova e velha Academia e, também, ao Doutor Bruno Di Dotto, que tanto me ajudou com debates relevantes sobre direito alemão e direito brasileiro.

Aos meus colegas do Insper e do Mackenzie, em especial ao Prof. André Camargo e à Profª. Thaís Carnio, pela oportunidade de docência, pelo companheirismo, pelo coleguismo e, acima de tudo, pela confiança: no *parquet* das salas de aula comprova-se que a arte de ensinar é sem dúvida o maior mecanismo de aprendizado de um estudioso. Hoje entendo o alcance das palavras do inesquecível Prof. Goffredo Telles Junior: "ser professor é admitir sua condição de eterno estudante".

À Cris, ao Du e à Fê, por terem permitido lhes furtar um tempo importante de convívio, a quem, ao lado do eterno Marinho, dedico o resultado deste esforço.

APRESENTAÇÃO

A apresentação desta obra deve, por honestidade, se iniciar por uma declaração acerca da posição daquele que a assina. Eu e seu autor, Evandro Fernandes de Pontes, nos conhecemos há mais de vinte anos. Fomos quase contemporâneos no curso de graduação (eu era um pouco mais velho), embora naquele período nosso contato fosse mais incidental – nos conhecíamos apenas. Posteriormente tive contato profissional com Evandro e tive contato, como leitor, com suas primeiras produções acadêmicas. Participei, a convite do Professor Erasmo Valladão Azevedo e Novaes França, de sua banca de doutorado. Fui por ele convidado a integrar o Conselho Editorial da Revista de Direito das Sociedades e dos Valores Mobiliários, da Editora Almedina.

Acredito que o que melhor define a produção acadêmica de meu hoje amigo Evandro é o seu caráter instigante. Isso se nota, primeiro, no enfoque adotado para o tratamento dos temas. Seu primeiro livro (originariamente dissertação de mestrado) trata, declaradamente, da estrutura e do regime de atuação do conselho fiscal. A análise, no entanto, é levada a efeito a partir de uma aprofundada exploração da função de fiscalização nas companhias abertas[1]. Seu segundo livro tem por objeto o processo pelo qual se incorporaram as *representations and warranties* no sistema jurídico brasileiro e as dificuldades para a interpretação desse tipo de cláusula[2]. Essa postura inovadora é evidente também na forma, na construção e na

---

[1] *O Conselho Fiscal nas Companhias Abertas Brasileiras*, São Paulo: Almedina, 2012.
[2] *Representations & Warranties no Direito Brasileiro*, São Paulo: Almedina, 2014.

exposição dos argumentos, que, a despeito de rigorosos, apenas a uma primeira vista se prendem aos moldes tipicamente adotados para a formulação de doutrina jurídica no Brasil.

Esta característica de ordem mais formal é, é sempre bom destacar, uma grande qualidade. E aqui é importante, antes, fazer um registro da sensibilidade do orientador de mestrado e doutorado, o professor Erasmo, que soube reconhecer as potencialidades desse estilo e as muitas portas que com ele se abrem. Porque essa abertura de portas talvez seja uma das grandes vantagens da leitura dos trabalhos de Evandro. Do ponto de vista acadêmico, desbravam-se novos horizontes. Já o aplicador cotidiano do direito, ganha pelo aprimoramento de seu repertório, pela abertura de novas formas de compreensão do fenômeno jurídico (que é, de fato, sempre mais variado do que nos acostumamos a pensar).

Creio que esta última característica fica particularmente evidente neste estudo (originariamente tese de doutorado) sobre o instituto da incorporação de ações e as suas aplicações.

A operação de incorporação de ações tem lugar de destaque no rol das inovações trazidas pela Lei nº 6.404/1976. Sua criação e seu regime estão diretamente ligados ao reconhecimento do papel cada vez maior dos grupos de sociedades na economia contemporânea. No Brasil, em especial, essa constatação encontra-se ligada ao papel estratégico que se vislumbrava, naquela época, para o fenômeno da concentração empresarial[3].

A incorporação de ações surge, neste sentido, como uma operação diretamente ligada à facilitação do processo de concentração empresarial – e é eloquente que, na Lei nº 6.404/1976, ela não seja regulada em conjunto com as outras operações mais típicas de reorganização societária (a transformação, a incorporação, a fusão e a cisão), no capítulo XVIII, mas apareça como parte do regime das subsidiárias integrais, na seção V do Capítulo XX (que tem por objeto as sociedades coligadas, controladoras e controladas, ou seja, os chamados "grupos de fato").

---

[3] Cf., para considerações que reforçam essa interpretação, as considerações dos autores do anteprojeto que deu origem à Lei nº 6.404/1976, Alfredo Lamy Filho e José Luiz Bulhões Pedreira em *A Lei das S.A: Pressupostos, Elaboração, Aplicação*, 1º volume, Rio de Janeiro: Renovar, 1997 (3ª ed.), p. 71. Tive a oportunidade de explorar brevemente essas questões de cunho mais histórico e ideológico em "Política Econômica, Legislação Societária e Aplicação do Direito da Concorrência no Brasil", *in* Revista de Direito Mercantil, Industrial, Econômico e Financeiro, Vol. 117, São Paulo: Malheiros Editores.

APRESENTAÇÃO

Embora seja importante reconhecer o parentesco entre a solução que aqui se criou e alguns instrumentos típicos do mercado norte-americano que lhe serviram de inspiração[4], trata-se de uma engenhosa inovação na nossa sistemática, que adapta alguns elementos típicos das operações de incorporação de sociedades, com efeitos (e mesmo com algumas peculiaridades formais) distintos.

Daí decorrem, para os intérpretes do instituto, uma série de dificuldades que, é importante reconhecer, não são relevantes apenas do ponto de vista teórico, mas também pelos seus efeitos jurídicos (como se pode ver não apenas dos conflitos societários que envolvem a sua aplicação, mas também das interpretações adotadas pela receita federal[5]). Qual a real natureza jurídica da incorporação de ações? Como se deve qualificar o processo pelo qual os acionistas da sociedade incorporada (ou seja, que se torna subsidiária integral da incorporadora) transferem suas ações à incorporadora recebendo, em troca, ações de emissão daquela?

Se é importante reconhecer que estes debates são relevantes (e Evandro trata deles com bastante rigor nos três primeiros capítulos do livro), não há também como negar que, com o passar do tempo, surgiram muitas novas questões, ainda não adequadamente exploradas (ou não exploradas de forma sistematizada) pela doutrina. Com efeito, à medida em que o tempo passava, se descobriam as potencialidades do instituto e ele foi sendo utilizado para novas finalidades, ante novas necessidades. No reconhecimento desse processo, no "fatiamento" então proposto e na compreensão dos múltiplos problemas práticos que daí decorrem é que vejo a grande inovação do enfoque adotado neste livro.

Assim, após tratar daquelas questões acima referidas como preliminares, Evandro parte para o que é seu verdadeiro propósito. Ele reconhece que as incorporações de ações são, na prática, usadas para finalidades diferentes e que cada uma dessas finalidades suscita diferentes problemas. E daí decorre uma importante constatação, a de que não há como compre-

---

[4] E remeto, aqui, às considerações de Nelson Eizirik em sua *A Lei das S/A Comentada*, Vol. III – artigos 189 a 300, São Paulo: Quartier Latin, p. 396.

[5] E não há como deixar de remeter, aqui, à recente consolidação dos debates sobre a matéria promovida por Ricardo Mariz de Oliveira em seu *Incorporação de Ações no Direito Tributário*, São Paulo: Quartier Latin, 2014. Para uma síntese das discussões, com o usual rigor, cf., ainda, a análise de Nelson Eizirik, *op. cit.*, pp. 394 e ss.

ender e como resolver aqueles problemas pela mera remissão genérica ao instituto – no fundo, e aqui já se trata de uma interpretação muito pessoal da hipótese trazida no livro, talvez não haja como se falar em uma única "incorporação de ações".

Assim, os capítulos IV e V da obra tratam do que se qualifica como "operações de verticalização". Aqui se está lidando com as operações de incorporação de ações realizadas entre companhias independentes e sem relação de controle entre si, de capital pulverizado ou ao menos disperso. Tratam-se de clássicos processos de concentração empresarial, que suscitam as discussões típicas em tais casos.

Os capítulos VI e VII tratam das "operações de consolidação de controle", que envolvem companhias independentes entre si, mas com controladores bem definidos – tratam-se, a rigor, daquelas tão polêmicas operações em que, como resultado final, ocorre uma transferência negociada do controle de uma das sociedades. Nelas, a incorporação de ações pode funcionar tanto como o principal instrumento quanto como uma etapa em um conjunto mais complexo de operações. Aqui, as questões envolvidas, assim como os conflitos existentes já são distintos.

Por fim, os capítulos VIII e IX tratam das "operações de migração", expressão que designa um dos usos mais comuns da incorporação de ações, como instrumento de processos de reorganização societária, tipicamente realizada dentro de um "grupo de fato" (ou seja, no mais das vezes envolvendo sociedade controladora e controlada).

A análise de cada um desses modelos é acompanhada não apenas pelos esforços comuns a todo exercício de classificação (com a ampla discussão dos casos práticos que se enquadrariam em cada categoria), como também por uma detalhada análise das soluções adotadas em outros sistemas para operações similares e pela apresentação e pela discussão crítica dos regimes que se vêm propondo no Brasil.

O desafio que envolve essas discussões é imenso. Mas é importante notar que a premissa é muito coerente com a variedade de usos da incorporação de ações no mercado brasileiro e com as necessidades daí decorrem. Mais do que isso, é possível assumir que, da sua aplicação, se pode obter um instrumental que ajude a, por um lado, afastar equívocos e dificuldades que resultariam de interpretações mais apressadas ou generalizadoras e, por outro, permitir que se lide, de forma realista e mais eficiente com o instituto da incorporação de ações.

Ficam evidenciadas, assim, tanto a importância da contribuição teórica desta obra, quanto a sua grande utilidade para aqueles que aplicam a legislação societária em diversos níveis (aí incluídos, portanto, os reguladores e formuladores de políticas públicas). Daí porque foi com grande alegria que, como um capítulo a mais do diálogo que se iniciou com a leitura da tese de doutorado e com a participação na banca de Evandro, aceitei o convite para esta apresentação.

OTAVIO YAZBEK
Doutor em Direito Econômico pela Faculdade de Direito da Universidade de São Paulo.
Professor do Programa de Educação Continuada e Especialização em Direito GVLaw.
Ex-Diretor da Comissão de Valores Mobiliários (2009-2013). Advogado.

PREFÁCIO

O Doutor Evandro Fernandes de Pontes, bacharel em Letras Clássicas[6] e em Direito[7], ambos os títulos obtidos na Universidade de São Paulo, brinda-nos aqui com obra que, em sua banca de doutorado, foi classificada como "instigante" pelo Dr. Otávio Yazbek – notável especialista em direito societário e mercado de capitais.

A banca, presidida pelo signatário e composta pelos eminentes mestres (em ordem alfabética) Francisco Satiro de Souza Junior, José Marcelo Martins Proença, Manoel de Queiroz Pereira Calças e Otávio Yazbek, aprovou o trabalho – merecidamente – com distinção e louvor.

A obra ora prefaciada se dedica ao estudo da incorporação de ações – operação que, como se sabe, nada tem a ver com a incorporação *stricto sensu*, que é regulada, juntamente com a fusão e a cisão, nos artigos 223 a 234 da Lei de S/A – mas representa inovação ímpar do direito brasileiro.

A grande contribuição do autor reside em estudar o instituto não como algo abstrato, mas a partir das *funções* que ele vem desempenhando em nossa vida econômica.

Assim, o mesmo instituto serve a diversas funções, quais sejam: *a)* operações de verticalização; *b)* operações de consolidação de controle e *c)* operações de migração.

---

[6] Leitor de Homero e Virgílio no original.
[7] Autor de duas já notáveis obras: *O Conselho Fiscal nas companhias abertas brasileiras*, Almedina, 2012, correspondente à sua dissertação de mestrado, e *Representations & Warranties no direito brasileiro*, Almedina, 2014.

Nas *operações de verticalização*, duas ou mais companhias de capital disperso e sem a presença de um acionista controlador, resolvem unificar suas bases acionárias em uma companhia *holding*, tendo como resultante esta última, com seu capital totalmente pulverizado, e uma ou mais companhias como suas subsidiárias integrais. Exemplo histórico dessa hipótese foi a Operação BM&F/Bovespa, conforme esclarece o autor: "... as antigas associações civis Bolsa de Mercadorias e Futuros – BM&F S.A. e Bovespa Holding S.A., feitas depois em duas companhias de capital aberto e pulverizado, anunciaram, por meio de suas administrações, que se integrariam em um único grupo econômico por meio da incorporação de capital da Bolsa de Mercadorias e Futuros – BM&F S.A. para uma nova sociedade, a Nova Bolsa S.A., com subsequente incorporação das ações de emissão da Bovespa Holding S.A. ao patrimônio da Nova Bolsa S.A. Desta forma, duas sociedades independentes e de capital pulverizado usaram um veículo denominado Nova Bolsa S.A., que iria resultar na sociedade holding responsável por absorver a integralidade do patrimônio da Bolsa de Mercadorias e Futuros – BM&F S.A. e atuar como subsidiária integral da Bovespa Holding S.A." (p. 132).

Nas operações de *consolidação de controle*, o procedimento de incorporação de ações se dá entre partes independentes e companhias sem relação de controle entre si, mas onde há, em cada uma delas, a presença de um acionista controlador. É, por exemplo, o caso Boavista Interatlântico, segundo relata o autor: "os controladores do Banco Boavista Interatlântico S.A. assinaram, diretamente, com o Banco Bradesco S.A., protocolo de intenções para transferência do controle societário daquele para este por meio da incorporação da totalidade das ações do primeiro (Boavista) ao patrimônio do segundo (Bradesco), com a migração de todos os acionistas (controladores e não controladores) do Banco Boavista para o quadro societário do Bradesco, em uma operação em que os controladores do Banco Boavista efetuaram verdadeiro *drag along* sobre os demais acionistas" (p. 161).

Finalmente, nas operações de *migração* (as mais comuns), que ocorrem sempre no mesmo grupo e são sempre determinadas pelo acionista controlador (direto na controladora e indireto nas controladas), o objetivo visado é o de fazer migrar acionistas de uma determinada base acionária para outra companhia do grupo, tornando a companhia controlada uma subsidiária integral e unificando as bases acionárias em uma única pessoa jurídica emissora. Muitas vezes essas operações resultam no cancelamento da "incorporada" como companhia aberta, sem que se necessite fazer uma oferta pública de ações. Exemplo dessa hipótese é a operação CPFL/CMS/Jaguariúna, ocorrida em 2009, que "culminou com a incorporação das ações de sete de suas controladas, ao patrimônio da companhia *holding* controladora, a CPFL Energia S.A., uma companhia com acionista controlador definido" (p. 205).

Como se vê, o mesmo instituto pode servir a finalidades completamente diversas, sem que haja previsão de um tratamento específico para cada uma (e.g., reforço dos deveres dos administradores ou do acionista controlador).

E como se percebe, também, a tese do Doutor Evandro Fernandes de Pontes – de quem tenho muito orgulho de ter sido orientador – é verdadeiramente *instigante*, arrostando tema complexo de forma *totalmente inédita* e convidando o leitor à reflexão.

Não tenho dúvidas de que se tornará obra de referência sobre a matéria, estimulando saudáveis debates.

Erasmo Valladão Azevedo e Novaes França
Professor Associado e Chefe do Departamento de Direito Comercial da Faculdade de Direito da Universidade de São Paulo

ABREVIATURAS UTILIZADAS

CVM	*Comissão de Valores Mobiliários*
CNPJ	*Cadastro Nacional de Pessoas Jurídicas*
CPC	*Código de Processo Civil Brasileiro (Lei Federal nº 13.105, de 16 de março de 2015)*
Lei das S.A.	*Lei Federal nº 6.404, de 15 de dezembro de 1976.*
Lei do Mercado de Capitais	*Lei Federal nº 6.385, de 7 de dezembro de 1976.*
OPA	*Oferta Pública de Aquisição de Ações*
RDB	*Revista de Direito Bancário e do Mercado de Capitais*, editada pela THOMSON REUTERS/REVISTA DOS TRIBUNAIS (também *Revista de Direito Bancário, do Mercado de Capitais e da Arbitragem* até o volume 22, dezembro de 2003).
RDM	*Revista de Direito Mercantil, Industrial, Econômico e Financeiro*, editada até o volume 104 (dezembro de 1996) pela REVISTA DOS TRIBUNAIS e a partir do volume 105 (janeiro de 1997) pela MALHEIROS.
ReDE	*Revista de Direito Empresarial*, editada pela THOMSON REUTERS/REVISTA DOS TRIBUNAIS.
Decreto-lei 2.627/40	*Decreto-lei nº 2.627, de 26 de setembro de 1940, antecessor da atual Lei das S.A.*
MBCA	*Model Business Corporate Act*
DGCL	*Delaware General Corporate Law*
EIRELI	*Empresa Individual de Responsabilidade Limitada*
BM&FBovespa	*BM&FBOVESPA S.A. – Bolsa de Valores, Mercadoria e Futuros*
AGE	*Assembleia Geral Extraordinária*
IBGC	*Instituto Brasileiro de Governança Corporativa*
CAF	*Comitê de Fusões e Aquisições*
ANBIMA	*Associação Brasileira das Entidades dos Mercados Financeiro e de Capitais*
AMEC	*Associação dos Investidores no Mercado de Capitais*

CONVENÇÕES PARA REGULAMENTAÇÃO INFRALEGAL ESTUDADA

DCVM 1	*Deliberação CVM nº 1, de 23 de fevereiro de 1978*
ICVM 247	*Instrução CVM nº 247, de 27 de março de 1996*
ICVM 299	*Instrução CVM nº 299, de 9 de fevereiro de 1999*
ICVM 319	*Instrução CVM nº 319, de 3 de dezembro de 1999*
ICVM 323	*Instrução CVM nº 323, de 19 de janeiro de 2000*
ICVM 358	*Instrução CVM nº 358, de 3 de janeiro de 2002*
ICVM 361	*Instrução CVM nº 361, de 5 de março de 2002*
ICVM 480	*Instrução CVM nº 480, de 7 de dezembro de 2009*
ICVM 481	*Instrução CVM nº 481, de 17 de dezembro de 2009*
PO CVM 34	*Parecer de Orientação CVM nº 34, de 18 de agosto de 2006*
PO CVM 35	*Parecer de Orientação CVM nº 35, de 1º de setembro de 2008*
Carta Diretriz 1 (IBGC)	*Carta Diretriz IBGC nº 1: Independência dos Conselheiros de Administração (2011)*
Carta Diretriz 3 (IBGC)	*Carta Diretriz IBGC nº 3: Laudos de Avaliação (2011)*
Código CAF	*Código de Autorregulação de Aquisições e Fusões, de 21 de janeiro de 2014*
RIR/99	*Decreto nº 3000, de 26 de março de 1999*

SUMÁRIO

PARTE INTRODUTÓRIA
Introdução Geral — 27
Capítulo 1 – Definição e Topografia Geral — 33
Capítulo 2 – Princípios Gerais — 59
Capítulo 3 – Os Elementos e a Estrutura do Processo — 99

PARTE I – OPERAÇÃO DE VERTICALIZAÇÃO
Capítulo 4 – Conceito, Finalidade, Processo — 149
Capítulo 5 – A Relação de Substituição Justa e a Responsabilidade da Administração – O Eixo de Equivalência — 167

PARTE II – OPERAÇÃO DE CONSOLIDAÇÃO DE CONTROLE
Capítulo 6 – Conceito, Finalidade, Processo — 183
Capítulo 7 – O Problema da Oferta Pública Obrigatória — 209

PARTE III – OPERAÇÃO DE MIGRAÇÃO
Capítulo 8 – Conceito, Finalidade, Processo — 223
Capítulo 9 – A Questão da Proibição de Voto — 247

PARTE FINAL – CONCLUSÕES E BIBLIOGRAFIA
Conclusão — 275
Bibliografia — 281

PARTE INTRODUTÓRIA

Introdução Geral

Este trabalho tem por objetivo principal explorar os atos societários, bem como analisar a natureza jurídica, os direitos, deveres e princípios, que envolvem o processo intitulado *Incorporação de Ações*, regulado em nossa Lei nº 6.404, de 15 de dezembro de 1976 (doravante, Lei das S.A.), artigo 252 e parágrafos.

Nesse sentido, não tratamos da incorporação de ações como uma *operação societária em si*, mas sim como um processo, uma forma, um modelo jurídico sob o qual operações societárias de naturezas distintas são realizadas.

Em um primeiro momento, vamos analisar, de forma contextualizada, os usos que a *incorporação de ações* pode ter. Uma vez compreendidos os usos da incorporação de ações, notaremos que, para cada situação ou uso, o estatuto jurídico e a proteção de interesses, em tese, não poderiam ser equivalentes, como se os bens jurídicos em questão fossem os mesmos.

Em linhas gerais, a incorporação de ações é um processo que busca um meio de pagamento alternativo – realizam-se operações que são pagas com patrimônio referenciado em capital (*equity*) da própria companhia, ao invés de serem pagas com disponibilidades à vista (caixa ou *cash*, para os acionistas ou para a própria companhia alvo). As operações esquadrinhadas em um processo de incorporação de ações são operações *equity per value*, em que o preço se define na relação entre os valores mobiliários de uma e de outra companhia, incorporadora e incorporada, relação essa sedimentada no mercado pela nomenclatura técnica de *relação de troca* ou *relação de substituição*. Isso é muito diferente do que ocorre em situações de troca de controle nas operações *cash per value*, em que o controle é avaliado como um objeto jurídico apartado e a sua contraprestação, normalmente, ocorre em moeda corrente, conforme veremos nas Partes II e III deste trabalho[1].

Há uma quantidade razoável de decisões e operações registradas na Comissão de Valores Mobiliários (tenham ou não sido alvo de manifestação ou decisão pelo seu órgão Colegiado). Por outro lado, a doutrina sobre o tema, em termos quantitativos, pode ser considerada escassa, com pouquíssimas obras específicas e textos dedicados ao tema, se comparado a temas clássicos como o "direito de recesso", por exemplo. Apesar dessa escassez, é importante frisar que o pouco volume de textos escala a um nível de qualidade bem acima da média de textos de doutrina de direito societário no Brasil, tornando o assunto denso e complexo para quem não tenha habitualidade ou experiência prévia com esse tipo de processo.

Sob o ponto de vista da jurisprudencial judicial, há uma quantidade muito pequena de decisões sobre o tema e o teor das decisões e das regulações é de questionável nível técnico-jurídico: as mais altas instâncias, onde deveriam estar as mais elevadas decisões sob o ponto de vista técnico, guardam registros e reproduzem severos equívocos sobre o instituto da incorporação de ações[2]. As decisões, de sofrível argumentação e de incipiente

---

[1] Inclusive sob o ponto de vista das técnicas de avaliação, o regime se altera consideravelmente quando uma ação é avaliada para fins de *aquisição de controle* em relação a uma operação de troca de ativos (vide Aswath DAMODARAN. *Investment Valuation: tools and techniques for determining the value of any asset*, 3ª Ed..Hoboken, NJ: Wiley, 2012, pp. 380 e ss. e 702 e ss.)

[2] Vide AC 1.229.148-2 (Rel. Des. Miguel Petroni Neto, 20ª C. D. Pv.; j.: 16/02/2009), onde se usa o artigo 227 da Lei das S.A. (que, diga-se de passagem, nem sequer é citado no artigo 252 da Lei das S.A.) para aplicar a sucessão de direitos mencionadas nesse artigo, em uma incorporação de ações. Em sentido semelhante, vide AI 992.09.046769-7 [Rel. Des. Antonio Nascimento, 34a C.D.Pv., j.: 18/01/2010] e o AI 7.298.256-2 [Rel. Des. Virgilio de Oliveira Junior, 14ª C. D. Pv.; j.: 19/11/2008] nos quais a corte dá as demandadas-incorporadoras por citadas em virtude de citação no nome de incorporadas, admitindo sucessão, o que contraria frontalmente a letra da lei e o entendimento do funcionamento do instituto. Dentre os mais incisivos juristas a advertir que a principal diferença está na ausência de sucessão está J. L. BULHÕES PEDREIRA, que prefere definir a incorporação de ações partindo do conceito formal da incorporação de companhias: "Uma das razões que podem levar a incorporadora a preferir, mediante incorporação de ações, transformar outra companhia em subsidiária integral em vez de absorvê-la mediante incorporação de sociedade é a sucessão universal do patrimônio da sociedade incorporada, que não ocorre na incorporação de ações: se a incorporada tem dúvidas sobre a existência na companhia a ser incorporada de passivos ocultos, ou outros riscos que aconselhem a evitar a sucessão, pode preservar, mediante a incorporação de suas ações, a distinção das personalidades jurídicas e dos patrimônios" (*Direito das Companhias*, vol. II [orgs.: Alfredo Lamy Filho e José Luiz Bulhões Pedreira]. Rio

capacitação técnica, concentram-se nas cortes do Estado de São Paulo, onde ficam as sedes de boa parte das sociedades brasileiras por ações e onde ocorreram, até então, a larga maioria das operações de incorporação de ações. O Estado do Rio de Janeiro também guarda alguma parcela da experiência no uso desse tipo de instrumento, mas nesse Estado não há grandes discussões judiciais sobre o tema até o encerramento deste trabalho[3].

de Janeiro: Forense, 2009, pp. 1993 e ss). Cabe lembrar que tais distinções alcançam ainda a possibilidade de separação de administrações e até de políticas, missão, valores, princípios, metas e objetivos, como adiante teremos a oportunidade de estudar.

[3] Não é apenas o judiciário, entretanto, que comete equívocos em relação ao instituto da *incorporação de ações*. A Comissão de Valores Mobiliários, órgão que deveria tratar de forma mais acurada a linguagem societária, conta também com pontos preocupantes. A Deliberação CVM nº 665, de 4 de agosto de 2011, que aprova e torna obrigatório o Pronunciamento Técnico CPC15(R1), afirma no item C7, do Apêndice C, deste documento, ao exemplificar uma situação que a norma tenta definir como "combinação de negócios": "Para melhor visualizar a evidenciação contábil da essência dessa transação, pode-se utilizar um expediente: se formalmente a transação se processasse mediante a incorporação das ações 'A' por 'B', não haveria participação minoritária no balanço consolidado, pois os acionistas de 'A' migrariam para 'B' e 'A' tornar-se-ia subsidiária integral de 'B'. No caso da aquisição reversa, os acionistas de 'B' migram para 'A' e 'B' torna-se uma subsidiária integral de 'A'. Os acionistas de 'B' passam a controlar 'A' e os antigos acionistas de 'A' tornam-se minoritários de 'A'. Tal aspecto poderia desencadear uma discussão controvertida acerca da evidenciação dessa participação de não controladores no consolidado. **Mas em verdade, na essência, os antigos acionistas de 'A' tornam-se acionistas da nova entidade combinada junto com os acionistas de 'B', a qual é refletida no consolidado**. Em síntese, pode-se visualizar a operação como a **constituição de uma nova entidade** para a qual os acionistas de 'A' e de 'B' verteram seus respectivos patrimônios" (grifamos). Pelo exemplo adotado, embora se destaque haver "migração" de acionistas de uma base acionária para outra, é absolutamente cristalino que a operação não é a *migração* que aqui tratamos neste trabalho. Como o exemplo não esclarece se há controle consolidado em alguma das companhias antes do início da operação, não fica claro se o exemplo abrange uma hipótese de *verticalização* ou de *consolidação de controle* que estudamos aqui, pois o exemplo está centrado na situação dos "não controladores", o que permite intuir se tratar de uma operação de *consolidação de controle*. Fato é que o termo *combinação*, adotado aleatoriamente por má tradução da operação de *combination* do direito estado-unidense, mais gera confusão do que esclarece, pois, como veremos, a existência de controle prévio e definido pode fazer diferença entre as operações que adotam um processo de incorporação de ações. Em segundo lugar, é espantoso o uso vulgar de termos técnicos como "transação", operação típica regulada pelo Código Civil, artigos 840 e seguintes e aqui utilizada no sentido vulgar como tradução de *transaction*, para tentar designar o que em português nós chamamos de "operação", "negociação" ou "negócio". Por fim, e especificamente em relação à incorporação de ações, espanta e chama atenção a parte marcada em negrito no texto, onde a CVM faz supor que uma incorporação de ações, sob o ponto de vista contábil, pode equivaler à "constituição de nova entidade" onde os acionistas das sociedades envolvidas teriam "vertido o seu

Atenta ainda contra a pesquisa realizada o fato de termos na incorporação de ações um instrumento praticamente único em termos de patrimônio", por conta do mero efeito de consolidação contábil. Uma das características mais básicas da operação circunscrita pelo artigo 252 da Lei das S.A. é que ela não gera nova sociedade ou nova "entidade", nem mesmo (ou muito menos) sob o ponto de vista contábil (*data maxima venia concessa*, "consolidar" jamais poderá se equiparar a geração de "nova sociedade"). Desta forma, nem mesmo se cogite imaginar que o termo "nova entidade" é empregado em sentido vulgar, sendo nova a situação de um quadro acionário em antiga sociedade: sabe-se que o ingresso de outros acionistas e mudança no quadro acionário (como poderia ocorrer em outros aumentos de capital, em reduções de capital, em operações de resgate, amortização total de ações e assim por diante) não torna a pessoa jurídica, necessariamente, "nova". O ingresso e movimentação livre de acionistas não tem o condão de mudar o *status* jurídico da sociedade afetada por essas operações. Poder-se-ia imaginar que alterações patrimoniais sim, teriam o condão de gerar uma "nova sociedade", como ocorre em uma incorporação; mas na incorporação de ações essa alteração praticamente inexiste.

Esses problemas entretanto têm uma clara matriz de onde a transposição foi feita. Trata-se, com efeito, como bem lembrou IUDÍCIBUS, MARTINS, GELBCKE & SANTOS (*Manual de Contabilidade Societária – aplicável a todas as sociedades*. São Paulo: Atlas, 2010, p. 415), de uma norma "que é basicamente uma tradução da norma internacional IFRS 3 – *Business Combinations*, do IASB". Desnecessário lembrar que uma tradução de uma norma estrangeira que não observa os detalhes jurídicos de nosso sistema é medida no mínimo reprovável. Com o intuito de regular relações de substituição quando há *business combinations*, a norma deixa de lado as peculiaridades das operações cursadas por meio de incorporações de ações, fazendo confusão com outros mecanismos que combinam patrimônios de companhias distintas. Esse desserviço prestado pela CVM carece de um reparo ou ao menos de um tratamento específico para as operações cursadas via incorporação de ações, pela característica marcante da permanência de uma subsidiária integral com patrimônio apartado e efeito meramente no patrimônio líquido da incorporadora em virtude da substituição das ações após o aumento de capital (que, *de lege ferenda*, como se verá, nem precisaria existir em certas situações). O desencaixe do CPC15 (ou IFRS 3...) a essas situações é marcante, sobretudo na interpretação de IUDÍCIBUS *et alli* para a mesma norma (Ibidem, pp. 413 e 415 e ss). MACHADO, MORAIS & RELVAS ("IFRS 3 – Combinações de Negócios", *In Manual de Normas Internacionais de Contabilidade*, 2ª ed.. São Paulo: Atlas, 2010, pp. 219) entendem que a essência da norma capturaria todas as operações onde resulte, ao fim, uma única entidade de reporte para consolidação das informações contábeis. Mas de fato, há de se distinguir quando esse resultado é obtido pela aquisição (compra) de ações pertencentes a um bloco controlador (seja por aquisição originária, seja por aquisição derivada) das situações resultantes por força de uma relação de substituição imposta a todos os acionistas. Modesto CARVALHOSA, por sua vez, ao inserir no âmbito de seus comentários os efeitos de tal norma, lembra, em solução salomônica, que "os conceitos de 'negócio', 'controlador' e 'combinação de negócios', assim como os demais ali previstos, somente são aplicáveis tendo em vista as finalidades específicas do Pronunciamento CPC n. 15, não podendo ser estendidos para além desses limites" (*Comentários à lei de sociedades anônimas*, Vol.4º, Tomo II, 5ª ed.. São Paulo: Saraiva, 2011, p.175).

direito comparado. O artigo 252 da Lei das S.A. não encontra paralelo em nenhuma outra legislação do mundo. Há diversas tentativas de aproximação, mas como ficará demonstrado, essas tentativas confundem o processo, a forma e o procedimento (que define a incorporação de ações) com operações de natureza material ou meros meios de pagamento de processos como o *freezout merger*, as *combinations* ou as *stock exchanges* (estas duas últimas, operações tipicamente triangulares).

Adicionalmente, a questão formal ainda guarda inúmeros problemas, a começar pela infeliz escolha de vocabulário[4]: o termo incorporação de ações é de uma infelicidade e de uma imprecisão marcantes. Além disso, a recorrência forçada a um sistema documental tomado de empréstimo da incorporação, incluindo formas de avaliação, prazos, documentos, modos e instâncias de aprovação, gera graves confusões (sobretudo na jurispru-

---

[4] A seleção adequada das palavras já foi alvo de uma advertência marcante formulada pelo incomparável PONTES DE MIRANDA (Prefácio de seu *Tratado de Direito Privado*, Tomo 1, 3ª ed.. Rio de Janeiro: Borsoi, 1972; p. XXIV), advertência que, diga-se de passagem, aplica-se às duas notas anteriores: "A falta de *precisão* de conceitos e de enunciados é o maior mal na justiça, que é obrigada a aplicar o direito, e dos escritores de direito, que não são obrigados a aplicá-lo, pois deliberam êles-mesmos escrever" (*assim*). É sempre importante lembrar que uma das mais importantes tarefas do jurista é cuidar de sua ferramenta. O jurista vive das palavras; mas não de quaisquer palavras, mas de palavras especiais que são elevadas à categoria de *termos técnicos* de contexto específico, aplicação e escolha dos termos a um contexto e que devem obedecer a certas regras que não são puramente gramáticas, nem políticas, nem sociológicas, mas de natureza ético-jurídica (Luigi FERRAJOLI. *Principia Iuris – Teoria del Diritto e della Democrazia*, Vol. 1. Bari: Laterza, 2007, pp. 21 e ss.). Os termos técnicos, que compõem a terminologia jurídica específica e todo um vocabulário jurídico, necessitam ser tratados com muito cuidado, pois constituem toda a ferramenta de trabalho do jurista e dos demais operadores do direito. Ferramentas mal tratadas levam a produtos de baixa qualidade, algo que, infelizmente, se vê em abundância no direito societário, seja pelo abuso das expressões estrangeiras fora do seu devido contexto, seja pelo uso impreciso e inadequado de termos econômicos e financeiros não depurados pela técnica jurídica. Isso acontece, especialmente, com a *incorporação de ações*, que sofre de maneira esdrúxula por conta de confusão inaceitável em relação ao instituto da *incorporação* e do *resgate compulsório* (artigo 4º, §5º da Lei das S.A.). Lembra ainda FERRAJOLI (Ibidem) que a imprecisão de linguagem abre espaços perigosos para discricionariedades interpretativas, umbrais que todo ditador deve passar para impor suas decisões a uma coletividade. Desafortunadamente, esse é um tema, na filosofia jurídica, pouquíssimo explorado, e mal explorado quando ocorre; até em muitos casos, vê-se uma pregação em torno da imprecisão (vide FERRAZ JR., Tércio Sampaio. *Introdução ao Estudo do Direito – Técnica, Decisão e Dominação*, 2ª Ed.. São Paulo: Atlas, 1994, pp. 34 e ss., em especial a passagem na p. 37, em que o autor prega abertamente a imprecisão nos significados do direito).

dência judicial, como visto). Até mesmo sob o ponto de vista formal, o tema merece atenção e reparos.

Parâmetros incorretos na jurisprudência brasileira, vocabulário técnico indesejável e impróprio, doutrina bastante exígua e complexa, grande volume de operações sob esse processo registrada ao longo dos últimos dez (10) anos, ausência total de um instrumento equivalente em direito comparado, inexistência de material histórico para o estudo do instituto: eis os desafios daquele que encara o tema das *incorporações de ações*.

Capítulo 1
Definição e Topografia Geral

Este trabalho nasceu de observações colhidas em casos práticos, material inicial para quem tem o interesse em cuidar tecnicamente do tema da *incorporação de ações*. O assunto, ainda pouco explorado em doutrina, com maior atenção para artigos do que para teses ou obras específicas, vem se tornando de uso bastante frequente na prática societária desde o início deste século. E é justamente a partir dos *usos* que vêm sendo feitos desse instituto, que a ideia da tese surgiu: notou-se que em várias incorporações de ações estudadas, certa disparidade de finalidades, escopos e objetivos separavam diferentes operações que ocorriam sob o rótulo de *incorporação de ações*.

Na preparação de muitas dessas operações, discussões são travadas por horas e horas para se definir se o instrumento jurídico da *incorporação de ações* é de fato o melhor para tratar da questão discutida.

Partindo-se da experiência prática, pode-se notar que nas operações de incorporações de ações vistas, sempre se discutiam outros temas, tais quais: (i) como fazer para concentrar os minoritários que estão dispersos em várias companhias de um grupo em uma única *holding*?[5]; ou (ii) como

---

[5] No direito societário contemporâneo, essa é uma das mais constantes preocupações. Com a falência do modelo da sociedade isolada como forma de organização, as várias áreas de negócio e unidades produtivas de uma *empresa* se organizam em *grupos societários, de fato ou de direito*, formados por diversas sociedades que estão conectadas por estruturas complexas de controle e administração. Entre as companhias abertas brasileiras analisadas até o fechamento desta tese, o fenômeno da sociedade isolada é praticamente inexistente. Exigências fiscais, regulatórias, comerciais, administrativas são as causas mais comuns para o abandono do

combinar os negócios de duas companhias distintas em um mesmo grupo, sem contaminar os riscos regulatórios de uma companhia em outra?; ou ainda (iii) o que fazer para adquirir o controle de outra companhia se não se dispõe de caixa suficiente – contrai-se uma dívida (*leveraged buyout*), contraem-se várias dívidas ou tenta-se pagar os adquirentes com outros ativos diferentes de dinheiro à vista?

Desse tipo de questionamento básico, os envolvidos em um processo que trata desse tipo de operação ou preocupação discutem sobre oferta pública de aquisição de ações (OPA), negociação direta (via aquisição ou permuta), planos de resgate de ações, soluções que envolvem a modificação do capital social (aumento) de companhias envolvidas e outros instrumentos e forma de obtenção desses objetivos. Mas sempre, uma das discussões mais palpitantes, envolve o debate sobre o uso da *incorporação de ações* para a solução dos mais variados tipos de recorrências societárias.

A tarefa de explicar o que é, como funciona, para que se presta, como a lei regula e quais os riscos envolvidos, geralmente demanda do questionado um longo exercício didático. E de tanto exercitar esse recurso didático, o profissional se acostuma a deparar com as mesmas questões: (i) por que esse nome?; ou (ii) se é um processo societário complexo que

---

modelo da sociedade isolada em prol de modelos orgânicos de grupos estruturados, tendo uma *sociedade holding* como o centro principal de articulação desses poderes, direitos e deveres societários. Com as diversas aquisições e os esforços de crescimento não-orgânico, as sociedades atraem para seus grupos outros grupos estruturados de forma semelhante. No momento em que as companhias iniciam um processo de integração, mecanismos como a *incorporação de ações* são fundamentais para se atingir objetivos claros de integração de dois grupos. Em operações envolvendo bancos e instituições financeiras o uso desse tipo de mecanismo é fundamental, como demonstraram as operações envolvendo a subsidiária do Banco Santander no Brasil com outros grupos como o Banespa e o ABN-AMRO Real, e deste com o Sudameris. A recente operação envolvendo a unificação dos negócios entre Itaú e Unibanco é também grande exemplo desse dado. O fenômeno da crise da sociedade isolada em favor das sociedades organizadas é explorado de maneira magistral por Eduardo Secchi MUNHOZ (*Empresa Contemporânea e Direito Societário – poder de controle e grupos de sociedades*. São Paulo: Juarez de Oliveira, 2002). Especificamente em relação a esta tese, nos interessa anotar a advertência de MUNHOZ em relação aos efeitos desse fenômeno, precisamente: (i) o esvaziamento do órgão assemblear nas controladas; (ii) a ruptura do modelo clássico de administração; (iii) a atrofia da fiscalização; e (iii) a quebra do princípio da organização, com efeitos diretos, nesses últimos três pontos assinalados, no regime de responsabilidade da administração e da fiscalização (pp. 142-148). Essa nota é de fundamental importância na análise das operações de *migração*, que serão estudadas nesta tese.

pode solucionar a demanda colocada, por que a lei trata isso de forma tão singela em apenas um artigo?; ou (iii) por que essa solução está regulada próxima à subsidiária integral e não está próxima de outras soluções que também podem gerar uma subsidiária integral ao fim do processo (*e.g.*, OPA para cancelamento de registro ou resgate de ações)?; ou (iv) por que esse tema não aparece em conjunto com as demais operações societárias se ele é sempre mencionado em meio às outras operações de capital (como a fusão e a incorporação) em outros documentos e artigos, como o art. 264 da Lei das S.A. e o PO CVM 35?; ou (v) se esse instituto pode ser utilizado entre duas sociedades distintas, por que ele é regulado em um capítulo que fala de sociedades coligadas, controladoras e controladas? ou será que a incorporação de ações é instituto exclusivo de coligadas e controladas?

Desse exercício pragmático inicial, que enfoca a problemática decorrente dos *usos* do instituto, até a conclusão final da operação e polêmicas subsequentes (não seria necessária oferta pública prévia se a controlada incorporada aberta visar apenas e tão somente cancelar o seu registro como companhia aberta?), o profissional do direito é solicitado, muita vez, a voltar ao texto de lei. E nesse retorno para a matriz inicial da questão (o texto de lei), nota-se que muitas perguntas práticas fazem, de fato, profundo sentido.

A topografia geral que envolve o instituto da incorporação de ações realmente gera estranheza.

A incorporação de ações é regulada pelo artigo 252 da Lei das S.A., no contexto da Seção V ao Capítulo XX da lei. A Seção V trata do tema da "Subsidiária Integral", que já gerou muitas discussões na doutrina na época em que a lei foi passada, pois passou a admitir o que antes era proibido no Decreto-lei 2.627, de 26 de setembro de 1940, a lei das sociedades por ações anterior à Lei 6.404/76: qual seja, a existência de sociedades unipessoais.

No projeto de 1972, que culminou com a lei de 1976, a sociedade unipessoal por ações ganhou o seu espaço, justamente a Seção V ao Capítulo XX, especificamente no seu artigo 251. Já o Capítulo XX trata das Sociedades Coligadas, Controladas e Controladoras, onde regula temas como a participação recíproca, o conceito de sociedade controladora, o tratamento das demonstrações financeiras entre coligadas, incluindo os critérios de avaliação do investimento em coligadas e controladas, o *tag along* legal, a aprovação em assembleia para aquisições de controle societário de outra companhia ou de companhia aberta em oferta pública e o polêmico artigo sobre os métodos de avaliação para incorporação de companhia controlada por sua controladora.

O texto original do Artigo 252 da Lei 6.404/76 conheceu sua primeira alteração com o advento da reforma da lei das sociedades por ações ocorrida em 1997, por meio da Lei 9.457/97[6]. Manteve-se, desde 1976, com a referência expressa à sua finalidade ("conversão de uma companhia em subsidiária integral de outra"). Recentemente em 2009, sofreu sua segunda reforma com o acréscimo do §4º ao artigo 252, por meio da Lei nº 11.941, de 27 de maio de 2009, obtida a partir da conversão da Medida Provisória nº 449, de 3 de dezembro de 2008.

Desta forma, a incorporação de ações é mencionada, especificamente, em 3 artigos na Lei das S.A.: no 251, no 252 e no 264. Além disso, usa de critérios próprios para tratar de direito de recesso e métodos de avaliação, bem como de critérios emprestados para tratar tanto de outros detalhes sobre direito de recesso e o valor de reembolso, quanto em relação ao processo em si.

Essa topografia jurídica, empenhada em um método circular de encadeamento e estruturação lógica, com referências cruzadas que ora mencionam o artigo, ora fazem citação nominal ao instituto, é um dos trechos mais confusos e imprecisos de nosso admirável ordenamento societário. Juntar essas peças para entender esse instituto de forma una é algo bastante custoso e geralmente requer muita experiência do intérprete no manuseio da Lei das S.A. A pouca habitualidade com essa norma pode levar o intérprete a equívocos consideráveis e, de fato, assim tem ocorrido inclusive com experientes juristas e desembargadores que, por causa da pouca destreza com a Lei das S.A., são levados a erros notáveis.

Desse emaranhado de normas, o conceito de incorporação de ações flutua de forma imprecisa, indireta, consequencial e paralela. A Lei das S.A. não fala o que é, mas se limita a explicar a operação pelas suas consequências, pelos seus efeitos e por intermédio do processo. Toma ainda de empréstimo os requisitos documentais (conteúdo do protocolo e da justificação) mencionados nas operações de fusão.

---

[6] Vide os breves comentários de PENTEADO, Mauro Rodrigues. "A Lei nº 9.457/97 e a Tutela dos Direitos dos Acionistas Minoritários", *In Reforma da Lei das Sociedades Por Ações* [coord.: Waldírio Bulgarelli]. São Paulo: Pioneira, 1998, pp. 54-55. Já, para Nelson L. EIZIRIK (*Reforma das S.A. e do Mercado de Capitais*. Rio de Janeiro: Renovar, 1997) o tema passou sem ter recebido análise.

O próprio artigo 252 dá o conceito como sujeito de uma oração que na verdade trata, em seu predicativo, do processo. Veja-se: "a incorporação de todas as ações do capital social ao patrimônio de outra companhia brasileira" (núcleo do sujeito e definição simplificada), "para convertê-la em subsidiária integral" (locução que representa *uma* das consequências desse instituto), "*será* submetida à deliberação da assembleia-geral das duas companhias" (predicativo do sujeito que já entra na seara do processo), "mediante protocolo e justificação, nos termos dos arts. 224 e 225" (continuidade da explanação do processo por referência aos requisitos documentais de outro processo que não se confunde com a incorporação de ações).

O artigo 251, em seu §2º, também antecipa essa definição: "A companhia pode ser convertida em subsidiária integral mediante aquisição, por sociedade brasileira, de todas as suas ações, ou nos termos do art. 252". Qual seja: se obtém uma subsidiária integral de forma derivada (já que o *caput* e o §1º tratam da forma originária de obtenção de subsidiária integral) por dois meios – ou são adquiridas todas as ações de uma mesma companhia (via contrato ou oferta pública de aquisição) ou duas companhias se empenham em uma operação que envolva incorporação de ações[7]. Tal qual ocorre no artigo 252, aqui também o processo predica e define o instituto, em relação ao universo mais amplo da subsidiária integral.

A Lei das S.A. faz pensar que a incorporação de ações é um aspecto da subsidiária integral, quando na verdade não é isso que ocorre na prática. A incorporação de ações, sem sombra de dúvida, guarda pontos de intersecção com a subsidiária integral, pois esse é o resultado e a consequência prática de um processo de incorporação de ações, mas de fato, tratar a incorporação de ações apenas como um aspecto da subsidiária integral é retirar daquela a força societária que efetivamente tem. Da mesma forma, não se pode entender que, em virtude da referência ao artigo 224 ou 225 da Lei das S.A., a incorporação de ações deveria estar, portanto, mais afeta ao contexto do Capítulo XVIII da Lei das S.A., que trata das operações de transformação, incorporação, fusão e cisão. Tirar de um contexto para tentar reinserir em outro terá sempre um condão limitador em relação à compreensão desse instituto.

---

[7] A lei, portanto, não é de todo precisa ao mencionar os meios pelos quais é possível se obter uma subsidiária integral. Basta lembrar a operação de *resgate* do artigo 4º, §5º da Lei das S.A., que apesar de sua denominação, é outro instituto bastante diferente do resgate previsto no artigo 44.

Nesse sentido, a primeira gama de interpretações para definir a incorporação de ações tenta associá-lo ao instituto da incorporação de companhias. Pertence a essa corrente José Luiz BULHÕES PEDREIRA[8], que prefere definir a incorporação de ações por meio de uma comparação com a incorporação de companhias, a fim de identificar na primeira uma mera derivação da segunda, distintas apenas pelo fato de que na incorporação de companhias há a extinção da companhia incorporada[9], ao passo que na incorporação de ações não[10].

Pertence a outra corrente Modesto CARVALHOSA, para quem a incorporação de ações seria um tipo de *aumento de capital* especial, mediante conferência de bens (as ações de emissão da incorporada)[11]. Para tanto, CARVALHOSA chega a mencionar que a incorporação de ações seria uma *incorporação ficta* ou uma *incorporação 'sui generis'*, procurando deixar bem claro que "na realidade não há qualquer incorporação".[12] Essa visão é compartilhada por Luiz Gastão Paes de Barros LEÃES[13], bem como por Egberto Lacerda TEIXEIRA e José Alexandre TAVARES GUERREIRO[14]. Interessante

---

[8] BULHÕES PEDREIRA, José Luiz. *Direito das Companhias*, vol. II [orgs.: Alfredo Lamy Filho e José Luiz Bulhões Pedreira]. Rio de Janeiro: Forense, 2009, pp. 1993 e ss.

[9] Domingos Salvador André BAXE (*A Tutela dos Direitos dos Sócios em Sede de Fusão, Cisão e Transformação das Sociedades*. Coimbra: Almedina, 2010, p. 47) lembra com proficiência, referindo-se ao universo português das fusões e incorporações: "Singular na fusão é a concomitância entre rotura e continuidade, dado, por um lado, a 'extinção' das sociedade incorporadas ou fundidas e, por outro, a manutenção por parte dos sócios da sua participação social – embora esta corresponda à nova estrutura organizativa e à transmissão de todos os direitos e obrigações das sociedades incorporadas ou fundidas para a sociedade final".

[10] Nelson EIZIRIK, em estudos recentes (*A Lei das S/A Comentada*, vol. III. São Paulo: Quartier Latin, 2011, pp.396-397), chega a afirmar, em comparação com as operações de capital (tais como as fusões e as incorporações), que a incorporação de ações é um "instituto híbrido". Nesse mesmo sentido vide Lucila SILVA (*O Valor Justo em Incorporação de Sociedades Controladas*. São Paulo: Almedina, 2011, pp. 16-17).

[11] Vide CARVALHOSA, Modesto. *Comentários...*, Op. cit., Idem, pp. 180 e ss. No mesmo sentido, vide Fran MARTINS. *Comentários à Lei das Sociedades Anônimas*, 4ª ed.. Rio de Janeiro: Forense, 2010, p. 1040.

[12] Op. cit., Idem. No mesmo sentido, F. MARTINS, *Comentários...*, Op. cit., Ibidem. Essa posição é abertamente criticada por J. L. BULHÕES PEDREIRA (Op. cit., Idem).

[13] LEÃES, Luiz Gastão Paes de Barros. "Incorporação de Ações de Companhia Aberta Controlada", *In Pareceres*, Vol. 2. São Paulo: Singular, 2004, §4.3; p. 1413.

[14] Vide GUERREIRO, José Alexandre Tavares e TEIXEIRA, Egberto Lacerda. *Das sociedades anônimas no direito brasileiro*, vol. 2. São Paulo: Bushatsky, 1979, p. 728. Nesse mesmo sentido, vide EIZIRIK, Nelson, "Incorporação de Ações: Aspectos Polêmicos", *In Fusão, Cisão, Incorporação e*

é também a doutrina de Arnoldo WALD[15] que trata o termo "incorporação de ações" para designar a hipótese de "conferência de bens" (ações) em uma operação de aumento de capital, com o fito de estudar a questão do direito de preferência no antigo "contrato de sociedade" previsto no Código Civil de 1916, art. 1139. Conforme veremos adiante, entretanto, a tese de que as operações processadas via incorporação de ações seriam meras derivações de um regime geral de aumento de capital não conta com a nossa simpatia, haja vista que ousamos defender, inclusive, a possibilidade, *de lege federenda*, como se verá, de se cursar tais operações sem aumento de capital e com o uso de ações em tesouraria[16].

Temas Correlatos (coord.: Walfrido Jorge Warde Junior). São Paulo: Quartier Latin, 2009, p. 84. De toda forma, a definição por comparação à incorporação de sociedades é bastante capciosa, pois pode levar o intérprete menos habituado com a Lei das S.A. a cometer equívocos na definição intrínseca da incorporação de ações. À parte as comparações com outros institutos, o que importa concluir é que a *incorporação de ações é um processo*.

[15] "O direito de preferência e a incorporação de ações em outra sociedade", *In RDM*, volume 46. São Paulo: Revista dos Tribunais, 1982, pp. 5-14.

[16] Mais adiante tentaremos explicitar que o aumento de capital não é uma *conditio sine qua non* econômica para que as operações via incorporação de ações pudessem acontecer. A modificação do capital é uma das possíveis consequências de tais operações e não o contrário. Essas operações não são "motivadas" por um aumento de capital – a motivação para que aconteçam é outra e bem diferente das motivações que levam a administração de uma companhia em aumentar o seu capital (seja esse aumento efetivado com bens ou com dinheiro). Essa confusão é o que faz com que muitos intérpretes tenham maiores dificuldades em visualizar *operações distintas* unificadas por um processo, pois quando têm o capital como centro dessas operações, as características mais salientes (aqui abordadas, como necessidade de uma melhoria no recesso, p.ex.) se perdem em argumentações políticas de voto (cuja matriz está no capital...).

Em doutrina estrangeira, salvo a adaptação para o caso das fusões por absorção (que se assemelham à nossa incorporação de capitais) a questão foi bem explorada por Guillermo CABANELLAS DE LAS CUEVAS (*Derecho Societário*, Tomo 11 – *Fusiones y Otros Actos de Concentración Societária – Los Grupos de Sociedades*. Buenos Aires: Heliasta, 2007, p. 418): *"Cabe comenzar observando que, en el sistema societario argentino, el capital social es un valor que representa la suma de los valores nominales de las participaciones societarias correspondientes a los socios de la sociedad de que se trate. Por lo tanto, contrariamente a lo que sostiene* CÁMARA, *lo que da origen al aumento del capital social en la fusión por absorción no es el aumento patrimonial que experimenta la sociedad absorbente, sino la creación de nuevas participaciones societarias – partes de interés, cuotas, acciones – como resultado de la aplicación de la relación de cambio acordada en el compromiso previo de fusión respecto de las participaciones de las fusionantes absorbidas"*. Em nota a respeito do aumento patrimonial, ainda observa: *"Ello no es atípico, pues es común que las sociedades aumenten su patrimonio sin incrementar su capital, como sucede en todos los casos en que registran ganancias que no distribuyen"*. Esse argumento, diga-se de passagem, está na base do raciocínio que ampara a possibilidade, *de lege ferenda*, que tais operações possam se dar com ações em tesouraria e sem aumento efetivo do capital

Extremamente ousada e sedutora é a tese de SCHLIECKMANN, que identifica na incorporação de ações uma natureza *contratual*, com especificidades societárias que se partilham entre efeitos *internos* e *externos* à relação contratual entre as companhias envolvidas no processo.[17]

Noutra matriz temos os juristas que extraem da leitura dos artigos 251 e 252 que a incorporação de ações é um *processo*.[18] Luiz Leonardo CANTIDIANO[19] e Nelson EIZIRIK[20], apesar de mencionarem o aumento de capital, não definem o instituto a partir do aumento de capital da incorporadora, mas fazem questão de salientar a sua natureza processual e se referir a esse processo como meio de *transferência compulsória* das ações

---

social. Por fim, complementa: *"El aumento del capital social de la fusionaria incorporante es así el resultado lógico de la aplicácion de la figura de relación de cambio. Ésta, por definición, implica que las participaciones de las fusionantes absorbidas se convierten en cierta cantidad de participaciones de la fusionaria, y las participaciones resultantes de tal conversión incrementan el capital de esa fusionaria."*. Mais adiante e no ponto adequado deste trabalho, traremos argumentos relacionados à tais práticas em outros países, que adotam relações de substituição tanto com ações novas (aumento de capital) quanto com ações já emitidas (tesouraria).

[17] Vide Clarisse Mello Machado SCHLIECKMANN. *Aspectos Societários da Incorporação de Ações de Controlada Envolvendo Companhia Aberta* (Tese de Láurea inédita sob a orientação do Prof. Francisco Antunes Maciel Müssnich). Rio de Janeiro: Pontifícia Universidade Católica do Rio de Janeiro, 2010, pp. 21-22. A ideia, se bem estudada, contudo, pode acabar conduzindo o intérprete à conclusão final de que, mesmo sob natureza obrigacional, a *incorporação de ações* tem natureza de processo, sobretudo àqueles que enxergam as *obrigações como processos* (vide Clóvis do COUTO E SILVA. *A Obrigação como processo*. São Paulo: José Bushatsky, 1976). Defendemos, contudo, que as operações cursadas por meio de incorporação de ações absolutamente nada têm de contratual. A natureza é essencialmente *societária, institucional,* razão pela qual insistimos tanto na vertente *processual* do mecanismo (que, como se verá, pode se desdobrar em vários *tipos* de operação).

[18] Vide Mauro Rodrigues PENTEADO. *Aumentos de Capital das Sociedades Anônimas*. São Paulo: Saraiva, 1988, pp. 67-68.

[19] CANTIDIANO, Luiz Leonardo. "Incorporação de Sociedades e Incorporação de Ações", *In Poder de Controle e outros temas de Direito Societário e Mercado de Capitais*, Rodrigo Monteiro de Castro e Leandro dos Santos Aragão (Coord.). São Paulo: Quartier Latin, 2010, p. 140.

[20] EIZIRIK, Nelson. "Incorporação de Ações...", *Op. cit.*, Idem; p. 84. Esse mesmo raciocínio está na recente *A Lei das S/A Comentada, Op. cit.*, Idem, p. 401, onde EIZIRIK trata a transferência compulsória de ações na incorporação de ações como uma modalidade de "sub-rogação real legal" (Idem). Note-se, inclusive, que EIZIRIK ("Incorporação de Ações...", *Op. cit.*, Idem, p. 84) usa o mesmo princípio utilizado por TEIXEIRA e GUERREIRO (Idem, p. 728), ao referir-se à semelhança entre a incorporação de companhia e a incorporação de ações como semelhança "mais procedimental do que de substância" ou semelhança mais de "processo do que de substância".

de emissão de uma companhia para a titularidade de outra companhia.[21] TEIXEIRA e GUERREIRO, inclusive, já franqueavam alto valor à natureza procedimental do instituto, no que foram acompanhados, recentemente, por Ian MUNIZ[22].

Há quem diga que a incorporação de companhias também comporta, de certa forma, um processo de desapropriação[23], mas diferentemente do que ocorre com a incorporação de ações, a substituição (e não desapropriação) do valor mobiliário de emissão da sociedade incorporada na incorporação de sociedades decorre de um processo de dissolução sem liquidação.

A incorporação de companhias é a constituição de uma nova companhia de forma derivada, assim como ocorre na fusão. A lei brasileira resolveu criar um instituto próprio, a *incorporação*, distinguindo-a da *fusão* (assim como o fez com a incorporação de ações)[24]-[25]. Mas na prática, a distinção

---

[21] No mesmo sentido, M. R. PENTEADO. *Aumentos de Capital*..., Op. cit., Idem, pp. 60 c/c 68, onde trata a incorporação de ações dentre as espécies de "aumento de capital compulsório".

[22] Nesse mesmo sentido, mas analisando as outras espécies jurídicas que compõem os meios para reorganização societária, Ian de Porto Alegre MUNIZ (*Fusões e Aquisições – Aspectos Fiscais e Societários*, 2ª ed.. São Paulo: Quartier Latin, 2011, pp. 83 e ss), insere as formas jurídicas da fusão, da incorporação e da cisão na categoria dos "processos de sucessão". MUNIZ nota que essas formas jurídicas são processos pelos quais empresários podem atingir um mesmo objetivo que poderia ser perseguido por meio de outras formas jurídicas, como o trespasse de estabelecimento e a aquisição de parte ou todo de um acervo comercial. Na evolução de suas ideias, mostra que a opção por esse processo societário (ao invés das soluções contratuais) descortina inúmeras razões e escopos, dentre as quais dedica-se a analisar a questão fiscal e tributária que, de parte a parte, é completamente distinta em cada processo como esse.

[23] É importante lembrar que a consequente extinção da incorporada no processo de incorporação de companhias faz com que os valores mobiliários tenham que ser extintos também. Por força da extinção dos papéis, na incorporação de companhias nasce, na prática, *uma nova companhia* e os novos valores mobiliários (sejam aqueles que sofrem uma mutação patrimonial pela absorção dos ativos e contingências da companhia extinta, sejam aqueles que são emitidos nesse novo contexto) não guardam mais relação com os valores mobiliários anteriores à conclusão da operação.

[24] J. L. BULHÕES PEDREIRA (Op. cit., Idem, p. 1993): "Essa operação é inovação da lei brasileira e, tal como a 'incorporação de sociedade', é negócio peculiar do direito societário".

[25] Sempre que outros países tratam da chamada fusão, *fusión*, *fusion*, *fusione* ou *Verschmelzung*, as legislações locais cuidam de uma operação que culmina sempre com a extinção da sociedade incorporada. Nalguns casos, como no direito português, alemão e italiano, temos o que o direito português chama de *aquisição potestativa*, razoavelmente parecida com a incorporação de ações de sociedade controlada em sociedade controladora (uma das espécies da nossa incorporação de ações, como se verá), pois a finalidade é tornar uma companhia subsidiária integral de sua controladora. A diferença, entretanto, se dá na forma de paga-

mento: enquanto na *aquisição potestativa* o pagamento se dá em dinheiro, na incorporação de ações o pagamento se dá, necessariamente, por meio da entrega de ações de emissão da sociedade incorporadora, estabelecida num estudo de relação de troca (cf. disposto no art. 188º do Código das Sociedades Comerciais de Portugal; vide António MENEZES CORDEIRO. *Manual de Direito das Sociedades*, vol. II. Coimbra: Almedina, 2006, pp. 639-640). Essa mesma operação não pode ser confundida com a chamada "constituição de grupo por domínio total superveniente", que mereceu a atenção de Pedro Pais de VASCONCELOS ("Constituição de Grupo por domínio total superveniente – o tempo e o modo", *In Direito das Sociedades em Revista*, vol. 8. Coimbra: Almedina, Outubro de 2012, pp. 35-49.), situação esta prevista no artigo 489º do Código das Sociedades Comerciais ante a ausência de sócios, semelhante ao que ocorre em nosso direito e que localmente chamamos de "falta de pluralidade de sócios". Aqui, a situação, se não recomposta dentro de prazo legal, pode levar a sociedade à extinção; lá se dá o contrário – passado o prazo a sociedade é preservada como subsidiária integral em "domínio total superveniente". Em nada ou quase nada se relaciona, portanto, com a nossa incorporação de ações, dominada pelo traço da *compulsoriedade*.

Nota-se, portanto, que apenas dois sistemas jurídicos reconhecem a diferença entre esses dois formatos de operação societária: o direito brasileiro, que diferencia, na Lei das S.A., o regime do Artigo 252 do regime do Artigo 4º, §5º (este sim, comparável ao instituto da *aquisição potestativa* dos direitos português, italiano e alemão); e o direito estado-unidense, que diferenciava o regime do *Freezout Merger* com pagamento em ações e o regime do *Squeezout Merger* com pagamento em dinheiro (também conhecido como *Cashout Merger* e que se aproxima de nosso regime do Artigo 4º, §5º da Lei das S.A.). Nesse sentido, Robert Charles CLARK (*Corporate Law*, 13ª ed.. Nova Iorque: Aspen Law, 1986, pp. 501-502) traçou essa diferença, atualmente de valor histórico e que remonta aos argumentos do caso *Matteson v. Ziebarth*, julgado pela Suprema Corte de Washington em 1952, relatado pelo Juiz Hamley, contando com um curiosíssimo voto dissidente de Grady (242 P.2d 1025, Wash, 1952): *"The use of redeemable preferred stock or debt securities was necessary for a freezeout by merger around the time of the Matteson case because merger statutes then did not always provide, as they now usually do, for cash mergers"*. A título de curiosidade, vale lembrar as palavras de Grady em relação à operação que foi levada às cortes do Estado de Washington: *"If we say the Ziebarth Corporation and Snowy, Incorporated, can be merged in order to carry out the contemplated sale to Gold Seal, we open the way to a new method of freezing out minority stockholders merely because they disagree with the majority on questions of corporate policy. To use such words as fraud, conspiracy, or bad faith is somewhat harsh and serves no useful purpose, but this whole deal has a bad odor and I cannot subscribe to its approval."*

PALMITER, por outro lado, entende que o emprego do termo *freezout merger* é uma forma menos precisa de se referir a um mesmo fenômeno que deve ser genericamente chamado de *squeezout merger* (vide PALMITER, Alan. *Corporations*, 6ª ed.. Nova Iorque: Wolters Kluwer / Aspen Law, 2009; p.683). Nesse sentido, DOOLEY, Michael P. *Fundamentals of Corporation Law*. Westbury-NY: Foundation Press, 1995, pp. 632-637; THOMPSON JR., Samuel C. *Business Planing for Mergers and Acquistions*, 2ª Ed.. Durham-NC: Carolina Academic Press, 2001, pp. 1049-1090; EASTERBROOK, Frank H. e FISCHEL, Daniel R. *The Economic Structure of Corporate Law*, 4ª Ed.. Cambridge-Mass: Harvard University Press, 1998, pp. 134-139. De forma mais sofisticada, CLARK salienta que a diferença, atualmente e à parte o caso *Matteson*, estaria no método de exclusão compulsória de acionistas não controladores: enquanto que no

entre a fusão e a incorporação tem residido meramente na parte de registros formais e burocráticos, bem como na denominação social.[26]

freezout merger os não controladores são excluídos da base acionária por força de uma operação societária específica, no *squeezeout merger* eles são forçados a sair por conta de uma mudança no *status socii* que torna a permanência na companhia insustentável em relação ao *status socii* anterior (Op. cit., Idem, p. 500). Nesse sentido vide EMANUEL, Steven. *Corporations*, 3ª ed.. Larchmont, NY: Emanuel, 2000, p. 470-481.

[26] De fato, a lei, ao dizer que a incorporação é a "absorção de uma sociedade pela outra" e a fusão uma mera "união de duas sociedades para formar uma terceira", aliando ambas as operações pelo critério da sucessão, faz com que, na prática, o resultado tanto de uma operação quanto de outra seja o mesmo, diferenciando-se a primeira da segunda meramente pela denominação social e pelos registros de natureza burocrática, como a inscrição no CNPJ e no Registro Estadual (quando aplicável), que podem ser aproveitados no caso de incorporação e no caso de fusão, não (vide MUNIZ, Ian. *Fusões e Aquisições...*, Op. cit., Idem, p. 85). Assim, uma nova sociedade surge, seja após a fusão, seja após a incorporação. Sob todos os aspectos a sociedade resultante é nova: econômico, contábil, estatutário. Por ficção jurídica, entretanto, convencionamos adotar o princípio de que na incorporação não há "extinção da personalidade jurídica da incorporadora", ao passo que na fusão há "extinção da personalidade jurídica das sociedades participantes em prol da 'criação' de uma nova sociedade". Mas de fato isso ocorre por mera ficção jurídica, sem reflexo no âmbito patrimonial: juridicamente, inclusive, por se operar plena sucessão, o "velho renasce no novo" como se não tivesse sido extinto. Na incorporação, inclusive, há sempre alteração do estatuto social da sociedade incorporadora, como elemento essencial do Protocolo, fato que na incorporação de ações ocorre meramente para corrigir o capital social da incorporadora por força do aumento de capital. Na incorporação, a operação pode gerar alteração de sede, de preferências e vantagens, de governança, tal qual ocorre na fusão. Já, na incorporação de ações, isso é raro: a estrutura da sociedade incorporada tende sempre a permanecer intacta, exceto na parte de governança (normalmente conselhos são dissolvidos e a administração é simplificada ou centralizada na sociedade *holding* incorporadora). O grande mestre Francesco GALGANO (*Diritto Commerciale*, 6ª ed.. Bolonha: Zanichelli, 2008, pp. 486-487), ao abordar o tema da natureza da *fusione*, o trata como modelo de unificação ou *integração recíproca* dos preexistentes contratos sociais que originaram as sociedades partícipes de uma fusão. Essa observação teórica é fundamental, pois coloca no âmbito subjetivo das operações de fusão os próprios acionistas das sociedades integrantes do projeto de *integração recíproca* e não as sociedades. Haveria, para GALGANO, tanto na fusão como na incorporação, uma unificação das posições de sócio (não havendo, assim, um *"nuovo contratto"* segundo GALGANO, o que ousamos aqui discordar, com apoio em Carlo SANTAGATA [*"La fattispecie della fusione"*, *In Fusioni e Scissioni di Società*, org.: Antonio Patroni Griffi. Milão: Giuffrè, 1995, p. 21], que reconhece a existência de dois tipos de operação [*fusione* e *incorporazione*, tal qual no Brasil] não havendo diferença substancial entre uma e outra, que reconhece o advento de uma nova sociedade modificada). Mas o que importa de fato na doutrina de GALGANO é reconhecer o elemento da sucessão com efeito patrimonial, sem assunção de continuidade em relação a pactos parassociais. E neste particular a ficção jurídica começa a realmente importar para além do CNPJ: na "nova sociedade" decorrente

de fusão, os acordos de acionistas anteriores ficam extintos; na incorporação, acordos de acionistas da sociedade incorporadora subsistem e da incorporada ficam extintos (Idem, p. 488), embora, naquele caso, os efeitos patrimoniais da incorporação podem afetar direitos circunscritos no pacto parassocial.

Em Portugal, a discussão oscila entre o efeito de extinção na fusão sobre as sociedades que tomam parte da operação ou se há, meramente, uma reorganização societária com efeito transformativo onde a nova sociedade potencializa a atividade das sociedades sucedidas, num contexto agrupado. De um lado Raúl VENTURA (*Fusão, Cisão, Transformação de Sociedades*, 3ª reimpressão. Coimbra: Almedina, 2006, pp. 160 e ss., reproduzindo o debate GALGANO e SANTAGATA do direito italiano) e de outro MENEZES CORDEIRO (*Op. cit*, Idem, pp. 787 e ss.) e Domingos BAXE (*A Tutela dos Direitos dos Sócios...*, Op. cit., Idem, pp. 183 e ss), não havendo controvérsia, entretanto, no tocante à existência de uma nova sociedade, seja qual for a "modalidade de fusão".

Na Argentina, a doutrina é bastante pacífica ao entender que o ato de fusão gera *nueva sociedad*, seja numa *fusión* pura e simples, seja numa *absorción* ou *incorporación*, não havendo diferença jurídica substancial entre um tipo e outro (vide HALPERÍN, Isaac. *Sociedades Anónimas*, 2ª ed.. Buenos Aires: DePlama/LExisNexis, 1998; p. 870).

Na Espanha, o conceito de *modificación estructural* faz, como no direito brasileiro, a possibilidade de se ter dois tipos de *fusión*, a saber, a *fusión por absorción* e a *fusión en nueva sociedad*, segundo um resultado final da operação que leva a criação de *nueva sociedad* ou a mera *modificación estructural* de sociedade existente, por meio da absorção ao seu patrimônio do acervo de outras companhias (cf. art. 23 da Ley de Modificaciones Estructurales). Além disso, essa lei, de 3 de abril de 2009, congrega várias diretivas europeias e inúmeras experiências práticas (sobretudo as transnacionais), transformando o universo das *fusiones* na Espanha em algo mais complexo que a média europeia. Casos como a de Telefónica, Brasilcel, PT eVivo são paradigmáticos na experiência espanhola e trazem grande lume ao debate das *fusiones*, cuja Ley de Modificaciones Estruturales englobou uma série de espécies que ainda oscilam na prática de muitos países, sem ter ainda recebido distinção legal em diploma jurídico específico. Ao par desses dois tipos acrescidos do transnacional e das fusões intercomunitárias, a lei espanhola ainda traz modelos como a *fusión simplificada* em contraposição às *fusiones especiales* (a saber, as *fusiones participadas*, as *fusiones apalancadas*, as *fusiones de segundo grado* ou *participación indirecta*). É um regime muito rico e peculiar e que, tal qual propomos aqui, separa um processo para cada tipo de *fusión* segundo a finalidade pretendida e os pressupostos de estruturação. Para maiores detalhes, vide Adoración PEREZ TROYA, "*La fusión de sociedades. Su regulación en España (tras la ley sobre modificaciones estructurales*"), In *Temas essenciais de direito empresarial – estudos em homenagem a Modesto Carvalhosa*, coord.: Luis Fernando Martins Kuyven. São Paulo: Saraiva, 2012, pp. 385-412.

No Brasil, COMPARATO, por seu turno ("Incorporação de Companhia Aberta, subsequente à aquisição de seu controle acionário por operação registrada em Bolsa de Valores – Exceção ao regime especial do art. 264 da Lei de Sociedades Por Ações – Ilegitimidade dos acionistas da incorporada para pleitear judicialmente a anulação da assembleia da incorporadora", *In Novos Ensaios e Pareceres de Direito Empresarial*. Rio de Janeiro: Forense, 1981, p. 206), entende que a questão patrimonial seria o único ponto de aproximação entre os institutos jurídicos, mas que, consequentemente, seriam "inassimiláveis" e, portanto, nem sequer espécies de um

E nesse passo, ao olhar para o instituto da incorporação como norte de um sistema de reorganizações societárias, notaremos que a incorporação está muito mais próxima da fusão do que da incorporação de ações. E essa proximidade justifica a não existência de uma *desapropriação* na incorporação, tal qual, vez ou outra, pode-se sugerir na incorporação de ações[27].

mesmo gênero. Não comungamos, igualmente, a posição mais radical de COMPARATO feita em oposição a Fran MARTINS, que chega a incluir a fusão e a incorporação como espécies distintas de um mesmo gênero (ideia que, faça-se justiça, encontra-se primariamente em Trajano de Miranda VALVERDE. *Sociedade por Ações (Comentários ao decreto-lei 2.627, de 26 de setembro de 1940)*, Vol. III, 3ª ed.. Rio de Janeiro: Forense, 1959, p. 76: "Incorporação e fusão, pois, são duas operações que, como espécies de um mesmo gênero, determinam a extinção e a criação de sociedades"). Aqui vamos mais longe que isso: trata-se, precisamente, de espécies semelhantes que são diferenciadas por detalhes com relevo jurídico apenas em questões extrínsecas à sociedade e à sua postura perante terceiros, onde boa parte é amenizada pela sucessão universal (cf. C. SANTAGATA, Op. cit., Ibidem; bem como, do mesmo autor, o seu clássico *La fusione tra società*. Napoles: Morano, 1964, pp. 11 e ss.): os acordos parassociais e os registros perante as autoridades fiscais e autárquicas (podem ou não mudar, caso se trate de fusão ou incorporação) em oposição a direitos de credores (imutáveis sempre, em ambos os casos) são exemplos disso. Veja-se o que diz CARVALHOSA, ao fazer interessante comentário sobre o direito de recesso nas fusões e nas incorporações: "Como referido, nos casos de fusão e incorporação, o acionista retira-se não da sociedade a cuja estrutura jurídica aderiu, mas, por antecipação, da companhia modificada. Tais negócios reorganizativos alteram, com efeito, e radicalmente, a estrutura jurídica da sociedade, bem como as relações entre ela e seus sócios, criando uma *nova situação patrimonial*" (grifamos; *Comentários...*, 4º Vol., Tomo I, Op. cit., Idem, p. 351). Fran MARTINS, por seu turno, atento aos avanços da lei francesa e alemã, prefere colocar a incorporação como uma espécie de fusão (distanciando-se da distinção tipológica sugerida por COMPARATO), que chega a chamar de *fusão por absorção* (*Comentários...*, Op. cit., Idem, p.928): "Conservou a lei, nessa regulamentação dos vários processos por que pode ser feita a concentração de empresas, normas especiais sobre a *incorporação* (art. 227). Nas leis mais avançadas sobre as sociedades anônimas (lei alemã, de 1965, lei francesa de 1966) não existem mais dispositivos expressos a respeito da incorporação, vez que essa é considerada uma modalidade de fusão, a chamada *fusão por absorção* de uma das sociedades, que desaparece. A lei brasileira poderia ter adotado a nova orientação do direito societário a respeito da fusão que compreende a incorporação, mas preferiu seguir as normas já existentes na lei revogada, muito embora tenha traçado, como foi dito, regras gerais aplicáveis à incorporação, à fusão e à cisão" (pp. 108-109).

[27] Modesto CARVALHOSA defende a ideia de que os processos que envolvem incorporação de ações implicam em aproximação com a desapropriação (*Comentários...*, 4º Vol., Tomo II, Op. cit., Idem, p. 172: "...porque o controlador da sociedade incorporada aliena não apenas suas ações à incorporadora, mas também as dos minoritários, num negócio *sui generis*, que lembra a expropriação do direito administrativo"). Entendemos, *data maxima venia*, que a ideia de "alienação" (no sentido permutativo bilateral com efeitos contratuais) não se encaixa bem nos institutos que rodam o processo de incorporação de ações (incluindo a *migração*, onde haveria,

Isso se deve ao fato, portanto, de que a *desapropriação* exige formalmente a continuidade de existência do título, como ocorre na incorporação de ações[28]. Qual seja, o título deve deixar de pertencer a uma pessoa, para pertencer compulsoriamente a outra. Na incorporação, o título tem sua exis-

em tese, essa maior proximidade). Pela ausência de *alienação* e pela ausência de contraprestação ou indenização (elementos essenciais da desapropriação do direito administrativo), temos a tendência a nos afastar dessa comparação, conforme veremos.

[28] A existência de uma *desapropriação* da ação de emissão da incorporada, para que seja efetivamente integrada ao patrimônio da companhia incorporadora, só faz sentido se as operações cursadas por meio de incorporação de ações venham a ser estudadas dentro do fenômeno da sociedade isolada, descartando-se a análise do direito societário dentro de uma concepção de *empresa contemporânea* organizada em grupos de fato, como nos explana E. S. MUNHOZ.

Neste particular, o conceito de desapropriação ganha relevo. A terminologia decorre de técnica oriunda do direito público na seara das técnicas de intervenção do Estado no domínio particular. Vale, neste ponto, perpassarmos pelo conceito técnico de desapropriação, lembrando aqui as lições de José CRETELLA JUNIOR, que já reconhecia natureza jurídica complexa nos atos *expropriatórios* (*Tratado da Desapropriação*, vol. 1. Rio de Janeiro: Forense, 1980, pp. 17-31), nestes termos: "A *desapropriação* antes de tudo não é *um* ato. É *uma série* de atos que convergem para um fim. Trata-se de *complexo procedimento administrativo*, cujo escopo é o da consecução de determinado objetivo fundamentado no interesse público" (p.21). Elemento importante na *desapropriação* é a contrapartida *em dinheiro*, como bem lembra CRETELLA JUNIOR: "O particular não é *despojado* do *conteúdo econômico* que a propriedade supõe. O Estado toma o objeto de que necessita, ou priva alguém de um *direito*, como meio preciso ou útil para o cumprimento de um fim legítimo, mas sem privar o dono do gozo econômico da quantidade ou valor econômico que a propriedade implicava; mas lhe é oferecido, em contrapartida, ao lhe ser entregue, como indenizado, o justo preço da coisa ou o equivalente econômico de seu direito" (pp. 25-26). A coisa, como bem lembra FRANCO SOBRINHO, deve ser afastada do domínio do particular para integrar o patrimônio de outra pessoa (no caso, pessoa jurídica de direito público), o bem, portanto, desaparece do domínio do proprietário, que é indenizado em dinheiro (FRANCO SOBRINHO, Manoel de Oliveira. *Desapropriação*, 2ª ed.. São Paulo: Resenha Universitária, 1977, p. 30).

Portanto, ao que F. K. COMPARATO nota na operação de resgate como "forma de transferência compulsória de ações, por iniciativa da companhia emissora", é fundamental manter apartado e distinto dos efeitos do processo do artigo 252 ("Funções e Disfunções do Resgate Acionário", *In Direito Empresarial – Estudos e Pareceres*. São Paulo: Saraiva, 1990, p. 124). A doutrina estadounidense chega a fazer semelhante comparação entre operações societárias verdadeiramente espoliativas, como o *squeezout* com pagamento em dinheiro, como notamos em BAINBRIDGE: "...*these rules provide the controlling shareholder with a form of private eminent domain*" (Stephen M. BAINBRIDGE. *Mergers and Acquisitions*, 2ª ed.. Nova Iorque: Foundation Press/Thomson, 2009, p. 117). Não pode ser o caso, entretanto, do processo de nossa incorporação de ações, onde o princípio do *statuo viæ* assegura a manutenção de participação societária em reformulação complexa pós-operação.

tência descontinuada, a ação deixa de existir e passa ser um elemento de conexão na contribuição para a formação de uma "nova companhia" (venha ela a funcionar com o mesmo CNPJ e mesma denominação social ou não).

Na incorporação de companhias, portanto, há uma verdadeira *contribuição compulsória* (razão pela qual o título necessariamente deixa de existir); na incorporação de ações (assim como ocorre nas várias formas de resgate), não haveria propriamente uma desapropriação *tertium genus*, mas sim uma modificação ou intervenção nas características do bem afetado[29] pois o título continua existindo sob a titularidade de outra pessoa (jurídica, no caso) em substituição a um título com direitos semelhantes ao anterior incorporado com, ao menos, um *eixo de equivalência* adequado[30]. Mais: como consequência, a *incorporação de ações* leva as companhias a um resultado (subsidiária integral) facilmente reversível; ao passo que a incorporação de companhias leva a um resultado (nova companhia, sob o ponto de vista patrimonial) dificilmente reversível.[31]

---

[29] O pressuposto jurídico de uma desapropriação é o direito de propriedade. Como veremos logo adiante, os conceitos contemporâneos associados ao estado de sócio (*status socii*) vêm sendo reformulados na doutrina por conta da crise do paradigma da sociedade isolada, bem dissertada por MUNHOZ, aqui exaustivamente citado. Essas alterações, como veremos, implicam uma revisão do conceito e da natureza da ação e, por conseguinte, o questionamento percuciente da geração de direitos de propriedade, no seu formato clássico (cf. artigo 1.228, sobretudo no que tange à faculdade fundamental de reaver a coisa), no âmbito dos valores mobiliários de capital (*equity*).

[30] Embora Kiyoshi HARADA nos lembre, de forma atenta, que há desapropriações em que a propriedade espoliada é paga com títulos da dívida pública, no caso de desapropriações para reforma agrária (HARADA, Kiyoshi. *Desapropriação – Doutrina e Prática*, 8ª ed.. São Paulo: Atlas, 2009, p. 16), fundamental lembrar que a cláusula de preservação de valor real distancia sobremaneira este tipo específico de desapropriação do modelo usado pelas operações cursadas por meio de incorporação de ações. No caso das desapropriações para reforma agrária pagas com títulos públicos com cláusula de preservação de valor real, o título entregue, de natureza de dívida (portanto, *debt* e não *equity* ou renda variável) assemelha-se a uma "quase moeda", diferentemente de uma ação de uma companhia brasileira (aberta ou fechada).

[31] Em muitos casos a situação é irreversível, pois ao combinar os ativos de duas companhias na companhia sobrevivente, ainda que no passo seguinte se faça uma cisão para emular o *status* anterior, o resultado da *cisão* será sempre uma companhia inteiramente nova. A companhia incorporada, ainda que emulada patrimonialmente em relação à companhia formalmente extinta na incorporação, será uma companhia inteiramente nova, com novo CNPJ, novos registros burocráticos, novo estatuto social, etc. O espelho e a imagem gerados *a posteriori* daquela companhia extinta, juridicamente, não têm condão ressuscitador. Esta ponderação é absolutamente fundamental sob o ponto de vista concorrencial, em especial a atenção a ser dada na leitura do artigo 61, §2º da Lei nº 12.529, de 30 de novembro de 2011, que alterou

Não por outra razão é que a quantidade de juristas que defende a completa dissociação e diferença entre incorporação de companhia e incorporação de ações é tão extensa. CANTIDIANO[32], EIZIRIK[33], CARVALHOSA[34], LEÃES[35], TEIXEIRA e GUERREIRO[36] e, mais recentemente, KALANSKY[37], foram bastante enfáticos ao salientar a enorme diferença entre a incorporação de companhias (um tipo de fusão) com a incorporação de ações (um processo ou meio de alteração das características societárias de uma ação ou valor mobiliário de *equity*). A semelhança, que ocorre em virtude de um empréstimo forçado dos requisitos documentais de incorporação de companhias (ou fusão com manutenção de CNPJ) para a incorporação de ações, e que a doutrina chama de "semelhança por processo e não por substância"[38], induz o intérprete a erros graves e, muita vez, abusos[39].

Reconhecer essa diferença, bem salientada por CANTIDIANO, impõe-nos, num estudo mais atento da incorporação de ações, que as várias operações realizadas nesse processo, devem evitar compartilhar os princípios, os requisitos, os direitos e as exigências que se aplicam para as incorpora-

---

o regime do revogado artigo 54, §9º da Lei nº 8.884, de 11 de junho de 1994. A redação dada ao artigo 61, §2º, inciso VI da Lei nº 12.529, de 30 de novembro de 2011, que inclui dentre as restrições impostas para atos reprovados pela autoridade concorrencial "qualquer outro ato ou providência necessários para a eliminação dos efeitos nocivos à ordem econômica" dá azo, em tese, para que em operações de consolidação de controle ou verticalização celebradas por meio de incorporação de ações e que tenham sido reprovadas pelas autoridades concorrenciais, se imponha que tais operações sejam "desconstituídas, total ou parcialmente", como dizia a lei anterior. Isso porque a *natureza* de tais operações quando cursadas em processo de incorporação de ações permite, teoricamente, essa reversão, sem prejuízo de atos praticados na constância de um *status* de subsidiária integral da(s) companhia(s) que tenha(m) as suas ações incorporadas pela "adquirente".

[32] Op. cit., Idem, pp. 140 e ss.
[33] "Incorporação de Ações...", Op. cit., Idem, pp. 82-83.
[34] Op. cit., Idem, pp. 143 e ss.
[35] Op. cit., Idem, pp. 1412 e ss.
[36] Op. cit., Idem, pp. 782 e ss.
[37] KALANSKY, Daniel. *Incorporação de Ações – Estudo de Casos e Precedentes*. São Paulo: Saraiva, 2012, pp. 34-43.
[38] CANTIDIANO, L. L. Op. cit., Idem, p. 142.
[39] Dessa diferença, é importantíssimo marcar a advertência de CANTIDIANO (Op. cit., Ibidem): "é absolutamente certo que, **inexistindo previsão legal expressa**, os princípios, requisitos, direitos e exigências, que são atribuídos ou impostos em lei para uma das citadas operações, não são aplicáveis a operação de natureza diversa" (negrito no original).

ções de companhias, tendo assim os seus próprios princípios, requisitos, direitos e exigências.

Essa é a proposta deste trabalho: estudar os princípios, requisitos, direitos e exigências de cada grupo de operações, que identificamos em número ideal de três, que são celebradas por meio de um processo formal que desde 1976 vem sendo chamado de incorporação de ações.

Como se verá, defendemos *de lege federenda* que para cada tipo de operação deveria haver um processo específico que regulasse de maneira coerente, justa e adequada, os direitos, deveres, obrigações, requisitos e exigências em total respeito à peculiaridade das premissas que sustentam cada operação realizada sob a *vala comum da incorporação de ações*.

Sob a ótica do direito comparado, o caminho é também assaz tortuoso. Como visto acima, os demais países não comportam um instituto que possa se assemelhar de forma irreparável à nossa incorporação de ações. Há quem o aproxime da *aquisição potestativa* do direito português ou ao instituto da *Integração (Eingliederung)* do direito alemão.[40] Entretanto, como visto, estas são formas muito mais próximas do *resgate compulsório* de que trata a nossa Lei das S.A. em seu artigo 4º, §5º[41], onde o nosso despudor em relação à

---

[40] CARVALHOSA, M. (*Comentários...*, 4º vol., Tomo II, Op. cit., Idem, p. 160) adverte: "Embora se possa visualizar a subsidiária integral na *Eingegliedert Gesellschaft* do direito alemão, o que o nosso direito societário absorveu foi a *wholly owned subsidiary* da prática norte-americana". No mesmo sentido, COMPARATO, Fábio Konder (com notas de SALOMÃO FILHO, Calixto). *O Poder de Controle na Sociedade Anônima*, 5ª ed.. Rio de Janeiro: Forense, 2008, p. 58.

[41] O *Eingliederung* está regulado na Lei Societária Alemã (*Aktiengesetz* ou simplesmente *AktG*) em seus §§319-327. Recentemente foram inseridos critérios para exclusão de minoritários (*Ausschluss von Minderheitsaktionären*) nos §§327a-327f, que admite o uso desse mecanismo apenas nas sociedades em que o acionista majoritário (companhia *integrante*) possui 95% das ações de emissão da companhia *integrada* (cf. §327a(1) *"Die Hauptversammlung einer Aktiengesellschaft oder einer Kommanditgesellschaft auf Aktien kann auf Verlangen eines Aktionärs, dem Aktien der Gesellschaft in Höhe von 95 vom Hundert des Grundkapitals gehören (Hauptaktionär), die Übertragung der Aktien der übrigen Aktionäre (Minderheitsaktionäre) auf den Hauptaktionär gegen Gewährung einer angemessenen Barabfindung beschließen"* - "A assembleia geral de uma companhia ou de uma sociedade em comandita por ações pode, a pedido de acionistas que detenham ações de emissão da companhia em montante equivalente ou superior a 95% do capital social [acionista majoritário], determinar a transferência compulsória das ações pertencentes aos demais acionistas [acionistas minoritários] para o acionista majoritário, mediante compensação financeira adequada"). O pagamento pode se dar com ações da companhia *integrante* ou em dinheiro. KÜBLER comenta sobre as vantagens da *Integração (Eingliederung)* em relação à clássica *fusão (Verschmelzung)* e, ao traçar os paralelos, nota-se que a *integração* é uma operação de concentração societária específica, razão pela qual está

precisão técnica nos levou a chamar essa operação de *resgate* e lançá-la na (outra) vala (agora comum) do artigo 44, com algum tempero remanescente da OPA para cancelamento de registro (que é de onde esse *resgate compulsório* decorre).

O espectro de comparação com outros direitos é, portanto, bastante limitado[42], com foco em um modelo muito específico de *Freezout Merger* do direito estado-unidense em que o pagamento aos acionistas da sociedade "incorporada" se dá com entrega de ações da sociedade incorporadora, permanecendo a sociedade "incorporada" como subsidiária integral da "incorporadora". Em outra ótica, a operação de *combination* ou os chamados *stock exchanges* são usados nesse paralelo[43], mas, como se verá, a ade-

---

tratada na *AktG* ao invés de estar inserida no contexto da *Umwandlungsgesetz* ou *UmwG*, estando portanto mais próxima de nosso "resgate" do art. 4º, §5º, da Lei das S.A. do que propriamente do art. 252 (vide Friedrich KÜBLER. *Derecho de Sociedades*, 5ª ed.. [trad. Michèle Klein]. Madri: Fundación Cultural del Notariado, 2001, pp. 608-610 e 555-564). A *Eingliederung* alemã, quando lida sob a mesma ótica de definição da *Incorporação de Ações* brasileira, pode nos levar ao equívoco de associação entre os dois institutos, pois o resultado de uma operação de *Eingliederung* será a formação de uma subsidiária integral [ou seja, *Eingegliederte Gesellschaft* ou *sociedade integrada*]. Esta comparação com o direito alemão é um forte elemento, fornecido pelo direito comparado, de que a definição por consequência, em detrimento de uma definição pela forma ou pelo processo, é uma técnica jurídica que deve ser evitada. A melhor forma de se definir um instituto é pela sua natureza jurídica, cuja compreensão teleológica e por finalidade, nos obriga a conhecer o funcionamento do instituto segundo o processo e a forma que adota: é o que Claus Wilhelm CANARIS chama de interpretação baseada em *sistema interno*, onde o processo é observado como gerador de sentido, ao contrário de um sentido decorrente de uma contribuição externa a ponto isolado do ordenamento (vide *Pensamento Sistemático e Conceito de Sistema na Ciência do Direito*, 2ª ed., trad. António Menezes Cordeiro. Lisboa: Calouste Gulbenkian, 1996, pp. 154 e ss.).

[42] No direito português, Raúl VENTURA (*Fusão...*, Op. cit., Idem, pp. 271-272) faz notar uma figura curiosa que ele próprio designa como *venda-fusão*: "Designo por *venda-fusão* uma operação que CHULIA, cit., p. 504, descreve pela concorrência dos seguintes factos: 1) transmissão do patrimônio de uma sociedade para outra; o pagamento por parte do adquirente em acções próprias; a dissolução e a liquidação da sociedade transmitente e a entrega das acções aos seus sócios como quota de liquidação, passando assim estes a formar parte da sociedade adquirente. Uma sub-hipótese da venda-fusão consistiria em as acções (por comodidade só a estas me refiro) passarem a pertencer directamente aos sócios da sociedade transmitente". Apesar da impropriedade técnica no uso do termo *venda*, onde "venda efetiva" não há, mas sim uma operação societária atípica, a operação se assemelha em alguns pontos com o nosso processo de incorporação de ações, mas ainda faltam elementos, como – e sobretudo – a manutenção da pessoa jurídica incorporada como subsidiária integral da incorporadora.

[43] Daniel KALANSKY (*Incorporação de Ações...*, Op. cit., Idem, pp. 59-60), em explanação absolutamente sedutora, aproxima a incorporação de ações à operação de *stock-for-stock exchange* ou

stock swap: "Em determinados estados dos Estados Unidos, de forma similar à incorporação de ações, em operações *stock swap* por decisão adotada pela *maioria de votos* dos acionistas de ambas as companhias, os titulares de ações da incorporada recebem diretamente da incorporadora ações conforme relação de troca aprovada no *plan of merger, compulsoriamente e independentemente de sua vontade,* sem que ocorra a extinção de qualquer das respectivas sociedades e sem que venha a ser cancelada uma só ação de emissão da companhia que, em virtude da operação, é transformada em *subsidiária integral* da outra" (assim, itálicos no original). Em que pese a falta de referências doutrinárias e judiciais para aproximar essas operações da *incorporação de ações* brasileira (com méritos para a breve análise do MBCA), compartilhamos em parte dessa aproximação, sobretudo quando temos em vista a operação que aqui trataremos por verticalização, na próxima parte do trabalho. Ao analisarmos os percucientes comentários de Thompson JR. (*Business Planning*..., Op. cit., *Idem*, pp. 144-165) aos vários trechos do MBCA e aos paralelos com o DGCL, somos realmente levados a acreditar que o paralelo com a *incorporação de ações* brasileira é quase que inevitável. Contudo, na medida em que os comentários de Thompson JR. se especificam no contexto da Lei de Delaware, o tema do *stock exchange* ganha uma especificidade atrelada aos *freezout mergers* e ao contexto do caso *Weinberger* (pp. 165-175). Thompson JR. cita expressamente, como precedente principal desse tipo de operação, o caso *Time-Warner* (p. 144), analisada no contexto de *Warner v. Chris Craft* (Del, 1989, 583 A.2d 962, Voto Relatado pelo Chanceler Allen da Suprema Corte de Delaware) e reconhecida como uma *triangular transaction* (pp. 200-202). Adicionalmente, em estudo do mesmo autor sobre a operação *Time-Warner* (vide Thompson JR., Samuel C.. *"The Merger and Acquisition Provisions of the ALI Corporate Governance Project as applied to the three steps in the Time-Warner Acquisition", In Columbia Business Law Review.* Nova Iorque, NY: Columbia Business Law Review, 1996, pp. 145-232), essa situação fica bastante clara. À luz de casos práticos de *stock exchange* na forma do MBCA, notam-se contornos específicos que distanciam o *stock exchange* da nossa *incorporação de ações*. Detalhes como o aumento de capital previsto no art. 252, §1º, da Lei das S.A., em face da possibilidade, pelo direito estado-unidense, de se conferir ações de emissão do controlador ao capital da subsidiária integral para efetivar a troca (o que nos é vedado por força dos arts. 30 e 244 da Lei das S.A.), geram certa distância em relação ao nosso modelo brasileiro da incorporação de ações. Para as incorporação de ações brasileiras o aumento de capital é imprescindível por lei. Defendemos a possibilidade, *de lege ferenda*, para o uso de ações em tesouraria – mas diferentemente do que ocorre nos EUA, ainda somos da opinião de que essas operações devem ter a relação de substituição especificamente atreladas a ações de emissão da sociedade incorporadora, sejam elas ações novas, sejam elas ações já emitidas e mantidas em tesouraria da companhia emissora. Ainda em relação à comparação com as *stock exchange transactions* do MBCA, o principal elemento é a sua estrutura triangular: a maioria, senão a quase totalidade das *stock exchanges transactions* se dá pela criação de uma subsidiária integral carregando em seu patrimônio o ativo que será usado na troca, que é incorporada ao capital da empresa alvo. Essa subsidiária integral torna-se um veículo que irá transformar a companhia alvo em sua subsidiária integral, seguida de várias incorporações de capital até se concluir a operação tendo apenas uma ou duas companhias. Tal característica triangular envolvendo ações emitidas (ao invés de um aumento de capital com ações novas, que é o caso *de lege lata* do direito brasileiro) é uma das principais características dessas operações, como atestam outros juristas que exploram detalhes, como Bainbridge (Op. cit., Idem; pp. 55-56)

rência ao processo de *incorporação de ações* depende, *ultima ratio*, do tipo de operação (finalidade) que se encontra na base do processo de incorporação

e CLARK (Op. cit., Idem; pp. 401-461). É em CLARK, portanto, que essas diferenças ficam bastante evidentes, pois CLARK insere esse tipo de operação na categoria das *de facto mergers*, estando no plano intermédio entre um *sale of assets* seguido de *liquidation* (venda de ativos seguida de liquidação com pagamento em ações) e um *plain merger* (uma fusão/incorporação simples), também conhecidas no direito português e espanhol como *venda-fusão* – sobre a qual Raul VENTURA discorre com base na doutrina de VICENT CHULIÁ (vide VENTURA, Op. cit., Idem, pp.271-272, cf. já citado acima) – e no direito argentino como *fusiones de hecho* (vide CABANELLAS DE LAS CUEVAS, Guillermo. *Derecho Societário*, Tomo 11 – *Fusiones y Otros Actos...*, Op. cit., Idem, pp.123 e ss), para a qual existe a figura específica do *intercambio de acciones* (CABANELLAS DE LAS CUEVAS, Op. cit., Ibidem). CLARK ainda explicita inúmeras razões de natureza fiscal e tributária pela qual as opções são adotadas em um ou outro sentido, ou, ainda, em estruturas mistas e complexas, o que seria o caso das operações de *stock exchange* ou *stock-for-stock exchange* (para que a terminologia não se confunda com o *nomem iuris* das bolsas de valores). A questão societária do voto em assembleia também é controversa, pois há hipóteses em que o voto de acionistas pode ser dispensado (p. 418). Essa estrutura, entretanto, fica clara quando as *stock-for-stock exchange* são analisadas em paralelo com as incorporações de ações nas operações chamadas de *verticalização*, objeto de nosso estudo na parte seguinte do trabalho.

Uma passagem curiosa do trabalho de KALANSKY está na sua incisiva resistência em aceitar a aproximação entre incorporação de ações e o instituto do *freezout merger*, conforme havia sido sugerido pelo então diretor da CVM, Pedro Oliva Marcílio de Souza, no julgamento do caso Bunge/Fosfértil (KALANSKY, Op. cit., Idem, pp. 64-65): "De forma contrária ao raciocínio acima, entendemos que o *freezout merger* do direito norte-americano requer a eliminação do acionista minoritário mediante o pagamento em dinheiro, o que não ocorre na incorporação de ações, em que o acionista recebe ações diretamente da incorporadora, não podendo, portanto, comparar-se ao *freezout merger*, pois o acionista não será eliminado e sim fará parte do quadro acionário da incorporadora" (Ibidem). A contrapartida que KALANSKY oferece aos argumentos de Pedro Marcílio, se cotejadas com o comentário acima feito por CLARK em relação ao caso *Matteson*, nos gera dúvidas, pois há, na prática estado-unidense, um tipo de *freezout merger* com pagamento exclusivo em ações (sejam elas ações em tesouraria, sejam elas ações novas emitidas no contexto da operação de *triangular merger*, como ocorre nos aumentos de capital das incorporações de ações no Brasil, seja, ainda, em situações em que o pagamento se dá de forma mista mediante ações novas e ações em tesouraria em uma relação de substituição engenhosa que permitirá a criação de uma *unit* em troca da ação incorporada). Não se pode, contudo, imaginar que o *freezout merger* ou o *stock-for-stock exchange* são as únicas aproximações possíveis, ou, ainda que a assunção por uma pode excluir a outra. Na realidade, dependendo do tipo de operação (verticalização, consolidação de controle ou migração) a aproximação do processo brasileiro pode se dar mais para um modelo ou para outro. Em segundo lugar, as comparações baseadas no fenômeno da sociedade isolada, sem levar em conta o fenômeno da *empresa contemporânea* de que nos fala MUNHOZ pode, de fato, levar a embates ou divergências que ameaçam o estudo a se distanciar de sua essência.

de ações. Isso vale também para comparações que colocam a incorporação de ações na linha da operação de *merger with shares*.[44]

A tarefa que se propõe, portanto, não é simples.

A explanação acima já serve de clara justificativa para entender porque o material doutrinário, jurisprudencial e de direito comparado é tão escasso e, no caso da jurisprudência judicial, de qualidade discutível: a incorporação de ações envolve alguns equívocos teóricos, que se iniciam por meio de uma infelicidade terminológica, passam por uma confusão técnica de princípios e de conceituação, com topografia legal inadequada, culminando com consequências e interpretações jurídicas insensatas, exceto (com toda justiça) as respeitáveis opiniões citadas nesta introdução, margeadas, de certa forma, por uma inadequação do uso de fontes estrangeiras em comparação forçada com o nosso sistema.

Neste passo, nota-se que a lei, em seu Artigo 252 e nos demais artigos citados por referência peca ao não ter: (i) um regime sistemático e unificado dessa operação especial, regulando direitos, obrigações e responsabilidades, seja dos acionistas (controladores ou não), seja da administração; (ii) um conceito que defina o instituto pela essência ao invés de defini-lo pelo seu efeito; (iii) um tratamento mais detalhado das consequências dessa operação, sobretudo no que se refere ao direito de propriedade decorrente das ações incorporadas; (iv) um tratamento mais detalhado das espécies de incorporação de ações e do regime mais adequado de regulação de direitos, obrigações e responsabilidades segundo cada espécie de incorporação de ações; (v) um procedimento tomado de empréstimo das incorporações que, na maioria das vezes, não compreendem todos os aspectos de uma operação de incorporação de ações; (vi) um tratamento específico do pro-

---

[44] Nelson L. EIZIRIK (*A Lei da S/A Comentada*, Op. cit., Idem, p. 396) chega a afirmar que a incorporação de ações é "instrumento jurídico adaptado da experiência prática do mercado norte-americano, onde apresenta-se como uma das múltiplas modalidades de concentração e reorganização empresarial, tendo sido objeto de adequado e engenhoso tratamento legislativo entre nós". A esse ponto, faz nota abrindo referência a R. C. CLARK (Op. cit., Idem, p. 425). No referido *practical merger* mencionado por EIZIRIK e discorrido por CLARK, a semelhança com as incorporações de ações são reduzidas, pois nos exemplos de CLARK há verdadeira aquisição (venda e compra) com pagamento em ações em tesouraria (diz CLARK, "...*it can buy all of the target company's stock, using its own stock as means of payment...*", não ocorrendo, nesses casos citados por CLARK, decisões assembleares ou relações de troca). Desta forma, temos incrível dificuldade em concordar com o fato de que o processo de incorporação de ações no Brasil: (i) é adaptação de processos desenvolvidos na prática estado-unidense; (ii) tem tratamento adequado e engenhoso, pelas razões expostas a seguir no texto.

pósito de uma operação de incorporação de ações, que é a integração dos acionistas de uma sociedade à *holding* de grupo a que estiver ligada; (vii) um regime jurídico de avaliações e de estabelecimento de uma relação de substituição mais segura; (viii) uma alternativa à compulsoriedade de se efetivar as operações exclusivamente com ações novas, vedando operações com o uso de ações em tesouraria mantidas pela incorporadora.

O tema ainda, sob o ponto de vista científico, provoca duas importantíssimas discussões: (i) a primeira, a respeito da natureza jurídica da ação, valor mobiliário sob o qual, acredita-se, há um direito real de propriedade decorrente da relação entre o titular e a sociedade; (ii) a segunda, a respeito dos propósitos dessa operação, que além de tornar uma sociedade subsidiária integral de outra, visa assegurar meios para a integração de empresas no âmbito de sua organização em "grupos de fato", reacendendo[45] e dando combustível para novos desdobramentos dos estudos recentes feitos por Eduardo Secchi MUNHOZ[46], bem como nos estudos de Calixto SALOMÃO FILHO em suas revisões do clássico absoluto de Fábio Konder COMPARATO sobre o poder de controle[47].

---

[45] Vide SACRAMONE, Marcelo B.. "Falsa Polêmica: sem motivos razoáveis, incorporações de ações passaram a ser vistas como intrinsecamente perversas", *In Revista Capital Aberto*, Vol. 20. São Paulo: Editora Capital Aberto, Abril 2005, pp. 51-52.

[46] Vide E. S. MUNHOZ (Op. cit., Idem, pp. 136 e ss). Nesse passo, lembre-se aqui a possibilidade de se alinhavar o questionamento sobre a natureza jurídica da *ação* encarada numa realidade societária pós-moderna dos "grupos de fato" de que nos fala MUNHOZ, vis-à-vis ao fenômeno que MUNHOZ chama de *paradigma da sociedade isolada* (Ibidem, pp. 51-102) em confronto com a questão da *empresa plurissocietária*. Nessa instigante discussão, MUNHOZ analisa o papel da *personalidade jurídica* e da *limitação de responsabilidade dos sócios* no contexto da atual realidade societária, ao qual podem-se agregar discussões sobre a natureza jurídica da ação e o papel do *direito de propriedade* (em contraposição aos *direitos participativos*) dentro do mesmo contexto. Vide também a opinião de Nelson EIZIRIK ("Incorporação de Ações...", Op. cit., Idem; p. 78), sobre as técnicas para "diminuição de riscos da atividade monoprodutora".

[47] Neste particular, o papel que o *poder de controle* exerce em uma determinada operação é fundamental em sua definição, e, consequentemente, para os efeitos jurídicos que lhes são adjetos. Eduardo Secchi MUNHOZ já notou, em texto brilhante, que as alterações de controle em companhias sem acionista controlador definido (ou de "capital disperso") em oposição às companhias com acionista controlador definido devem ser analisadas, sob a ótica das eficiências ou ineficiências, "sob perspectiva absolutamente distinta" (Eduardo Secchi MUNHOZ, "Transferência de Controle nos Sistemas de Controle Concentrado e de Capital Disperso: Eficiências e Ineficiências", *In Temas de Direito Societário e Empresarial Contemporâneos*, org.: Marcelo Vieira von Adamek. São Paulo: Malheiros, 2011, p. 305). MUNHOZ lembra que a eficiência deve ser traduzida como resultado de uma operação realizada, levando a um

Os defeitos da lei neste ponto ainda geram efeitos sobre outras áreas do direito, sobretudo o direito tributário, onde a claudicante definição do instituto dá margem a certa insegurança jurídica a respeito dos regimes fiscais aplicáveis.[48]

Por fim, cumpre adicionar alguns comentários, ainda no âmbito da topografia geral, sobre a relação entre incorporação de ações e o conceito de subsidiária integral.

Como visto, a incorporação de ações surge em um momento histórico de nosso direito societário onde o receio em relação à sociedade unipessoal

"aumento do valor da companhia (ou de sua capacidade de gerar riqueza) acompanhado da melhoria da posição do conjunto de acionistas, sendo ineficiente quando ocorre o contrário" (p. 299), mantendo, neste caso, a definição trabalhada por Calixto SALOMÃO FILHO (*O Novo Direito Societário*, 4ª ed. São Paulo: Malheiros, 2011, pp. 42 e ss.). Ao advogar sob esta ótica da eficiência, podemos usar o mesmo princípio para as operações celebradas por meio de incorporação de ações e extrair as seguintes conclusões parciais: (i) o papel (ou mesmo a existência) de um poder de controle deve ser fundamental na construção dos princípios e na ótica de cada operação; (ii) a eficiência da operação, buscada no respeito a certos princípios atinentes ao *status socii* (como se verá), justifica a operação (e o termo aqui não pode ser outro que não seja *justifica*...).

[48] Sob o ponto de vista fiscal e tributário, o tema já suscitou acesos debates. Vide, nesse sentido, XAVIER, Alberto. "Incorporação de Ações: natureza jurídica e regime tributário", *In Sociedade Anônima: 30 anos da Lei n. 6.404/76* [orgs.: Rodrigo Monteiro de Castro e Leandro Santos Aragão]. São Paulo: Quartier Latin, 2007, pp. 119-143 e COELHO, Sacha Calmon Navarro. "Imposto Sobre a Renda e Incorporação de Ações de Sociedade *Holding*", *In Revista Dialética de Direito Tributário*, vol. 77. São Paulo: Dialética, Fevereiro 2002, pp. 167-190. A questão já foi discutida no âmbito da Câmara Superior de Recursos Fiscais do Conselho Administrativo de Recursos Fiscais ligado ao Ministério da Fazenda (vide Processo n. 16408.000120/2007-49, Acórdão nr. 9202-00.662, 2ª T, reunida em sessão no dia 12/04/2010, rel. Elias Sampaio Freire, que deu provimento ao Recurso nr. 159.368 impetrado pela Fazenda Nacional, com voto de qualidade, vencidos os conselheiros Gonçalo Bonet Allage, Manoel Coelho Arruda Junior, Moises Giacomelli Nunes da Silva, Francisco Assis de Oliveira Junior e Rycardo Henrique Magalhães de Oliveira), decidindo o famoso Caso Insol/MSB. Nessa polêmica e paradigmática decisão, ficou entendido, para fins fiscais, que "a incorporação de ações constitui uma forma de alienação em sentido amplo", reconhecendo-se eventual ganho de capital apurado na diferença entre o valor de aquisição das ações incorporadas pelo acionista afetado e o valor decorrente da relação de substituição que atribuiu novas ações da incorporadora. Isso, de certa forma, significa que a incorporação de ações pode gerar impacto fiscal imediato por ato que o acionista afetado pela operação não aprovou, não contribuiu, não gerou e foi, pelo contrário, mera peça passiva de semelhante processo. É, de fato, um despautério para o qual Alberto XAVIER nos chama a atenção. Vale ainda lembrar que, no caso do Acórdão 9202-00.662 envolvendo a operação entre Insol e MSB, duas companhias de capital fechado, deu-se o que aqui trataremos por *consolidação de controle*, onde os acionistas da Insol se tornaram controladores da MSB, que incorporou as ações de emissão da Insol, convertendo-a em sua subsidiária integral.

era bastante grande. Desde o clássico texto de Trajano de Miranda Valverde[49] atacando o paradigma da sociedade unipessoal, a doutrina vem se esforçando em abrir um espaço teórico para sustentar a viabilidade da sociedade unipessoal no direito brasileiro.

É incontestável que a *subsidiária integral* na Lei das S.A. abriu caminho para essa discussão, culminando, recentemente, na reforma do Código Civil por meio da Lei nº 12.441, de 11 de julho de 2011, que introduziu o regime do artigo 980-A com a inovação do modelo societário da Eireli[50].

Contudo, o caminho seguido foi árduo e o debate sobre a *subsidiária integral* foi extenso, mas sempre com vistas ao universo da sociedade pessoal, e menos com vistas ao universo dos processos que culminavam com o regime da subsidiária integral.

A lei reconhece três formas de se obter uma subsidiária integral: (i) por constituição originária, que se dá única e exclusivamente por meio de escritura pública; e (ii) por constituição derivada, que pode se dar 1. por meio de sucessivas compras e vendas de ações de emissão da companhia a ser transformada em subsidiária integral ou, ainda, 2. por meio de um processo de incorporação de ações, objeto deste estudo.

Nesse passo, a incorporação de ações sempre esteve a serviço, teoricamente, da sustentação da sociedade unipessoal – e não o contrário. A sociedade unipessoal, por meio da subsidiária integral, é mera consequencia do processo de incorporação de ações e tem relação meramente extrínseca e exógena em relação a este. É, portanto, *um dos caminhos* que a lei oferece para que se chegue ao resultado da *sociedade unipessoal*.

---

[49] Trajano de Miranda Valverde (*Sociedade por Ações (Comentários...)*, Op. cit., Idem, p. 18) afirmava: "Lógica e juridicamente não se pode conhecer sociedade com um único sócio, nem é possível o funcionamento normal, ainda que por pouco tempo, de uma sociedade anônima com um único acionista".

[50] Não temos por propósito discutir Eireli e suas peculiaridades, problemas e vicissitudes. A Eireli é aqui considerada apenas como dado histórico na evolução legal da adoção legislativa de modelos de sociedade unipessoal. Vale lembrar, a título de curiosidade e por seu turno, que o §3º ao artigo 980-A abre a possibilidade de se criarem operações de "incorporação de quotas", à semelhança do artigo 252 da Lei das S.A., ao admitir que "A empresa individual de responsabilidade limitada também poderá resultar da **concentração das quotas de outra modalidade societária num único sócio, independentemente das razões que motivaram tal concentração**" (grifamos). A forma ou o processo de concentração, nada impede, pode ser dado por mimetização de processo previsto no artigo 252 da Lei das S.A. A doutrina, a esse respeito, tem estado silente.

O estudo da subsidiária integral, em si, sempre se prestou a vencer os medos e preconceitos de adoção da sociedade unipessoal como um todo e em nada ou muito pouco auxilia no estudo do processo de incorporação de ações, sobretudo sob o ponto de vista intrínseco desse processo.

Essa topografia curiosa, que se presta a quebrar as amarras em relação à sociedade unipessoal, somada à limitação em relação ao material histórico e de direito comparado específico para incorporação de ações, aliado ao escasso material doutrinário sobre o tema, comprova bem a razão pela qual a incorporação de ações surge mais como mecanismo a serviço de sustentação da sociedade unipessoal do que um instrumento jurídico local, adaptado das práticas estrangeiras e a serviço de operações criativas, que possam culminar, ainda que por meios distintos, a um mesmo resultado. Os tradicionais comentadores como Fran MARTINS[51] e Modesto CARVALHOSA[52] dedicam poucas páginas ao assunto. Recentemente, Nelson EIZIRIK também debruçou-se sobre o tema, mas dedicando-lhe também pouco espaço, se comparado a outros temas como o da incorporação[53]. Haroldo Malheiros Duclerc VERÇOSA[54] e Rubens REQUIÃO[55], por seu turno, também dedicam pequeno espaço ao assunto[56].

Doutrinadores como Egberto LACERDA TEIXEIRA e José Alexandre TAVARES GUERREIRO[57], Calixto SALOMÃO FILHO[58], Osmar Brina

---

[51] MARTINS, Fran. *Comentários ...*, Op. cit., Idem, pp. 1039-1042.
[52] Op. cit, Idem, pp. 172-184, comentador que, diga-se de passagem, é um dos que mais se debruça sobre o tema.
[53] *A Lei das S/A Comentada*, Op. cit., Idem, pp. 395-408, sendo um dos que mais se dedica ao tema.
[54] Haroldo Malheiros Duclerc VERÇOSA. *Curso de Direito Comercial*, vol. 3. São Paulo: Malheiros, 2008, p. 715.
[55] REQUIÃO, Rubens. *Curso de Direito Comercial*, 2º Vol., 26ª ed.. São Paulo: Saraiva, 2009, p. 291: consigne-se, REQUIÃO se limita, em 1 página, a transcrever em forma de texto corrido os próprios artigos de lei.
[56] Outros doutrinadores, em seus cursos ou manuais de direito societário ou comercial, chegam a dedicar menos assunto ao tema do que o faz a própria lei: apenas um parágrafo.
[57] TEIXEIRA e GUERREIRO, Op. cit., Idem, pp. 726-730. Sustentam, ladeados por CARVALHOSA (Ibidem, p. 180, onde chama de "incorporação ficta") que não seria uma incorporação e em semelhança com o instituto do artigo 227 da Lei 6.404/76 teria apenas parte do *nomem iuris* e o procedimento. Contra esse posicionamento estariam Alfredo LAMY FILHO e José Luiz de BULHÕES PEDREIRA. *A Lei das S.A.*. Rio de Janeiro: Renovar, 1992, p. 247 (texto usado na exposição de motivos da Lei das S.A.). Recentemente, Nelson EIZIRIK ladeou-se a esse entendimento antes defendido por LAMY FILHO e BULHÕES PEDREIRA, aproximando a incorporação de ações à incorporação de capital (Ibidem, pp.396-397).
[58] Vide, em especial, SALOMÃO FILHO, Calixto. *A Sociedade Unipessoal*. São Paulo: Malheiros, 1995, pp.188-189.

Corrêa-Lima[59] e Paulo Roberto Costa Figueiredo[60], seja em suas obras sobre direito societário geral, seja em suas obras sobre o tema da subsidiária integral ou da sociedade unipessoal, tratam, da mesma forma, de maneira muito perfunctória a respeito das questões envolvendo as incorporações de ações e as subsidiárias integrais, o que, de forma cabal, evidencia que a incorporação de ações foi processo a serviço da quebra de preconceitos em relação à sociedade unipessoal.[61]

---

[59] Corrêa-Lima, Osmar Brina. *Sociedade Anônima*, 3ª ed.. Belo Horizonte: Del Rey, 2005, p. 389.
[60] Costa Figueiredo, Paulo Roberto. *Subsidiária Integral – A Sociedade Unipessoal no Direito Brasileiro*. São Paulo: Saraiva, 1984, pp. 71-73 e 86-95.
[61] Essa tendência, já marcada pelo selo da história, fica bastante saliente em Daniel Kalansky (*Op. cit.*, Idem, pp. 29-33).

Capítulo 2
Princípios Gerais

Independentemente de quais operações societárias são processadas por meio de uma incorporação de ações (se uma migração, uma verticalização ou uma consolidação), há sempre uma coincidência de princípios jurídicos[62] que instruem essas operações.[63]

Em nossas pesquisas, notamos que todas as operações realizadas por meio de uma incorporação de ações devem atentar para os seguintes valores ou axiomas jurídicos: (i) ser promovida segundo uma motivação juridicamente justificada; (ii) ser promovida em atenção a um valor de troca

---

[62] Não apenas essas operações, mas também as operações de incorporação de capital, de fusão, de cisão e inclusive de transformação. Acreditamos também que operações de resgate, amortização, modificação do capital social (seja aumento, seja redução), bonificação, desdobramento e grupamento devem seguir ainda dois dentre os três princípios acima mencionados (haja vista que nessas operações não há relação de substituição), a saber: (i) motivação e (ii) *statuo viae*.

[63] Veja-se passagem interessante de Fran MARTINS (*Comentários...*, Op. cit., Idem, p. 1040), que analisa o processo sob diferentes aspectos: "Assim, a operação pode ser explicada de duas maneiras: ou sendo considerada a transferência das ações pelos acionistas da primeira sociedade para a segunda sociedade, como *pagamento* das ações subscritas por aqueles no aumento de capital da segunda, ou como uma *venda* das ações da primeira sociedade à segunda (*controladora integral* ou *incorporadora*), que faz o pagamento àqueles acionistas não em *dinheiro* (o que levaria à conversão de uma sociedade em subsidiária integral pela *aquisição* das ações pela controladora, caso já focalizado pela lei) mas em *ações* decorrentes de um aumento de capital, deliberado e aceito por todos os acionistas da incorporadora com essa finalidade". Aqui, o único reparo que necessita ser feito é em relação ao fato da operação ter que ser "aceita por todos os acionistas da incorporadora", quando na verdade precisa apenas da maioria presente votante, não carecendo de unanimidade.

ou relação de substituição adequada; e (iii) ocorrer em atenção ao princípio da instabilidade do investimento em renda variável (juridicamente conhecido como *statuo viae*).

Neste contexto, os três parâmetros acima adotados sustentam, teoricamente e na base do instituto, toda a superestrutura jurídica procedimental que funda os efeitos desse processo, bem como a sua eficácia e a sua validade. Tais parâmetros devem ser atendidos como um todo e a eles deve ser dedicada a máxima atenção possível pelas partes integrantes do processo.[64]

Comecemos, portanto, com o primeiro axioma, o da motivação jurídica adequada. Nesse particular, as operações que adotam um procedimento de incorporação de ações, devem ter um motivo, fundamentado em lei e que tenha por meta a proteção de um interesse legítimo da companhia[65/66].

---

[64] A *motivação justificada juridicamente*, a *relação de substituição adequada* e o *statuo viæ* são elementos que guiam a formação das vontades societárias que integram uma operação de incorporação de ações. Uma operação realizada pelo processo de *incorporação de ações* deve, desde o início, desde, portanto, a estruturação da *Justificação*, se guiar por tais princípios. Isso implica, necessariamente, a elaboração de um *Protocolo* (subsequente à *Justificação*), de um Fato Relevante nos termos da ICVM 319, de um *disclosure* especial nos termos da ICVM 481, bem como um Edital de Convocação de AGE para deliberação do processo e da operação, numa condução do conclave deliberativo, tudo isso, sempre em atenção e respeito a esses três princípios. A vontade societária é formada no âmbito das administrações e, posteriormente, consolidada no âmbito das assembleias. Esses princípios estão na base das assembleias e as deliberações não podem ser solicitadas ou tomadas ignorando-os: nem pela administração, nem pela unanimidade dos acionistas. Se perseguirmos detalhes da operação, a desatenção a tais princípios pode afetar (i) *a integridade do capital social*; e (ii) *a veracidade das demonstrações financeiras* (sobretudo as demonstrações financeiras resultantes da conclusão de operação que falhe no tocante à relação de substituição adequada). Por tais razões, as deliberações decorrentes de um processo de incorporação de ações que não levem em conta esses princípios põem em risco as *disposições legais que se prestam a proteger interesses de terceiros* (nesse sentido, vide Erasmo Valladão Azevedo e Novaes FRANÇA. *Invalidade das Deliberações de Assembleia das S/A*. São Paulo: Malheiros, 1999, pp. 107-109).

[65] *De lege ferenda*, EASTERBROOK e FISCHEL (Op. cit., Idem, pp. 119-142) entendem que não há uma obrigação legal de compartilhamento de ganhos em operações societárias complexas (p. 139: "... *gains need not be shared*..."), embora os acionistas sempre venham a buscar, por esforço coletivo, socializar os ganhos (p. 119: "*Do investors prefer a legal rule creating a larger pie even if not everyone may have a larger slice? They do...*"). A linha teórica de EASTERBROOK e FISCHEL se utiliza da justificativa baseada nas benesses da não-intervenção e da autorregulação. Em sentido oposto, Adoración PEREZ TROYA (*La determinación del tipo de canje en la fusión de sociedades*. Madrid: Marcial Pons, 1998, p. 58) defende que um dos papéis da *fusión* é maximizar a riqueza dos acionistas (proprietários). Adicionamos a esse pensamento a ideia mais ampla de que, na realidade, a parte as funções que as operações cursadas via incorporação de ações

Tais operações, ainda que fundamentadas em um motivo previsto em lei, mas estruturadas no interesse exclusivo de um acionista ou de um grupo de acionistas, podem ser questionadas[67].

possam ter, o seu *resultado* deve ser sempre no sentido da *preservação* ou *maximização* da riqueza acumulada (ou depreciada) ao *tempo da operação* e muita vez essa *maximização* pode implicar no compartilhamento de ganhos de que nos fala (em tom negativo) EASTERBROOK e FISCHEL.
[66] É de Andrea VICARI (*Gli azionisti nella fusione di società*. Milão: Giuffrè, 2004, pp. 7 e ss.) uma das ponderações mais lúcidas acerca do interesse social em operações que envolvam relação de substituição, como as *fusioni*: o interesse social estará invariavelmente na busca de um desempenho social que persiga a maximização da rentabilidade (*massimizzazione della redditività*), cujo conceito toma boa parte de sua tese (pp.57 e ss), elevado ao âmbito de verdadeiro dever que pode ser perseguido judicialmente em caso de falha, por meio de tutela específica de ação social de responsabilidade com caráter ressarcitório, que se transferiria para a incorporadora (cf. art. 2504-*bis*, 1º do *Codice Civile*, aplicável exclusivamente aos casos de *fusão*), cf. pp. 302 e ss. Essa ideia de maximização de valores, como visto na nota anterior, é acompanhada por PEREZ TROYA em Espanha e, neste trabalho, ponderada pela *manutenção das riquezas* (critério igualmente validante) apuradas *ao tempo de realização da operação e no instante imediatamente anterior ao seu início procedimental* e não apenas a riqueza escolhida no momento da fundação ou aleatoriamente no melhor momento da vida da empresa, o que certamente frustraria o caráter de risco de um investimento de renda variável representado por ações.
[67] Um elemento muito importante na seara do direito comparado encontra-se no *case* julgado pela *Supreme Court of Massachussets* intitulado *Coggins v. New England Patriots Football Club, Inc.* (*Supreme Court of Massachussets*, 492 N.E.2d 1112, [1986], relator J. Liacos), onde discutiu-se a justiça e a adequação de uma reorganização societária do time de futebol americano *New England Patriots*. Administrada por Sullivan, a reorganização contou com a criação de um veículo sobre o qual Sullivan efetuou um *freezout merger* onde ele, Sullivan, se tornou o único acionista da sociedade que deteria os direitos da equipe de futebol. Coggins, um torcedor e acionista dos *Old Patriots* (sociedade anterior que detinha os direitos da mencionada equipe de futebol) protestou contra o mérito dessa operação, por se tratar de uma *migração* seguida de *resgate* de todos os remanescentes, que agiria exclusivamente no interesse de Sullivan e não da massa torcedora (e acionista) do New England Patriots. A corte reconheceu a existência de uma *business purpose doctrine* como justificação da operação, salientando: "*The plaintiffs here adequately alleged that the merger of the Old Patriots and New Patriots was a freeze-out merger undertaken for no legitimate business purpose, but merely for the personal benefit of Sullivan. While we have recognized the right to 'selfish ownership' in a corporation, such a right must be balanced against the concept of the majority stockholder's fiduciary obligation to the minority stockholders [Wilkes v. Springside Nursing Home, Inc., 370 Mass. 842 , 851 (1976)]. Consequently, the defendants bear the burden of proving, first, that the merger was for a legitimate business purpose, and, second, that, considering the totality of the circumstances, it was fair to the minority*". Lembre-se que nossa lei encampa, seguindo orientação doutrinária comparateana, o princípio do *dever fiduciário do acionista controlador*, *ex vi* o Parágrafo Único ao artigo 116 da Lei das S.A.. Trata-se de um dever polêmico, já que, muita vez, o acionista controlador poderá se deparar com situações em que estará em interesses adversos diante de um ou mais acionistas. Tecnicamente, esse conflito qualificado

Os motivos para a realização de operação que se utilize do processo de incorporação de ações devem, portanto, estar, em primeiro lugar, fundamentados na lei[68]. Motivos sem respaldo legal devem ser suficientes para a administração rejeitar esse processo. Essa necessidade de justificação e motivação para operações envolvendo procedimentos societários, segundo alguns juristas, deve ser considerada uma *condição de validade da operação*. Defende esta linha, a qual seguimos *cum grano salis*, a jurista espanhola Adoración PEREZ TROYA.[69] Essa motivação, além do previsto em lei, deve ainda atentar para o *interesse exclusivo da companhia*.

Em relação ao interesse da companhia, a administração das sociedades envolvidas deve estar adstrita ao dever previsto no artigo 154, *caput*, da Lei das S.A., agindo segundo a *finalidade das atribuições*: nas operações em que se utiliza o processo de incorporação de ações, os fins e interesses da companhia devem estar atendidos[70].

---

por uma pretensão resistida é o que todos sabemos se tratar de uma *lide*. A separação de um *dever fiduciário* (sendo dever, algo que obriga) de uma *pretensão resistida* (e, sendo pretensão, é votar em certo sentido, passando a ser direito e não uma obrigação de se sujeitar a vontade da minoria) é um dos problemas mais espinhosos do direito societário moderno, que se orienta pela regra da maioria. Dizer que o controlador tem deveres *fiduciários* e pressupor que esse acionista estará em uma posição de *fides* perante outros sujeitos de direito para quem *sujeição de fato* não há, talvez tenha sido um passo ousado rumo a uma abordagem mais *paternalista* do exercício do controle, que muita vez pouco auxilia no desenvolvimento do sistema. Não cabe neste trabalho discutir a fundo essa questão, infelizmente.

[68] A Lei italiana, no art. 2501-*quarter* do *Code Civile* impõe à administração o dever de redigir uma *relazione* (espécie de relatório), "*la quale illustri e giustifichi, sotto il profilo giuridico ed economico, il progetto di fusione e in particolare il rapporto di cambio delle azioni o delle quote*".

[69] Vide *La determinación del tipo de canje...*, Op. cit., Idem, pp. 32 e ss.

[70] A doutrina do *interesse social* ou *interesse societário* é extensa e complexa no Brasil e no direito comparado. Entre nós, trabalhou com profundidade Calixto SALOMÃO FILHO (*O Novo Direito Societário...*, Op. cit., Idem, pp. 25 e ss.) e Erasmo Valladão A. N. FRANÇA (*Conflito de Interesses nas Assembleias de S/A (e outros escritos sobre conflito de interesse)*, 2ª ed.. São Paulo: Malheiros, 2014, pp. 27 e ss.), sendo que este último deu enfoque aos excessos de poderes por parte de acionistas. É de Calixto SALOMÃO FILHO que optamos extrair o seguinte conceito: "O interesse da empresa não pode ser mais identificado, como no contratualismo, ao interesse dos sócios nem tampouco, como na fase institucionalista mais extremada, à autopreservação. Deve isso sim ser relacionado à criação de uma organização capaz de estruturar de forma mais *eficiente* – e aqui a eficiência é a distributiva e não a alocativa – as relações jurídicas que envolvem a sociedade" (grifamos, Ibidem, p. 42). Essa ideia de *eficiência* é também compartilhada por A. PEREZ TROYA (*La determinación del tipo de canje...*, Op. cit., Idem, pp. 55 e ss.) e como se verá logo adiante, estabelece importante premissa objetiva para se apurar os critérios para uma motivação juridicamente válida. Vide também SILVA, Thiago J. *Administradores e Acionistas:*

No âmbito do processo de incorporação de ações, por empréstimo das demais operações societárias de capital, a Lei das S.A. estabelece como condição essencial a todas essas operações (incluindo aquelas efetivadas por meio de incorporação de ações), a edição de um documento chamado de *Justificação* onde deverão constar, "os motivos ou fins da operação, e o interesse da companhia na sua realização". Qual seja, a própria lei prevê essa necessidade de motivação, alçada a verdadeira condição de validade. Além disso, prevê um documento específico para essa motivação bem como um momento processual próprio.[71]

Esse é um dos documentos que a prática no Brasil trata com o maior desprezo e desmazelo[72]; mas é efetivamente nele que se encontram as bases de uma operação celebrada pelo processo de incorporação de ações[73].

Limites à vinculação. São Paulo: Quartier Latin, 2015, pp. 34 e ss.). Alhures, o já citado Andrea VICARI (*Gli azionisti nella fusione...*, Op. cit., Ibidem, pp. 1-27).

Adicionalmente, como se verá logo abaixo, o conceito de *interesse social* ou *interesse societário* carece ainda, na doutrina jurídica, de prestigiar os estudos no âmbito da administração estratégica, sobretudo no que diz respeito aos conceitos de *missão, metas* e *objetivos*.

[71] Concordamos aqui com A. PEREZ TROYA (*La determinación del tipo de canje...*, Op. cit., Idem, pp. 39-40) quando afirma que há uma *necessidade intrínseca de motivação* neste tipo de operação.

[72] Na análise das alterações implementadas pela Lei das S.A., em 1976, alguns comentadores nem sequer associam o dever anterior de divulgação das "bases da operação" com a formalização atual em um documento de Justificação. Nesse contexto, é comum identificar na doutrina um tratamento mais superficial à Justificação, se comparada ao protocolo, como vimos em Waldírio BULGARELLI (*Fusões, Incorporações e Cisões de Sociedades*, 6ª ed.. São Paulo: Atlas, p. 214): "trata-se de inovação que se insere no que se convencionou chamar, hoje, direito de informação do acionista, mas que também, como elemento informativo, atinge os credores". Sabe-se, como há de se demonstrar, que a Justificação tem uma importância muito maior que dar "mera informação" sobre a operação. Ela não informa (apenas), mas, como o próprio nome diz, *justifica*, explicita as razões e fornece argumentos para municiar dissidências fundamentadas, que podem desaguar em litígios.

[73] Se uma operação é juridicamente justificada em ganhos potenciais, a administração deve demonstrá-los, por meio, inclusive, de projeções (contendo, logicamente, suas premissas e *carve outs*). A menção na justificação pode não ser suficiente se não houver, portanto, cabal demonstração dessa justificação e da busca desse objetivo: seja a maximização potencial de ganhos ou receitas, a maximação do retorno sobre o capital investido para os acionistas (*ROE* ou *return on equity*), a redução de custos, o incremento patrimonial indireto e assim por diante. É cristalino que essas assunções feitas pela administração estarão, sob o ponto de vista fiduciário, completamente protegidas pelo *business judgement rule* e pelas cautelas preventivas de diligência, não sendo viável exigir o resultado da administração, se o risco, assumido por todos, não é atingido pela companhia, excluídos os casos de culpa ou dolo da administração. Colhemos de A. PEREZ TROYA (*La determinación del tipo de canje...*, Op. cit.,

Geralmente, na prática das operações realizadas mediante incorporação de ações, os documentos de Protocolo e Justificação tratam a parte da Justificação com simplicidade demasiada e superficialidade notáveis. Normalmente, para atender o disposto no artigo 225, I, da Lei das S.A., tais documentos refletem de maneira quase uniformizada um texto que inclua as palavras-chave "simplificação da estrutura societária e operacional atual", "redução de custos financeiros, operacionais, logísticos e de manutenção de sistemas" e "ganhos de sinergia". Entretanto, nenhuma justificação *demonstra* a parte de redução de custos e os ganhos de sinergia, ficando apenas no âmbito da simplificação da estrutura societária, que muita vez nem sequer chega a ocorrer, sobretudo quando há verticalização ou consolidação de controle entre duas *holdings* com controle independente.

Ademais, embora os "ganhos de sinergia" tenham efeito quase mágico nas justificações, é de se reconhecer que, apesar do termo não ter significado nenhum sob o ponto de vista jurídico[74], trata-se de um termo téc-

---

Idem, p. 38) a seguinte observação: "*De entre las exigencias previstas para la fusión, cabe destacar que los administradores de cada una de las sociedades que participan en la operación vienen obligados a elaborar un informe explicando y* justificando *detalladamente el proyecto de fusión en sus aspectos jurídicos y económicos, con especial referencia al tipo de canje de las acciones y a las especiales dificultades de valoración que pudieran existir. Por otro lado, es necesario el informe de un experto independiente sobre el proyecto de fusión y sobre el patrimonio aportado por las sociedades que se extinguen, debiéndose manifestar en el mismo, entre otros extremos, si el tipo de canje está o no* justificado, *cuáles han sido los métodos seguidos para establecerlo, si tales métodos son adecuados, mencionando los valores a los que conducen, y las dificultades de valoración, si existieren*" (destaques no original).

[74] Adoración Perez Troya (*La determinación del tipo de canje en la fusión de sociedades*. Madrid: Marcial Pons, 1998, pp. 17 e ss.) tenta dar conteúdo jurídico ao termo *sinergia* com essas palavras: "*La sinergía se define como la situación en la cual la suma de dos o más partes es mayor que la de suas contribuciones individuales, y, por consiguiente, de una fusión resultará un efecto sinérgico cuando la integración de dos o más sociedades en una comporte la conformación de un complejo de valor superior al de la suma del de las entidades que se fusionan*". É uma definição própria da autora sem correspondência na doutrina, nem de seu país, nem em doutrina estrangeira. Não há também qualquer justificativa econômica, jurídica, contábil ou com apoio na ciência da administração. Apenas uma menção a Easterbrook e Fischel. Neste pormenor, especificamente na doutrina estado-unidense, identifica-se um mal entendido do debate empreendido por Easterbrook e Fischel em relação a um certa tese de Brudney sobre sinergia. O argumento central entre Brudney e Chirelstein atacado por Easterbrook & Fischel (*The Economic Structure*..., Op. cit., Idem, pp. 136-137) centra-se exclusivamente na hipótese de "*gains from the merger of a parent corporation and a subsidiary*", qual seja, uma operação de migração, conforme aqui tratamos. Perez Troya tenta retirar dessa discussão um argumento de aplicação geral, algo

nico e que evidencia (ou esconde) um compromisso preciso e objetivo da administração da companhia com o seu corpo acionário.

O termo sinergia se insere dentro das técnicas de ciência da administração, mais precisamente no âmbito da *administração estratégica*, cujos

que aqui combatemos, haja vista as peculiaridades de cada operação que usa um processo unificado pela lei, mas que, no mérito, são operações com finalidades distintas. O argumento de PEREZ TROYA também, de certa forma, invalida que se efetive esse tipo de operação entre companhias com patrimônio líquido negativo, inviabilizando importantíssimos instrumentos para o desenvolvimento das ferramentas previstas na Lei nº 11.101, de 9 de fevereiro de 2005, sobretudo aquelas do art. 50, II, que ao fazer remissão à hipótese de "constituição de subsidiária integral", nesta que é uma lista exemplificativa, abre fundamental oportunidade de usos para o âmbito da recuperação de empresas viáveis.

Ademais e principalmente, como logo veremos, essa adoção de conceito conflita completamente com os estudos de mais de cinquenta anos traçados dentro da ciência da administração, especificamente na cadeira de Administração Estratégica. Isso teria pouco ou nenhum impacto se essa definição de singeria (equivocada, ao nosso ver, pois mistura o compartilhamento de recursos típico da sinergia com a existência de um resultado líquido patrimonial inferior a um suposto valor econômico decorrente da operação sob análise), não servisse de base para a autora arguir a existência de certas nulidades por ineficiências (pp. 56 e ss). Dentro de seu conceito particular de sinergia, PEREZ TROYA afirma: "*Los criterios a tomar en consideración a fin de enjuiciar el carácter eficiente o ineficiente de una fusión pueden , básicamente, resumirse en dos. El resultado de esta valoración depende, por un lado, de si la fusión implica el alcance de algún tipo de sinergia, esto es, de si es susceptible de comportar alguna ventaja sobre la situación de funcionamento aislado de las sociedades. La fusión no susceptible de generar ningún efecto de sinergia, es, por tanto, ineficiente*" (p.56). Logo em nota de rodapé a esse texto (nota 52) a autora ainda complementa: "*Tal exigencia se cumplirá cuando se generen nuveas oportunidades de inversión (*i.e.*, fabricación de um nuevo producto, entrada en un nuevo mercado territorial),* **o bien se consigan economías,** *o cuando la fusión permita aprovechar las capacidades de gestión de alguno de los equipos directivos que hasta entonces sólo redundaban en beneficio de una única sociedad*". Eis o equívoco de PEREZ TROYA no trecho em negrito, marcado por nós: conforme veremos, é possível se obter economias consideráveis em uma operação que gere um conglomerado com baixa aderência sinergética. A autora, *data maxima venia*, confunde tais "benefícios" com a terminologia técnica de *singeria* empregada na ciência da administração. O erro de premissa ainda culmina com a perigosa sugestão: "*En consecuencia, y con carácter general, puede, pues, afirmarse que cuanto mayores sean los efectos sinérgicos expectantes, más tolerable pude ser una mayor incidencia de la operación sobre los derechos de los socios, mientras que cuanto menores sean las ventajas dimanantes, el grado de incidencia tolerable también deberá ser menor*". Inválida, pois, ao nosso ver, a análise custo benefício fulcrada em premissa completamente equivocada – em resumo, nem toda operação, seja de incorporação, seja de verticalização, seja de consolidação de controle, seja de migração (as três últimas estudadas neste trabalho) visará atingir um "efeito sinergético", conforme veremos, ocorrendo, muita vez, a busca de um efeito de conglomerado, onde a singeria deve ser *evitada*, justamente com o fim de se obter as mencionadas economias, a geração de um novo produto ou a otimização de estruturas de custo.

estudos pioneiros de Igor ANSOFF delimitaram o sentido e o uso da ferramenta denominada pelo mencionado termo[75]. Para se entender *sinergia*, é necessário compreender o conceito de *missão* e *metas e objetivos*. A par de seu objeto social e seu *objetivo societário* (o lucro), uma sociedade deve estabelecer uma *missão*, qual seja, um método (administrativo) e uma forma pela qual o lucro é buscado, em respeito às influências exercidas por cada constituinte societário (chamados nos EUA de *stakeholders*) nas tomadas de decisão da administração. A missão é um compromisso assumido pela companhia perante seus acionistas, colaboradores, credores, fornecedores e clientes. Normalmente esse compromisso é assumido em um documento muito pouco estudado no Brasil mas que, no âmbito de nosso direito tem caráter estatutário, a saber, os *Regulamentos Internos* ou os *Códigos de Ética* ou *Códigos de Conduta*.[76] Em outras situações, a missão é apenas explanda nos

---

[75] Vide Igor ANSOFF e Edward McDONNEL. *Implanting Strategic Management*, 2ª ed.. Harlow, Essex: Prentice Hall, 1990, pp. 122 e ss.

[76] Normalmente o tema é confundido com outros que dizem respeito à nova área de atuação empresarial chamada de *Compliance*, que mistura elementos de administração (estratégia) e jurídicos (cumprimento de normas). Muitos a chamam de *governança corporativa*, mas fato é que esse tema tem crescido fora do âmbito jurídico por puro desleixo e descaso dos responsáveis pela interpretação jurídica em relação a documentos que pouco entendem ou que quase nada fazem questão de entender. A ética já é vista no âmbito da ciência econômica como verdadeiro "fator de produção", pois não apenas interfere nas "regras do jogo", mas também e sobretudo modifica a qualidade dos respectivos "jogadores", produzindo resultados (sob o primas da eficiência econômica) bastante diversos em relação a ambientes em que a ética não é considerada como "fator de produção"(vide, nesse sentido, Eduardo GIANNETTI. *Vícios Privados, Benefícios Públicos?: a ética na riqueza das nações*. São Paulo: Cia das Letras, 1993, pp. 151 e ss.). Os *Códigos de Ética*, *Códigos de Conduta*, *Regulamentos Internos* e outros documentos que, cada um ao seu modo e cada qual com a sua(s) nomenclatura(s) – vez que muitas companhias desdobram temas em vários documentos distintos, acabam sendo desacreditados por juristas, advogados (internos e externos) e juízes (ou quem os faça as vezes, sob o ponto de vista das atribuições de aplicação do direito, como os membros das superintendências e do colegiado da CVM). Parte desse descrédito é alimentado pela equivocada visão pseudo-kelseniana de que a ética seria um assunto que foge do âmbito de atuação do jurista, tema que Fábio Konder COMPARATO recentemente rechaçou (vide *Ética – Direito, Moral e Religião no Mundo Moderno*.São Paulo: Cia das Letras, 2006, esp. pp. 517-519), admitindo que o Estado (bem como as instituições) tem necessitado com maior ênfase da positivação de princípios de éticos do que de uma antiga confiança no "inconsciente coletivo" e uma aceitação geral dos limites (jurídicos) impostos pela ética. A parte essa questão, de cunho mais filosófico, sob o ponto de vista jurídico e societário, tais *"Códigos"* transparecem, de fato, verdadeiras *regras de conduta*, voltando ao conceito de direito firmado no *ethos* [εθος], de que já nos falava TELLES JUNIOR (Goffredo da Silva TELLES JUNIOR. *O Direito Quântico*, 6ª edição. São Paulo:

portais eletrônicos da companhia e acabam tendo um uso mais próximo do *marketing* (e às vezes até da *propaganda*), com pouca ou quase nenhuma aderência jurídica.

Max Limonad, 1985, pp. 341 e ss.). Não há mais como o societarista se alhear desse tema. É urgente que lhe seja reconhecida a importância e sobretudo a exequibilidade, pois em todos os casos são documentos que se aplicam à administração da companhia, seus funcionários, seus terceirizados, fornecedores e demais colaboradores. Na grande e esmagadora maioria dos casos, o acionista controaldor também está adistrito ao cumprimento de tais regras, que, como aqui defendemos, têm natureza completamente jurídico-societária. Em algumas companhias, essas regras se aplicam, inclusive, aos demais acionistas, sobretudo quando tais documentos são aprovados e ratificados em assembleia. Por outro lado, é de se notar que o desdém do societarista em relação a tais documentos se deve ao simples fato de termos aqui uma espécie de "menoscabo de segundo grau". Defendemos aqui que tais documentos têm natureza essencialmente *societária e estatutária*. Desta forma, como o tema dos *estatutos sociais* tem regulação extremamente falha em nossa lei, os demais documentos societários que possuam natureza *estatutária* mas não ostentem o nome de "Estatutos Sociais" e deles não fazem parte formalmente (nem na forma de anexos), acabam recebendo um tratamento ainda menos atento e dedicado, ficando o debate nas mãos de outras áreas recém criadas na intersecção do direito e da administração estratégica, muita vez não atendendo nem a uma, nem a outra, seguindo apenas um modismo ou estrangeirismo que o nosso sistema poderia abarcar de forma muito mais eficiente do que na origem onde os *compliances* foram criados. Note-se que a nossa Lei das S.A. não dedica um capítulo exclusivo ou ao menos um trecho do diploma legal para tratar com mais atenção dos *estatutos*. O Código Civil, por sua vez, trata do Contrato Social das Sociedades Simples com mais atenção, assim como o faz (ao menos em 3 artigos específicos), na Parte Geral ao cuidar dos estatutos das associações *stricto sensu*. Na Lei das S.A. o tema dos *estatutos sociais* é esparso e tratado dentro de outros temas de *menor relevância* em relação à importância dos estatutos, tendo como seu eixo central o art. 83, que remete aos "requisitos exigidos para os contratos das sociedades mercantis em geral e aos peculiares às companhias", delegação interpretativa que atualmente tem custado caríssimo para as companhias, sobretudo as de capital aberto. Definitivamente, o regime previsto pelo art. 997 e seguintes do Código Civil é imprestável para o universo das companhias, sobretudo as de capital aberto. E mais: os modos de interpretação obedecem critérios muito distintos, como já bem demonstrou Antonio Rizzi, que fez amplo uso da semiologia para estabelecer essa linha distintiva (*Interpretazione del contratto e dello statuto societario*. Milão: Giuffrè, 2002, pp. 485 e ss.), sobretudo por causa da *natureza das lides* formadas a partir de conflitos societários surgidos em companhias e em outros tipos societários que não sejam *sociedades por ações*. Fato é, contudo, que o não cumprimento de *Códigos de Conduta* por parte da administração é uma espécie de *violação estatutária* e sujeita o administrador omisso a responsabilidades previstas no art. 154, *caput* da Lei das S.A. Modernamente, como parte das atribuições previstas para os administradores não é esgotada pela letra dos estatutos sociais, sendo complementada pelos códigos de conduta, que são verdadeiras normas jurídicas, não há que se discutir que a violação dessas regras de conduta (conteúdo também dos estatutos sociais, que cuidam de regras de conduta específicas dos administradores estatutários) gera responsabilidade direta dos administradores por desvio de atribuições e desvio de poder.

Abaixo e submetidas à missão, a companhia estabelece *metas e objetivos*, que traduzem a maneira e o método pelo qual cada missão societária será desempenhada pela administração. O sentido de objetivo, aqui, não é aquele que tratamos acima como *objetivo societário* e que se tem bem assentado em doutrina se tratar de uma perseguição do lucro. Os *objetivos estratégicos* de uma companhia são de outra natureza, sendo divididos em quatro categorias: (i) performance, (ii) administração de riscos, (iii) objetivos sociais e filantrópicos (absorvidos na nossa lei por meio do *caput* do artigo 154, que faz expressa referência às exigências do bem público e à função social da empresa) e, por fim, (iv) as sinergias.

As sinergias, como um dos elementos que compõem os objetivos estratégicos, atendem uma missão empresarial que deve ser seguida por sua administração, dividem-se em três espécies: (i) as de natureza administrativa, (ii) as de natureza funcional, e (iii) as de natureza estratégica *stricto sensu*. Sinergias são basicamente definidas como compartilhamento de recursos entre áreas distintas de uma empresa. Nem sempre o compartilhamento de recursos é desejado todo o tempo, portanto, o uso das sinergias deve atender a princípios da ciência da administração cuidadosamente calculados e aplicados. Seu uso indiscriminado é, portanto, erro estratégico grave.[77] Desta forma, são as sinergias de natureza funcional que determinarão se uma *empresa* (ou, tecnicamente como menciona ANSOFF e McDONNEL, uma *strategic business area* ou SBA de uma companhia ou conglomerado) operará por grau máximo ou por grau próximo do zero de sinergia. Caso a *empresa* opte pelo grau zero (ou próximo do zero), será denominada uma companhia do tipo *conglomerate firm*, onde a sinergia é evitada para que se extraia o máximo de cada SBA; se opera por grau elevado de sinergia buscando sempre a coerência entre SBAs (*SBA coherence*), será uma empresa denominada *synergistic firm*.

---

[77] Exemplo de sucesso empresarial no Brasil onde as sinergias foram cautelosamente mantidas isoladas é o caso TAM e MULTIPLUS, assim como alguns conglomerados financeiros que mantêm as atividades bancárias segregadas das atividades de seguro, ou, como no caso das obrigações regulatórias de *Chinese Wall* impostas a instituições financeiras que operam carteira própria bem como administração de recurso de terceiros e atividades de banco de investimento, cuja sinergia (sobretudo no que se refere a compartilhamento de informações) é proibida por lei. Nesses casos, as áreas costumam manter departamentos jurídicos próprios, funcionários da área financeira especialmente destacadas para atender essa unidade de negócio, oficiais de *compliance* específicos, sede própria e muitas outras caraterísticas orientadas por um baixo grau de sinergia.

As sinergias, por seu turno, não podem ser buscadas constantemente, sem limite e a qualquer custo, sob risco de perdas futuras em competitividade. O nível máximo de sinergia é conhecido na ciência da administração como *maximum acceptable synergy level*. Trata-se de dois modelos antagônicos e válidos, mas que são adotados segundo a missão preestabelecida pela empresa, junto a seus acionistas, fornecedores, credores, funcionários e demais *stakeholders*, instrumentalizadas por meio de *metas e objetivos* para a administração e normalmente em documentos por escrito e com forma regulamentar.

Portanto, se uma justificação de incorporação de ações invoca a sinergia como justificativa de uma operação onde a missão da empresa é claramente estabelecida por um estilo de *conglomerate firm*, isso deve ser questionado em assembleia. Da mesma forma, se uma empresa com missão estabelecida como *synergistic firm* alcançou o seu *maximum acceptable synergy level* e invoca uma operação de incorporação de ações sob fundamento de ampliação de suas sinergias (sobretudo no caso das migrações), isso deve, igualmente, ser questionado na assembleia, podendo, se houver prova cabal de prejuízo (ou risco concreto de prejuízo), ser invocado por credores, fornecedores e inclusive funcionários: posicionamento que temos a consciência de que irá causar polêmica, apesar de nosso conforto em defendê-lo.[78]

---

[78] O alerta do mau uso das sinergias, a partir de uma definição menos técnica e mais simplória do que significa sinergia em uma operação societária foi alvo de percuciente estudo de Mark L. SIROWER (*The Synergy Trap – How Companies Lose the Acquisition Game*. Nova Iorque, NY: Free Press, 1997). SIROWER, a partir de uma definição de sinergia que leva em conta apenas o desempenho resultante da combinação de duas companhias independentes (p. 21), faz interessante estudo de casos onde o uso da sinergia como "desculpa" ou justificativa para ultimar uma operação levou o conglomerado formado pela operação frustrada a uma perda de valor que deveria ter sido antevista pelos administradores. Juridicamente, o fundamento da *sinergia* em oposição às missões de *conglomerate* das operações de *merger* já foi objeto de estudo de Yakov AMIHUD e Baruch LEV ("*Risk Reduction as a Managerial Motive for Conglomerate Mergers*", In *Foundations of Corporate Law*, org.: Roberta Romano. Nova Iorque: Foundation Press, 1993, pp. 232-233), bem como de Guhan SUBRAMANIAN ("*Fixing Freezouts*", *In Yale Law Journal*, vol. 115. New Haven, CT: Yale Law Journal Co., 2005, pp. 43-44). Patrick A. GAUGHAN (*Merger, Acquisitions and Corporate Restructurings*, 5ª ed.. Hoboken, NJ: Wiley & Sons, 2011, pp. 132-145) faz estudos práticos e aprofundados de discussões judiciais em casos de sinergias que não se materializaram ou que não eram adequadas para os modelos de negócio adotados pelas companhias envolvidas em operações societárias diversas, especialmente no mercado bancário (casos como Allegis, Princess Cruises, Citibank e Wachovia). CLARK (*Corporate Law*, Op. cit., Idem, p. 510), faz breve mas lúcida análise do uso relativo das sinergias em

Desta forma, a *missão*, as *metas* e os *objetivos estratégicos* de uma companhia são, ao nosso ver, o que melhor representam o *interesse social* no dado momento em que a operação é discutida. Boa parte do que filosofam juristas a respeito da busca da definição perfeita para *interesse social*[79] ou *interesse societário* poderá ser encontrado nos tratados de administração estratégica, sobretudo nos capítulos que tratam da *missão* e das *metas*, bem como dos *objetivos societários*[80] (no sentido da ciência da administração e não no

---

operações societárias. O mercado bancário é profícuo de exemplos, pois muita vez engloba serviços conflitivos ou que há uma vedação para sinergia (caso do *Chinese Wall* obrigatório para segregação das atividades de *investment banking* em relação aos serviços de tesouraria e administração de carteira própria) ou ainda por conta da natureza do serviço (como é o caso dos seguros e da atividade bancária *stricto sensu* em operações ativas, passivas e alguns serviços).

[79] Sob um prisma mais filosófico, vide o interessante texto de Marcelo B. SACRAMONE, "Dever do Administrador de S/A de agir conforme o interesse social", *In Revista de Direito Mercantil, Industrial, Econômico e Financeiro*, Volume 155/156. São Paulo: Malheiros, ag-dez/2010, pp. 301-307.

[80] Mais uma vez ousamos discordar de A. PEREZ TROYA (*La Determinación del tipo de canje...*, Op. cit., Idem, p.50 e nota 42), que afirma, ao tratar do objeto da justificação: "*El objeto de valoración es si la decisión de fusión resulta una medida justificada por su congruencia con el interés de la sociedad, pero no si los objetivo empresariales que se proponen parecen idóneos, ya que este juicio pertenece sóla a la empresa*". Em nota, arremata: "*A tales efectos, la decisión de fusión no presenta ninguna especialidad frente a la generalidad de decisiones sociales*". Em primeiro lugar, ao identificarmos o núcleo do *interesse social* com os *objetivos empresariais*, temos que, do contrário, a averiguação de idoneidade dos propósitos de uma operação processada via incorporação de ações e sua submissão aos objetivos estratégicos empresariais é absolutamente essencial, pois tal juízo não pertence à empresa, mas sim aos acionistas vistos institucional e sobretudo *organicamente* (falamos aqui da assembleia). Esse *interesse* pertence pois aos acionistas, por intermédio do resultado da AGE sobre a justificação da operação, que reafirma ou não, de forma institucionalizada, a motivação do investimento de cada um. É com base nessa convenção e convergência de objetivos que se constrói um *interesse social específico* para cada companhia, para que os investidores em geral disponham recursos ou não em determinado empreendimento. Esse regime é desdobrado nas obrigações previstas em nossa ICVM 358 e refletem, cada qual ao seu nível, se a administração está sendo coerente com a proposta objetiva que encerra o interesse societário. Em segundo lugar, essa associação lógica entre os deveres fiduciários da administração, sobretudo no âmbito da finalidade de suas atribuições e os objetivos da companhia (que estão no centro do interesse societário) obriga o administrador (e não chega a lhe dar liberdades) para desempenhar e efetivar esse tipo de operação de maneira completamente diferente de qualquer outra decisão que toma no dia a dia da companhia para sua (re)presentação, na forma do art. 144 da Lei das S.A. (em especial a diretoria), ou para a orientação geral dos negócios, no âmbito do conselho, na forma do art. 142, I da Lei das S.A.. Nas operações aqui estudadas as decisões, tanto para a administração, quanto o voto dos acionistas, são sim revestidas de caráter especial e específico, com nuances e diferenças em

sentido jurídico comumente empregado para o termo *objetivo social* como sinônimo de lucro), conforme vimos.

Nesse contexto, afirmamos com tranquilidade que o *interesse societário* baseado na fidelidade à *missão societária*, acompanhada por seus *objetivos estratégicos* e suas *metas societárias* consistirá no núcleo central e determinante do que deve ser justificado[81] em uma operação cursada por intermédio de uma incorporação de ações.[82]

---

cada operação específica, segundo o escopo buscado por cada tipo de operação, devendo pois ter um regime específico de responsabilidades, haja vista as atribuições fiduciárias que implicam em mudanças compulsórias para todos os envolvidos (acionistas e demais *stakeholders*).

[81] Vide A. PEREZ TROYA, Ibidem, pp.46 e ss. (com os reparos e advertências que fizemos acima a respeito de seu peculiar conceito de *sinergia*).

[82] Bastante controversa são as operações onde os *objetivos*, e por consequência, a *missão* e respectivas *metas* são distintas ou até antagônicas. Exemplos: enquanto que uma companhia tem por missão ser a primeira companhia em vendas de seu setor no Brasil, a outra tem por missão ser excelente no atendimento aos seus clientes, segundo os melhores *rankings* do país para medição de satisfação de cliente, *independentemente do seu tamanho patrimonial* ou do eventual *sucesso em vendas*. Paralelamente, uma companhia tem por meta a *maximação das vendas a uma taxa de crescimento de 25% ao ano* e a outra, uma meta de dobrar os investimentos em centros de atendimento ao consumidor e uma rede própria de assistência técnica direta ao consumidor. Com isso, cada uma traçará um objetivo estratégico no qual facilmente se verá um predomínio da área de vendas em uma companhia (ou grupo) e o predomínio de áreas técnicas em outra companhia (ou grupo). Em uma operação envolvendo, pois, semelhantes disparidades de *interesse societário*, as duas administrações devem avaliar profundamente a pertinência de uma operação envolvendo companhias tão distintas. É sintomático que missões, metas, objetivos e valores empresariais assim tão diferentes gerarão um imediato *choque de culturas* entre as duas companhias que, em muitos casos, acaba se tornando altamente destrutivo, pois cada companhia acaba desenvolvendo uma cultura de perseguição de seu objeto social que é seguida não apenas pelas administrações, mas também por funcionários, credores, fornecedores e prestadores de serviço centrais (como os banqueiros e advogados). É, ao mesmo tempo, muito difícil argumentar que uma operação envolvendo duas companhias assim tão diferentes seja, sob o ponto de vista jurídico, *inválida*; mas por outro lado, a fundamentação que justifique a operação envolvendo *objetivos societários em conflito* deve ser profundamente mais fundamentada do que as operações envolvendo *objetos societários em afinidade*, haja vista que, na reformulação desses objetivos em conflito, certamente haverá perdas para os acionistas de uma ou de ambas as companhias envolvidas. Normalmente, operações desse jaez atalham pelo argumento da *complementariedade*, mas a nossa experiência mostra que no contexto cultural brasileiro, mais orientado para o atrito do que para a negociação, a *complementariedade* é substituída por *conflitos internos*. Há exemplos em abundância nesse sentido.

De forma geral é importantíssimo ter em mente que tais operações, sejam elas realizadas com *objetivos societários simétricos ou assimétricos*, como se sabe, invadem (compulsoriamente) a esfera de direitos de discordantes. No caso de uma situação onde temos assimetria de *interesses*

Assim, ao termos um processo de incorporação de ações, a máxima atenção e cuidado deve ser dada à Justificação, pois todo o *interesse social* ou *interesse societário* deverá ter foro obrigatório de discussão nesta fase da operação. Tratar com desdém a Justificação é permitir que se passe por cima do *interesse social*. Ainda sob o ponto de vista objetivo, acompanhamos PEREZ TROYA no estabelecimento dos critérios objetivos para essa justificação baseada na persecução do interesse societário (leia-se, missão, metas e objetivos e não "sinergias"): para a consecução dessas operações as administrações devem perseguir (ao menos potencialmente) parâmetros de *eficiência* e *proporcionalidade*.[83] E o conceito de *eficiência*, nesse sentido, é o mesmo utilizado no *direito administrativo*: equivale, essa eficiência,

---

societários, essa invasão chega a ter contornos de verdadeira desfiguração. Para esses, conforme se verá, a lei deveria preparar melhores estruturas financeiras para exercício da saída, como parte dos custos da operação. No âmbito *preparatório* da operação, é importante lembrar que essa possibilidade de alteração de um *status socii* (mas com manutenção do *statuo viæ*, conforme veremos) faz com que a *justificação* da operação seja uma verdadeira condição de validade. A esse respeito, A. PEREZ TROYA chega a afirmar que a intensidade da modificação dos direitos será diretamente proporcional à necessidade de detalhemento dessa justificação: "*En efecto, la valoración acerca del carácter justificado de la fusión parece que no puede ser ajena, por un lado, a la intensidad de la redefinición de los derechos de los socios*" (Ibidem, p. 60). E acrescentamos: esses direitos são a superestrutura sustentada por uma base construída sobre *objetivos societários*. Por isso é que a autora chega a esclarecer, pouco antes, se tratar de uma contrapartida lógica às modificações propostas: "*La necessidad de justificar ex ante la decisión de fusión constituye la contrapartida lógica de esa potestad reconocida a la mayoría para modificar los derechos de todos los socios, y las exigencias informativas que caracterizan la legislación vigente en materia de fusión, más allá de su carácter instrumental del derecho de voto, han venido a conformar, en consecuencia, un verdadero instrumento de control social sobre la decisión de la mayoría. Así, el sistema informativo constriñe ex ante la mayoría a justificar su decisión; y ello, además, posibilita, y facilita, ex post a los socios minoritarios recabar un control material sobre la operación que permite impedir la expropriación de sus derechos*" (Ibidem, pp. 41-42). A parte a diametrização entre *maioria-minoria* encampada pela jurista espanhola, a observação lógica da contrapartida como condição *ex ante* para a aprovação de uma operação societária tem a nossa concordância. Entretanto, não nos parece que, a luz de um sistema com alternativas justas de saída e que respeitem o *eixo de equivalência* estabelecido entre as companhias parte da operação, não haveria propriamente uma proibição para que a maioria altere o *status socii* da minoria do dia em diante à aprovação lícita da operação (sobretudo em situações onde os *objetivos societários* estão em profunda assimetria); mas apenas a lei veda que isso seja feito pela maioria *a qualquer custo* ou a um custo não razoável e completamente fora do *eixo de equivalência* da operação em sua fase de proposição, incutindo um risco não calculado para o discordante quando da partida do seu investimento na companhia que sofrerá os ajustes na missão e no próprio *interesse social*, afetando assim o *status* desse sócio.
[83] A. PEREZ TROYA, Ibidem, pp. 55 e ss.

a comprovação de que a operação proposta soma *oportunidade* e *conveniência*. A essa identificação, deve o administrador seguir à risca a disciplina do seu *dever de diligência*, para que esteja devidamente protegido, ao estabelecer tais premissas, pela moderna doutrina do *business judgement rule*.[84]

Fora desse contexto ideal, por facilidade (ou por mero desleixo), na esmagadora maioria das vezes por puro desconhecimento científico acerca do significado de *sinergia*, as *Justificações*, hoje em dia, vêm integralmente consolidadas no *Protocolo*, constituindo-se um único documento, quando, na verdade, a *Justificação* deveria ser pressuposto jurídico-axiomático da operação; qual seja, a justificação deveria ser *votada em separado, a priori*, e ser tratada como condição ou pressuposto para a realização e autorização societária para que as administrações da companhia firmem o protocolo

---

[84] Trata-se da *doutrina* desenvolvida nos EUA, sobretudo nos tribunais do Estado de Delaware e que sustenta que o administrador não deve ser responsabilizado se agiu devidamente informado, livre de qualquer conflito de interesse e segundo "critérios de racionalidade empresarial", evitando assim responsabilizar o administrador pelo resultado de uma decisão, mas sim pela forma como a decisão é tomada. Trata-se de um critério de exclusão de responsabilidade que exige que os administradores tenham controles internos e processos claros e objetivos para tomada de suas decisões, onde dividem essa tomada de decisões de forma muito semelhante a um *processo civil judicial*: há uma primeira fase de *conhecimento da questão*, quando do administrador é exigido *estudo* e *preparo prévio* para enfrentar a questão a ser decidida; há uma segunda fase de *investigação*, qual seja, de coleta de dados e de informações que sustentem a decisão; por fim, há uma fase de tomada da decisão que deve vir acompanhada de uma justificativa que atenda os "critérios de racionalidade empresarial" e demonstre que o administrador está agindo dentro do *interesse societário*, tendo evitado decidir em *conflito de interesses*. Esse tema foi trazido ao Brasil por intermédio de uma decisão proferida pelo Dir. Pedro Oliva Marcílio de Souza no Caso Cataguazes Leopoldina, com ênfase para os itens 31 a 33 da decisão. Tratou-a em doutrina Marcelo V. von Adamek (*Responsabilidade Civil dos Administradores de S/A e as ações correlatas*. São Paulo: Saraiva, 2009, pp. 129 e ss.) e Alexandre Couto Silva (*Responsabilidade dos Administradores de S/A – "Business Judgement Rule"*. Rio de Janeiro: Elsevier, 2007). Neste particular, defendemos que a eficiência buscada pelo administrador de companhia aberta é uma eficiência, tal qual a do direito público, que não é mensurada pelo resultado, mas sim pela *diligência* vista como uma faceta da *probidade administrativa* (não por outra razão a Lei das S.A. usa o termo "homem ativo e *probo*..."). Assim, é fundamental que na Justificação das decisões envolvendo processos de incorporação de ações, haja uma cristalina demonstração de que o administrador atua livre de conflito de interesses, age em atenção ao interesse societário (qual seja, valoriza a *missão societária* proposta), usa critérios objetivos de racionalidade empresarial, segue um procedimento que legitima a sua decisão e atua de maneira completamente informada e assessorada (tanto em quantidade de assessoria, quanto na qualidade da assessoria recebida).

(documento este de natureza bilateral e contratual), mas obedeçam (e conciliem, quando for o caso) os *interesses societários* das companhias envolvidas.

Neste particular, a lei é bem falha, pois coloca como condição do processo a aprovação, em assembleia, meramente do *Protocolo*, nada falando onde se insere a justificação, que na realidade dever-se-ia constituir como seu pressuposto técnico (vide o §1º ao artigo 227 da Lei das S.A., que diz: "a assembleia-geral da companhia incorporadora, *se aprovar o protocolo da operação...*", repetindo essa linguagem no §2º ao mesmo artigo e nada falando sobre a justificação). A justificação deve ser submetida à assembleia-geral, como preleciona o artigo 225, *caput*, mas a lei não fala em que momento essa assembleia deve ocorrer, se ela é pressuposto da assembleia mencionada no artigo 227 ou se tudo pode ser votado como se fosse algo único.

Essa votação unificada é o que vem sendo feito na prática em cem por cento das operações desse tipo, havendo, vez ou outra, uma assembleia prévia para escolha de perito em lista tríplice[85]; mas jamais há a separação da

---

[85] Comentadores como EIZIRIK (*Lei das S/A Comentada*, Op. cit., Idem, p. 233), CARVALHOSA (*Comentários...*, Vol. 4º, Tomo I, Op. cit., Idem, pp. 271, 273 e 275) e LAMY FILHO e BULHÕES PEDREIRA (*A Lei das S.A.*, Op. cit., Idem, p. 244) admitem, de certa forma, que a justificação e o protocolo se apresentam num mesmo evento e nem sequer cogitam separar a discussão dos pressupostos do negócio jurídico com as condições. EIZIRIK entende explicitamente que Justificação e Protocolo *devem* ser apresentados juntos (o que não significa, entretanto, que não *possam* ser apresentados separadamente) e CARVALHOSA, bem como LAMY FILHO e BULHÕES PEDREIRA (cujo texto fundamentou a exposição de motivos da Lei das S.A.) atalham na linha de que tanto o protocolo quanto a justificação representam meras peças informativas, tese também endossada por EIZIRIK. CARVALHOSA agrega, entretanto, nota importantíssima ao admitir que se tratam de "dois documentos complementares" (Ibidem, p. 273), o que deixa aberta interpretação de que nada impede que cada documento seja tratado separadamente. Fran MARTINS, por seu turno, curiosamente, admite de forma expressa que a *justificação* deve funcionar como uma espécie de *exposição de motivos* do protocolo (*Comentários...*, Op. Cit., Idem, p. 934), embora, em outro ponto, admite também, expressamente, que o processo de incorporação (que se aplica por analogia à incorporação de ações) deve ser aprovado em duas assembleias distintas: uma para aprovação do "protocolo preliminar" e a outra para "aprovar o laudo e a operação em si" (pp. 142-143, onde se lê, na p. 142: "De tudo se conclui que a sociedade incorporadora deve realizar *duas* assembleias gerais para que a operação de incorporação chegue a bom termo").
A Lei das S.A., de certa forma, parece endossar esse entendimento, de forma transversa, ao incluir entre as obrigações da *Justificação* a avaliação especial, nos termos do artigo 264, quando a operação é da espécie que chamamos aqui como *migração*. No *caput* do artigo 264, ao mencionar o termo *Justificação*, a lei faz referência não apenas ao artigo 225, mas também ao artigo 224, como se ambos os artigos compreendessem as obrigações de justificação, o que não é correto dizer, sendo esse um erro técnico da lei jamais reparado (diz o artigo, *litteris*:

assembleia de justificação daquela outra assembleia de aprovação da operação em si (aprovação do protocolo), uma como condição da outra. Cremos que a separação, não apenas no instrumento, mas também orgânica, entre protocolo e justificação, esta como pressuposto daquela, apesar de representar mais prazo e mais trabalho, tem o condão de antecipar e evitar uma infinidade razoável de conflitos societários.

A justificação é (ou deveria ser) um documento interno da companhia, assinado pela sua administração exclusivamente (e não pela administração de ambas as companhias, pois a justificação para cada parte é necessariamente distinta), e a principal peça de legitimação da administração para propor uma operação via incorporação de ações. Na prática, tem funcionado como uma espécie de "considerando" do Protocolo. Essa peça deve (ou deveria), de forma clara, sustentar quais os motivos, fundamentados em lei, pelo qual a operação pretendida mantém ou altera missão e obje-

---

"Na incorporação, pela controladora, de companhia controlada, a justificação, apresentada à assembleia geral da controlada, deverá conter, além das informações previstas nos artigos 224 e 225...").
A lei argentina, em seu artigo 83 (*Ley 19.550* ou *Ley de Sociedades Comerciales*), estabelece que o processo para aprovação de uma *fusión* deve ser precedido, em primeiro lugar, de um *compromiso previo de fusión*, que deve conter, no mínimo, os seguintes requisitos: "... *motivos y finalidades de la fusión*"; "...*balances especiales de la fusión (...) con informes de los síndicos*"; "*relación de cambio*"; "*proyecto de estatuto*"; "*limitaciones (...) en la respectiva administración*". Uma vez aprovado, a administração deve seguir o que está no *compromiso previo*, tendo em conta o que foi decidido pela assembleia, e celebrar o *acuerdo definitivo de fusión*, que conterá: "*las resoluciones sociales aprobatorias de la fusión*"; a lista dos "*socios que ejerzan el derecho de receso*"; a lista de credores que "*tras haberse opuesto hubieren sido garantizados*" e "*la agregación de los balances especiales*". Essa sofisticação se presta para distinguir os efeitos dos atos de negócio praticados pelas administrações, a fim de se determinar as responsabilidades pelos atos praticados bem como a legitimidade de acionistas que possam fazê-lo, cf. arts. 84 e 87 da LSC (vide Halperín, Op. cit., Idem, p. 876).
A lei portuguesa, por seu turno, faz clara diferenciação entre o *Projecto de Fusão* (art. 98º), sujeito a fiscalização obrigatória (art.99º) e decisão em assembleia (arts. 102º e 103º), da *Escritura de Fusão* (art. 106º), que traz natureza de *contrato definitivo* segundo a 3ª Diretiva da CEE (vide Ventura, Raul. *Fusão*..., Op. cit., Idem, pp. 59-62) e que descarta a intervenção dos sócios após a definição das bases da operação segundo aprovadas em conclave formador da vontade societária de cada sociedade envolvida no processo.
Ideal seria, portanto, que a nossa lei efetuasse reparos para deixar clara a ordem de votação e a separação de debates ou até mesmo de conclaves (podendo se reduzir prazos para convocação nesse caso específico ou elaborar convocação unificada para deliberações em eventos distintos) evitando assim que as *justificações falsas* sejam pressionadas por detalhes técnicos do *protocolo*.

tivos da companhia e a razão pela qual a alteração ou manutenção consequente atua no melhor interesse da companhia.[86]

Desta forma, nos debates sobre a *Justificação*, os acionistas devem se acautelar para evitar que operações sejam aprovadas com base em *justificações falsas*.

Um tratamento mais adequado e mais sério da *Justificação*, que empenha o primeiro axioma das operações envolvendo incorporação de ações, poderia evitar muita discussão *a posteriori* e debates infindáveis, onde a justiça da operação é discutida após a sua conclusão. Em casos Sadia/Perdigão/BRFoods e Aracruz/VCP/Fibria[87], nota-se ser um típico problema

---

[86] Defendemos, portanto, nessa mesma linha de exemplo onde testemunhamos diariamente a vulgarização do termo "sinergia", que se as administrações de companhias envolvidas em uma incorporação de ações para *consolidação de controle* ou *verticalização* e formação de um novo grupo que irá operar com grau zero de sinergia (qual seja, adotará o aspecto de um *conglomerate firm* na acepção ANSOFF & MCDONNEL e AMIHUD & LEV), eventualmente invocarem na *justificação* da incorporação que a operação irá se beneficiar com "sinergias", há de se considerar que a operação tem de ser seriamente questionada pelos acionistas. Caso a ideia tenha suporte do acionista controlador, os acionistas não controladores deverão questionar essa adoção estratégica por se tratar de postura que fere o chamado *interesse social* ou *interesse societário*. Neste ponto visualizamos uma séria quebra de lealdade da administração ao objeto das companhias, que quando operam com grau zero (ou próximo do zero) de sinergia, sinalizam que compõem em seu grupo de fato, *empresas* (na acepção *societária* de ASQUINI) com objetos não apenas distintos, mas muita vez conflitivos (como era o caso de TAM e MULTIPLUS). Quando a sinergia é invocada como "simples desculpa" para outros fins, o administrador deve ter em mente que a sua responsabilidade será questionada, assim como a do acionista controlador que queira fazer valer uma operação por *justificativas ad hoc*. Por esse abuso de forma, lembrou-nos José Alexandre TAVARES GUERREIRO ("Abstenção de voto e conflito de interesses", *In Temas essenciais de direito empresarial – estudos em homenagem a Modesto Carvalhosa*, coord.: Luis Fernando Martins Kuyven. São Paulo: Saraiva, 2012, p.686): "Decorre desse pressuposto o dever de fidelidade ao objeto social em sentido dinâmico, ou seja, essa constante lealdade do acionista, e bem assim do administrador, àquilo que justificou a associação: o interesse social nada mais é se não essa explicação concreta das relações econômicas produtivas e lucrativas que se travam entre os sócios para o empreendimento comum lucrativo, de caráter econômico. A esse respeito, é universal a qualificação de uma nítida **função fiduciária** atribuída aos administradores da sociedade anônima, no mais amplo sentido possível" (grifos no original). Essa brilhante definição de TAVARES GUERREIRO, sobretudo quando puxa o conceito de *interesse societário* para próximo de uma *fidelidade ao objeto social* é o que mais se aproximou de nossa ideia a respeito do *interesse societário* ter por conteúdo objetivo a *missão societária*, as *metas societárias* e os *objetivos estratégicos* de um empreendimento.

[87] Mesmo não sendo o objeto deste trabalho, vale lembrar também da operação de associação entre Pontofrio e Casas Bahia para a criação da Via Varejo, que embora não tenha se utilizado de instrumentos que envolvessem relação de troca, o norte processual aqui defendido, no

de justificação discutido fora do seu contexto axiomático. Nesses casos, a razão da operação é discutida *a posteriori*, quando o protocolo e as relações de substituição já estavam definidas, sendo que, por boa técnica, deveriam ter sido discutidas anteriormente no âmbito da *justificação*,[88] caso a nossa prática de mercado (ou, quiçá, a nossa lei) fosse outra.[89]

---

qual *justificação* pressupõe aprovação de *termos específicos* poderia certamente ter sido usado com o fito de evitar alguns desdobramentos que resultaram em conflitos.

[88] Muitos encontrarão nesta proposta um retrocesso ou uma sugestão retrógrada em relação ao *status* atual da lei e das práticas de mercado. No sistema anterior à Lei de 1940, sob o regime do Decreto 434, não existia a incorporação e o seu singelo artigo 213 se limitava a dizer que sendo a fusão um instituto cujo efeito era gerar sociedade nova, a operação reger-se-ia pelas regras atinentes à constituição de companhias. Escusado dizer que a doutrina da época era implacável em relação ao abandono que a lei legava a instituto tão importante, como pode-se colher de Trajano de Miranda VALVERDE (*Sociedades Anônimas*, Vol. 2. Rio de Janeiro: Borsoi, 1937, p. 393-394): "A fusão, entretanto, pode-se dizer, é, hoje em dia, um processo jurídico quase que abandonado. Os tropeços criados pelas formalidades legais necessárias à execução da fusão, a publicidade decorrente, os encargos fiscais, puseram de lado a forma jurídica. Atualmente as grandes empresas preferem ficar no regime da fusão econômica, mediante a criação de sociedades ou companhias, controladoras ou financiadoras, que exploram o mesmo ramo de comércio ou de indústria, ou que a ele se prendem, na complexidade da produção, da distribuição e colocação dos produtos. Vivemos sob o domínio das *Holding Companies*, que controlam e dirigem outras sociedades ou companhias, que continuam a ter vida jurídica distinta, mas que, na realidade, estão na inteira dependência da *Holding*". Note-se pelo interessantíssimo texto de VALVERDE como já desde a Década de 1930, o nosso contexto econômico demandava uma regulação jurídica específica para migrações e consolidações de controle que até os dias atuais se encontra sob névoa de dúvidas e questionamentos, com pouco assentamento legal.
O direito anterior, de 1940, já procurou regular com maior profundidade a questão em seu artigo 152, exigindo que em assembleia separada houvesse a decisão sobre os pressupostos da operação, antes mesmo da aprovação da operação em si ou da escolha dos peritos. Fazia referência à aprovação das "bases do negócio", desta feita. CARVALHOSA tece algumas críticas ao sistema anterior por considerá-lo "mais complicado" e de certa forma repleto de procedimentos "confusos" ao definir as competências (*Comentários...*, Vol. 4º, Tomo I, Op. cit., Idem, p. 272). CARVALHOSA, de fato, está assistido pela razão: a lei anterior não é clara sobre o formato dos eventos, quando e como devem ocorrer e especificamente quais seriam os objetos das respectivas deliberações. Nem o grande PONTES DE MIRANDA consegue escapar desse emaranhado de comandos confusos (vide PONTES DE MIRANDA, F. C.. *Tratado...*, Tomo 51, Op. cit., Idem, pp. 75-79). Na transposição do sistema de 1891 para o sistema de 1940, Trajano de Miranda VALVERDE (*Sociedades por Ações (Comentários...)*, Op. cit., Idem, pp.83-84) via três assembleias sucessivas: uma na incorporadora, para aprovar as bases da operação e a reforma dos estatutos, seguida de assembleia na(s) incorporada(s) para aprovação das mesmas bases, ultimada por uma terceira assembleia da incorporadora com o fito eminentemente executório para avaliações, nomeações de peritos e aprovações de laudos

que suportam as bases já aprovadas. Comentadores da época abordam o tema de forma bem diversa: para CUNHA PEIXOTO, a divisão de assembleias se prestaria para aprovar as bases da operação num primeiro momento e nomear avaliador em uma segunda assembleia, mas ocorrendo tais assembleias em cada sociedade envolvida na operação de forma simultânea (CUNHA PEIXOTO, Carlos Fulgêncio. *Sociedades por Ações*, vol. 5. São Paulo: Saraiva, 1973, pp. 21-22). Já WALDEMAR FERREIRA entendia que a divisão de assembleias se prestava para os mesmos propósitos (aprovar as bases da operação na primeira, nomear perito na segunda), mas as assembleias das incorporadas deveriam ocorrer sempre antes, cabendo à incorporadora a decisão final (FERREIRA, Waldemar Martins. *Tratado de Direito Comercial*, 4º Volume. São Paulo: Saraiva, 1961, pp. 542-544). À míngua, contudo, de uma uniformidade de entendimento procedimental e atributivo, a Lei das S.A., quando projeto, trouxe na sua exposição de motivos (a tão propalada "Mensagem 204") uma breve ponderação de que o novo diploma iria simplificar o procedimento de incorporação "pela dispensa da assembleia da incorporada para reconhecer a sua extinção", quando na verdade, a segunda assembleia, na prática, não objetivava apenas e tão somente "reconhecer a extinção da incorporada", mas também aprovar o laudo da operação e a operação em si, cuja redação truncada do direito anterior não permitia visualizar claramente que a segunda assembleia seria composta de três objetos de deliberação, na esteira de crítica que já vinha sendo formulada no contexto da Lei de 1940 (CUNHA PEIXOTO, Op. Cit., Idem, p. 22, já reclamava: "Nada impede que, na assembleia convocada para conhecimento do projeto da incorporação e reforma dos estatutos, sejam também nomeados os avaliadores. Na verdade, sendo, em geral, as bases da incorporação acordadas entre uma e outra sociedade, a nomeação dos peritos na primeira assembleia só contribuirá para economizar tempo e dinheiro"). Não simplificou, apenas, mas reduziu (o que são, de certa forma, coisas diferentes). Na esteira da simplificação, a nova lei condiciona tudo à aprovação do protocolo (apenas), nada falando sobre a justificação (cf. §1º ao artigo 227) ou sobre "as bases do negócio". Ao simplificar, acabou reduzindo; dando ao sistema, "de bandeja", um mecanismo para exercício de atos de autoritarismo societário, a bem do tempo e em prejuízo do debate (sobretudo da justificação). E nesse sentido, se a revisão de antigas práticas for um retrocesso, não vemos aqui mal nenhum em retroceder para algo que, outrora, estaria paramentado com mais justiça e menos vício. Quiçá o avanço para algo mais viciado é que não seja, de fato, o verdadeiro retrocesso, recaindo sobre a revisão do sistema anterior, uma espécie de reajuste de um retrocesso...

[89] Curiosamente, VIO, Daniel de Avila; CASAGRANDE, Paulo Leornardo e FREOA, Ricardo Peres ("Conflito de Interesse na Incorporação e na Incorporação de Ações – O Parecer de Orientação nº 34/06 e o Parecer de Orientação nº 35/08", *In Mercado de Capitais Brasileiro*, orgs.: Eduardo Secchi Munhoz e Mauro Rodrigues Penteado. São Paulo: Quartier Latin, 2012, p. 189), inferem, *de lege ferenda*, haver espaço para se pensar em um "duplo conclave" para certas incorporações de ações. No caso proposto por VIO, CASAGRANDE e FREOA, o duplo conclave seria para se dividir em duas assembleias a decisão sobre a relação de troca aplicável, onde os não controladores votariam em separado, em outra assembleia, sem que com isso se retire o direito de voto do controlador. A ideia, embora tenha méritos, não nos parece tecnicamente correta, pois, como estamos defendendo, a decisão, neste tipo de operação, é sempre da *companhia*, que figura como parte (lado) neste tipo de processo jurídico. Os processos internos

Além do melhor tratamento para a justificação das operações, um segundo elemento de atenção diz respeito ao valor de troca ou relação de

de cada companhia para a obtenção dessa manifestação de vontade da pessoa jurídica é que precisam ser modificados, mas não em nome deste ou daquele acionista ou grupo de acionistas, mas sim em nome da companhia como um todo, num espaço unificado de debate. Por outro lado, se o argumento exposto na nota acima a respeito das dificuldades de se desmembrar em duplo conclave o debate técnico sobre *justificação* e *protocolo* por questão de tempo fossem realmente inabaláveis, a doutrina não pensaria em outras formas de "duplo conclave". O mérito da ideia de Vio, Casagrande e Freoa é mostrar que, há, sim, tempo para um duplo conclave se a complexidade da operação exigir, menos pelo desmembramento *subjetivo*, mas sim pela separação *objetiva* entre *premissas da operação* e *elementos de execução*. O problema que certamente ocorreria na prática seria a total inutilidade de um conclave separado para o controlador, gerando uma assembleia *pro forma* com um único acionista aprovando a operação, *versus* um conclave de minoritários cujo resultado, numericamente, não teria o condão de alterar o resultado obtido na outra assembleia dos *majoritários*.

Em sentido contrário vê-se N. Eizirik (*Comentários...*, Op. cit., Idem, pp. 248-249), que partindo da situação da lei anterior, apresenta argumentos pela assembleia una assim: "Em princípio, na incorporação ocorreriam 3 (três) assembleias gerais: (i) da incorporadora, para aprovar o protocolo e nomear os peritos que deverão avaliar o patrimônio líquido da incorporada; (ii) da incorporada, que aprova o protocolo e autoriza os administradores a praticar os atos necessários à realização da operação; (iii) da incorporadora, que aprova o laudo de avaliação e declara efetivada a operação. Na prática, consagrou-se legitimamente o procedimento de que cada sociedade realize apenas 1(uma) assembleia. A incorporadora realiza 1 (uma) única assembleia, ao invés de 2 (duas), quando estiver disponível o laudo de avaliação elaborado pelos peritos escolhidos pelos administradores ou acionistas, na qual aprova o protocolo, ratifica a escolha dos peritos e delibera sobre o laudo e declara efetivada a operação. Já na incorporada, a assembleia aprova o protocolo e autoriza os administradores a praticarem os atos necessários à efetivação da operação. Na companhia aberta não só é possível como também recomendável a realização de apenas 1 (uma) assembleia geral; como a elaboração do laudo de avaliação pode demandar algum tempo, seria fator de perturbação à cotação das ações a divulgação da aprovação do protocolo na primeira assembleia da incorporadora e a conclusão da operação algum tempo depois, até que fosse concluído o laudo". O argumento é realmente considerável, exceto pelo fato de que em OPAs registráveis (qual seja, nas OPAs que não sejam para aquisição de controle), o lapso entre o protocolo de Edital, a conclusão do laudo e o registro da oferta também autoriza as mencionadas perturbações e nem por isso a doutrina e a prática clamam por uma unificação de meios, em detrimento dos fins. É certo que os defeitos da OPA não podem ser argumento para que o mencionado defeito, se presente em processos de incorporação de ações, seja também forçosamente tolerado, só porque lá o problema também existe. Por outro lado, a questão, aqui, como na OPA, é de se sopesar os benefícios em face dos custos: ter uma decisão mais alongada no tempo, mais custosa, mas mais segura, justificaria o risco mencionado por Eizirik, atrelado ao dispêndio do tempo e do custo maior? Entendemos, de modo geral, que sim; sendo viável, *a contrario sensu*, revisitar a unificação caso a caso, ao invés de desmembrar a unificação no caso a caso.

substituição adequada. Este ponto é também tratado no âmbito da Justificação, por meio do artigo 225, incisos II, III e IV da Lei das S.A.

Este é um dos temas mais controversos em matéria de operações envolvendo incorporações de ações e, não raramente, têm soluções mais estapafúrdias do que propriamente apaziguadoras e adequadas. Sua origem, por mais incrível que possa parecer, já encontra raízes na *Teoria da Justiça e da Igualdade* formulada por ARISTÓTELES.[90]

O valor de troca ou relação de substituição é claramente uma proposta da administração e um pressuposto ou axioma da operação como um todo. Ninguém, no posto de administrador, se embrenha em uma operação via incorporação de ações sem ter antes, ao menos, uma noção dos valores a serem propostos e do seu *eixo de equivalência*. Há, portanto, uma avaliação contratada pela administração da companhia e, muita vez, sustentada por pareceres de instituições financeiras (as *fairness opinions*) que nem sempre são compartilhados publicamente, atestando a adequação dos parâmetros e valores adotados pela administração, em nome de seus acionistas, para comprovar a diligência dos administradores e protegê-los de ações baseadas em dever de diligência[91].

---

[90] Neste particular, não há jurista nem filósofo que tenha ido tão fundo no tema das *relações de troca e igualdade* quanto ARISTÓTELES. Em sua fenomenal (embora pouco estudada nos tempos atuais) *Ética à Nicômaco* (vide Livro V, iii, 1-6; pp. 1131a.1, 1131a.2), ARISTÓTELES explicava que o conceito de *justo* ou *justiça* [δίκαιον] envolve, necessariamente, quatro termos, a saber: duas pessoas diante de dois elementos. A relação de igualdade, equidade ou equivalência [ἰσότης] deve ser uniforme entre as pessoas e os elementos em referência [καὶ ἡ αὐτὴ ἔσται ἰσότης, οἷς καὶ ἐν οἷς], sob pena de tratamento desigual – fruto de *controvérsias e disputas* [μάχαι καὶ τὰ ἐγκλήματα]. Simplificando: o justo envolve duas pessoas (no caso, duas companhias) e dois elementos (duas ações) – a justiça dessa relação recíproca decorre de uma situação de equivalência, que é apurada pelos princípios formadores do *statuo viæ*. Qualquer alternativa que se afaste disso, dispara imediata controvérsia e acirrada disputa. O popular "justo como resultado do tratamento dos iguais na igualdade e dos diferentes na diferença" é uma interpretação moderna desse texto que transcrevemos nesta nota e que jamais saiu da pena direta de ARISTÓTELES. Vide ARISTOTELES. *HΘIKΩN NIKOMAXEIΩN* [versão bilíngue grego-inglês da *Ética à Nicômaco* organizada por H. Rackham], 2ª ed., 12ª reimp.. Cambridge, Mass: Harvard University Press, 2003, pp. 266-269. Este eixo central das relações entre coisas e pessoas, sob o ângulo aristotélico, é o que passaremos a chamar, nesta tese, de *eixo de equivalência*, que VICARI, por seu turno, chegou também a definir como *relação de troca em congruência* (*rapporto di cambio congruo*), cf. *Gli Azionisti nella fusione...*, Op. cit., Idem, pp.134 e ss.

[91] A lei italiana, em sede de *fusione*, prevê no art. 2501-*quinquies* do *Code Civile* uma verdadeira *fairness opinion* na forma de uma *relazione*, que AULETTA e SALANITRO (vide Giuseppe AULETTA e Niccolò SALANITRO. *Diritto Commerciale*, 16ª ed.. Milão: Giuffrè, 2008, p. 286)

Os acionistas podem ou não acatar, na justificação, os parâmetros, metodologias e relações de substituição propostas e fundamentadas. Se acatarem, o processo segue em relação às condições previstas, agora centrada em prazos e preocupada com temas de natureza mais societária, tais como: alterações estatutárias quando aplicável, questões patrimoniais da companhia resultante da operação quando se trata de uma operação de capital ou ainda a questão do aumento de capital em operações realizadas por meio de incorporação de ações, formação de um novo corpo administrativo e etc. No mundo ideal, se rejeitarem, o processo seguiria por seu fundamento próprio, abrindo-se, paralelamente, uma discussão sobre valores de troca, relações de substituição e valores adequados para recesso, sem prejudicar o andamento do processo como um todo (*appraisal remedy* amplo, como se verá adiante).

No âmbito da Justificação, entretanto, o valor de troca ou a relação de substituição deve, em tese, aparecer anteriormente à discussão do protocolo e atacar, de forma essencial, a adequação do valor de troca ou relação de substituição sugerida pela administração. Neste caso, ainda que a assembleia convalide uma relação de substituição irrisória ou visivelmente prejudicial, entendemos que a operação poderá estar sob risco de ter a sua validade atacada. Isto porque, ao contrário dos processos de natureza contratual, a relação de substituição, sobretudo em operações envolvendo companhias abertas, não pode ser encarada como um direito patrimonial disponível tal qual ocorre nas contraprestações de um contrato de natureza de permuta, como uma venda e compra por exemplo.

Esta afirmação pode soar ousada para uns, inusitada para muitos. Há quase que um consenso que migra para unanimidade, considerando que a relação de troca é de fato objeto de uma negociação entre partes[92]. Não compartilhamos desse conceito.

---

demarcam com a necessidade de se exprimir "*un parere sull'adeguatezza dei metodi di valutazione adottati dagli amministratori*".

[92] Vide N. Eizirik (*A Lei das S/A Comentada*, Vol. III, Op. cit., Idem, p. 398): "Embora o protocolo de incorporação e a justificação sejam documentos obrigatórios, as partes são livres para negociar seus termos. Assim, os administradores e os acionistas das sociedades envolvidas podem convencionar a relação de substituição das ações e o critério que será utilizado para avaliar os patrimônios das companhias envolvidas, devendo, no entanto, fazer constar de tais documentos o critério escolhido e qual será o montante da participação do acionista da sociedade incorporada no capital da incorporadora".

Primeiro, por conta do próprio conceito jurídico de *parte*.[93] Em segundo lugar, nos parece que a imperiosidade de uma justificação prévia retira das *partes desse processo* (a saber, as companhias, por intermédio de suas diretorias) o poder de convencionar "livremente" os valores, algo que, há de se convir, o direito societário moderno questiona, quando a companhia se embrenha em *comprar* e verdadeiramente *adquirir* ativos.[94] Em terceiro lugar, notamos que há doutrina em outros países defendendo, há anos, a ideia de que a relação de troca em operações de natureza societária não pode ser encarada como um direito patrimonial disponível e, portanto, não pode ser interpretada à luz de um raciocínio contratual.

Na esteira do disposto em seu artigo 235, a lei societária espanhola exige que a relação de troca seja estabelecida *"sobre la base del valor real del*

---

[93] Vide Alcides TOMASETTI JR. ("A Parte Contratual", In *Temas de Direito Societário e Contratual Contemporâneos*, coord.: Marcelo Vieira von Adamek. São Paulo: Malheiros, 2011, p.755-764) e, mais adiante, nossas considerações no Capítulo 3 sobre o conceito de "parte" em uma operação que envolva processo de incorporação de ações – considerar o "acionista" como parte dessa relação nos parece um equívoco.

[94] Referimo-nos expressamente ao teor do art. 256 da Lei das S.A., que não apenas traça parâmetros, mas exige que a administração da companhia adquirente se valha de um *laudo*, que na verdade é uma *fairness opinion* sobre o preço a ser pago. Além disso, as responsabilidades da administração por deveres de diligência, lealdade, estrito cumprimento das atribuições e exercício do poder sem desvios, abusos ou conflito (arts.153 a 156 da Lei das S.A.) impõe que a decisão sobre preços se dê dentro de critérios objetivos de racionalidade empresarial. Não pode o administrador aceitar preço vil; diga-se de passagem, nem mesmo em seus próprios negócios, quanto menos em negócios societários nos quais age fiduciariamente. A esse respeito, vale lembrar que, inclusive nas vendas e compras ditas *civis*, o preço vil pode ser elemento de descaracterização da venda para doação: "O preço tem que ser sério, traduzindo a intenção efetiva e real de constituir contraprestação da obrigação do vendedor. Se for *fictício*, não há venda, porém doação dissimulada, aplicando-se o art. 167 do Código Civil, que determina a subsistência do negócio jurídico que se dissimulou, se válido na substância e na forma e não violar direito de terceiro" (cf. Caio Mário da SILVA PEREIRA. *Instituições de Direito Civil*, Vo. III, 14ª ed.. Rio de Janeiro: Forense, 2010, p. 154). No mesmo sentido, vide J. M. DE CARVALHO SANTOS (*Código Civil Brasileiro Interpretado*, Volume XVI, 13ª ed.. Rio de Janeiro: Freitas Bastos, 1991, p. 24: "O preço, finalmente, deve ser real, não podendo ser simulado ou fictício, estipulado para não ser exigido. Em casos tais, se simulado ou fictício for o preço, o contrato só poderá valer como doação"). Esta é uma posição moderada se a compararmos, por exemplo, com o posicionamento de Orlando GOMES, que, diferentemente de Caio Mário, ataca-lhe a validade: "O *preço* deve ser sério; *verum*, como diziam os romanos. Necessário que o vendedor tenha a intenção de exigi-lo e consista em soma que possa ser considerada contrapartida da coisa. Inadmissíveis, portanto, *o preço simulado*, o *preço irrisório*, o *preço vil*. Se *fictício* não vale a venda" (Orlando GOMES. *Contratos*, 26ª ed.. Rio de Janeiro: Forense, 2008, p. 275).

patrimonio social". Ao interpretar o termo "valor real", Vicent Chuliá defende que a relação de troca seria muito mais resultado de uma "declaração" (no sentido bettiano do termo) do que propriamente resultado de uma "negociação".[95] Ao longo dos anos, a rigidez da posição de Vicent Chuliá ganhou adeptos de centro, que se apegam às chamadas "teorias híbridas", que aceitam certos aspectos da natureza contratual, mas com freios e contrapesos estabelecidos pelos aspectos plurilaterais das operações em questão, como é o caso de Adoración Perez Troya[96]. Países lati-

---

[95] Vide Francisco Vicent Chuliá, *Concentración y unión de empresas ante el Derecho Español*. Madri: CECA, 1971, pp. 271 e ss.

[96] É de se notar que, embora Perez Troya adote uma posição que chama de "eclética" (vide *La Determinación del tipo de canje...*, Op. cit., Idem, pp. 25 e ss.), nos transpareceu que seu ecletismo tende mais para a visão *institucional* da relação de troca do que propriamente para o seu eventual prisma contratual. Perez Troya, a fim de encaixar-se em um degrau intermediário do ecletismo, admite que é saudável que os administradores tenham *"cierta discricionariedad"* sem que, contudo, abram mão da busca efetiva do "valor real" exigido pela legislação de Espanha. Esse é, pois, exatamente o nosso entendimento: a margem de discricionariedade estaria dentro do eixo de equivalência que estabelece um *range* de valores, qual seja, uma variação percentual em relação ao próprio ponto central de fixação do eixo de equivalência. Mas fora dessa variação percentual, as administrações estariam agindo em plena ilegalidade. Cumpre aqui trazer as palavras de Perez Troya em relação ao sustento da tese da inegociabilidade dos valores nas relações de troca, baseadas em Vicent Chuliá (extremamente convincentes e dão a impressão de que a autora espanhola, em seu ecletismo, simpatiza mais com essa vertente do que com aquela que sustenta a livre negociabilidade de valores para relações de troca): *"En particular, si se postual que el tipo de canje es el 'precio' de la operación y que las partes gozan de entera libertad para fijar éste, se tiende a dar cobertura a cualquier tipo de fusión con independencia de su incidencia sobre los derechos de los socios, y, por ende, se acaba por legitimar a la mayoría para disponer de los derechos de los minoritarios sin alguna contrapisa. Por el contrário, las posturas que no admiten que el tipo de canje pueda ser objeto de negociación vienen a anudar el consecuente efecto de dilución de la participación social originaria a la conservación de su 'valor patrimonial', de tal suerte que es este 'valor' el que lleva a determinar la medida de pérdida de influencia relativa, dado que, según se sostiene, los socios deben recibir de la entidad resultante acciones o participaciones de idéntico 'valor patrimonial' al de su participación primitiva y ello impide, además, que éstos pudean recibir acciones o participaciones de 'valor actual inferior' pero 'con unas mayores posibilidades de rentabilidad futura'. Esta última concepción, como resulta evidente, viene a impedir fusiones que con base a la primera interpretación"*, a saber, a interpretação de que a negociação de valores é permitida, *"resultarían válidas"*. Por fim, arremata: *"La virtud de esta segunda concepción referida es que tiende a evitar que la mayoría pueda a su libre arbítrio disponer de la participación de los socios minoritarios"*. Por outro lado e sem embargo, é importante salientar que o ecletismo defendido por Perez Troya esbarra em sua concepção isolada de "sinergia", como base para a arguição de invalidade dessas operações, concepção que, conforme já debatemos acima, não concordamos (vide *La Determinación del tipo de canje...*, Op. cit., Idem, pp. 26 e 27), ficando

noamericanos que sofrem maior influência do direito espanhol, tal qual o direito argentino, tendem a adotar em parte de sua doutrina o entendimento de que a relação de troca não tem natureza contratual absoluta, difundindo a ideia do hibridismo, como é o caso de CABANELLAS DE LAS CUEVAS.[97]

Entretanto, a doutrina, nesse caso, e com ênfase para as posições mais rigorosas como de F. VICENT CHULIÁ, servem apenas para dar o sustento aos argumentos aqui expostos, dos quais nos convencemos: a própria natureza justificada das operações envolvendo processos de incorporação de ações, o seu aspecto nitidamente plurilateral, posto ser apto a abarcar mais de duas companhias em uma mesma operação, o caráter compulsório em relação a acionistas dissidentes da incorporada que não exerçam o recesso em tempo hábil e o caráter de total alheamento para os dissidentes da dita incorporadora (já que nem jus a recesso fazem), e, sobretudo, a impositividade do parâmetro que obriga o administrador a perseguir o *eixo de equivalência* da operação são argumentos que se não invalidam, ao menos turvam bastante a natureza exclusivamente "contratual", "bilateral" ou "permutativa" das relações de troca de tais operações.

Ademais, cumpre lembrar que um processo envolvendo a indexação de valores mobiliários de companhia aberta feito a cargo da administração e em nome de seus acionistas não pode ser tratado no âmbito dos direitos patrimoniais disponíveis, nem mesmo por convalidação de assembleia com voto unânime, pois não são apenas direitos de acionistas que podem ser afetados numa situação como essa: exemplo disso são os contratos derivativos, onde nem a administração e nem a comunidade acionária têm controle sobre o uso da ação de determinada companhia como índice ou parâmetro de valor em certos *equity swaps*.

Não apenas por essa razão, mas também pela natureza peculiar de um processo complexo que envolve desfiguração do valor mobiliário, compulsoriedade processual (caso a *Justificação* alcance, formalmente, os requisitos determinados por lei), gestão no interesse de outrem por parte da

---

a luz a respeito da questão (de natureza essencialmente jurídica) sobre a tutela dos sócios discordantes (a quem PEREZ TROYA prefere chamar de "minoritários").
[97] Guillermo CABANELLAS DE LAS CUEVAS. *Derecho Societário*, Tomo II – *Fusiones y Otros Actos...*, Op. loc. cit., Idem, pp.221 e ss., de onde se extrai: "*Si bien la LSC no fija un método unívoco para determinar la relación de cambio, ni los representantes ni los socios tienen libertad absoluta para acordar la relación de cambio*".

administração[98], não há como se admitir que a relação de substituição seja algo *disponível* e que possa ser alvo de estabelecimento aleatório ou com valor vil. A adequação de valores[99] é da essência desse tipo de operação.[100]

[98] Antes de se tratar propriamente de uma gestão de negócios na forma do artigo 861 do Código Civil, a incorporação de ações segue na linha do que Orlando GOMES sabiamente chamava de *gestão no interesse de outrem*: "A gestão de negócios não se confunde com a *gestão no interesse de outrem* porque tem de ser por livre iniciativa do gestor, enquanto que a outra decorre de imposição legal ou obrigação contratual", exatamente como ocorre nas operações envolvendo o processo de incorporação de ações – a decisão cabe à companhia e é dever (fiduciário) da administração, imposto por lei e pelos termos do protocolo, gerir os interesses dos acionistas durante todo o processo (GOMES, Orlando. *Obrigações*, 17ª ed.. Rio de Janeiro: Forense, 2007, p. 290).

[99] Nesse sentido, colhemos de Lucila SILVA a seguinte passagem: "Qualquer distorção na avaliação das companhias causará o desequilíbrio da relação entre as companhias envolvidas na operação porque, nessa hipótese, para que uma parte tenha vantagem, a outra necessariamente será prejudicada. Assim, uma avaliação que valorize desproporcionalmente o patrimônio da companhia incorporadora prejudicará diretamente os acionistas da companhia incorporada e vice-versa. A avaliação das sociedades, portanto, é questão crucial em operações de incorporação, notadamente no caso de sociedades controladas" (*Op. cit.*, Idem, pp. 51-52). A afirmação de Lucila SILVA tem inteiro respaldo nas técnicas de avaliação financeira, conforme DAMODARAN foi capaz de demonstrar (cf. *Investment Valuation*..., Op. cit., Idem, pp. 727 e ss., sobretudo as Tabelas 25.5 constantes da p. 728, analisando caso real entre Compaq e Digital), afirmando: "*The final aspect of a stock swap is the setting of the terms of the stock swap (i.e., the number of shares of the acquired firm that will be offered per share of the acquiring firm). While this amount is generally based on the market price at the time of acquisition, the ratio that results may be skewed by the relative mispricing of the two firms' securities, with the more overpriced firm gaining at the expense of the more underpriced (or at least less overpriced) firm. **A fairer ratio would be based on the intrinsic values of the two firms' shares**"* (grifos nossos).

[100] Sobretudo na incorporação de ações, que muitos, como visto acima, encaram como mera operação de aumento de capital da incorporadora com ações da incorporada, o regime das avaliações previsto no art. 8º da Lei das S.A., segundo tais interpretações, pode ser estendido ao âmbito das operações realizadas por meio de incorporação de ações, principalmente no que tange aos deveres e responsabilidades dos avaliadores e peritos, a vedação para superestimação (§4º ao artigo 8º da Lei das S.A.) com responsabilidade do subscritor. Não comungamos, entretanto, da linha teórica de que a incorporação de ações é um mero desdobramento societário de uma operação de aumento de capital e é neste pormenor que se debruça a nossa discordância: relação de substituição ou valor de troca em nada se relaciona, tecnicamente, com o regime das avaliações de aumento de capital com subscrição em bens. Tratam-se de duas técnicas completamente distintas, sob o ponto de vista contábil e econômico: qual seja, avaliar um bem para aceitá-lo em um aumento de capital nada tem a ver com o estabelecimento, entre duas companhias, de uma relação de substituição para processamento do aumento de capital da incorporadora. Essa gritante diferença é inclusive salientada por DAMODARAN (*Investment Valuation*..., Op. cit., Idem, pp. 380 e ss; 423 e ss.;

Mais: tratar as relações de substituição sob natureza de preço ou contraprestação típica de contratos de natureza de permuta pode ter efeito adverso bem mais perverso, sobretudo nas operações de migração, vez que o Código Civil, em seu artigo 489, impede que as contraprestações sejam fixadas ao arbítrio de uma única *parte* (lado), situação esta que pode ocorrer nas migrações, se a interpretação optar por abandonar o aspecto societário aqui proposto e acomodar-se no âmbito da lógica dos contratos de natureza de permuta.

Neste particular, é importante lembrar que valores mobiliários de companhias abertas são títulos com impacto tanto na macroeconomia quanto na microeconomia. A relação entre o mercado de valores mobiliários e as finanças públicas de uma nação em raríssimas vezes foi objeto de estudo mais aprofundado, mas nos últimos anos, essa relação tem chamado a atenção de experts. Juridicamente falando, o nexo de causa e efeito entre esses dois universos estaria no ponto de partida previsto no art. 22 da Lei de Mercado de Capitais, cujo regime de intersecção atribuitiva se assemelha ao da US-SEC.

Sob o ponto de vista macroeconômico, assim como os poderes públicos estão sujeitos a séria responsabilidade fiscal com duras metas de superávit primário e controle de preços e empregabilidade (inflação e pleno emprego), não se pode ignorar que a alteração aleatória dos preços de um

---

702 e ss.). Neste passo, não caberia aqui o regime do art. 8º para debater responsabilidade de avaliador, conforme veremos. Neste particular, portanto, divergimos da linha defendida por Nelson EIZIRIK (*A Lei das S/A Comentada*, Vol. III, Op. cit., Idem, p. 399-401; acompanhado por Alfredo Sérgio LAZZARESCHI NETO. *Lei das Sociedades por Ações Anotada*, 4ª ed.. São Paulo: Saraiva, 2012, p. 705). Visualizamos nos argumentos do mestre uma certa *petição de princípios*, pois o aumento de capital parece figurar como *causa* das operações cursadas em processos de incorporação de ações, quando na realidade esse aumento de capital é uma das consequências, pois essa modificação do capital (decorrência da necessária alteração no patrimônio líquido da incorporadora) se presta para verificar a quantidade de ações que devem ser atribuídas e entregues aos novos acionistas da incorporadora, ex-acionistas da incorporada. Defendemos aqui que esse aumento de capital é mera consequência contábil que a margem estreita de nossa lei impôs para que tais operações fossem cursadas somente por meio de *ações novas*. Por isso e considerando essa modificação do capital como consequência de uma modificação no patrimônio líquido que decorre dessa substituição de um débito no patrimônio líquido contra um crédito no ativo (investimentos) que vem do aporte das ações incorporadas, temos tranquilidade em sustentar, contra a posição de EIZIRIK, que o regime do art. 8º da Lei das S.A. é inaplicável às avaliações para estabelecimento de relação de substituição envolvendo operações cursadas em processos de incorporação de ações.

valor mobiliário emitido e em circulação no mercado aberto deve também seguir, por parte dos administradores das companhias emissoras, também um regime jurídico similar de responsabilidade fiscal e metas.[101] Não se pode, portanto, permitir que a determinação da relação de troca seja alvo de uma negociação livre e não técnica, distante de qualquer parâmetro de justificativa plausível dentro das metodologias aceitas para avaliação de empresas.

Assim, essa relação de troca não se pode fixar com a liberdade de estabelecimento de um preço em uma venda e compra e, portanto, não pode resultar da vontade exclusiva ou do dilentantismo especulativo das administrações envolvidas[102].

Repita-se e frise-se: *a relação de substituição não é direito patrimonial disponível* e sobretudo nas operações em que há cancelamento das ações da companhia incorporada, cindida ou fusionada, deverá o administrador estar sujeito a responsabilidades não apenas perante os acionistas afeta-

---

[101] Discordamos portanto da quase unanimidade dos autores, que sempre representa a existência de um livre *animus* para se convencionar relações de troca (nesse sentido, vide: CASQUET, Andreia C. B. Os Direitos de Preferência e Recesso em Operações de Incorporação de Sociedade e Incorporação de Ações. São Paulo/Coimbra: Almedina, 2014, p. 76).

[102] Neste ponto ousamos mais uma vez discordar do mestre EIZIRIK (*A Lei das S/A Comentada*, Vol. III, Op. cit., Idem, p. 398). Por razões debatidas neste trabalho, entendemos que a relação de substituição *não é um direito patrimonial disponível* e por isso, não haveria para a administração uma liberdade para escolha de critérios de avaliação, pois os critérios precisam ser *justificados* de acordo com o *interesse societário* circunscrito às metas e objetivos da companhia. Assim, nos parece muito difícil admitir que "os administradores e os acionistas das sociedades envolvidas podem convencionar a relação de substituição das ações e o critério que será utilizado para avaliar os patrimônios das companhias envolvidas" cabendo a tais administradores simplesmente "fazer constar de tais documentos o critério escolhido e qual será o montante da participação do acionista da sociedade incorporada no capital da incorporadora". Mais adiante (p. 400), complementa: "A Lei das S.A. conferiu aos administradores das sociedades envolvidas ampla liberdade de escolha quanto a tais critérios, exigindo apenas que sejam divulgados no protocolo de incorporação". Conforme estamos defendendo neste trabalho, tais procedimentos não bastam para que os administradores efetivem a operação respeitando o limite da finalidade de suas atribuições, estando, portanto, enquadrados nos limites do art. 154 da Lei das S.A.. A lei quer mais desses administradores em tais circunstâncias e, pelo contrário, não lhes deu "ampla liberdade", mas uma verdadeira função-dever perante os acionistas afetados pela operação, acentuando o caráter fiduciário de sua atuação com liberdade bastante limitada. Assim, a fundamentação *prévia* da operação pela administração, bem como a justificação da escolha dos critérios (e não apenas a informação *a posteriori* no corpo do protocolo) são essenciais, conforme previsto no art. 225, I e III da Lei das S.A..

dos, mas, nos termos do caput ao artigo 154 da Lei das S.A., ao público que a companhia se presta a indiretamente servir. Neste passo o administrador deve *legitimar sua decisão pelo procedimento*. A adoção vil, equivocada ou fraudulenta de uma relação de troca fora do eixo de equivalência há de ser reconhecida como um desserviço à marcoeconomia.[103]

[103] A indicação dessa relação entre mercado acionário e grandezas marcoeconômicas ainda é um desafio para os estudiosos. Cabe contudo reconhecer que o mercado acionário é, inquestionavelmente, um dos mais poderosos indicadores marcoeconômicos. MANKIW (*Macroeconomics*, 5ª ed.. Nova Iorque: Worth, 2003, pp. 469-471) enfatiza a relação entre a depreciação do preço de certas ações *vis à vis* a saúde do PIB da nação onde está(ão) sediada(s) a(s) emissora(s). O quadro 17-4, que cobre essa relação durante o período de 1965 a 2000 cobre o comportamento do índice *Dow Jones* em comparação à oscilação do PIB estadounidense, mostrando como a atividade no mercado de ações pode influir nas atividades da chamada "economia real". De certa forma, MANKIW esclarece que contínuas depreciações no mercado acionário podem refletir um estado de empobrecimento geral (p.470). Outra análise é empreendida por GRAY & MALONE (*Marcofinancial risk analisys*. Chichester, UK: Wiley & Sons, 2008, pp. 95-96), que sustentam que o preço de ações (seja de um mercado, seja de um setor da economia, seja de uma companhia específica com relevância para o setor ou para um mercado) podem ser usados para se medir o risco de crédito desse mercado, setor, companhia específica ou companhias pares. É um parâmetro, portanto, frequentemente usado para medir a volatilidade de ativos aplicados em um certo setor da economia. Especificamente nos mercado emergentes, o mercado acionário, por sua matriz de associação e interdependência com o comportamento de outros mercados, pode ainda gerar (e sofrer) efeitos além mar (nesse sentido, vide Peter J. MONTIEL. *Macroeconomics in Emergin Markets*, 2ª ed.. Cambridge, Mass: Cambridge University Press, 2011, pp. 680 e ss.).
Mais interessante ainda é um estudo preparado por NUNES, COSTA JUNIOR e MEURER. Ao analisarem a econometria que mede a relação entre mercado acionário e taxas de inflação e juros, os autores advertem: "Geske e Roll argumentam que os agentes adaptam suas expectativas quanto à inflação, em virtude das modificações econômicas antecipadas pelas variações nos preços dos ativos, e que essa reversão da causalidade seria caracterizada por um conjunto de eventos macroeconômicos, com destaque à interação do processo de geração de receita do governo e as variações dos preços dos ativos. Assim, quando os preços das ações declinam em resposta às variações antecipadas de condições econômicas adversas, há uma forte tendência da ocorrência de déficit governamental. Considerando, por exemplo, que o governo monetize suas dívidas e que os indivíduos antecipem essa monetização, a taxa de inflação deve aumentar. Dessa forma, as variações nos preços dos ativos, causados por variações antecipadas nas condições econômicas, serão correlacionadas com as variações na taxa de inflação esperada e, conseqüentemente, na taxa de inflação" (NUNES, Maurício S.; COSTA JUNIOR, Newton C.A.; MEURER, Roberto, "A relação entre o mercado de ações e as variáveis macroeconômicas: uma análise econométrica para o Brasil", In Revista Brasileira de Economia, vol. 59, nr. 4. Rio de Janeiro: FGV/EPGE, out-dez, 2005, pp. 589-590).
Desta forma, esta nota propõe não apenas o início de um debate na órbita da juseconomia, mas também e sobretudo, no ângulo estritamente jurídico, que a leitura do art. 154 da Lei

Por derradeiro neste capítulo, cumpre trazer ao debate o axioma da instabilidade do investimento em renda variável, juridicamente conhecido como *statuo viæ*, como o terceiro e sintético requisito de validade das operações envolvendo processos de incorporação de ações.

Este é, tanto quanto os outros dois, um elemento essencial nas operações efetuadas via incorporação de ações, pois reconhece e absorve o recente fenômeno da *empresa* como grupo de fato, superando o velho paradigma da sociedade isolada. Ao mesmo tempo, reconhece, sob o ponto de vista econômico-jurídico, o papel do acionista na *empresa contemporânea*.

No paradigma da sociedade isolada, o acionista era o proprietário de um (ou vários) valor(es) mobiliário(s) de um ou mais tipos ou espécies. Era, portanto, o proprietário de um bem móvel que incorporava direitos e faculdades consolidados em um estatuto jurídico chamado de *status socii*.[104]

No novo paradigma da *empresa contemporânea* integrada por várias sociedades organizadas em grupo de fato, conforme demonstrado por MUNHOZ, a ação perde o seu efeito real para adquirir um caráter mais dinâmico: a ação deixa de ser exclusivamente um bem móvel com caráter de "título de propriedade" e passa a ser um título que encerra direitos de participação, atualmente consolidados nos incisos do artigo 109 da Lei das S.A. O caráter participativo, mais afeto à disciplina do direito societário, se mostra mais próximo e adequado do que o seu caráter real-patrimonial, mais afeto ao fenômeno civil dos "contratos de sociedade" construídos na era e no âmbito das sociedades isoladas.[105]

---

das S.A. tenha incidência direta sobre as operações estudadas neste trabalho, haja vista que uma relação de troca mal definida não apenas age em prejuízo de acionistas, mas também e sobretudo sobre os colaboradores das companhias envolvidas, os credores, os fornecedores e clientes e, indiretamente, como quisemos demonstrar, sobre a sociedade onde atuar e incidir publicamente a relação de troca equivocada. É certo que a depender da operação, a escala dessa influência pode ser de nula, mínima até um nível razoável, se estivermos tratando de uma companhia de porte grande para gigantesco.

[104] Para rememorar o conceito de *status socii*, necessitamos recorrer a texto clássico de Tullio ASCARELLI, que lembra que os *stati socii* devem ser entendidos como sinônimo da posição de sócio dentro do ordenamento societário de uma sociedade comercial determinada e específica (vide *Saggi di Diritto Commercialle*. Milão: Giuffrè, 1955, pp. 219-227), definindo a ação como um *status* jurídico ou uma *posição jurídica*, pressupondo uma série de direitos, poderes e obrigações. Nesse sentido, do mesmo ASCARELLI, são memoráveis as passagens de seu *Appunti di Diritto Commerciale – società e associazioni commerciale* (3ª ed.. Roma: Foro Italiano, 1936, p. 113-140).

[105] Vide a brilhante análise de Nelson EIZIRIK sobre o fenômeno do direito de propriedade no contexto da marcoempresa ou *empresa contemporânea*, onde EIZIRIK identifica, com a elegância

A ação passa a ser, pois, um *ativo de renda variável*, qual seja: um título de renda variável que incorpora direitos de participação proporcional nos resultados (variáveis) de uma *empresa contemporânea*. Assim, passa a existir, na natureza da ação, um caráter eminentemente societário que se distancia do modelo clássico de direitos reais do Código Civil. O liame jurídico entre acionista e sociedade, que permite delinear uma natureza jurídica própria à ação, propõe uma revisão do conceito de *status socii* diante do universo das *empresas contemporâneas*, reconhecendo a instabilidade, em médio prazo, das características desse ativo de renda variável. A revisão do conceito de ação, entretanto, já guarda sensíveis raízes em clássicos estudos sobre o comportamento do capital social nas *empresas contemporâneas*. Essa revisão do conceito de capital social, liderada por Mauro Rodrigues PENTEADO, abriu um espectro de reflexões sobre o que foi definido como uma espécie de passagem de um contexto ou era do *capital estático* para o *capital dinâmico*.[106] O efeito da *empresa contemporânea* sobre a natureza da ação e seus contornos patrimoniais, de fato, decorre mesmo dessa mutação no conceito de capital com a assunção do *capital dinâmico* como linha central de alterações que ocorrem no conteúdo conceitual dos próprios valores mobiliários.

Assim, as expectativas de um acionista devem estar limitadas ao espectro de direitos, vantagens e preferências circunscritos no estatuto social e não no resultado decorrente da aplicação dos recursos nesse ativo de renda variável, lastreado em um capital dinâmico. Ainda assim, essas expectativas são moduladas pelo interesse da companhia e da *empresa* como um todo, a saber, sua *missão* e suas *metas*, desdobradas em *objetivos societários* (que incluem os administrativos e estratégicos). Na medida em que certas vantagens ou preferências a certa classe de acionistas podem representar perda de valor em longo prazo, sendo justificável a troca de certas preferências por outras vantagens, ainda que decorrentes de uma operação com grupo cujo *interesse societário* esteja em afinidade com aquele ao qual per-

---

que lhe é habitual, a existência de uma *propriedade atenuada* (e não uma "limitação dos direitos de propriedade"). Na empresa contemporânea brasileira, ao largo de Berle e Means, o direito de propriedade sofre modificações e adaptações, que têm geral reflexo, como veremos, no capital social e, por conseqüência, no próprio conceito e nas características das ações e valores mobiliários ("Propriedade e Controle na Companhia Aberta – Uma análise teórica", *In RDM*, vol. 53. São Paulo: Revista dos Tribunais, abr/jun-1984, pp. 90-104).
[106] PENTEADO, Mauro R. *Aumentos de Capital...*, Op. cit., Idem, pp. 43-46.

tence, ao acionista descontente caberá exercer um justo direito de recesso, sem que a ele seja franqueada a manutenção daquelas características *ad æternum*. Exemplo disso é a conversão de ações preferenciais com a extinção de vantagens das ações convertidas em ordinárias comuns, para que a companhia possa estar em condições de ingressar no nível mais elevado de governança corporativa da BM&FBovespa, o *Novo Mercado*.

Ao investidor em renda variável societária, deve ser pressuposto que seu investimento é dotado de característica fundamental de *instabilidade*, pois isso é da natureza própria das ações emitidas por *empresas contemporâneas*, desde o seu estado primordial como *venture capital entreprise* até o estágio mais avançado como *companhia aberta* em *grupo de fato* ou *conglomerado*.

A esse novo estado de sócio reconhecido nas empresas modernas, a doutrina reconhece o termo *statuo viæ*. O *statuo viæ* é termo abreviado da decomposição da frase latina *status socii in statuo viæ ostendit*, qual seja, "o estado de sócio se apresenta como estado de mudança"; brocardo latino da lavra do jurista português Diogo da Costa GONÇALVES, que assim o explica: "A figura do *statuo viæ* pretende ser a designação concisa desta ideia: *status socii in statuo viæ ostendit*. O *status socii* revela-se ao intérprete aplicador *in statuo viæ*, em estado de mudança, a caminho de uma nova realidade jus-societária. Por isso mantemos em ablativo a abreviação da expressão, por ser essa a sua função sintática. Note-se, no entanto, que o conteúdo semântico da palavra *status*, quando utilizada na locução *statuo viæ*, é diferente do seu conteúdo quando empregue em *status socii*. Neste caso, utiliza-se um conceito técnico-jurídico para identificar a natureza da participação por recurso à técnica do estado; naquele, *status* não se reveste de qualquer conteúdo técnico mas é antes utilizado em sentido comum, para designar uma circunstância ou uma relatividade. Não obstante a disparidade semântica, obtém-se uma aproximação sugestiva entre *status* e *statuo*, de tal sorte que a utilização da abreviação *statuo viæ* permite ao leitor identificar o *statuo* com o *status socii*, gozando, imediatamente, da dimensão explicativa da figura".[107]

Diogo Costa GONÇALVES não apenas identifica uma crise no paradigma clássico do conceito de *status socii* em operações societárias envolvendo fusão, cisão e transformação das sociedades, mas já reformula o conceito

---

[107] GONÇALVES, Diogo da Costa. *Fusão, Cisão e Transformação de Sociedades Comerciais – A posição jurídica dos sócios e a delimitação do statuo viæ*. Coimbra: Almedina, 2008, pp. 372-373, nota 849.

sob o parâmetro da *instabilidade* típica das aplicações e investimentos em renda variável. Compreende dentre os riscos dos investidores em renda variável de capitais dinâmicos, portanto, não apenas o risco de perda do principal e da ausência de resultados esperados a serem distribuídos, mas também e sobretudo o risco de mutação das próprias características do valor mobiliário que decorrem do dinamismo do capital social das *empresas contemporâneas*. Esses riscos de mutação, para atender uma necessidade da *empresa*, do *grupo*, do *conglomerado*, devem ser considerados e fazem parte da natureza da ação emitida por sociedades que compõem *empresas contemporâneas*. Essa ideia, de certa forma desenvolvida na engenhosa doutrina de Diogo Costa GONÇALVES, já pode ser notada em SANTAGATA desde a sua preocupação com a chamada *vicenda dei rapporti di participazione*, que necessariamente devem ser transferidas para as sociedades novas (resultado de uma fusão ou incorporação) ou para a sociedade incorporante (no caso das operações envolvendo incorporação de ações)[108].

Na base do raciocínio de Diogo Costa GONÇALVES encontra-se a doutrina de Engrácia ANTUNES[109], que não coincidentemente está também na base do trabalho de E. S. MUNHOZ, usado extensamente neste trabalho.

O fenômeno da *empresa contemporânea* ou da *empresa plurissocietária* altera, portanto, não apenas o conceito de *controle*, como nos demonstrou MUNHOZ[110], mas igualmente o conceito de *status socii* e, como nos demonstrou Diogo da Costa GONÇALVES, inclusive e sobretudo o conceito e a natureza jurídica, em si, da ação como valor mobiliário que representa, em um título de participação[111], direitos instáveis com expectativas de resul-

---

[108] SANTAGATA, C.. *La fusione ...*, Op. cit., Idem, pp. 50 e ss.
[109] ANTUNES, Engrácia. *Os Grupos de Sociedades – estrutura e organização jurídica da empresa plurissocietária*, 2ª ed.. Coimbra: Almedina, 2002.
[110] Nesse mesmo sentido de MUNHOZ, vide Mauro Bardawil PENTEADO (*O Penhor de Ações no Direito Brasileiro*. São Paulo: Malheiros, 2008, p. 121) que, com esteio na doutrina de Veiga Copo, mostra como a *natureza jurídica da ação* ganha corpo, no direito comparado, na ideia indissociável de *título de participação* ou *título de consolidação de direitos de sócio*, afastando-se da ideia meramente patrimonial-econômica que vê na ação uma *parcela do capital*, dando a esse caráter participativo o prisma exclusivo do *lucro*.
[111] José Luiz BULHÕES PEDREIRA e Alfredo LAMY FILHO (*Direito das Companhias*, vol. I, Op. cit., Idem, pp. 216 e ss.) exploraram o conceito de ação como *título de participação*: "o conjunto dos direitos e obrigações da posição jurídica de sócio é designado 'participação' societária porque compreende direitos de participação. Nos tipos de sociedade empresária mais antigos a participação societária é denominada quota ou quinhão; nas cooperativas, quota-parte; e

tados variáveis, distanciando-se do modelo clássico de direito real ou fidejussório[112]. É, portanto, uma relação jurídica típica do direito societário, com características próprias.

Neste passo, ao reconhecermos essa *característica instável* como um dos pilares que regem as operações em empresas contemporâneas, temos os

nas companhias e sociedades em comandita por ações, ação". Desta forma, "o conceito de participação societária aqui definido corresponde a cada posição de sócio, mas a expressão é também usada para significar o conjunto das posições de sócio ocupadas pela mesma pessoa. Com esse sentido falamos na participação de uma sociedade em outra, ou de determinado acionista" (Ibidem, pp. 216-217).

[112] Vide Robert Charles CLARK (*"The four stages of capitalism: reflections on investment management treatises"* In *Harvard Law Review*, vol.94. Boston, Mass: Harvard University Press, 1981; pp.561-582), onde fica claro, na evolução do *capitalismo de mercado*, o chamado segundo estágio, com a separação do *ownership* em relação ao *control* a partir de Berle & Means (por meio da profissionalização do *control*), gerando, na terceira geração, a separação do *ownership* entre *capital supplying* e *investment* (profissionalizando-se o último). Atualmente, o Brasil está em momento conturbado pois com a expansão do fenômeno das companhias de capital pulverizado, o *capitalismo de mercado brasileiro* está tendo um segundo estágio em desenvolvimento concomitante com o terceiro estágio. A profissionalização das administrações em companhias abertas e dos gestores de investimento num mesmo momento aprofunda as cicatrizes de nosso subdesenvolvimento nos mercados de capitais. O texto de CLARK, quando foi escrito, identificava o quarto estágio, já em plena década de 1980 nos EUA, para o nascimento de uma era que dividia o *capital supplying* entre o conceito de *savings planner* do de *beneficiary*. Com o advento de uma economia de pleno emprego, haverá forte tendência para a profissionalização da função do *savings planner*, que dará as ordens de investimento para o gestor em nome do *beneficiary*. Esse gestor de investimentos que age sob ordem do *savings planner* e em favor do *beneficiary* é quem exerce os votos, via *proxy*, para conformação do controle exercido por uma administração. Atualmente, os EUA já se encontram com os quatro estágios plenamente desenvolvidos. A percepção do papel do *último beneficiário* em relação ao voto e à ação, visto num contexto de *empresas plurissocietárias*, é fundamental para se admitir essa distância do caráter real da ação, quando concebida no contexto das empresas da Revolução Industrial da primeira fase do capitalismo de mercado com características empreendedoras (*entrepreneur* ou, na acepção de CLARK, o *promoter-investor-manager* que caracteriza ainda muitas empresas familiares brasileiras), em relação ao segundo e terceiro estágios que temos vivido atualmente, onde as relações fidejussórias entre *investidor* e o *controlador-administrador* deixam aquele com uma nota marcante de características *participativas*. A mudança do caráter da ação e possivelmente a reforma de seu conceito técnico com impacto em sua natureza jurídica ficam absolutamente transparentes em uma economia *capitalista de mercado* do quarto estágio, onde o beneficiário se refere a um administrador de plano de pensão ou de plano de poupança coletiva, que por sua vez se refere a um gestor de investimentos, que por sua vez se refere a uma administração de uma companhia, responsável, por sua vez, por resultados e pela garantia de participação difusa, coletiva e não identificada (mas identificável) dos beneficiários.

limites do próprio *statuo viæ* como elementos últimos que devem ser invocados em uma Justificação.

Assim, é importante lembrar que essa instabilidade encontra, segundo Diogo da Costa GONÇALVES, dois limites, a saber: (i) o princípio da identidade; (ii) o princípio da tutela do investimento.[113]

Diogo GONÇALVES explica que o *princípio da identidade* como pedra fundamental do *statuo viæ* tem respaldo na lei local, o CSC, e fundamento na doutrina do *Rechtsfigur der Identität* do direito alemão, defendida por Karsten Schmidt[114]. A necessidade de se dar dinamismo às operações de fusões em toda a Europa unificada, sem prejuízo das peculiaridades de cada sistema, impôs ao direito português algo novo e que a sua prática desconhecia. E Diogo GONÇALVES nos explica o fenômeno do *statuo viæ* sob a ótica do *princípio da identidade* nestes termos: "com esta formulação

---

[113] Op. cit., Idem, pp. 376 e ss. Neste particular, o voto proferido pela Diretora Relatora L. P. Dias no Caso Oi/PT nos parece que foi em certo retrocesso ao que aqui se propõe, ao dar interpretação bastante restritiva à Lei das S.A., nestes termos: "Ao tratar desse tipo de operação, a Lei nº 6.404, de 1976, não estabeleceu como requisito a manutenção dos direitos e vantagens antes assegurados aos acionistas da companhia cujas ações foram incorporadas – nem aos ordinaristas, nem aos preferencialistas. *Pelo contrário, permitiu que a administração das companhias envolvidas negocie e, em seguida, que as assembleias gerais deliberem de forma discricionária sobre o tema*" (grifos nossos). É certo que nem o princípio da identidade nem o da tutela do investimento são expressos em nossa lei. Entretanto, daí a se supor que, "pelo contrário", a lei os rechaçaria, como se as operações societárias pudessem ser interpretadas no âmbito da autonomia da vontade típica dos contratos, nos parece também um passo precipitado, haja vista que, conforme temos visto neste trabalho, administração e assembleia praticarão atos que serão compulsórios para outros acionistas e terceiros alheios ao quadro societário.

[114] Ao citar Karsten Schmidt, Diogo da Costa GONÇALVES arremata: "Ora, observado o processo de modificação social a partir da posição jurídica do sócio, e não esquecendo que também a participação social é igualmente *Rechtsgebild*, o princípio da identidade afigura-se como a expressão, na esfera jurídica do sócio, da realidade objectiva da alterabilidade societária. Através dele compreendemos a posição jurídica do sócio em solução de continuidade, não obstante as modificações verificadas no seu *status* por força do processo modificativo em curso" (Idem, p. 378). Vale ainda destaque para o recente texto de Herbert WIEDEMANN (*"Ist der Kleinaktionär kein Aktionär?"*, *Festschrift für Karsten Schmidt zum 70. Geburtstag*, Otto Schmidt Verlag, Köln, 2009, pp. 1731 – 1742), que lembra haver nas operações de *Eingliederung*, a qual equipara ao *squeezeout*, uma patente perda de identidade na passagem do estado de acionista de uma companhia para outra ("*...bei übernehmender Auflösung, Eingliederung oder squeeze-out ist der Identitätverlust offenkundig*", In *"Ist der Kleinaktionär kein Aktionär?"*, Op. cit., Idem, pp. 1734-1735), argumento extra que nos recomenda prudência na associação, em direito comparado, da *Eingliederung* ao *squeezeout* estadounidense e às operações que envolvem a nossa *incorporação de ações*, como a migração, a verticalização e a consolidação de controle.

designamos o princípio mediante o qual a participação social, antes e após a modificação societária ocorrida, é ontologicamente a mesma. A identidade jurídica é, portanto, uma *identidade ôntica* do *status socii*".[115]

Desta forma, pelo princípio da identidade, o *status socii* em *statuo viæ* se mantém o mesmo na sua essência societária, ressaltando assim o valor de *participação* incorporado na ação modificada. Para apreender essa essência, o jurista luso lança mão do *critério da equivalência material*, onde se busca absorver, no novo valor mobiliário, um estatuto de *direitos materialmente equivalentes*, o que significa dizer, nas suas palavras, "aqueles que, embora podendo concretizar uma situação jurídica diversa, garantem, no seio da nova estrutura societária, a presença e a prossecução do mesmo interesse próprio do sócio visado".[116] Não basta, portanto, uma equivalência formal: neste particular, a operação deve portanto equilibrar, de forma dialética,

---

[115] Op. cit., Idem, p. 376. Em contraponto a WIEDEMANN, cumpre levantar esta passagem, que destaca a característica participativa que vimos defendendo, como inerente ao *status socii* e completamente associada à identidade ôntica de que nos fala Diogo GONÇALVES: "*Und da der Kleinaktionär nicht nur die Mitverwaltungsbefugnisse, sondern auch die Nutzungsrechte verliert, ist das geschützte Rechtsgut nicht mehr das Mitgliedschaftsrecht, sondern das Vermögen. Rechtlich betrachtet hat der Kleinaktionär aber einen Teil seines Vermögens nicht in einem Investment-Fonds oder abstrakt als 'Beteiligung am Kapitalmarkt' angelegt, sondern in einem bestimmten Unternehmen in Form der Aktiengesellschaft, die ihn oder seine Rechtsvorgänger zu dieser Vermögensanlage eingeladen hat. Mit der Vermögenseinlage erhält der Aktionär zwar kein 'gesellschaftsrechtlich vermitteltes Eigentum', wohl aber ein im Mitgliedschaftsrecht gebündeltes Beteiligungsrecht*" (In "*Ist der Kleinaktionär kein Aktionär?*", Op. cit., Idem, p. 1735).

[116] Op. cit., Idem, p. 208 e 376. SANTAGATA (*La fusione...*, Op. cit, Idem, pp. 61 e ss.) identifica que, em sede de *incorporazione*, a sobrevivência das relações participativas tem natureza dúplice, a saber: (i) patrimonial – qual seja, não se pode ter, em decorrência da operação em si, uma perda de valor; e (ii) administrativo (ou político), qual seja, uma perda de *qualidade dessa participação*. É importante salientar, entretanto, que a faceta administrativo-política do critério da *equivalência material* deve ser vista *cum grano salis* no contexto das operações de consolidação de controle, como veremos. Sendo essas operações, quando efetivadas por meio de incorporação de ações, por qualquer impedimento que seja ou tenha ocorrido para que fosse concretizada via alienação de bloco de controle, operações de controlador para controlador em sociedades independentes, é natural que um dos acionistas controladores, ao aceitar a transferência de seus investimentos para uma *nova holding* com perda de poderes em relação à situação anterior de controle, tenha o *statuo viæ* poderosamente afetado pela perda de *equivalência material* em relação a direitos políticos. Contudo, é importantíssimo lembrar que essa perda *faz parte intrínseca dos motivos da operação*, qual seja, é justamente uma de suas finalidades, em alternativa a uma transferência pura e simples do bloco de controle para outra pessoa. Deve haver, entretanto, *equivalência material* de natureza patrimonial, pois é com base nesse parâmetro que os não controladores terão seus valores mobiliários substituídos por

o interesse mediato e fundante do investimento inicial do sócio visto em perspectiva, com o interesse imediato da companhia que tenha por meio assegurar esse interesse mediato do sócio previsto, e circunscrito ao ato fundacional da companhia[117].

Esse raciocínio, com forte carga técnica, é compreendido especialmente no âmbito do princípio complementar da *tutela do investimento*, acompanhado item por doutrina que interpreta a lei de Espanha, onde há uma determinação expressa para a perseguição do *valor real* e do princípio do *trato paritário entre os sócios*.[118-119]

Diogo da Costa GONÇALVES assim nos apresenta o *princípio da tutela do investimento*: "Ao *princípio da tutela do investimento* subjaz a consideração do sócio como *investidor* da empresa societária. A participação social, originária ou derivadamente adquirida, corresponde à realização de um investimento sócio-econômico por parte do sócio que, numa formulação entre nós proposta por CASSIANO DOS SANTOS, transmite para a esfera social um conjunto de interesses próprios, tendencialmente em relação com o seu envolvimento financeiro" (assim).[120]

Assim, o princípio da tutela do investimento visa *preservar as condições que sustentam a decisão de investir* (e, também, de desinvestir), "nomeadamente quanto às suas alterações não previstas ou não assumidas ao tempo

---

novos, segundo relação de troca implementada pela administração e na maioria das vezes, sob orientação de um acionista controlador, conforme se verá no Capítulo II abaixo.

[117] Por isso é que "o princípio da identidade não é, assim, uma construção extrínseca à participação social. Se se admite a modificação das sociedades como um fenômeno de natureza transformadora, mesmo em processos mais radicais de reestruturação como a fusão e cisão, dever-se-á então garantir que as modificações corridas no *status socii* não ferem a continuidade da sua identidade, antes a asseguram e garantem" (GONÇALVES, Op. cit., Idem, p. 378).

[118] Vide A. PEREZ TROYA, *La Determinación del tipo de canje...*, Op. cit., Idem, pp. 77 e ss e 101 e ss., respectivamente. Essa é a razão pela qual entendemos ser incompatível com essa disciplina a ideia de se ter uma relação de substituição "negociável", cujo acordo de vontades pode gerar uma operação que vitualmente fira esses parâmetros de equivalência (tanto jurídica, quanto econômica, quanto administrativo-estratégica).

[119] No âmbito da lei italiana, o art. 2501-*quinquies* do *Code Civile* a noção de "*congruità del rapporto di cambio delle azioni*", que VICARI, com base em MARCHETTI, explora com maestria no sentido de defini-lo com "*calcolo corretto*", qualificado por justificativa sobre escolha valorativa razoável, motivada e não arbitrária de metodologias que impliquem em avaliações adequadas das duas pontas parametrais da operação (vide VICARI, *Gli azionisti...*, Op. cit., Idem, pp. 134 e ss.)

[120] D. GONÇALVES, Op. cit., Idem, p. 380; com notas e referências à obra de Cassiano dos Santos.

da realização do investimento".[121] Essa manutenção diz respeito inclusive à manutenção de políticas, de missões, de metas e objetivos, que se traduzem, juridicamente, numa administração e no desempenho de um *business judgement rule* mais ou menos afeito a maior ou menor risco negocial. E conforme vimos anteriormente, a modificação nesses parâmetros (que teoricamente não é proibida), induz as administrações ao incremento das justificações na medida exata do aumento dos riscos e pode guarnecer o acionista prejudicado com tutela específica.[122]

Desta forma, o *statuo viæ*, construído com base nos princípios da *identidade* e da *tutela do investimento*, se articula com a *motivação juridicamente justificada* e a *relação de substituição adequada* na medida em que impõe aos sócios (todos) um parâmetro de instabilidade das características da ação (título que representa o investimento) e sujeita os seus interesses particulares ao interesse da companhia (aqui chamado de *interesse societário*), estando, tais faculdades societárias, limitadas pela motivação juridicamente justa (evitando-se operações desarrazoadas, aleatórias ou patentemente iníquas) e pela "monetização" adequada, sem perda de valor e respeitando a identidade jurídica do investimento realizado.

A identidade jurídica do investimento, encerrada em um *status socii* material (e não formal, que é modulado pelo *statuo viæ*), assegura aos sócios que os motivos que os levaram a investir naquela sociedade, pertencente àquele grupo econômico, serão perpetuados após a operação.[123] A motiva-

---

[121] Ibidem.

[122] Nesse caso, vide as hipótese de tutela obrigatória previstas por VICARI, sobretudo quando há lesão do interesse individual do acionista a conservação do valor econômico de sua participação ao tempo da operação (*Gli azionisti...*, Op. cit., Idem, pp. 304 e ss.), sujeita, portanto, a indenização. Ademais, conforme visto, o administrador pode ser responsável caso estabeleça uma relação de troca *"incongrua"* (qual seja, incongruente), como quebra de um requisito legal extraído por analogia ao previsto no art. 2501-*quinquies*, aplicável aos avaliadores e não especificamente aos administradores, que se regem pela linguagem do artigo anterior, o 2501-*quarter*, todos do *Code Civile*.

[123] Como veremos, nas operações de verticalização, esse princípio deve ser observado com muito cuidado, pois pode haver operações com sociedades de culturas distintas com missões díspares, deixando aqui a advertência de que tais operações não são vedadas, mas que, em tais casos, o modelo procedimental da *incorporação de ações* talvez não seja o mais indicado quando uma combinação de culturas, missões, valores, objetivos e metas venha a ocorrer. Exemplo disso é aquisição do Banco ABN-AMRO, em nível mundial, pelo consórcio formado por Santander, Royal Bank of Scotland e Fortis. Os bancos participantes do consórcio praticavam uma "cultura societária" completamente diversa da empresa alvo, peculiar por sua missão

ção juridicamente justificada assegura que os movimentos societários que fazem parte de um *statuo viæ* ocorram segundo uma estratégia societária bem definida e juridicamente fundamentada. O valor de troca adequado, acompanhados de um recesso estipulado em valores equivalentes, assegura identidade econômica ao investimento realizado. Esses limites, vistos em conjunto, balizam, portanto, a natureza instável das sociedades comerciais e das ações em favor de uma organização concentrada e plurissocietária, assegurando à administração das sociedades uma *liberdade jurídica*[124] para interferir, sempre que preciso, nas características desse investimento, mas sempre para o bem da coletividade societária.

e valores. Desta forma, a aquisição direta de um bloco de controle e sua consolidação por meio de vendas e compras sucessivas ou por meio de uma OPA se apresentou como modelo mais adequado para a consolidação de um bloco de controle na empresa alvo. Um processo societário semelhante à incorporação de ações não seria indicado, em um primeiro momento, por falta de segurança para a identidade jurídica do investimento em relação aos acionistas da companhia alvo.

Por outro lado, nas operações de migração, esse princípio está garantido de antemão, por se tratar de operação compreendendo companhias pertencentes a um mesmo grupo econômico, portanto, seguidoras de um mesmo rol de valores, objetivos e metas.

[124] O tema da *liberdade jurídica* como poder-dever de tutela pela igualdade é defendido por André Carvalho NOGUEIRA (*Regulação do Poder Econômico – A Liberdade Revisitada*. São Paulo: Quartier Latin, 2011, pp. 188 e ss.), ao tratar da *liberdade jurídica* como decorrente de uma aplicabilidade do princípio da coerência (sinônimo, aqui, de uma mandatória tutela pela igualdade). Ao desconstituir uma falsa dicotomia entre *liberdade* e *igualdade* e demonstrar a relação complementar e consequencial entre ambas, o autor mostra como essa *liberdade* só se exerce legitimamente quando tem por escopo a perseguição e a tutela da igualdade. No nosso caso das operações envolvendo processos de incorporação de ações, o respeito ao *statuo viæ*, sobretudo na faceta que impõe a busca da identidade do investimento, mostra como o poder-dever exercido pela administração, verdadeira liberdade jurídica em relação ao patrimônio alheio, só se justifica se essa busca pela identidade do investimento (uma espécie de *tutela da igualdade* ou *princípio da coerência*) é mantido na base da operação, de forma indistinta em relação *a todos os acionistas*.

Capítulo 3
Os Elementos e a Estrutura do Processo

São elementos dos atos jurídicos processados na incorporação de ações (i) as partes capazes (companhias), (ii) o objeto (ações), e (iii) a forma de tais atos (processo).

As partes nos processos de incorporação de ações são as duas companhias. Os acionistas não são, tecnicamente, *partes* nessa operação (embora possam ter interesse jurídico no processo de formação da vontade societária, sem que figurem, efetivamente, como um *polo* ou *lado* da relação jurídica principal entre as companhias).[125]

---

[125] Tecnicamente, como nos esclarece Alcides TOMASETTI JR. ("A Parte Contratual", Op. loc. cit., Idem, p.755-764) o conceito de *parte* é sinônimo de *lado* ou *polo*, representando o *centro de interesses* ou *centro de imputação de deveres, obrigações e direitos* em uma relação jurídica (p. 757; vide, no mesmo sentido, PONTES DE MIRANDA, F. C.. Op. cit., Idem, Tomo 38, p. 22, que usa o termo "lado" para distinguir a bilateralidade da plurilateralidade). Não se confunde com o conceito de *sujeito*, mais afeito a ideia de "figurante", que inclui quantidade ilimitada de sujeitos que podem estar integrados em um *lado da obrigação jurídica*, unidos ou não pela solidariedade. A esse conceito de *figurante* como *agente* de um *lado* (*parte*) de uma relação jurídica, a semiologia dá o nome de *ator*, que pode desempenhar o chamado *eu enunciativo* (vide FIORIN, José Luiz. *As Astúcias da Enunciação – As Categorias de Pessoa, Espaço e Tempo*, 2ª ed.. São Paulo: Ática, 1999, pp. 41 e ss.). TOMASETTI JR. lembra ainda que essa estrutura se deve ao gênio da doutrina italiana do início do século XX (p. 760) que, embora não citado por TOMASETTI JR., especulamos se tratar de Francesco CARNELUTTI (*Teoria Generale del Diritto*, 3ª ed.. Roma: Soc. Ed. del Foro Italiano, 1951, pp. 122-124), que deu base à doutrina posterior de Emilio BETTI (*Teoria Generale del Negozio Giuridico*, 2ª ed., 1ª reimp.. Roma: Ed. Scientifiche Italiane, 2002, pp. 80 e ss.).

Especificamente em relação ao direito societário, o conceito de parte é fundamental, sobretudo para separar aqueles atos jurídicos que compõem uma *decisão*, separando-o, em si,

A Lei das S.A., no *caput* do artigo 252, tem redação confusa no que tange aos aspectos subjetivos da operação, mas num esforço de atenção notamos que as partes desse processo são realmente as duas companhias, incorporadora e incorporada. Ao mencionar que as operações efetuadas nesse tipo de processo se dão pela "incorporação de todas as ações do capital social [de uma companhia] ao patrimônio *de outra companhia brasileira*", a lei já circunscreve que as partes, polos ou lados destas espécies de operação são, obrigatoriamente e exclusivamente, *duas companhias*. Isso fica mais claro quando a lei diz que a operação "será submetida à deliberação da assembleia-geral *das duas companhias*".

Portanto, em primeiro lugar, é mister reconhecer que as partes desse processo são as companhias e não os seus acionistas.

Em segundo lugar, cumpre aqui reconhecer, formalmente, quais tipos societários estariam sujeitos a esse processo de *incorporação de ações*. Poderia, desta forma, uma sociedade limitada ter suas quotas "incorporadas" ao patrimônio de uma sociedade por ações, convertendo os quotistas em acionistas da sociedade incorporadora, ao passo que a companhia se torne

dos atos que implementam ou executam essa decisão. Nesse sentido, nos esclarece TOMASETTI JR.: "Os *atos colegiais* são constituídos pela manifestação ou pela declaração de *votos*, atos jurídicos *stricto sensu* – enunciados pelos multifigurantes numa assembleia ou colegiado – que se consubstanciam num só *negócio jurídico deliberativo* (*Beschluss* = 'deliberação'), resultante da *maioria* dos votantes, para a conservação e a promoção dos interesses de um diferente sujeito coletivo de direito, personificado, não personificado ou *impersonificável* (*e.g.*, CC, arts. 44, 986 e 993). As assembleias ou colegiados normalmente exercem funções *deliberativas e eficacialmente internas*, nas sociedades como nos conselhos diretores de fundações, em vários tipos societários e nas assembleias de condôminos em edifícios por andares (*e.g.*, CC, arts. 1072-1074, 59, 67 I, 1334 III, 1348 I e 1350). Daí a necessidade de *órgãos presentativos ou executivos* unissubjetivos ou plurissubjetivos (nem sempre titulares de voto mas) *legitimados para exteriorizar os resultados das deliberações assembleares, destinadas a projetar para fora desses sujeitos coletivos* (personificados, não personificados ou nem personificáveis) *as decisões internas acerca dos seus próprios interesses*" (assim, pp. 763-764). No caso específico deste trabalho e tendo em vista um processo de incorporação de ações, as partes são definitivamente as sociedades, mas suas vontades, expressas no protocolo, se formam no âmbito de suas assembleias e conclaves específicos envolvendo, nos atos coletivos, as *partes* que integram esse conclave, muito ao modo que já nos discorreu Tullio ASCARELLI ("O Contrato Plurilateral", *In Problemas das Sociedades Anônimas e Direito Comparado*. São Paulo: Saraiva, 1945, pp. 285-291). Assim, os direitos dos acionistas como *partes do conclave* não se confundem com as obrigações da sociedade como *parte do protocolo de incorporação de ações*, valendo aqui a advertência na lição de TOMASETTI JR.: "Travam-se, por essa necessidade, *relações jurídicas externas* entre tais sujeitos coletivos de direito e os demais sujeitos coletivos e as pessoas naturais" (assim, Ibidem).

quotista única da sociedade limitada? Nos parece que não (sem prejuízo dos entendimentos contrários)[126]. O próprio regime da sociedade limitada impede que se dê uma operação que a converta em sociedade unipessoal. Neste particular, os atrasos brasileiros em relação a regimes de sociedade unipessoal colaboram na interpretação específica. Note-se que o regime da *subsidiária integral*, umas das exceções à nossa timidez para ingressar no regime das sociedades unipessoais, limita o seu uso para as sociedades por ações exclusivamente (o artigo 251 da Lei das S.A. é claro ao referir-se à "companhia...").

Mesmo no regime controverso da EIRELI, a lei separou-lhe um regime próprio de conversão por meio de "concentração de quotas de outra modalidade societária num único sócio", designado pelo Código Civil como "pessoa titular da totalidade do capital social", neste ponto valendo o termo "pessoa" genericamente para "pessoa natural" e "pessoa jurídica". Portanto, se eventualmente uma sociedade por ações "concentra as quotas" de uma sociedade limitada por meio da entrega de ações de sua emissão,

---

[126] Não é o que pensa CARVALHOSA (*Comentários...*, Op. cit., Idem, pp. 181-182; com apoio em COSTA FIGUEIREDO, *Op. cit.*, Idem, p. 89), que entende ser ela possível inclusive entre sociedades de tipos diferentes, mesmo até com uma sociedade em nome coletivo ou não empresária, desde que o quorum de aprovação seja unânime, "já que não seria aplicável o instituto do recesso nos termos objetivos e gerais instituídos pela lei societária de 1976" (Ibidem). A tese não conta com a simpatia de TAVARES GUERREIRO e LACERDA TEIXEIRA, bem como de LAMY FILHO e BULHÕES PEDREIRA. Na esteira, portanto, mais do argumento da unanimidade *per se* do que pela unanimidade por falta de opção de saída via recesso, essa operação envolvendo tipos societários diversos, se desejada pelos sócios de ambas as sociedades, não seria impossível (e neste ponto estamos com parte do argumento de CARVALHOSA), mas jamais poderia se dar por meio de um regime procedimental semelhante ao do artigo 252 por patente violação ao *princípio da identidade* (onde acompanhamos LAMY e BULHÕES). Semelhante operação envolvendo tipos societários diferentes dever-se-ia ocorrer por negociações individuais que assegurassem o consentimento unânime de todos os sócios de ambas as sociedades, mais por analogia ao disposto no artigo 221 da Lei das S.A. por força de uma *integral transformação do status socii*, do que por meio de tutelas do artigo 252 da mesma lei, que pode obrigar dissidentes que não exerçam recesso. Nesse caso, a migração de um acionista de sociedade anônima para uma sociedade em nome coletivo empresária seria muito mais uma *transformação integral de seu status socii* sem observar os princípios do *statuo viæ* do que propriamente uma *migração* ou uma *verticalização* ou uma *consolidação de controle* em uma sociedade em nome coletivo conforme visto nesta tese. Portanto, trocar ação de uma sociedade anônima por uma quota de sociedade em nome coletivo deveria, a todo custo, estar mais alinhado com os requisitos procedimentais do artigo 221 do que com os requisitos processuais do artigo 227.

como pagamento, em uma relação de substituição baseada em aumento de capital efetuado pela integralidade das quotas, teremos certamente uma operação que o §3º ao artigo 980-A do Código Civil chama de "concentração de quotas". Esse regime de "concentração de quotas" está completamente fora do alcance do artigo 252 da Lei das S.A. e por isso, deve ter um tratamento específico que foge ao escopo deste trabalho.

Importa saber, portanto, que como é assente a doutrina a respeito[127], as operações cursadas por processo de incorporação de ações só podem ocorrer entre *companhias*, qual seja, entre sociedades anônimas por ações.[128]

---

[127] Cf. TAVARES GUERREIRO e TEIXEIRA, Op. cit., Idem, p. 728: "cumpre ressaltar que esse novo instituto somente será possível, quando a sociedade incorporadora das ações for *sociedade anônima*. De fato, como se depreende do art. 252, a lei apenas contemplou a hipótese de incorporação de todas as ações do capital social ao patrimônio de outra *companhia* brasileira. A peculiaridade dessa modalidade de criação derivada de subsidiária integral é tanto mais relevante quanto se observa que, na outra modalidade de criação derivada (a aquisição de ações) e na criação originária (constituição), a lei alude simplesmente a *sociedade brasileira* (art. 251, *caput* e §2º, respectivamente). Daí se conclui que na constituição e na aquisição de todas as ações, o único acionista da subsidiária integral pode ser sociedade de qualquer tipo, contanto que seja brasileira, ao passo que, na incorporação de ações, somente poderá desempenhar esse papel a sociedade anônima, mantido o requisito comum da nacionalidade brasileira". No mesmo sentido, vide LAMY FILHO e BULHÕES PEDREIRA (*Direito das Companhias*, Vol. II, Op. Cit., Idem, p. 1995).

[128] Excluam-se aqui todos os demais regimes societários previstos em lei no Brasil. Seria muito simples optar pela via da interpretação literal e defender que as *incorporações de ações* não se aplicam aos demais tipos societários pelo fato da lei se referir a "companhias" e a um modelo de incorporação "de ações" e não de outra coisa. A questão é mais complexa do que isso.
No âmbito de sociedades não personificadas previstas no Código Civil (sociedade em comum e sociedade em conta de participação), a incorporação de quotas emitidas por essas sociedades ao capital de uma sociedade por ações é impossível juridicamente. Na conta de participação, a lei obriga um regime interno (de sociedade interna) com duas espécies de sócio, sendo impossível se ter uma conta de participação unipessoal. Essa é a razão pela qual a jurisprudência da JUCESP já tornou pacífico o entendimento de que a conta de participação é impossível de *transformação societária*, tentativa essa pretendida pela GOLF PARTICIPAÇÕES SOCIEDADE EM CONTA DE PARTICIPAÇÃO buscando arquivamento de sua transformação para GOLF VILLAGE EMPREENDIMENTOS IMOBILIÁRIOS S.A. (NIRE 35300343409, com processo de arquivamento cancelado por determinação do Presidente da JUCESP, em decisão de 18/12/2007, dando provimento a recurso administrativo impetrado por sócio ostensivo). No caso da sociedade em comum, o problema é bem mais complexo e o seu reconhecimento como sociedade de pessoas ou como subespécie de outros tipos societários (vide Erasmo Valladão Azevedo e Novaes FRANÇA. *A Sociedade em Comum*. São Paulo: Malheiros, 2013, pp. 137 e ss.; item, Daniel KALANSKY, "A sociedade em comum: um novo tipo societário?", *In Direito Societário Contemporâneo I*, coord: Erasmo Valladão A. N. França. São Paulo: Quartier Latin,

2009, pp. 511 e ss.) impede que, por seu regime próprio, seus quotistas migrem para uma sociedade por ações, que se imporia como quotista única da sociedade em comum. Noutras palavras, um estudo aprofundado do artigo 980-A em intersecção com o artigo 986 e seguintes poderia dizer se uma sociedade em constituição que não seja uma sociedade anônima, quando não ainda obteve os atos inscritos no registro de comércio, mas atende aos requisitos do artigo 980-A, poderia entrar em uma situação jurídica híbrida com perda dos efeitos de limitação de responsabilidade franqueada pela EIRELI. Mas, de fato, é inaceitável subsumir uma dessas sociedades ao curso de uma operação prevista pelo artigo 252 da Lei das S.A.

O mesmo deve-se dizer a respeito das sociedades personificadas de responsabilidade ilimitada previstas em lei, a saber, a sociedade em nome coletivo e a comandita simples. Ambas demandam sócios pessoas físicas e não reconhecem um regime unipessoal, sendo tecnicamente impossível convertê-las por meio de operação processada pelo artigo 252. Por outro lado, como a Lei das S.A. admite que o sócio unipessoal de sociedade anônima possa ser qualquer "sociedade brasileira" (art. 251), a interpretação literal asseguraria um regime de subsidiária integral tendo uma sociedade em nome coletivo, por exemplo, como sócia única de uma sociedade por ações. Entretanto, o mesmo critério literal impede que isso seja feito por meio de uma incorporação de ações (art. 252). Mas o argumento mais percuciente não seria propriamente o literal: cumpre reconhecer que a responsabilidade ilimitada e solidária para os quotistas de uma sociedade em nome coletivo empresária (ainda que todos os sócios de sociedade por ações sejam pessoas físicas apenas) não atende ao *princípio da identidade* que já estudamos aqui.

No caso da sociedade simples não empresária, a incompatibilidade é tão saliente e a incomunicabilidade entre um regime de sociedade de pessoas puro para um regime de sociedade de capitais puro impede até um esquadrinhamento adequado de um cálculo de relação de substituição adequada, pois dessa matemática sempre fugirá o elemento pessoal *intuitu personæ* essencial nas sociedades simples, violando de antemão os princípios da *tutela do investimento* e da *identidade*.

Por fim, a sociedade em comandita por ações, que inclui um regime de sócio comanditado (artigo 281 da Lei das S.A.) que não se comunica com o regime do comanditário, de responsabilidade limitada, é outra hipótese que deve ser excluída com base em argumentos técnicos e não literais (já que a Lei das S.A. não tem dispositivo expresso vedando essa operação entre tipos societários diversos). A Lei das S.A. tem regulação paupérrima sobre os regimes da Sociedade em Comandita por Ações (vide CARVALHOSA, *Comentários...*, Op. cit., Idem, pp. 484 e ss) e exclui de aplicabilidade o disposto sobre "conselho de administração", "capital autorizado" e "emissão de bônus de subscrição" (art. 284). Entretanto, outros regimes devem também ser excluídos, como o do *poder de controle* (CARVALHOSA, Ibidem, pp. 482-483) e, pensamos, o da subsidiária integral, e como consequência, o da incorporação de ações. Seja como incorporada seja como incorporadora, suas características impedem a existência de um único sócio pessoa jurídica (pela necessidade de sócios administradores de responsabilidade ilimitada) e impedem que os sócios de uma sociedade anônima migrem para um regime de comandita por ações, ainda que na qualidade exclusiva de comanditários. As diferenças insuperáveis entre esses dois regimes cria um *status socii* completamente peculiar aos comanditários, que têm relação específica com os comanditados, incapazes de assegurar firme respeito ao *princípio da integridade* que já estudamos aqui.

Em terceiro lugar, esse processo estaria circunscrito apenas e tão somente a *duas companhias*?

Nas operações de *incorporação de capital*, de *fusão* e de cisão, "uma ou mais sociedades" (de um lado, no caso da incorporação e da cisão) ou "duas ou mais sociedades" (em um ou dois lados, no caso da fusão) podem figurar na operação, sendo possível visualizá-las como operações plurissocietárias.

Nas operações realizadas por meio da incorporação de ações, é inquestionável haver a participação de apenas uma companhia no lado da *incorporadora*, que recebe as ações da companhia incorporada. A dúvida repousaria, entretanto, se o lado ou o polo da companhia sujeita à incorporação pode ser formado por mais de uma sociedade. Em forma interrogativa: poderiam duas ou mais companhias ter suas ações incorporadas, ao mesmo tempo e por meio de um único protocolo, ao patrimônio de uma companhia figurando no papel actancial de *incorporadora*? Reformulando: poderíamos ter uma operação em que duas ou mais sociedades têm suas ações incorporadas ao capital de uma companhia, convertendo aquelas sociedades em subsidiárias integrais de uma única sociedade por ações?

A doutrina é absolutamente silente.

Na lei, não há nada que impeça.

Na casuística, há um único precedente: a Operação CPFL/CMS/Jaguariúna.

Nessa esteira qual poderia ter sido, de fato e de direito, o elo condutor que assegura a possibilidade de ter-se a incorporação de ações de companhias distintas, de uma só vez, ao patrimônio de uma única companhia *holding*?

A Lei das S.A., tecnicamente, abandonou, sob o prisma da incorporada, a identificação da *parte* por meio de critério subjetivo: ao invés de falar que a incorporação de ações emitidas *por uma ou mais companhias*, a lei se detém a uma elipse de predicativo do sujeito parando a construção frasal no termo *capital social* ("a incorporação de todas as ações do capital social", mas, de quem? de *uma ou mais companhias*? ou apenas de *uma companhia específica*?). Essa elipse nunca foi interpretada nem tampouco a lacuna jurídica foi preenchida ou integrada por doutrina ou jurisprudência, embora a hipótese já tenha sido testada com sucesso na prática societária. A limitação ao universo de duas companhias apenas poderia advir de uma interpretação restritiva do disposto no trecho seguinte do *caput* ao artigo 252, que diz que a operação "será submetida à deliberação da assembleia-geral das *duas companhias...*", não dizendo, neste trecho, que a operação seria "submetida à deliberação da assembleia-geral de *todas as companhias envolvidas...*". Pela interpretação literal restritiva, esta solução poderia impedir, de fato, que mais de uma companhia pudesse figurar no *polo incorporado* de uma operação veiculada pelo processo de incorporação de ações.

Entretanto, entendemos que a lei, ao se referir à deliberação da assembleia-geral [órgão] das *duas companhias* confunde o conceito de *parte* ou *lado* com o conceito de *sujeito*. Teoricamente, nada impede que a operação seja efetuada de forma unificada, ainda que se dê pela incorporação das ações de várias companhias ao capital de uma única, tudo tratado em um único protocolo, *desde que a justificação seja a mesma para todas as companhias envolvidas*.[129]

Se a justificação for juridicamente a mesma e estiver adequada, se os princípios do *statuo viæ*, bem como a adequação da relação de substituição estiverem atendidos, teoricamente nada impede que a operação comporte várias sociedades no polo incorporado.

Sob o ponto de vista prático, o tratamento unificado consolida, igualmente, os riscos, e a não aprovação por uma sociedade incorporada pode colocar em risco a operação como um todo, atingindo o interesse das demais. Não haveria, no processo de incorporação de ações, a possibilidade de uma assembleia-geral mista como ocorre no processo de fusão previsto no §2º ao artigo 228 da Lei das S.A., por se tratar, aqui, de uma emulação de assembleia de constituição, algo que não ocorreria na incorporação de ações de múltiplas sociedades.

Entendido esse permissivo formal e compreendidos os riscos de contaminação da operação de modo geral quando feita em um único passo envolvendo várias companhias incorporadas, cumpre aqui advertir, ainda, para os limites de uma operação envolvendo múltiplos atores na *parte incorporada*. A primeira advertência, de natureza formal e processual, diz respeito aos critérios para extração da *vontade societária* de todas as companhias envolvidas. Entendemos que seria necessário que cada sociedade votasse a sua relação de troca; mas, *ultima ratio* e *de lege ferenda*, seria importante termos

---

[129] Sob o ponto de vista formal, entendemos, portanto, que não há nada na lei que pudesse impedir que o Caso Sadia/Perdigão/BRFoods ou a Operação CPFL/CMS/Jaguariúna pudessem ocorrer de forma simultânea com todas as companhias envolvidas. No Caso Sadia/Perdigão/BRFoods, o que impediria, conforme se verá, é a circunstância brilhantemente exposta no voto do Diretor Eli Loria, com o qual concordamos totalmente.

algum critério de aprovação conjunto, como ocorre na fusão, em assembleia unificada com mensuração específica de quóruns de aprovação por sociedade e por influência no capital da futura incorporadora.

Enquanto esse critério não é implementado na lei e enquanto a própria lei não nos dá caminhos para usar o regime do §2º do artigo 228 para as incorporações de ações de emissão de várias companhias, nos parece que bastaria a aprovação isolada por cada sociedade incorporada, acrescida da aprovação pela incorporadora.

Adicionalmente ao critério formal, há duas questões de conteúdo que precisam ser observadas: a primeira, diz respeito à relação de substituição com critérios unificados, que, principiologicamente deve ser adequada e paritária em todas as companhias envolvidas, em respeito ao princípio da integridade do capital social da incorporadora; a segunda, diz respeito aos direitos de recesso que podem ser exercidos tanto em cada sociedade incorporada, quanto na incorporadora.

Neste particular, especificamente, é mister interpretar o disposto no artigo 137, §3º, da Lei das S.A., nos casos de incorporações de ações de emissão de várias companhias, de forma ampla e contextualizada. Desta forma, se uma operação realizada pelo processo de incorporação de ações intenta consolidar o controle de várias companhias em uma, é necessário que o processo seja revisto *por cada sociedade envolvida* no prazo de dez (10) dias tratado pelo artigo 137, §3º da Lei das S.A[130], e não apenas pela sociedade em que o recesso está sendo exercido. Isto porque o artigo 137, §3º fala em risco da *estabilidade financeira da empresa* e não *estabilidade financeira da companhia*.[131]

Neste particular, entendemos que o termo *empresa* está sendo utilizado, segundo Asquini[132], em seu *perfil objetivo* e a estabilidade financeira que a lei visa proteger, neste particular, não diz respeito à sociedade incorpo-

---

[130] Muitas dúvidas são suscitadas a respeito do decênio de retratação e os prazos para convocação de assembleia, decisão, publicação e outros temas afins. José Alexandre Tavares Guerreiro, item, enfrentou o debate ("Direito de Retirada e Poder de Retratação", *In RDM*, Volume 44. São Paulo: Revista dos Tribunais, 1982, pp.22-27).

[131] Embora a lei faça expressa menção ao termo *empresa* e não ao termo *companhia*, comentadores ventilam que esse poder de retratação caberia exclusivamente no âmbito da companhia onde as dissidências são contadas (vide Carvalhosa, *Comentários...*, 2º Vol., Op. cit., Idem, p. 1079; Alfredo Sérgio Lazzareschi Neto. *Lei das Sociedades por Ações Anotada*, Op. cit., Idem, p. 386, nota 11c).

[132] Asquini, Alberto. "Os Perfis da Empresa" (trad. de Fábio Konder Comparato), *In RDM*, volume 104. São Paulo: Malheiros, out-dez 1996, pp. 109-126.

OS ELEMENTOS E A ESTRUTURA DO PROCESSO

rada vista de forma isolada, apenas, mas também e sobretudo em relação ao grupo de fato resultante da operação efetivada por meio de uma incorporação de ações.[133]

Tratadas essas ressalvas e comentários em relação às partes de uma operação cursada no processo de uma incorporação de ações, passemos, sem demora, a analisar o seu objeto, que de certa forma se funde e se fundamenta nos comentários traçados acima em relação às partes.

De fato, o objeto deste processo de incorporação de ações pode levantar discussão de natureza diversa em relação às partes, mas tecnicamente, são dois pontos de vista de um mesmo fenômeno. Se encaramos o processo de incorporação de ações sob uma ótica puramente *subjetiva*, nos debruçamos a destrinchar os detalhes sobre o conceito de parte nas relações jurídicas enredadas nas incorporações de ações. Se por outro lado encaramos o mesmo processo, qual seja, o mesmo fenômeno jurídico, mas sob uma ótica *objetiva*, nos distanciamos um pouco do conceito de parte, que já se põe como pressuposto lógico dessa análise subjetiva, e discorremos sobre o *valor mobiliário* específico que se sujeita a esse processo, a saber, *a ação*.

Neste pormenor, só pode ser *objeto* de uma operação processada por meio de uma incorporação de ações, as ações, propriamente ditas, de uma *companhia brasileira*.[134] Quotas de uma sociedade limitada ou de uma socie-

---

[133] De Asquini destacamos este trecho, no que se refere ao *perfil objetivo*, totalmente aplicável às operações celebradas por intermédio de um processo de incorporação de ações: "A individualidade da organização patrimonial, a que dá lugar o exercício da atividade profissional do empresário, em relação ao remanescente do seu patrimônio, é todavia um fenômeno extremamente relevante para o direito, quando nada em relação ao efeito das particulares obrigações legais que incumbem ao empresário, em relação ao tal patrimônio especial (obrigação de um inventário especial, se o patrimônio pertence a menores, art. 365; obrigação de indicação analítica dos elementos de tal patrimônio no inventário de empresário comerciante, art. 2217) *sobretudo em relação aos efeitos das múltiplas relações jurídicas que possam ter em mira tal patrimônio especial, na sua unidade orgânica*, relações de gestão voluntária (mandato outorgado) e compulsória (administração jurídica); relações de transferências (venda, doação, conferência a sociedade, legado, etc.); relações de gozo (usufruto, locação); relações de concorrência" (grifamos, p. 119). Nesse pormenor, como veremos, defendemos aqui que a faculdade de ratificação ou reconsideração prevista pelo §3º, artigo 137 cabe também à incorporadora, se os inúmeros casos de recesso na(s) sociedade(s) incorporada(s) afetarem o seu patrimônio de modo a tornar a justificação da operação praticamente iníqua e o resultado patrimonial da concentração algo totalmente estéril, se comparado ao projeto inicial da operação.

[134] Impossível, portanto, que se tenha incorporação de ações de emissão de companhia estrangeira ou incorporação de ações de emissão de companhia brasileira em sociedade de

dade em conta de participação, por exemplo, não podem e não devem ser objeto de operações veiculadas na forma do artigo 252, com a devida vênia à doutrina contrária citada e com apoio, aqui, em Lamy e Bulhões bem como Tavares Guerreiro e Lacerda Teixeira, conforme já analisamos acima. Sendo um processo exclusivo dos tipos jurídico-societários das *companhias*, apenas e tão somente estas (de capital fechado ou aberto) é que, sendo partes, podem fornecer o objeto jurídico para este tipo de processo societário.

Ações, independentemente da espécie (e incluídas as ações de fruição), é que podem ser objeto de uma operação de incorporação de ações. Títulos lastreados em dívida[135], como as debêntures e as *notes* emitidas no exterior, permanecem válidos e em vigor, com as obrigações plenamente exigíveis perante a companhia que se torna subsidiária integral.[136] No caso dos debenturistas, em especial, nem mesmo uma prévia aprovação é necessária, caso a escritura seja silente nesse sentido, por força do disposto no artigo 231 da Lei das S.A., que, sabiamente não inclui a operação de incorporação de ações e nem autoriza que a remissão feita pelo artigo 252, limitada aos artigos 224 e 225 (por força de questão procedimental e não de direito material) possa ser estendida ao regime do artigo 231.

Dúvida surge, entretanto, em relação a duas categorias de valores mobiliários *tertium genus*, a saber, os valores mobiliários híbridos ou conversíveis (tais como as debêntures conversíveis e os bônus de subscrição) e as ações de fruição.

Comecemos, pois, pelos valores mobiliários híbridos.

Uma forma simples de excluí-los é por meio da interpretação literal do artigo 252: a lei fala de *ações* e por isso outros títulos estariam excluídos. Cumpre, contudo, explicar porque a lei comporta apenas ações nesse tipo de operação, excluindo, por exemplo, eventuais direitos de subscrição, bônus de subscrição, partes beneficiárias e debêntures conversíveis. As operações que se utilizam do processo de incorporação de ações são,

---

outro tipo societário, como as limitadas, à luz do que se depreendo do atual texto de lei, correto ao nosso ver. Vide Tavares Guerreiro e Teixeira (Op. cit., Idem, p. 728).

[135] Nesse regime incluímos as partes beneficiárias: títulos estranhos ao capital social e que conferem "direito de crédito eventual contra a companhia", sendo, *a contrario sensu*, um título de dívida com natureza de renda variável lastreada nos resultados anuais da emissora.

[136] Isso se a escritura não prever hipótese de vencimento antecipado no caso de incorporação de ações de emissão da companhia devedora.

basicamente, operações que envolvem *equity*, qual seja, valores mobiliários referenciados ao capital da companhia[137] e, portanto, em *participações equitativas* (equânimes, sob o regime de "equity") nos resultados da companhia.

Como vimos, uma das diferenças entre as operações envolvendo incorporação de ações e as operações de fusão e incorporação está na *combinação de "capitais sociais"*, ao passo que nas operações por incorporação de ações, o patrimônio de cada companhia (e, consequentemente os seus respectivos capitais sociais) se mantém rigorosamente separado, não havendo essa *combinação*. Contudo, as operações de incorporação de ações são necessariamente *referenciadas ao capital subscrito*.

A razão técnica pela qual a lei restringe o objeto das operações de incorporação de ações apenas e tão somente às *ações subscritas* está justamente na estimativa que se faz da incorporada para fins de fixação de uma rela-

---

[137] É de se excluir, igualmente, outros títulos que companhias vêm emitindo com estrutura de *quasæ-equity*, como as debêntures perpétuas com participação nos lucros (as "DPLs") e os títulos referenciados a resultados da companhia. Recentemente, a CVM julgou o Caso Tec Toy, em decisão bastante debatida e controvertida, tendo como relator o então Diretor Wladimir Castelo Branco Castro, acompanhado pelo Diretor Pedro Oliva Marcílio e pelo presidente Marcelo Fernandez Trindade, e tendo como dissidente a Diretora Norma J. Parente, a fim de se considerar debêntures perpétuas como elemento do patrimônio líquido da companhia e não de seu passivo financeiro. Apesar de ter negado o atendimento ao apelo da companhia, o Colegiado pode traçar quais os requisitos mínimos para essa consideração, abrindo flanco para a criação de títulos, pelas companhias, de natureza perpétua e não resgatável, equiparáveis, contabilmente, a ações preferenciais. Anos depois, a questão voltou à tona no Caso Tec Toy II. Em 2010 o Colegiado reviu sua posição favorecendo a tese da Companhia e levando em consideração algumas mudanças ocorridas entre 2004 e 2010, contando com votos favoráveis do Relator, o Diretor Marcos Pinto, acompanhado pelos Diretores Otávio Yazbek e pela Presidente Maria Helena Santana, assinalando voto dissidente do Diretor Eli Loria. Entretanto, essa equiparação contábil não franqueia equiparação jurídica: em uma operação envolvendo processo de incorporação de ações, as DPLs deste caso, salvo melhor juízo, estariam excluídas do processo. Recentemente, a MMX Mineração e Metálicos S.A. havia emitido, antes da crise se abater sobre o conglomerado X, igualmente, um título patrimonial remunerado com base nas receitas de royalties da emissora. A semelhança com uma ação preferencial é menor, pois a remuneração é fixada com base em parte da receita estimada, mas o seu caráter não resgatável e perpétuo também o distancia de títulos de dívida simples ou debêntures. Contudo, num cenário de processo envolvendo incorporação de ações, tais títulos teriam que ser, necessariamente, pagos em dinheiro (amortizados totalmente ou resgatados) ou mantidos na companhia "incorporada" sem os efeitos jurídicos que sofrem os acionistas, na sua qualidade de detentores de um "título de *equity* puro". Mais sobre esse tipo de debênture, vide José Romeu AMARAL. *Regime Jurídico das Debêntures*. São Paulo/Coimbra: Almedina, 2014, pp. 66 e 249 e ss..

ção de substituição. Essas operações são, pois, mecanismos onde o capital social da incorporada exerce papel central: não de outra forma a lei fala de "ações do capital social".

Por essa razão, não se pode admitir direitos de subscrição (estejam eles incorporados em um valor mobiliário ou não), nem mesmo valores mobiliários "estranhos ao capital social" (tais como as partes beneficiárias). Esses valores mobiliários e direitos, em relação ao capital social, são expectativas de subscrição e assim devem ser tratados em operações de incorporação de ações[138]. Desta forma, tais valores mobiliários e direitos de subscrição devem ser tratados como uma relação jurídica específica da companhia incorporada, intransferíveis a qualquer outra companhia, nem mesmo por conta de operações envolvendo incorporação de ações.

Essas obrigações, mesmo após a conclusão de uma operação por incorporação de ações, ficam mantidas perante a nova subsidiária integral[139]. Caso os documentos referentes a esses títulos (como a escritura de debên-

---

[138] Seu tratamento direto ou indireto em operações de incorporação de ações pode, de certa forma, afetar os valores de relação de troca das ações que devem ser afetadas pela operação.

[139] Situação peculiar é a das ações que se encontram sob regime de garantia ou gravame, ou ainda as ações em regime de empréstimo de ações. Não vale aqui, por analogia, interpretar os efeitos das ações dadas em garantia quando envolvidas em operação de incorporação de capital: no caso da incorporação de ações, o valor mobiliário subsiste e segue para as mãos de outro titular, passando o antigo titular, devedor na relação jurídica de garantia, a ser titular de outro valor mobiliário. No caso das garantias reais previstas em lei, como o penhor, o usufruto, o fideicomisso, a alienação fiduciária e o negócio fiduciário, se o instrumento de constituição da garantia não contiver uma cláusula de vencimento antecipado ou de substituição de garantia, o desacordo poderá levar à perda da garantia em prejuízo do credor ou conduzi-lo a longa discussão sobre a substituição da garantia. No caso do empréstimo de ações, a incorporação de ações terá o condão de extinguir imediatamente a relação jurídica de empréstimo. Entretanto, as situações não são estanques, nem tampouco suas soluções são sedimentadas ou pacíficas. Cumpre lembrar que em operações onde a relação de troca pode resultar em perda de valor presente em relação às ações recebidas, ainda que se convencione substituir as ações incorporadas pelas novas no instrumento de garantia, pode ocorrer, muito possivelmente, uma redução do valor apresentado em garantia. Neste ponto vale lembrar a advertência de Mauro Bardawil PENTEADO sobre a diferença entre título aquisitivo de um direito e a constituição de um direito em si (vide *O Penhor de Ações...*, Op. cit., Idem, pp. 97 e ss.): se o título é silente a respeito do funcionamento do direito sob a ótica da companhia em relação ao acionista (espécie mais detalhada do que Mauro B. PENTEADO chama de *relação externa do penhor*, pp. 154 e ss.), o direito pode ou não ser afetado pelos resultados da operação, ainda que o acionista devedor não tenha participado da decisão que afeta o *status* jurídico do título dado sob penhor.

tures, o bônus de subscrição ou o contrato ou boletim de subscrição) não tratar sobre a antecipação do vencimento dessas obrigações societárias em caso de operação envolvendo incorporação de ações, a obrigação sobreviverá à operação e poderá, no exercício de conversão de debêntures ou de direito de subscrição, desfazer o efeito final da operação, destituindo o *status* de subsidiária integral da companhia incorporada, sem prejuízo daqueles acionistas que migraram para o capital da companhia incorporadora.

Vale lembrar que a ausência de um tratamento detalhado desse tipo de operação dentre as causas de vencimento antecipado da debênture ou dos direitos de subscrição pode ainda trazer transtornos futuros quando da conversão desses títulos ou do exercício do direito de subscrição, pois a Lei das S.A. exclui expressamente o exercício de direito de preferência na combinação do Parágrafo Único ao artigo 253 com a Segunda Parte do §3º ao artigo 171.

Assim, caso a incorporada tenha títulos híbridos emitidos e em circulação, as operações envolvendo incorporação de ações podem não ser a melhor opção por força das incertezas futuras que podem ser geradas no *status* de subsidiária integral da incorporada, sobretudo quando os documentos de tais títulos não cuidam dessas operações como eventos de vencimento antecipado.

Mais complexo, entretanto, é o caso da ação de fruição.

Não há na doutrina qualquer comentário sobre o tratamento das ações de fruição em operações envolvendo incorporação de ações.

A dúvida que surge é se as ações de fruição, tendo sido objeto de amortização total, integram ou não o objeto das operações via incorporação de ações. Pela leitura do artigo 44 e pelo entendimento do que é uma operação de amortização total no Brasil, que afeta a natureza da ação em sua quase integralidade, temos o entendimento que as ações de fruição *devem fazer parte do objeto* das operações envolvendo incorporação de ações. E, neste caso, o argumento não é literal.

No Brasil, pratica-se um tipo de operação de amortização total bastante atípica, onde não há redução do capital social[140]. A Lei das S.A. herdou do

---

[140] A maioria dos países, senão a sua totalidade, reconhece a operação de amortização apenas mediante redução de capital ou realocação da ação para algum outro tipo de valor mobiliário estranho ao capital social, *v.g.* debêntures ou *bonds*.
Esse é o caso do direito estado-unidense, que cuida das operações de *repurchase of shares* e *redemption of shares* sempre por meio de uma conversão (*conversion*) para valores mobiliários

(*security*) com menores ou nenhuma preferência em caso de liquidação, alheando o valor mobiliário de sua relação com o capital social e retirando-lhe da esfera das *equity securities*. Essas operações estão reguladas no novo MBCA, na *section* 6.01(c)(2). Os programas de recompra, ainda, são regulados no nível federal, por afetar o mercado de capitais, mais precisamente por meio da regra 10b-18. Por essa razão é que DOOLEY (*Fundamentals...*, Op. cit., Idem, p. 164) nos adverte: "*Because (Delaware notwithstanding) redemption usually means a termination of the securityholder's interest in the corporation, it is easy to see why there is a general prohibition against common shares redeemable at the option of the corporation: otherwise, an incumbent management bent on staying that way could simply 'cash out' dissident minority shareholders*".

Nessa linha segue o direito alemão, que nos §§237-239 da *AktG* exige redução de capital nas operações de amortização, operação que KÜBLER (*Derecho de sociedades...*, Op. cit., Idem, p. 371) nos noticia ser rara na Alemanha.

Assim também se dá no direito italiano, que reconhece nas *azione di godimento* um valor mobiliário convertido a partir de uma operação de *rimborso*, cf. dispõe o art. 2353 do *Codice Civile*. Nesse passo, o regime das *azione de godimento* são completamente diferentes do regime das ações de fruição brasileiras, pois naquelas há total interrupção de direitos de voto, remanescendo com um direito residual a valores de liquidação, quando o valor de reembolso é inferior ao valor econômico das ações reembolsadas (vide AULETTA e SALANITRO. *Diritto Commerciale*, Op. Cit., Idem, pp. 156-157; no mesmo sentido Salvatore PESCATORE, *In Manuale de Diritto Commerciale* [org.: Vincenzo Buonocore], 8ª ed.. Turim: Giappichelli, 2007, p. 260, bem como F. GALGANO, *Diritto Commerciale...*, Op. cit., Idem, p. 256).

O direito argentino (vide *Ley de las Sociedades*, art. 228) segue um dos padrões adotados nos EUA, onde a operação de amortização não apenas gera redução de capital, mas acarreta substituição da ação amortizada por um valor mobiliário de dívida com função específica e alheia ao capital social, os *bonos de goce*, e, ao contrário do que ocorre no Brasil, "*si no se les otorga expresamente, no tendrán derecho de voto, no solo por aplicácion de esta norma, sino tambíen porque (...) no son acciones, pues no representan capital*", bem como "*la sola participación en las ganâncias no da por sí derecho a intervenir en la gestión social*" (I. HALPERÍN, *Sociedades Anonimas...*, Op. cit., Idem, p. 366), não lhes sendo facultado sequer fiscalizar a sociedade, direito que, no Brasil, o fruicionista não perde por força do artigo 109, III da Lei das S.A.

As *actions de jouissance* e os *boni de liquidation* do Direito Francês, como nos dá notícia Yves GUYON, são de uso raro e de hipóteses bem limitadas, não sendo reconhecida a amortização total (GUYON, Yves. *Droit des Affaires*, Tomo 1: *Droit comercial general et Sociétés*, 12ª ed.. Paris: Economica, 2003, pp. 809-810: "*En raison du principe de l'egalité entre acctionaires, l'amortissement ne peut pas porter sur certains titres seulement, qui seraient par exemple tirés au sort comme les obligations. Il doit s'appliquer à toutes les actions, ou au moins à toutes les actions d'une même catégorie. Mais il peut ne porter que sur une fraction de la valeur nominale du titre. Actuellement l'amortissment est peu pratique, car les sociétés ont besoin de ressources importantes pour maintenir leur potential économique*").

Um universo reduzido reconhece ainda a existência de ambas as situações: com ou sem redução de capital. Assim se dá no direito português, que permite, nos artigos 346º e 347º do CSC, transpondo os artigos 35 e 36 da 2ª Diretiva Europeia sobre direito das sociedades. Com a sapiência que lhe é peculiar, MENEZES CORDEIRO (*Manual...*, vol. II, Op. cit., Idem, p. 687) acrescenta: "A chamada amortização de acções sem redução de capital não é, em bom rigor, uma verdadeira amortização: as acções 'amortizadas' mantêm-se, apenas vendo

regime anterior de 1940 um sistema de amortização de ações bastante singular[141]. Limitou-se a reproduzir aquilo que a lei de 1940 já dispunha, sem inovar e contrariando a regulação da matéria na quase totalidade dos países.

Esse sistema de amortização sem redução de capital tem, contudo, efeito direto sobre a natureza da ação de fruição[142]. Não há na doutrina consenso

---

modificados os direitos patrimoniais a que dão azo. De facto, este instituto ficaria melhor como 'reembolso de entradas' aos acionistas ou, quando muito, como 'amortização imprópria'".

[141] O artigo 18 da Lei de 1940 está praticamente reproduzido na Lei das S.A., artigo 44, com alguns pequenos ajustes de linguagem. As dúvidas e críticas já vêm de antes de 1976, como pode bem se observar das notas de Waldemar FERREIRA (*Tratado...*, Vol. 4, Op. Cit., Idem, pp. 258-261), CUNHA PEIXOTO (*Sociedades por Ações*, vol. 1, Op. Cit., Idem, pp. 198-209) e PONTES DE MIRANDA (*Tratado...*, Tomo 51, Op. Cit., Idem, pp. 92-94). É esclarecedor, entretanto, o trabalho de Trajano de Miranda VALVERDE (*Sociedades por Ações (Comentários...)*, Vol. 1, Op. cit., Idem, pp. 159-162), que esclarece a razão pela qual o direito brasileiro optou pelo modelo *sem redução de capital*: "A amortização de ações, como define a lei" e, neste caso, estamos falando de uma amortização sem redução de capital como mandava o artigo 18 da Lei de 1940, "é operação destinada a recompensar a demora na restituição do capital aos acionistas e na distribuição de lucros acumulados, que deveriam ser partilhados somente na liquidação da sociedade. Não se trata, pois, de restituição efetiva do capital, mas, tecnicamente, de um adiantamento, que se incorpora, definitivamente, no patrimônio do acionista. Este não perde, por isso, mesmo no caso de amortização integral, a sua qualidade de sócio ou membro da sociedade" (p. 159). Como visto, a doutrina estrangeira mostra algo diverso e nos parece dar mais substrato técnico a ideia de que se trata de uma restituição do valor de entrada, ao invés de mero "adiantamento de liquidação", na linha de MENEZES CORDEIRO.

[142] CARVALHOSA (*Comentários...*, 1º Vol., *Op. cit.*, Idem, p. 524) entende que "as ações de fruição não representam uma quota do capital social, mas sim uma quota do patrimônio social". Inclui, neste ponto, referência a Messineo, que, como vimos, não pode dar base para fundamentar a amortização brasileira nem tampouco a natureza das nossas ações de fruição *vis-à-vis* as *azione di godimento* pois no direito italiano a redução de capital é obrigatória, sendo razoável Messineo afirmar, em seu universo, que as *azione di godimento* não representam mais parcela do capital, mas sim de patrimônio expectativo. Com total razão CARVALHOSA nos lembra que a amortização, "apesar de denominar-se 'amortização', na realidade esse procedimento não chega a ser uma liquidação antecipada da companhia" (Ibidem, p. 523), pois, claramente, o capital social não é afetado por dispositivo legal expresso. Assim, a ação de fruição ainda faz parte e integra o capital social, sendo, desta forma e como lembra MENEZES CORDEIRO, uma ação que sofreu uma espécie de *hedge* ou trava em relação à entrada inicial, que representa, economicamente, o valor de limitação da responsabilidade patrimonial do acionista. É, portanto, um título de participação puro, cujo *reembolso de entrada* restitui àquela ação o seu valor representativo de limitação de responsabilidade, transformando-a, praticamente, num título de principal garantido, rendimento variável e possível restituição de sobras patrimoniais em caso de liquidação ou dissolução da companhia.

ou argumento lógico ou razoável sobre a natureza da remuneração conferida aos acionistas em uma operação de amortização integral ou total, já que o valor advém de um exercício da companhia e é compensável, futuramente, com o eventual valor de liquidação a receber, sem, contudo, afetar qualquer direito essencial do acionista, incluindo o direito de voto, no caso das ordinárias "convertidas" em ação de fruição[143]. O "fruicionista", portanto, recebe um valor que compensa com o investimento inicial feito e funciona como um *hedge* sobre o investimento realizado: recebe de volta parte, a totalidade ou às vezes até mais do que investiu inicialmente, eliminando ou compensando a sua responsabilidade (limitada) em relação a eventuais perdas futuras, razão pela qual MENEZES CORDEIRO o trata como *reembolso de entradas*.

CARVALHOSA trata-o com natureza de *dividendo*[144], mas a questão não nos surge simples assim.[145] A amortização, nos parece, está em mesmo

---

[143] Concordamos com CARVALHOSA (Ibidem, p. 524), que afirma: "As ações de fruição outorgam a seus titulares os mesmos direitos da categoria ou classe a que pertenciam as ações amortizadas; por isso que nada lhes foi suprimido, com exceção apenas da ordem que deverá ser obedecida no caso de liquidação da companhia", ao qual acrescentamos o seu valor patrimonial, que é também afetado pela amortização.

[144] CARVALHOSA, M.. Ibidem, p. 523.

[145] A Lei das S.A. dispõe que o dividendo e os valores que lhes sejam equivalentes (tais como os juros sobre capital próprio) sejam pagos, conforme o artigo 202, à conta de lucro líquido ajustado. O lucro líquido ajustado é o lucro líquido diminuído ou acrescido das importâncias destinadas às reservas legal e de contingência (seja por reversão, seja por destinação ou constituição). Já o lucro líquido se obtém a partir do resultado do exercício deduzido das participações estatutárias de que trata o artigo 190. O resultado do exercício, também conhecido como lucro bruto, dá base para o cálculo do imposto sobre a renda e pode ainda ser absorvido por prejuízos acumulados. Para que se possa afirmar que o valor pago ao acionista a título de amortização tem natureza de dividendo, é necessário se compreender em qual momento esse valor deve ser pago, já que o artigo 44 autoriza a aplicação de "lucros ou reservas" sem discriminar qual o tipo de lucro ou reserva que remunera os beneficiados com a amortização. Com razão, CARVALHOSA nos adverte que as reservas tratadas pelo artigo 44 só podem ser as reservas de lucro, não podendo ser, para esse fim, as de capital, cuja destinação a Lei das S.A. não autoriza para amortização (CARVALHOSA, Ibidem, p. 516). Em relação ao lucro, CARVALHOSA (Ibidem, p. 516) defende que a amortização total só é possível mediante a aplicação de *lucros disponíveis*, respeitada, antes, a provisão para Imposto de Renda, reserva legal, distribuição obrigatória de dividendos, reserva para contingências e as verbas de retenção de lucros para orçamento de capital (as chamadas OPEX e CAPEX). Nesse sentido é que afirma que "pouco poderá sobrar do lucro líquido para o efeito de se operar a amortização". Contudo, se a amortização é paga *depois* do dividendo obrigatório, seu tratamento como "dividendo extraordinário" ou "bonificação especial dada ao acionista com

contexto jurídico que o reembolso, tem natureza similar e, por isso, deve ser tratada como um *reembolso de entrada* como nos fala MENEZES CORDEIRO[146], ou, ainda, "adiantamento" de entradas, como fez entender PONTES[147]. E neste caso, o valor de capital social se presta unicamente para medir o quanto cada acionista faz jus em relação a um valor total de liquidação simulada, mas aplicável somente a uma certa quantidade de ações que será *convertida* (e não substituída, como impropriamente fala a lei)[148].

O acionista é, portanto, reembolsado, mas mantém o direito de continuar na companhia e de *participar* de seu acervo patrimonial e político. É um acionista privilegiado, que recebeu as preferências de antemão e com antecedência a qualquer outro acionista ou classe. Ao contrário do reembolsado, o fruicionista continua na sociedade e dela participa. Seu investimento está amortizado e o valor que "emprestou" à companhia para os primeiros giros de seu capital social está reembolsado, qual seja, plenamente devolvido, sem que com isso tenha ocorrido interferência na conta de capital social. O pagamento desse valor se dá, sem sombra de dúvida, como CARVALHOSA nos deixou claro, após o pagamento dos dividendos obrigatórios, mas isso não transmuda o valor de amortização em *natureza remunerativa*, que é a natureza dos dividendos. O fruicionista não está sendo remunerado na amortização: recebe seus dividendos, quando é verdadeiramente *remunerado* e no mesmo exercício pode receber, a título de *devolução*, *reembolso* ou *restituição*, o valor de seu investimento inicial. Nesse passo, a lei não impede que, havendo recursos disponíveis, uma companhia amor-

---

base no valor de capital social" é bastante controverso. Sua natureza, e não por outra razão vai tratado no mesmo artigo, é de reembolso de entrada (não de capital).

[146] O reconhecimento dessa situação não tem apenas consequências de natureza societária, mas também e sobretudo de natureza fiscal e tributária, pois o reconhecimento como dividendo recebe um tratamento fiscal e tributário de *remuneração* e *rendimento*, ao passo que ao classificar o pagamento da amortização como um *reembolso* ou uma *devolução*, o tratamento fiscal ou tributário passa a ser absolutamente distinto.

[147] PONTES DE MIRANDA, F. C.. *Tratado*..., Tomo 51, Op. Cit., Idem, p. 94, para quem a operação, no caso de concessionárias de serviço público, deve se dar exclusivamente à luz de constituição de *fundo de restituição* (ou, no nosso entender, "reserva de quitação de entradas" ou algo que o valha).

[148] CARVALHOSA (Ibidem, p. 522) nos lembra com muita pertinência a existência de ações com e sem valor nominal, facultando entradas e subscrições com ou sem ágio, que podem ou não constituir reservas de capital para os valores excedentes, deixando complexo não apenas o cálculo dos valores de amortização, mas também o recálculo do valor nominal, quando há.

tize todas as ações de seu capital social e assim procedendo, mantém, ante a não redução do capital, um quadro acionário puramente participativo. Se assim procedesse, o capital social reforçaria a sua natureza inexigível e de cifra de retenção.

Assim entendida a natureza da ação de fruição, fica razoavelmente cristalino que se trata, igualmente, de objeto que deve integrar operações envolvendo incorporação de ações, situação essa que não ocorreria em outros países como EUA, França, Itália, Argentina e Alemanha e, algumas situações, em Portugal, por força de natureza completamente distinta dada aos equivalentes da ação de fruição. No Brasil, o fruicionista participa de migração, de consolidação de controle e de verticalização; entretanto, cumpre notar que no estabelecimento da relação de substituição, o fruicionista pode receber um desconto considerável no valor de suas ações amortizadas.

De fato, uma característica adicional da ação de fruição impede que sua única diferença em relação às ações não amortizadas seja apenas "a ordem que deverá ser obedecida no caso de liquidação da companhia"[149]: seu valor patrimonial é também afetado, por se tratar de ação privilegiada que antecipou preferências no tempo. No caso da amortização total ter atingido ações com valor nominal, este valor poderá ser também atingido, sobretudo quando as entradas e subscrições se deram com ágio e destinação de parte dos recursos para a reserva de capital, ao invés da conta de capital social. Nesse rol particular de afetações de estimação nas ações totalmente amortizadas e convertidas em ações de fruição, é possível admitir que o seu valor relativo de substituição em um processo de incorporação de ações seja atingido[150].

Outro ponto importante em relação ao comportamento das ações emitidas nas operações envolvendo incorporação de ações diz respeito a ques-

---

[149] CARVALHOSA, Ibidem, p. 524.
[150] A operação de amortização sem redução de capital, com a consequente transformação da ação atingida em *ação de fruição* é uma opção legítima e interessante na lei para muitas companhias. Entretanto, as dificuldades aqui apontadas, que são apenas algumas e não cobrem o todo das dificuldades de implementação de tal operação atualmente, têm relegado a amortização e as ações de fruição ao desuso. Além disso, o radicalismo vocabular imposto pelas regras do *Novo Mercado* impede que a companhia aderente tenha outras ações em circulação que não sejam puramente ações ordinárias. Desta forma, a operação de amortização integral é, por consequência, uma operação vedada para companhias integrantes do *Novo Mercado* da BM&FBovespa.

tionamento que abrimos por conta da redação prevista no §1º ao art. 252, da Lei das S.A., na parte em que estabelece que a AGE da incorporadora que decide pela aprovação da operação, "deverá autorizar o aumento de capital, a ser realizado com as ações a serem incorporadas...".

Por conta dessa linguagem, nossa Lei das S.A. tem um regime jurídico em que todas as operações cursadas por meio de incorporação de ações devem necessariamente ocorrer com *ações novas da incorporadora*. Nossa lei, de forma indireta, impede que tais operações possam se dar com ações emitidas, especificamente falando, ações em tesouraria da companhia incorporadora.

Isso nos parece, *de lege ferenda*, um atraso em nossa lei.

Diferentemente do que ocorre em uma fusão ou em uma incorporação de capital, nas quais os *ativos* da companhia incorporada é que farão parte dos ativos da companhia incorporadora, nas operações cursadas por meio da incorporação de ações tais ativos, bem como os passivos, permanecem com a sua autonomia patrimonial, no âmbito da(s) companhia(s) incorporada(s), que não se extinguirá(ão).

Essa característica peculiar faz enorme diferença e, como vimos, distancia as operações cursadas por processo de incorporação de ações das demais previstas na Lei das S.A. e que envolvem criação ou extinção de pessoas jurídicas envolvidas na operação. Portanto, é absolutamente forçoso se admitir que o tratamento *contábil* de uma operação cursada por meio de processo de incorporação de ações é algo completamente diverso do tratamento dado, *e.g.*, a uma incorporação de capitais ou a uma fusão[151].

Os ativos recebidos pela companhia incorporadora em processos de incorporação de ações são todos contabilizados em uma única conta do ativo, a saber, a conta de investimentos, pois a incorporadora receberá ações emitidas pelas incorporadas. A contrapartida desse aumento na conta de

---

[151] IUDÍCIBUS *et alli* (*Manual...*, Op. cit., Idem, p. 413) lembram, exemplificando com operação hipotética onde "A" incorpora ações de "B": "Note-se que, nesse caso, não há incorporação de sociedades, já que continuam a existir, normalmente, tanto A quanto B, sendo que o que ocorre é que os antigos sócios de B passam a ser sócios de A, e 100% do capital de B passa a pertencer a A. Assim, na B não há lançamento contábil algum, enquanto na A existe um débito em Investimento em B e um crédito em Capital Social". Qual seja, o balanço da(s) incorporada(s) permanece(m) inalterado(s). Isso faz com que eventuais questionamentos *jurídicos* e *contábeis* a respeito de operações via incorporação de ações envolvendo companhias incorporadas com *patrimônio líquido negativo* sejam praticamente inexistentes, algo que nas incorporações de capital há extenso debate sobre sua viabilidade.

investimentos ocasiona, necessariamente, uma alteração do patrimônio líquido e sob o ponto de vista contábil, nada impediria que essa alteração pudesse ocorrer tanto na conta de capital (ações novas) quanto da sua conta redutora correspondente às ações em tesouraria[152]: o resultado no patrimônio líquido seria idêntico e tanto numa situação quanto noutra, o impacto fiscal seria igualmente o mesmo.

Teoricamente, uma operação de migração com poucos acionistas a serem "incorporados" poderia, na prática, ser cursada integralmente com saldo disponível de ações em tesourarias, sobretudo em companhias *holdings* de capital aberto com alta liquidez em bolsa de valores. Entretanto, a leitura da Lei das S.A. nos leva a concluir que esse caminho não estaria aberto. A razão para isso é desconhecida.

Como visto, economica e contabilmente, esse tipo de operação nos parece viável.

Juridicamente, item.

Como visto, o aumento de capital é uma consequência gerada por mera imposição legal e, ao nosso ver, não faz parte da *natureza jurídica* dessas operações[153]. Não por outra razão é que a Lei das S.A. reconhece que nas incorporações de ações não há preferência nesse dito aumento de capital (*ex vi* art. 252, §1º, 2ª Parte). Por isso e com razão e propriedade, EIZIRIK lembra: "Como o aumento de capital visa a transformar a incorporada em subsidiária integral, os acionistas da incorporada não terão direito de preferência para subscrever o aumento de capital. O direito de preferência é absolutamente incompatível com a natureza da operação, visto que seu exercício simplesmente impediria que as ações da incorporadora fossem entregues aos acionistas da sociedade cujas ações são incorporadas".[154]

Tais nuances sinalizam que, inclusive, juridicamente, seria possível modificar a Lei das S.A. para que as operações via incorporação de ações pudessem ser cursadas também com ações emitidas (em tesouraria) e não apenas com ações novas.

---

[152] Lembre-se que (vide IUDÍCIBUS *et alli. Manual...*, Op. cit., Idem, pp. 362-364) no âmbito do art. 442 do RIR/99, operações de emissão com ágio e operações que envolvam ações em tesouraria (respectivamente incisos I e IV) seguem o mesmo regime jurídico fiscal.

[153] Razão pela qual defendemos que o regime jurídico das avaliações *não deve* seguir o disposto no art. 8º da Lei das S.A.

[154] *Lei das S/A Comentada*, Vol. III, Op. cit., Idem, p. 399. O mesmo princípio vale, *in casu*, para as incorporações de capital (Ibidem, pp. 249-250).

Embora o processo de incorporação de ações, como vimos, é algo típico da legislação brasileira sem paralelos nas demais legislações, é importante lembrar que mesmo em operações de incorporação de capitais ou fusão, a doutrina estrangeira reconhece largamente a possibilidade de se cursar tais operações societárias exclusivamente por meio de ações em tesouraria ou até utilizando critérios mistos (parte com ações em tesouraria e parte com ações novas).

Nos EUA, identificamos regimes bastante modernos, onde há até situações onde se admite que a incorporadora faça entrega de ações de sua propriedade mas que não sejam de sua emissão, desde que atendam critérios de liquidez e dispersão equivalentes.[155]

Regimes jurídicos europeus, em linha com o Direito Comunitário capitaneado pelas orientações da III Diretiva de 1978[156], igualmente admitem operações dessa natureza com contrapartida efetivada com ações em tesouraria e não apenas por intermédio de um forçoso aumento de capital, com destaque para Portugal, Espanha, Alemanha, França e Itália.[157]

Curioso notar que estamos também atrás de outros regimes jurídicos latino-americanos, com destaque para a Argentina.[158]

---

[155] CLARK (Corporate Law, Op. cit., Idem, pp. 499 e ss.) e THOMPSON JR. (Business Planning..., Op. cit., Idem, pp. 669 e ss., 1049 e ss.) dão uma lista extensa de técnicas de aquisição e formas de pagamento com ativos que seria impraticável listar, de tão extensa e complexa que são tais técnicas e alternativas permitidas nas várias legislações estaduais dos EUA, com destaque para o estado de Delaware.

[156] Vale lembrar que essa admissão não ocorre por força de permissivo constante na Diretiva, mas de prática consolidada nos vários países e compartilhada em toda a Comunidade Europeia.

[157] A. PEREZ TROYA (La Determinación del tipo de canje..., Op. Cit., Idem, pp. 62-63) dá notícia que na Espanha "...la sociedad es libre en esse caso de utilizar la autocartera o proceder a un aumento de capital, y esta solución es, asimismo, la defendida mayoritariamente en Derecho comparado". Na nota a este trecho (nota 63), lista cita autores espanhóis e alemães, como Kraft, Schilling, Barz e Gessler. Raúl VENTURA, por seu turno (Fusão..., Op. cit., Idem, pp. 134-135), além da lei alemã, destaca dispositivo semelhante na lei francesa, para interpretar positivamente a omissão da lei portuguesa concluindo que essa linha de interpretação "é indiscutível". A lei italiana igualmente não obriga que as ações entregues sejam necessariamente *ações novas*; permitindo assim que se interprete, nesse vácuo legal, que ações já emitidas e em custódia na tesouraria da incorporadora possam ser usadas no âmbito da relação de troca (vide SANTAGATA, La fusione..., Op. cit., Idem, pp. 181 e ss.; no mesmo sentido, CARATOZZOLO, Matteo. I Bilanci Straordinari, 2ª ed.. Milão: Giuffrè, 2009, p. 447).

[158] Vide Guillermo CABANELLAS DE LAS CUEVAS. Derecho Societário, Tomo 11 – Fusiones y Otros Actos..., Op. loc. cit., Idem, p. 419, que destaca se tratar de opção em desuso na Argentina

Diante desse cenário, *de lege ferenda*, temos absoluto conforto em defender a posição de proposta de reforma do §1º ao art. 252 da Lei das S.A., para que se permita cursar operações sem que haja obrigatoriamente um aumento de capital na sociedade incorporadora. O espírito dessas operações está no *eixo de equivalência*, conforme estamos defendendo: uma atribuição adequada de valores mobiliários de emissão da incorporadora (sejam eles valores mobiliários novos ou já emitidos) bem como um recesso que esteja, igualmente, dentro desse *eixo de equivalência* são os dois pontos mais importantes nesses tipos de operação – mais até do que caracterizá-la dentro de regimes estreitos de alteração do capital social, que é mera consequência de uma das formas possíveis de execução de operação semelhantes (mas com processos distintos) ao redor do mundo. O regime jurídico da incorporação de ações é de natureza processual: a atenção ao procedimento deve prevalecer, ao passo que o mérito de cada operação, *de lege ferenda*, deveria ter seu regulamento próprio.

Neste passo e por derradeiro, cumpre agora abordar o terceiro elemento que envolve as operações que são celebradas por meio de incorporação de ações, a saber, a forma que a lei prevê para o seu processamento válido, ou, em outras palavras, o processo em si, fase por fase.

O processo de incorporação de ações, no formato atualmente regulado pela Lei das S.A., tem início, na prática, por meio da discussão entre a administração de duas companhias[159].

(ainda que possível), "*debido a las limitaciones que pesan sobre la tenencia de sus proprias acciones por la sociedad que las emitió*".

[159] Em alguns sistemas, esta fase já gera um documento preliminar, como deixam claros os questionamentos de James C. FREUND (*Anatomy of a Merger: Strategies and Techniques for Negotiating Corporate Acquisitions*. New York, NY: Law Journal Seminars Press, 1975, pp. 59 e ss.), sobre o cabimento e a necessidade de um documento preliminar, quando discute a conveniência de uma *letter of intent* em negócios de aquisição (*deals of acquisition*). Sua conclusão é positiva, embora o mesmo raciocínio não se ajuste totalmente para os negócios de capital e os negócios societários com ações (genericamente, os *deals of merger*, que podem ter o subtipo *deals of stocks* distintos dos *deals of mergers* e dos *deals of acquisitions*). Nos EUA, as diferenças entre as formas de reestruturação no controle societário de uma companhia, respeitando uma cultura totalmente voltada para companhias de capital pulverizado, enfrentam em primeira ordem questões de natureza fiscal e tributária, como bem salientou CLARK (*Corporate Law*, Op. cit., Idem, p. 425). Juridicamente, as opções são muito distintas, mas no âmbito dos debates nos EUA, tais diferenças importam menos sob o ponto de vista jurídico que tributário, haja vista que o regime dos *appraisal rights* estaria teoricamente presente em qualquer tipo de operação. Apesar disso, as diferenças são cuidadas e enfrentadas, não só como vimos em CLARK, mas

também em Stanley Foster REED e Alexandra Reed LAJOUX (*The Art of M&A*, 3ª ed.. Nova Iorque, NY: McGraw-Hill, 1999, pp. 255-267). Nesse sentido, à parte as questões fiscais, REED e LAJOUX lembram: "*A stock transaction is appropriate whenever the tax costs or other problems of doing an asset transaction make the asset transaction undesirable. Asset transfers simply produce too onerous a tax cost in any major transaction. Apart from tax considerations, a stock deal may be necessary if the transfer of assets would require unobtainable or costly third-party consents, or where the size of the company makes an asset deal too inconvenient, time-consuming, or costly*" (pp. 260-261). Note-se como a ideia de se optar pela via de uma operação instrumentalizada por incorporação de ações, no contexto estado-unidense, é considerada válida, legal e ética, inclusive quando o mecanismo da compulsoriedade se mostra ideal na obtenção efetiva dos resultados, desde que o condutor da operação não prejudique terceiros, sobretudo acionistas (sobre os deveres éticos em operações societárias, distinguindo-os dos deveres jurídicos, vide Robert BRUNER. *Applied Mergers and Acquisitions*. Hoboken, NJ: Wiley & Sons, 2004, p. 13-29). Maximizar o *eixo de equivalência* de uma operação não passa a ser apenas uma obrigação legal ou dever ético, mas também uma técnica de sucesso da operação como um todo, razão pela qual as alternativas para os acionistas devem, de certa forma e sob o ângulo técnico, expressar alternativas justas (nesse sentido, vide ainda R. BRUNER, Ibidem, pp. 589-608, que chega à sofisticação de comprovar matematicamente essa concepção). Juridicamente, a possibilidade de revisão da operação judicialmente por meio dos *appraisal rights* coloca os condutores de tais operações sob constante supervisão *a posteriori*, sobretudo quando os dissidentes são colocados em uma *freezeout situation*, qual seja, em uma situação de exclusão prática (nesse sentido, vide Patrick A. GAUGHAN. *Merger, Acquisitions...*, Op. Cit., Idem, p. 27, que por seu turno é também um ferrenho defensor dos documentos preliminares, cf. p. 23; assim como BRUNER, Ibidem, pp. 766 e ss, que defende a elaboração de documentos preliminares em qualquer tipo de *deal*, seja ele de controle, de ações ou de capital).

No direito argentino, a previsão de um *compromiso previo* é expressa na *Ley 19.550* em seu art. 83. O regime dos *compromisos previos* ou *precontratos de fusión* são extensamente debatidos na doutrina jurídica do país irmão, que não se exime de admitir uma natureza processual para os procedimentos de fusão. CABANELLAS DE LAS CUEVAS (*Derecho Societario...*, Op. cit., Idem, 182 e ss), com esteio em Largo Gil, Camara, Julio Otaegui, Zaldívar e Solari Costa, acompanha a doutrina deste último: "*Esta cuestión ha sido arduamente disputada en la doctrina argentina y comparada. Tiene gran importancia práctica a la hora de determinar las responsabilidades por el incumplimiento de ese compromiso o por haber vinculado a la sociedad mediante éste*" (p. 197). Ao passar pela doutrina dos mencionados autores, CABANELLAS DE LAS CUEVAS conclui: "*Por nuestra parte, coincidimos con el enfoque expuesto por SOLARI COSTA. El compromiso previo de fusión puede ser visto desde una doble perspectiva: como contrato entre las sociedades que negocian su fusión, y como elemento dentro de un acto complejo que – en su conjunto – constituye la fusión*" (p. 199).

Em sede de direito europeu, a 3ª Diretiva da CEE, absorvida em muitos direitos, deixa claramente um sistema dúplice onde um projeto de fusão é densamente discutido antes da formulação final de uma escritura de fusão. Nesse sentido, o grande Raúl VENTURA, cuidando de direito português, afirma, para diferenciar o *projecto de fusão* daquele outro documento chamado *escritura de fusão*: "No nosso direito, o projecto de fusão não é o contrato de fusão, nem por este pode ser substituído (v. comentário ao art. 106º). Juridicamente, ele não é mais do que a lei o designa: *um projecto de fusão*, cuja aprovação será proposta às assembleias das

A incorporação de ações, assim como outros instrumentos jurídicos utilizados para viabilizar esse tipo de desiderato administrativo e econômico, tem início, portanto, nas discussões entre administrações e administradores sobre como aperfeiçoar condições de aproveitamento para absorção máxima de oportunidades de negócio.

Após essa definição, que pode ser formalizada, no mais das vezes em companhias abertas por meio de reuniões de diretoria cujo teor é submetido a pautas de reunião do conselho de administração, as companhias dão início à implementação do processo, por meio da elaboração de laudos de avaliação e dos documentos de protocolo e justificação, nos termos dos artigos 224 e 225 da Lei das S.A.[160] Até este ponto, o processo geralmente corre em sigilo e no caso das companhias abertas, sob proteção do artigo 6º da ICVM 358[161]. Note-se que a avaliação, na prática, ocorre antes mesmo de se ter a justificação aprovada, algo que contraria a prática de outros centros societários, conforme vimos.

Após a conclusão desta etapa preparatória, o processo evolui para a parte decisória.

Na etapa decisória, as companhias convocam assembleias gerais extraordinárias para decidir sobre o processo de incorporação das ações de emissão da companhia incorporada ao patrimônio da companhia incorpo-

---

sociedades participantes. Uma vez, porém, que o projecto é acordado pelas administrações das sociedades, produz um efeito obrigacional: a obrigação de cada administração submeter o projecto à respectiva assembleia geral" (*Fusão...*, Op. cit., Idem, p. 62).

Nesse sentido e em perspectiva histórica, entre nós, PONTES DE MIRANDA chegava curiosamente a informar: "Um dos expedientes usados na incorporação é o *pré-contrato de incorporação*, estranho à letra da lei. Os órgãos das duas ou mais sociedades, com as necessárias deliberações segundo a lei ou em observância de cláusula estatutária, concluem *pré-contrato de incorporação*, dito *tratado de incorporação* (ou *tratado de fusão por absorção*) sob condição suspensiva de posterior aprovação por assembleias gerais extraordinárias, com eficácia retroativa até o último balanço" (*Tratado...*, Tomo 51, Op. Cit., Idem, p. 75). No mesmo sentido, vide Fran MARTINS (*Comentários...*, Op. cit., Idem, pp. 932-933), informando haver um *protocolo preliminar* que precedia o definitivo.

[160] Teoricamente, como vimos acima, defendemos que o processo se dê em duplo conclave, mas admitimos que a prática não é essa.

[161] O mesmo ocorre no direito português, como bem assinalou Raúl VENTURA: "A confidencialidade desta fase é não só natural (não esqueçamos que cada uma das sociedades abre, por assim dizer, as portas à outra, facultando-lhe os pormenores até aí mais ocultos da sua actividade) como até importa por lei, pois tais negociações constituem campo propício a abusos de informações" (*Fusão...*, Op. cit., Idem, p. 60).

radora.[162] Nessa fase, os acionistas tomam acesso ao material da operação que deve ser deixado à sua disposição, na sede das companhias envolvidas no processo: no caso das companhias abertas, boa parte do mercado entende que é necessário ainda que seja dado conhecimento ao mercado por meio de fato relevante, na forma da ICVM 319, artigo 2º e respectivos parágrafos.[163-164]

De toda forma, ao convocar os acionistas para deliberar e decidir sobre o tema, é fato que as administrações das companhias envolvidas têm que dar algum tipo de notícia oficial sobre a realização da operação, bem como dar acesso a todos os documentos que a embasam.

---

[162] Neste caso, fala-se da incorporação das ações de emissão de companhia incorporada ao *patrimônio* de companhia incorporadora e não ao *capital* da companhia incorporadora. Neste pormenor da destinação, a terminologia utilizada pelo texto de lei é absolutamente correta, pois as ações decorrentes de migração, verticalização ou consolidação de controle passam a figurar como investimento direto em uma subsidiária integral e, portanto, parte do ativo da companhia incorporadora, nada tendo a ver esta operação com a sua conta de capital nem mesmo sequer com o seu passivo (seja o exigível, seja o inexigível). O aumento de capital é necessário não apenas por imposição legal, mas também para se impor uma contrapartida contábil que permita a emissão das novas ações que serão dadas como compensação desse desencaixe para os acionistas que a sofrem. Essa discussão insere no contexto das operações de incorporação de ações o intrincado debate sobre a possibilidade (ou não) de realizar a operação em face de companhia incorporada que tenha patrimônio líquido negativo. Como se verá, defendemos a ideia de que eventual patrimônio líquido negativo da companhia incorporada não impede a realização de operação de incorporação de ações por companhia patrimonialmente sadia.

[163] Embora o mencionado normativo faça referência a operações de "incorporação, fusão ou cisão de companhia aberta", o mercado geralmente já vinha praticando certa equiparação dessa obrigação de divulgação ao processo de incorporação de ações. Em nossa opinião, nada mais equivocado, sob o ponto de vista técnico e tecnocrático, e nada mais acertado, sob o ponto de vista da ética e do tratamento justo (que culmina, *ultima ratio*, em argumento de natureza jurídica). A Lei das S.A. não toma de empréstimo o processo da incorporação para a incorporação de ações. A incorporação de ações é um processo próprio que não se confunde com o processo de incorporação. A Lei das S.A. toma de empréstimo apenas e tão somente o conteúdo do protocolo e da justificação, mas definitivamente a incorporação de ações se dá por processo próprio. Neste caso da ICVM 319, portanto, não há elo de conexão entre a incorporação ou a fusão com a incorporação de ações.

[164] O PO CVM 35 colocou mais dúvida sobre o momento do anúncio, quando explicitou que um dos requisitos sob os quais as operações de incorporação de ações estariam sujeitas, seria o de que "o início das negociações deve ser divulgado ao mercado imediatamente, como fato relevante, a menos que o interesse social exija que a operação seja mantida em sigilo". O termo "imediatamente" causa controvérsia em relação ao prazo preciso previsto pela ICVM 319.

Em relação ao material colocado à disposição dos acionistas, as companhias costumavam apresentar apenas os laudos e o respectivo protocolo (que por prática incluía a justificação). Com a edição da ICVM 481, alguns artigos vieram agregar informações adicionais em relação às alternativas de recesso (artigo 20) e à ratificação da escolha dos avaliadores (artigo 21). Em certas circunstâncias em que há transferência de poder de controle por meio de uma incorporação de ações, ainda é possível discutir se os requisitos do artigo 19 dessa instrução seriam também aplicáveis, assunto que será objeto de tratamento nesta tese na Parte III logo adiante.

Durante as assembleias, os acionistas deliberam sobre a aprovação da operação, a ratificação da escolha do avaliador, o estabelecimento da relação de substituição, o aumento de capital na incorporadora e a aprovação do laudo[165]. Nesta fase, como o processo já chega praticamente pronto para a decisão dos acionistas, a prática implementou um sistema de aprovações e ratificações de afogadilho, que confundem fases do processo decisório e, no afã de tornar a operação mais "dinâmica", abrem oportunidade para prática de abusos e iniquidades por parte de administrações e acionistas controladores de postura menos ortodoxa. Aqui, além de aprovar a operação (que inclui a aprovação da *justificação* e dos termos do *protocolo*), os acionistas ratificam a escolha do avaliador das ações objeto da operação, bem como as relações de substituição escolhidas pela administração e apontadas por aquele avaliador. Nas operações de migração, os acionistas reafirmam ainda a escolha do avaliador para fins de emissão de laudo na forma do artigo 264 da Lei das S.A. e nas companhias onde o direito de recesso se dá por *valor econômico*, ainda ratificam o avaliador que emite laudo que define esse valor de recesso, e, *last, but not least*, ratificam o valor de recesso a que se sujeitarão, sem mecanismo na lei para pedido de reavaliação. Todas essas decisões, que se associam a fases distintas do processo, são dadas numa única assembleia, num único ato, num único "aprovo" ou "rejeito", onde o voto dos demais concorre com o do controlador. O problema, aqui, não nos parece que está no direito de o controlador votar ou não, conforme veremos mais adiante, mas sim no momento unificado em que todas essas decisões e deliberações são dadas dentro de um *único voto*,

---

[165] Que necessariamente deverá estar conforme as demonstrações financeiras das companhias envolvidas e, no caso das companhias abertas, em conformidade com as exigências do artigo 12 da ICVM 319.

cuja dissidência é avaliada com critérios de recesso completamente dissociados do princípio da equivalência, do *statuo viae*, da tutela do investimento, já aqui estudados.

Uma vez aprovada a operação, os laudos e as relações de substituição aprovadas pelas assembleias de todas as companhias envolvidas, a administração procede à execução da operação, com a emissão de novas ações que substituirão as ações incorporadas, subscrição do aumento de capital que originará essas novas ações, pagamento de valores decorrentes de direito de recesso e alterações estatutárias e administrativas aplicáveis, com divulgação de fato relevante final no caso das companhias abertas e respectivas publicações e registros de praxe.

Portanto, o processo é relativamente simples e dividido em três fases: (i) preparação (administração); (ii) deliberação (assembleia); (iii) execução (administração).

Cumpre lembrar, entretanto, que por ocasião do já citado PO CVM 35, o processo de incorporação de ações de emissão de companhias abertas ficou mais complexo.

O PO CVM 35 é um documento cuja adesão é voluntária (ao menos em tese...) e que visa propor meios de interpretação aos deveres fiduciários dos administradores em processos de incorporação de ações (dentre outros), para os casos de "incorporação de ações envolvendo a sociedade controladora e suas controladas ou sociedades sob controle comum". Em outras palavras, quando a incorporação de ações processa uma operação de migração, não apenas os requisitos se alteram (como, por exemplo, as regras de recesso por força do artigo 264 da Lei das S.A.), mas também o processo em si.

Durante o curto prazo de vigência até os primeiros casos surgirem perquirindo a aplicação do PO CVM 35, a letra do próprio parecer deixava claro que estas eram providências exclusivas de operação de migração entre companhias abertas. Eis que a adesão voluntária aos termos do PO CVM 35 em operações envolvendo também companhias fechadas, começou a expandir o uso desse procedimento ao âmbito de todas as companhias (abertas ou fechadas) que se empenhassem em operações de migração.

A questão começou a ter contornos mais capciosos quando a CVM resolveu manifestar-se sobre a aplicação do PO CVM 35 para o Caso Sadia/Perdigão/BRFoods, uma operação de verticalização, resultando em uma companhia sem controlador definido, cujo maior acionista individual não deteria mais do que 15% do capital total da companhia *holding* resultante final dessa operação.

É certo que todo o PO CVM 35 é emulado no contexto do polêmico *case* da Suprema Corte de Delaware denominado *Weinberger v. UOP*[166], como deixa claro Memorando de autoria do então Diretor da CVM, Marcos Barbosa Pinto, relator da proposta do Parecer de Orientação, convertida em Edital de Audiência Pública CVM/SDM nº 02, de 02 de junho de 2008.

O indigitado memorando assim explica a situação: "Há cerca de 30 anos, a situação nos Estados Unidos era muito semelhante à brasileira. Assim como no Brasil, permitia-se que o controlador exercesse seu direito de voto nas incorporações de controladas e entendia-se que o direito de recesso, apesar de inadequado, era a única alternativa disponível para os minoritários dissidentes. Por motivos muito semelhantes aos elencados no item 2 acima, essa situação criava fortes incentivos econômicos para que operações lesivas aos minoritários fossem concluídas, com pouca repressão por parte do Judiciário. A situação mudou, porém, com o julgamento do caso *Singer v. Magnavox Co.*, no qual a Suprema Corte do Estado de Delaware decidiu que a previsão legal do direito de recesso não afastava os deveres fiduciários dos administradores nas incorporações de controladas. Em sua decisão, a corte deixou claro que os administradores têm o dever de negociar termos e condições de incorporação que sejam *entirely fair* para os acionistas minoritários. Na seqüência, em *Weinberger v. UOP, Inc.*, a Suprema Corte de Delaware explicitou o que vem a ser uma operação *entirely fair*. Segundo a corte, o conceito de *entire fairness* abrange dois elementos: (a) imparcialidade do processo de negociação e (b) preço justo. Desses dois elementos, a corte focou sua análise no primeiro, pois a imparcialidade do processo de negociação é, segundo a corte, a melhor garantia de que o preço negociado seja justo. Em Weinberger e diversos casos posteriores, a Suprema Corte de Delaware orientou o mercado a respeito do que ela considerava um processo imparcial de negociação. Segundo a corte: (i) é recomendável a constituição de um comitê independente para aprovar as incorporações de controladas; (ii) o comitê independente deve ter amplos poderes para negociar os termos da incorporação, podendo, inclusive, recusá-la; (iii) os administradores devem fornecer todas as informações disponíveis para que o comitê independente desempenhe sua função;

---

[166] *Supreme Court of Delaware*, 457 A.2d 701, [1983], relator J. Moore.

(iv) o comitê independente deve contar com assessoria jurídica e financeira independente; (v) as negociações devem ser conduzidas de maneira diligente". Para isso, a sugestão, tendo em vista tais premissas, era: "a edição de um parecer de orientação detalhando os deveres fiduciários dos administradores no processo de negociação de fusões, incorporações e incorporações de ações envolvendo sociedade controladora e suas controladas ou sociedades sob controle comum", qual seja, a edição de um parecer de orientação versando sobre soluções propostas no âmbito do Direito do Estado de Delaware e aplicáveis, no Brasil, às operações de migração.

Entretanto, a proposta da Suprema Corte de Delaware no voto do então Desembargador Moore dizia respeito a uma *class action* promovida pelo então acionista da UOP, Inc., William Weinberger em uma operação não de *freezeout merger*, mas sim de *squeezeout merger*, pois a consequente exclusão de Weinberger não se deu por meio de emissão de ações da Signal Company, Inc., então controladora da UOP, Inc., mas sim por meio de um *cashout merger*, já que Weinberger recebeu o equivalente de suas ações em dinheiro à vista. A ação original foi movida contra a UOP, a Signal, a administração de ambas as companhias e o assessor financeiro da operação, o finado banco Lehman Brothers (na época, Lehman Brother Kuhn Loeb, Inc)[167].

No Brasil, como sabemos, não existe *cashout merger* e o instituto mais próximo seria o resgate do artigo 4º, §4º da Lei das S.A. Os réus venceram a ação nas instâncias inferiores, porém tiveram o caso revertido na última instância estadual. Na Suprema Corte de Delaware, foram criados dois "testes de adequação", a saber, o *fair dealing test* e o *fair price test*.

O PO CVM 35 centrou-se apenas e tão somente na parte da decisão que fala sobre o *fair dealing test* em casos de migração, ignorando totalmente o *fair price test*,[168] que tem efeitos diretos em mecanismos de convalidação conhecidos no direito estado-unidense como *appraisal remedies*, conforme estudaremos logo abaixo. O *fair dealing test*, no caso Weinberger, tem por escopo inverter o ônus da prova em casos de pedido de indenização contra a administração (sobretudo em caso de fraude e falta de *disclosure*, como

---

[167] Sobre o tema e a adesão do mesmo aos princípios do direito brasileiro, estudando especificamente o Caso Weinberger, veja o comparativo preparado por Mauro Bardawil PENTEADO ("*The efficacy of intra-corporate approvals in negotiated mergers between controlling shareholder and its corporation under Delaware and Brazilian law*", In RDM 143/76).

[168] O mecanismo de se isolar o *fair dealing test* do *fair price test* é abertamente criticado por VICARI (*Gli Azionisti nella fusione...*, Op. cit., Idem, pp. 77-86).

ocorreu em Weinberger)[169]. Entretanto, pedidos de indenização contra a administração em operações dessa natureza ainda são raros no Brasil, podendo-se afirmar que nos grandes casos essa situação jamais ocorreu

---

[169] O caso é extremamente complexo e PALMITER resume este ponto nestes termos: *"In Weinberger, minority shareholders of UOP challenged a cash-out merger at $21 per share that had been initiated by the parent Signal. The court faulted the procedures by which the merger had been initiated, negotiated and approved – principally Signal's failure to disclose to UOP's outside directors or shareholders a feasibility study prepared by two of UOP's management directors, who were also executives of Signal. The study concluded that a price of $24 per share have been a 'good investment' for Signal"* (*Corporations...*, Op. cit., Idem, pp. 336-337). Assim, colhe-se dos detalhes da decisão original, que cita nominalmente os diretores e assessores envolvidos: *"A primary issue mandating reversal is the preparation by two UOP directors, Arledge and Chitiea, of their feasibility study for the exclusive use and benefit of Signal. (...) None of UOP's outside directors who testified stated that they had seen this document. The minutes of UOP board meeting do not identify the Arledge-Chitiea report as having been delivered to UOP's outside directors. This is particularly significant since the minutes describe in considerable details the materials that actually were distributed. While these minutes recite Mr. Walkup's presentation of the Signal offer, they do not mention the Arledge-Chitiea report or any disclosure that Signal considered a price of up to $24 to be a good investment. If Mr. Walkup had in fact provided such important information to UOP's outside directors, it is logical to assume that these carefully drafted minutes would disclose it"*. Nesse sentido e com vistas a esse específico contexto, a passagem de CLARK ao interpretar *Weinberger* é cristalina: *"The plaintiff must allege specific acts of fraud, misrepresentation, or misconduct that show unfairness to the minority, and he must demonstrate some basis for invoking the fairness obligation. In terms of the standard formulations of evidence law, the court seems to have meant that the plaintiff has to meet a burden of production of initial evidence, even though defendants have the ultimate burden of proof"* (*Corporate Law...*, Op. cit., Idem, p. 525).

É bastante imprudente tentar compreender a amplitude do caso *Weinberger* pela sua leitura isolada. Tal qual ocorre no sistema da *common law* estado-unidense, é absolutamente fundamental que esse precedente seja lido no contexto de outros *cases* que o reviram ao longo do tempo. Neste particular, acerca da responsabilidade pelas informações inseridas no contexto de *Arledge-Chitiea*, o caso *Rosenblatt v. Getty Oil Co.* (*Supreme Court of Delaware*, 493 A.2d 929, [1985], relator J. Moore) revisitou esse ponto de *Weinberger* nestes termos: *"While it has been suggested that* Weinberger *stands for the proposition that a majority shareholder must under all circumstances disclose its top bid to the minority, that clearly is a misconception of what we said there. The sole basis for our conclusions in* Weinberger *regarding the non-disclosure of the Arledge-Chitiea report was because Signal appointed directors on UOP's board, who thus stood on both sides of the transaction, violated their undiminished duty of loyalty to UOP. It had nothing to do with Signal's duty, as the majority stockholder, to the other shareholders of UOP"*. Essa advertência não se vê capturada, por exemplo, no caso Aracruz/VCP/Fibria. No ponto central do debate, o caso *Rosenblatt* teve o mérito de explorar os critérios de formação do comitê independente e em quais situações ele é necessário, reafirmando que a grande virtude de *Weinberger* é o estabelecimento de um teste de *fair pricing*. Meses depois, o caso *Weinberger* foi revisto novamente pela *Supreme Court of Delaware* no caso *Rabkin v. Philip A. Hunt Chemical Co.* (*Supreme Court of Delaware*, 498 A.2d 1099, [1985], relator J. Moore) para reafirmar a importância do *appraisal remedy* e a relevância

no direito brasileiro em quaisquer das operações veiculadas via incorporação de ações e aqui estudadas.

Nesse contexto, ao emular o *fair dealing test*, o PO CVM 35 muda completamente o processo de operações envolvendo incorporação de ações ao largo do disposto na Lei das S.A. e prevenindo algo que a nossa lei e a nossa casuística não encontra registro. E em princípio, essa emulação afetaria apenas, como ocorreu em Weinberger, as operações de migração com efeito visivelmente de expelir acionistas da contexto societário[170] de forma e sob condições econômicas inadequadas. Espantosamente, entretanto, alterando aquilo que estava razoavelmente claro, a CVM estendeu a aplicação do *fair dealing test* dos casos de migração para outras operações como a verticalização, a partir de decisão dada no Caso Sadia/Perdigão/BRFoods, conforme se depreende do Comunicado ao Mercado de 27 de maio de 2009, aprovado em Reunião Extraordinária do Colegiado da CVM de mesma data.[171]

---

do *fair price test* de *Weinberger* para assegurar a integridade dos mecanismos de revisão de valor de contraprestação como instrumento de correção para *unfair pricing*.

Escusado dizer e lembrar que transformar esse tipo de enxerto legal em técnica legislativa (ainda que na forma de um "Parecer de Orientação") é algo que necessita ser evitado. Thiago José da SILVA ("Reflexões sobre a Aplicação de Leis Estrangeiras pela CVM", *In Mercado de Capitais Brasileiro*, orgs.: Eduardo Sechhi Munhoz e Mauro Rodrigues Penteado. São Paulo: Quartier Latin, 2012, pp. 333-348), onde faz a análise desse tipo de procedimento, nos lembra com precisão: "Destaca-se, no entanto, que diante da ausência de norma capaz de solucionar tais conflitos e de orientações mínimas (*e.g.*, Pareceres de Orientação) para a construção de um entendimento uniforme, o mercado estará sempre sujeito a interpretações casuísticas por parte do órgão regulador e a constantes modificações de posicionamentos a partir de sua composição" (p. 346). Mais: "Sobre a definição de lei aplicável, conforme exposto, existem argumentos hábeis a questionar a competência da CVM de analisar e aplicar normas estrangeiras, segundo os quais inexistiria previsão legal autorizando tal conduta. A Lei 6.385/76 teria autorizado a CVM a apenas aplicar a lei brasileira a casos ocorridos no exterior que aqui produzem efeitos e, no máximo, a utilizar-se de convênios com autoridades locais para solucionar questões prévias capazes de interferir na solução do caso" (Ibidem). Acrescente-se a esse raciocínio que, se para a CVM é questionável decidir com base em lei estrangeira, pior nos parece a situação em que legisla com base em fontes de direito estrangeiras, sobretudo em pontos onde a norma criada conflita com o arcabouço e a cultura local.

[170] Vale lembrar que esse efeito se obtém mais pelo *unfair price* do que pelo *unfair dealing*. O *unfair dealing*, sobretudo quando viola deveres de *disclosure* e compartilhamento de informações essenciais, só afeta a essência da operação (conforme vimos também no Capítulo anterior) se for meio para se obter um *unfair price*. Se o *unfair dealing* não gerar um *unfair price*, a situação fatalmente se resolve em perdas e danos, apurados em meios próprios.

[171] Extrai-se do texto do mencionado Comunicado ao Mercado: "Questionadas pela CVM acerca da função a ser exercida pelos comitês especiais, as companhias informaram ao

mercado, em 26 de maio de 2009, que o referido parecer não seria aplicável às operações em questão, pois a relação de troca da incorporação foi estabelecida mediante negociação entre duas companhias independentes. Não obstante, ambas as companhias reiteraram sua intenção de submeter a relação de troca à apreciação dos referidos comitês. O colegiado da CVM entende que o Parecer de Orientação nº 35/08 é aplicável a toda e qualquer incorporação de controlada. Como a incorporação da Sadia pela Perdigão ocorrerá após a incorporação da HFF, momento em que Perdigão já será controladora de Sadia, a operação em questão é uma incorporação de controlada sujeita às recomendações do parecer. Como o Parecer de Orientação nº 35/08 deixa claro, a constituição de um comitê especial para negociar a relação de troca das ações não é obrigatória para as companhias envolvidas na operação. Trata-se de uma recomendação da autarquia, à luz dos rigorosos deveres fiduciários impostos aos administradores pela Lei nº 6.404/76. Todavia, caso as companhias comuniquem ao mercado que instalarão o comitê especial 'nos termos do Parecer de Orientação nº 35/08', seus administradores devem observar de fato os termos do parecer acerca da composição e função do referido comitê. Conduta diversa não seria compatível com os deveres de informação e lealdade previstos nos arts. 155 e 157 da Lei nº 6.404/76. O Parecer de Orientação nº 35/08 deixa claro que o comitê especial em questão deve ser constituído para 'negociar a operação'. Como esta não é a primeira ocasião em que se faz referência à função do comitê de maneira restritiva, a CVM decidiu manifestar ao mercado seu entendimento de que a constituição de comitê especial para mera confirmação de relação de troca previamente estabelecida desvirtua as finalidades de tal órgão".
Em operação complexa de 3 estágios (uma típica *triangular transaction* do sistema estado-unidense), a CVM identifica que a organização da operação como um todo, de forma antecipada, desvirtuaria a proposta do PO CVM 35, descartando se tratar de uma operação de verticalização (operação entre partes independentes sem a identificação de um acionista controlador em um ou ambos os lados, resultando em uma subsidiária integral de companhia com capital pulverizado). A CVM identifica que a primeira fase do processo seria uma verticalização e as demais fases, meras migrações. Desta forma, ao analisar esse caso, a CVM não vê uma única operação, mas sim três, e por isso entendeu que para a segunda operação (incorporação das ações da Sadia pela Perdigão/BRFoods) deveria observar o PO CVM 35 e, ao seu tempo, ter a relação de substituição efetivamente "negociada" por comitê devidamente constituído após a conclusão da primeira operação, que seria a verticalização do antigo bloco de controle da Sadia (HFF) para o contexto societário da Perdigão/BRFoods. Esse equívoco foi muito bem apontado por KALANSKY (*Incorporação de Ações...*, Op. cit., Idem, p. 254) nestes termos: "Diferentemente do estabelecido no comunicado emitido pela CVM, o Parecer de Orientação n. 35/2008 não deveria ser aplicável ao caso em comento, uma vez que, não obstante o fato de que a BRF ser controladora da Sadia por ocasião da incorporação das ações da Sadia, a relação de substituição das ações das companhias *foi negociada pelas companhias num momento em que suas administrações eram totalmente independentes*" (itálicos no original). Neste passo, o caso Sadia/Perdigão/BRFoods fez duas "migrações" separadas para concluir uma única operação de verticalização, fato que a CVM pegou apenas de forma intuitiva, pois ao julgar o processo da operação como um todo, o Colegiado, por meio do voto de seu relator Marcos Pinto, reconheceu, espantosamente, a existência de uma única operação em duas etapas, contrariando assim, de certa forma, o teor do Comunicado ao Mercado anterior. Na realidade,

a decisão do Colegiado apenas reafirmava uma manifestação extremamente confusa exarada pela área técnica datada de 6 de agosto de 2009 (Memo CVM/SEP/GEA-4/nº 073/09) onde se lê a seguinte conclusão, um dos momentos de melhor lucidez da manifestação: "Trata-se de operação de reestruturação societária, realizada em duas etapas, por meio da qual 100% do capital social da Sadia passará a ser detido, direta ou indiretamente, por BRF. Na primeira etapa, as ações pertencentes aos integrantes do bloco de controle foram conferidas ao capital social da HFF (empresa veículo). Ato contínuo, as ações de HFF foram incorporadas pela BRF, com uma relação de troca de 0,166247 ações da Incorporadora para cada ação ON da HFF (a relação de transferência das ações de Sadia ON para HFF foi de 1:1). A segunda etapa envolve a incorporação das ações pertencentes aos minoritários da já controlada, Sadia, por BRF, a uma relação de 0,132998 ações da Incorporadora para cada ação ON ou PN de emissão da Sadia. Desse modo, a operação contemplou relações de troca diferenciadas, sendo superior para os acionistas ex integrantes do bloco de controle da Sadia e pessoas a eles ligadas". Em voto separado, assim se manifestou Marcos Pinto: "A operação que hoje apreciamos é bastante similar à operação objeto do Processo CVM RJ2009/5811, decidido por este Colegiado em 28 de julho de 2009, portanto há menos de duas semanas. Assim como na incorporação da Duratex S.A. pela Satipel S.A., o acordo de associação entre Perdigão S.A. e Sadia S.A. prevê uma relação de substituição mais favorável para os controladores da Sadia do que a relação aplicável aos demais acionistas da companhia. A diferença entre as duas operações é formal. A incorporação da Duratex pela Satipel foi feita em apenas uma etapa, mas com duas relações de substituição, uma aplicável aos controladores, outra aos demais acionistas. Neste caso, a operação se dá em duas etapas: primeiro, ações de uma *holding* dos controladores da Sadia foram incorporadas pela Perdigão; agora, ações dos demais acionistas da própria Sadia serão incorporadas, mas com uma relação de troca menos favorável. Na prática, essas duas incorporações configuram uma única operação, por meio da qual Perdigão e Sadia combinarão seus negócios e suas bases acionárias. Ambas as incorporações foram objeto de um único acordo de associação, negociado entre os administradores e controladores das duas companhias. É evidente, portanto, que eles devem ser apreciadas em conjunto, seja do ponto de vista econômico, seja do ponto de vista jurídico; de outro modo, o art. 166, VI, do Código Civil teria incidência".

Desta forma, vislumbra-se uma contradição aparente: ao impor a aplicabilidade do PO CVM 35, a CVM entendeu haver "incorporações distintas", assumindo, logo depois, a existência de uma única operação em várias fases, o que, portanto, descartaria a aplicabilidade anterior do PO CVM 35 e seu confuso processo. De fato, há apenas uma operação em várias fases, operação esta tratada entre partes independentes, cada qual com a sua administração representando os seus respectivos acionistas. No contexto do Comunicado ao Mercado onde a operação é desmembrada não em fases, mas em operações distintas para justificar a imposição do PO CVM 35 na segunda fase, criou-se a tosca situação em que a administração da Perdigão/ BRFoods assumiu deveres fiduciários em relação aos acionistas não controladores da Sadia, parte independente que, sob sua própria administração tinha por seu turno, os seus deveres fiduciários em relação aos seus acionistas. Nesse quadro, a CVM impôs deveres fiduciários a uma parte em relação aos deveres da outra parte (qual seja, do outro polo, do outro lado). Reconheceu, após algum tempo, sem voltar atrás na questão do PO CVM 35, atalhando por argumento enviesado de *benefício particular* em completa afronta à Lei das S.A., apresentando

A partir desse Caso Sadia/Perdigão/BRFoods, o processo de incorporação de ações previsto na Lei das S.A. restou modificado em relação às operações posteriores, aplicando-se, inclusive, a casos não só de migração, mas também de verticalização e, virtualmente, para casos de consolidação de controle, como poderia ter sido em relação ao Caso Duratex/Satipel, alcançado apenas pelo PO CVM 34.

Assim, o PO CVM 35 sugere agregar à fase de preparação das operações de migração, a constituição de um *comitê independente* para negociar os termos e condições do protocolo em nome da companhia a ser incorporada, nos casos em que as companhias optam por não franquear voto exclusivo aos não controladores para deliberar sobre esse tipo de operação, nos termos do PO CVM 34.

Absorvendo-se as recomendações do PO CVM 35, o processo estaria, teoricamente, desenhado da seguinte forma[172]:

solução insatisfatória e densamente criticada pelo mercado e por autoridades no assunto, conforme teremos a oportunidade de analisar adiante nesta tese.
As decisões no caso Sadia/Perdigão/BRFoods causaram confusão no mercado e fizeram com que a administração das companhias envolvidas no caso Aracruz/VCP/Fibria adotassem, via fato relevante, a obediência ao PO CVM 35, mesmo não se tratando, nesse caso, de operação de migração. Tratava-se, no caso Aracruz/VCP/Fibria, de uma consolidação de controle clássica onde o PO CVM 35 não seria aplicável. A adoção espontânea imergiu essa operação no escrutínio da CVM a partir das observações trazidas no Comunicado ao Mercado de 24 de agosto de 2009, refletindo em parte o teor de Ofícios que teriam sido enviados às companhias.
[172] A classificação ora proposta, baseada em SANTAGATA (*La fusione* ..., Op. cit., Idem, pp. 183 e ss.) se construiu com ligeiras modificações em relação à proposta original do grande jurista italiano: enquanto que SANTAGATA dividia o processo em *fase della decisione* e *fase dell'attuazione*, nota-se, na obra, que a *fase della decisione* comporta uma fase inicial chamada por SANTAGATA de *attività preliminare degli amministratori*. Essa *attività preliminare*, contudo (sobretudo à luz da prática estado-unidense), pode muito bem ser tratada como *fase autônoma* e distinta da fase decisória, como estamos articulando aqui. O próprio SANTAGATA admite, deixando certa dúvida pairar no ar sobre a sua crença da existência de uma fase autônoma preliminar: "*La decisione della fusione è, di regola, precedutta da trattative preliminari condotte dagli amministratori delle società che si fondono. Tali trattative possono aver ad oggetto la forma della fusione, la determinzione del rapporto di cambio in base al quale vanno attribuire le partecipazione della società incorporate ou fuse, la precisazione degli eventuali conguagli in danaro ed, in genere, tutto ciò che dovrà formare oggetto delle deliberazioni di fusione. Lo scopo di queste trattative è la ricerca di una preliminare base di intesa in guisa tale da ottenere – nell'ipotesi di decisione positiva da parte delle rispettive assemblee – deliberazioni concordanti nel loro contenuto, evitando così l'esigenza di ulteriori decisioni sullo stesso oggetto*" (*La fusione*..., Op. cit., Idem, pp. 183-184).
Entre nós, Nelson EIZIRIK (*A Lei das S/A Comentada*..., Vol. III, Op. cit., Idem, pp. 246-248) vê o processo desdobrado em quatro (4) fases: (i) preparatória; (ii) aprovação do protocolo

Fase Preparatória: As diretorias das companhias envolvidas preparam estudos, estimando, inclusive, as possíveis relações de substituição, as avaliações parciais, os estudos sobre ganhos com sinergia (quando aplicável). Esses estudos são levados para o Conselho de Administração de cada companhia envolvida, em regime de sigilo protegido pelo artigo 8º da ICVM 358. Caso o Conselho de Administração aprove a proposta da diretoria, o Conselho deverá compor um comitê especial que ficará incumbido da elaboração da *Justificação* da operação[173]. Essa situação deve ser comuni-

e justificação; (iii) implementação da operação por meio do aumento de capital e emissão de novas ações; (iv) atos complementares de registro. Defendemos, nesta tese, que os atos descritos por EIZIRIK no item "(iii)" compõem, de fato, atos que englobam a miríade dos atos complementares, que começam com o aumento de capital de capital e culminam com as aprovações externas, as questões envolvendo recesso e direitos de reavaliação, encerrando a operação por meio dos registros competentes.

[173] Este é, talvez, um dos pontos mais críticos do PO CVM 35. A nomeação de um comitê *ad hoc* para "negociar a operação e submeter suas recomendações ao conselho de administração" esbarra em questões extremamente sensíveis na Lei das S.A.. A primeira delas diz respeito a forma de eleição dos membros desse comitê. O PO CVM 35 dá três opções para a sua composição, a saber: (i) comitê composto exclusivamente por administradores da companhia, em sua maioria independentes; (ii) comitê composto por não-administradores da companhia, todos independentes e com notória capacidade técnica, desde que o comitê esteja previsto no estatuto, para os fins do art. 160 da Lei nº 6.404, de 1976; ou (iii) comitê composto por: (a) um administrador escolhido pela maioria do conselho de administração; (b) um conselheiro eleito pelos acionistas não-controladores; e (c) um terceiro, administrador ou não, escolhido em conjunto pelos outros dois membros. No primeiro modelo, o comitê é composto por "administradores", qual seja, membros do conselho de administração e da diretoria, cuja maioria seja considerada "independente". Em relação ao conceito de independência, o PO CVM 35 diz: "A independência dos membros do comitê especial não pode ser determinada de antemão, devendo ser examinada a cada caso. De qualquer modo, a CVM presumirá a independência, salvo demonstração em contrário, de pessoas que atendam à definição de 'conselheiro independente' prevista no Regulamento do Novo Mercado da Bolsa de Valores de São Paulo". Excluída a hipótese de análise caso a caso, resta a presunção que se aplica meramente a conselheiros de administração, excluindo-se dessa formação os diretores da companhia. O segundo modelo dispensa o uso de administradores da companhia, lançando mão de órgão estatutário não-permanente e de natureza técnica-consultiva que caia na vala comum do artigo 160 da Lei das S.A. Nesse caso, os membros desses órgãos não são administradores pela lei e a eles cabe "aconselhar os administradores". Por fim, o comitê formado a partir de escolhas em assembleia que emule a divisão política existente (controlador *versus* não-controlador). Note-se que todos têm função equiparada ao conselheiro de administração e não aos diretores, mas as formas de escolha assembleares só são claras no primeiro e no terceiro caso e, neste último e específico caso, um deles é escolhido ao alvedrio do voto direto dos acionistas. Um segundo ponto diz respeito a posse desses pseudo-administradores. Pelo artigo 149, membros

da administração tomam posse por intermédio de assinatura de termo de posse em livro próprio. No caso do primeiro modelo, por serem administradores, a posse já está dada, mas *não para esta função específica* e com termo de funções completamente diverso daquele para o qual o administrador foi investido para o conselho. Nos demais casos, não há livro, não há termo de posse, não há investidura: uma vez eleitos, instituídos no cargo estão. Um terceiro problema diz respeito à função desse pseudo-administrador: ele se encarrega de negociar em nome da companhia os métodos de avaliação que resultarão em uma relação de troca (e não a relação de troca diretamente). Esta é uma tarefa exclusiva da diretoria, como bem esclarece o artigo 144, *caput* e Parágrafo Único da Lei das S.A.. Não cabe a pessoas investidas no conselho de administração ou em órgãos estatutários instituídos na forma do artigo 160 da Lei das S.A. desempenhar essa tarefa. Isso é função exclusiva e indelegável da diretoria. Mudar isso via Parecer de Orientação é, no mínimo, questionável. Há quem argumente que essas delegações ocorrem na vida societária, como bem salientou o Dir. Marcos Pinto no Caso Tractebel, na nota 31, nestes termos: "Se a decisão final for do conselho de administração, a criação do comitê independente para negociar a operação certamente não implicará qualquer violação à lei. Companhias constituem representantes para negociar contratos a todo tempo e ninguém nunca questionou essa prática". Sim, lógico e verdadeiro; entretanto, as companhias constituem representantes na forma da lei (por meio de mandato ou procuração) e do seu estatuto (diretores nomeiam mandatários da companhia com poderes especificados no instrumento e mediante prazo determinado ou para projeto específico, na forma do Parágrafo Único ao artigo 144 da Lei das S.A.). Caso a companhia resolva enviar membros de órgãos consultivos para negociar operações, conselheiros de administração, conselheiros fiscais ou pessoas indicadas pela administração ou pela assembleia mas sem investidura na forma da Lei das S.A., especificamente o artigo 149, não se pode negar, há sim risco sério de nulidade por violação frontal de mandamentos legais. O argumento, portanto, de que companhias nomeiam representantes só é logicamente aceitável se a forma de investidura dessa representação se dá em rigorosa observância da lei, o que não é o caso do PO CVM 35. *Last, but not least*, temos um problema de responsabilidade desses pseudo-administradores. É cristalino que os deveres da administração, nos termos dos artigos 153 a 158 da Lei das S.A., se aplicam aos membros desse comitê *ad hoc*. Entretanto, ao término da "gestão" ou do "negócio", qual a extensão de sua responsabilidade (inclusive a aplicabilidade da doutrina da *business judgement rule*) para administradores que são "investidos" em uma função negocial, mas de quem é demandada uma expertise técnica? Como interpretar o dever de diligência para os membros desse comitê *ad hoc*? E em relação à finalidade das atribuições e o dever de lealdade por omissão, para o caso de membros que são eleitos para "representar" interesses de não-controladores? E em relação ao dever de informar? Mais – qual a extensão e aplicação de regras de conflito de interesses em um negócio que é especialmente marcado pelo conflito de interesses entre controlador e não-controlador? A ideia de um comitê *ad hoc*, sob o ponto de vista jurídico, nos parece, desta forma, um desastre por se tratar de um enxerto de direito estrangeiro no seio de nossa tradição jurídica, com vários pontos de repulsa, como pudemos notar.

Em um universo de direito comparado (e não de mero enxerto de normas de um contexto em outro), o direito estado-unidense admite essa delegação, sob o ponto de vista jurídico; e dessas importações nascem colossais confusões em nosso direito. No direito estado-unidense, como deixou claro EASTERBROOK & FISCHEL (*The Economic Structure...*, Op. cit., Idem, p. 108), "*managers can delegate tasks to the market as easily as to investment bankers – and markets are cheaper*". Como sustento dessa afirmação, citam o caso *Rosenblatt*, enumerando quão admirado é o ato em que executivos delegam para comitês ou banqueiros o seu dever de negociar em nome da companhia, que, como vimos, não funciona de todo bem no nosso sistema de representação previsto nos artigos 138, 139 e 144 da Lei das S.A.

Nessa transposição do sistema estado-unidense para o brasileiro, destaque-se que no Memorando encaminhado pelo então Diretor da CVM, Marcos Pinto, em 30 de maio de 2008, para o órgão Colegiado sugerindo a submissão de Parecer de Orientação de sua autoria para audiência pública (que mais tarde veio a se tornar o PO CVM 35), no item sobre "efetiva negociação pelo comitê", o Diretor faz referência, em nota de rodapé nr. 11, ao caso *Kahn v. Lynch Communication Systems, Inc. (Supreme Court of Delaware*, 638 A.2d 1110 [1994], relator J. Holland). A discussão havida entre Kahn, acionista da Lynch, contra a Alcatel, que realizou um *cashout merger* (ou *squeezeout merger*) foi desdobrada em dois casos. Além desse citado no Memorando de Marcos Pinto, houve também o caso *Kahn v. Lynch Communication Systems, Inc.* (*Supreme Court of Delaware*, 669 A.2d 79 [1997], relator J. Walsh). O primeiro caso, por seu turno (e espantosamente), apresenta uma situação onde a efetiva negociação empreendida por Alcatel e o comitê acabou tendo desdobramentos negativos para o demandante Kahn em primeira instância, tendo o processo sido revertido em desfavor da operação, já que se entendeu que no curso da operação, a postura agressiva assumida pela Alcatel, com ameaças de *hostile takeover* caso o preço oferecido não fosse aceito, seria uma ilegalidade *per se*, situação esta revertida anos depois quando o caso voltou para a Corte de Chancelaria de Delaware (instância inferior à Suprema Corte). No segundo caso, Kahn volta novamente a rediscutir a legitimidade e adequação do processo, conforme o qual a postura agressiva da Alcatel estaria violando os deveres fiduciários da administração da outra companhia (não aquela que Kahn figurava como acionista, a Lynch, mas sim a Alcatel, acionista majoritária da Lynch) concluindo-se que a operação não teria sido "*entirely fair*". Neste segundo caso, concluiu-se que "*In deciding the ultimate question of entire fairness, the Court of Chancery was required to carefully analyze the factual circumstances in the context of how the board discharged all of its fiduciary duties, apply a disciplined balancing approach to its findings, and articulate the basis of its decision* (Cinerama, Inc. v. Technicolor, Inc., *Del. Supr.*) *The record reflects that was done. We find no error in the trial court's application of legal standards and accordingly affirm*". Note-se aqui que a adoção de um sistema com "negociações efetivas" em detrimento de um sistema de reforço dos *appraisal rights* transparece, pelos casos *Lynch I* e *Lynch II*, com um aspecto altamente negativo, mesmo para um judiciário de excelência e célere como é o caso do Estado de Delaware: para uma operação travada em 1981, as discussões judiciais se estenderam até o ano de 1997, em uma batalha de argumentos emaranhada por negociações agressivas que duraram mais que o necessário. Ao adotarmos esses parâmetros, importamos também esses problemas. Vê-se, aqui, que o maior de todos os percalços é o alcance limitado dessas soluções, ao par dos *appraisal rights*, como bem salientou Steven L. EMANUEL (*Corporations*, 3ª ed.. Larchmont, NY: Emanuel, 2000, p. 479): "*Plaintiff/shareholders attacking the fairness of a freezout merger or other merger transaction, even if they win, will normally have to be content with a **monetary recovery** equal to what they would have gotten under **appraisal**"* (negritos do original). PALMITER (Op. cit., Idem, p. 270) salienta que "*Delaware courts treated disinterested director approval as merely shifting the burden to the plaintiff to prove the transaction was not entirely fair*", qual seja, no sistema estado-unidense, todo o esforço

cada ao mercado via fato relevante, dando notícia da intenção de realizar a operação, da nomeação do comitê e seus respectivos membros e da estimativa para a divulgação de novo fato relevante atendendo à ICVM 319. No trabalho de elaboração dessa *Justificação*, os membros do comitê devem escolher o(s) avaliador(es), cuja escolha deverá ser ratificada pela assembleia geral e deles receber as informações e dados que sustentarão a negociação que será empreendida por tais membros, em nome da companhia, para definição da relação de substituição que irá resultar "na composição, após a operação, segundo espécies e classes de ações, do capital das companhias que deverão emitir ações em substituição às que se deverão" incorporar (art. 225, III da Lei das S.A.). Paralelamente, tratarão de estudar se "os motivos ou fins da operação" atendem o "interesse[s] da companhia na sua realização" (art. 225, I da Lei das S.A.). Uma vez concluído esse trabalho, devem elaborar parecer recomendando ou não a realização da operação. Esse parecer deve ser dirigido ao Conselho de Administração da companhia. Com base na conclusão desse parecer, o Conselho de Administração deve convocar assembleia geral extraordinária e dar notícia, imediatamente, sobre as bases da operação por meio de fato relevante na forma da ICVM 319, divulgando também documentação pertinente na forma da ICVM 481, para decidir sobre a *Justificação* da operação, nos termos negociados e concluídos pelo comitê especial.

Fase decisória: Nesta fase, teoricamente, os acionistas deveriam reunir-se para decidir apenas e tão somente sobre a *Justificação* da operação e definir o nome do avaliador que apresentaria, de forma independente, os valores de recesso. Em caso de aprovação da *Justificação*, a assembleia autoriza a diretoria da companhia a dar início à elaboração do *Protocolo*, fase a partir da qual, exatamente como ocorreu em *Weinberger*, o comitê é desfeito e a administração da companhia passa a retomar o processo, já saneado pelo comitê. Teoricamente, no *Protocolo* as partes deveriam então se ocupar de questões atreladas à governança após a operação (redação de estatutos, reestruturação da administração quando aplicável, reestruturação dos órgãos de fiscalização societária se for o caso). Além disso, sem mais poder interferir nos números aprovados em assembleia, a administ-

resultou apenas numa inversão de ônus de prova que não apresenta alternativa para questões monetárias.

ração deveria colocar em um documento os termos que deverão ser executados na operação e que digam respeito ao *statuo viæ* dos acionistas (*e.g.*, "solução a ser adotada quanto às ações (...) do capital de uma sociedade possuídas por outra", bem como soluções para a extinção de preferências que existem, estatutariamente, em uma companhia e não existem na outra, *ex vi* do artigo 224, IV e VII da Lei das S.A.). Isso deveria passar por um segundo crivo dos acionistas e seria exatamente o objeto dos deveres fiduciários da administração ao impor novos *stati socii* aos afetados pela operação. Essa nova convocação pode ser acompanhada de novo fato relevante (caso necessário e caso haja modificações na estrutura divulgada anteriormente nos termos da ICVM 319), seguida da divulgação de novos documentos na forma da ICVM 481 (no caso, protocolo e versão final dos laudos, inclusive os laudos sobre direito de recesso). Nessa AGE seria estabelecida a aprovação definitiva da operação *naqueles termos e condições*, bem como definidos os valores de recesso para os dissidentes. Teoricamente.

Na prática, *Justificação* e *Protocolo* se unificam, as negociações e a preparação não diferenciam premissas, de elementos; causas, de consequências. Tudo ocorre em favor do precioso *tempo* em um processo tecnicamente truncado, como se pode observar das discussões que são travadas em AGEs nesses tipos de operação e em algumas decisões da CVM. Após a negociação de toda a documentação (laudos, protocolo e justificação, fato relevante, relações de troca, avalidadores, recesso, etc, etc, etc), tudo é submetido para a aprovação dos acionistas de uma vez só, tirando dos administradores os seus deveres fiduciários e transferindo-os para um comitê *ad hoc*. As informações são viabilizadas de forma atabalhoada e cumulativa, demandando da administração o cumprimento, ao mesmo tempo, nos atos de divulgação, da ICVM 319, ICVM 481 e do PO CVM 35[174]. A fase decisória é unificada e bastante encurtada, estendendo em demasia, por conta do exíguo espaço dado para a tomada de decisões, toda a fase executória, que sofre com ajustes por força de uma aprovação que nem sempre consegue capturar todos os detalhes de operações que geralmente são complexas.

---

[174] O PO CVM 35 requer que "o início das negociações deve ser divulgado ao mercado imediatamente, como fato relevante, a menos que o interesse social exija que a operação seja mantida em sigilo". Na prática, o fato relevante requerido pelo PO CVM 35 se presta apenas para anunciar o início das negociações e a formação do comitê de minoritários, cabendo, dias depois, divulgação de novo fato relevante para cumprimento da ICVM 319.

Ponto extremamente relevante diz respeito às solenidades assembleares. As assembleias, sejam duas ou ocorram unificadamente, têm um percurso de quóruns e mecanismos de convocação semelhantes aos de qualquer outra assembleia que envolva operações societárias como incorporação, fusão, cisão e modificações de capital. A convocação do artigo 124 da Lei das S.A., bem como a instalação, segundo o quórum de um quarto do capital votante do artigo 125 da Lei das S.A.[175] A representação de acionistas, com o respeito à norma pendente de regulamentação do Parágrafo Único ao artigo 121, segundo redação dada pela Lei nº 12.431, de 24 de junho de 2011, segue ainda os preceitos regulamentares da ICVM 481, não apenas em relação ao arcabouço de informações que devem ser prestadas aos acionistas, na forma dos Anexos 20 e 21 da mencionada instrução, mas também por conta do novo regime jurídico dos pedidos públicos de procuração, que devem ser observados também em operações realizadas em processo de incorporação de ações.

A observância dos citados Anexos da ICVM 481 é obrigatória por força da escolha de avaliadores, bem como por causa do direito de recesso gerado em todas as companhias envolvidas, segundo prevêem os §§1º e 2º ao artigo 252 da Lei das S.A. Dúvida maior pode pairar em torno do quórum de aprovação, oscilando entre o disposto no artigo 129 *versus* o disposto no artigo 135 *caput*, ambos da Lei das S.A. As insinuações a respeito de eventual quorum especial pelo *caput* do artigo 135 da Lei das S.A. decorre da consequente alteração do estatuto da companhia incorporadora, que, por força do seu aumento de capital, modifica redação a respeito do *quantum* do capital descrito no estatuto social. A tese de um quorum diferenciado para a incorporadora, entretanto, não se sustenta, pois a modificação do estatuto não é *objeto da deliberação*, como dispõe a letra do artigo 135: é mera consequência de um aumento que ocorre como fase da operação como um todo.[176] Ao segmentar-se a decisão entre aprovação da *Justifi-*

---

[175] Vale lembrar aqui que o IBGC editou, em 2010, um Caderno de recomendações de boas práticas em Governança Corporativa, cujos princípios de equidade e transparência norteiam todas as recomendações, em torno de uma leitura afirmativa da Lei das S.A. Entendemos que as recomendações não são apenas salutares, mas verdadeiras propostas de *lege ferenda* para a melhoria da Lei das S.A. nos nossos rituais assembleares, sobretudo em matéria de reorganizações societárias.

[176] M. R. PENTEADO. *Aumentos de Capital...*, Op. cit., Idem, p. 134, chega a afirmar que as operações com aumento de capital poderiam ter o tratamento jurídico de uma "modalidade

cação (ou projeto) e aprovação do *Protocolo* (escritura final da operação), nota-se como a decisão da operação em si (justificação) jamais tocaria no quorum do artigo 135. Na aprovação do protocolo e dos termos finais da operação em si (com a consequente aprovação de relações de substituição e do aumento de capital), a sugestão de um quórum diferenciado conflita com o fato de termos, de forma mais clara, que a modificação estatutária do capital não é objeto da deliberação e sim mera consequência da aprovação de atos anteriores da operação.[177]

Fase executória: Nesta fase, após as devidas aprovações internas e externas[178], a administração de ambas as companhias dá início a execução dos termos e condições do protocolo aprovado. Não raro, a fase executória engloba uma sub-fase litigiosa, que torna a execução das operações mais extensa. Teoricamente, a fase executória se prestaria para efetivar o aumento de capital da companhia incorporadora, com consequente entrega das novas ações para o(s) acionistas da(s) companhia(s) incorporada(s), seguido dos registros competentes, e divulgações e publicações de praxe. Mas não raro esse curso executivo é interrompido para se abrir uma longa revisão da fase decisória, tornando muita vez as operações ineficazes e o princípio do *statuo viæ* praticamente inócuo.

Neste ponto, é importante trazer à baila o tema dos mecanismos jurídicos de convalidação das operações. A CVM, ao impor para o nosso sistema

---

de reforma estatutária". Entretanto, muito relevante lembrar que ao abordar a questão dos quóruns, PENTEADO é categórico ao afastar a aplicabilidade do art. 135 da Lei das S.A. pelos mesmos argumentos aqui abraçados (Ibidem, p. 189). Contra, M. CARVALHOSA (*Comentários...*, 3º vol., Op. cit., Idem, p. 625). Nesse pormenor, estamos com Mauro PENTEADO.

[177] Nesse sentido, e por isso, a tese defendida por CARVALHOSA, LEÃES e por TEIXEIRA e TAVARES GUERREIRO de que a incorporação de ações é uma "espécie de aumento de capital" não conta, de certa forma, com a nossa simpatia e entusiasmo. Desviar o escopo destas complexas operações por força de um detalhe do processo pode, em muitas circunstâncias, permitir que no contexto ocorra verdadeira petição de princípio, pois, de todas as premissas, o aumento de capital pode ser considerada uma das menores. Reforçamos aqui, mais uma vez, o nosso alinhamento com o entendimento esposado por CANTIDIANO, EIZIRIK e PENTEADO, que vêem na incorporação de ações um verdadeiro processo.

[178] Em muitos casos de consolidação de controle e verticalização, a autorização de autoridades concorrenciais poderá ser necessária. Em alguns setores da economia, como telecomunicações, energia, petróleo e gás, instituições financeiras, qualquer operação efetuada por meio de processo de incorporação de ações poderá demandar aprovação regulatória prévia ou homologação *a posteriori*.

uma estrutura de aprovação da operação por comitê(s) *ad hoc* e impedimento de voto, não apenas subverteu o conceito de controle, direito de voto e respectivas vedações e os entendimentos sobre benefício particular de que trata a nossa lei: alterou também todo um curso de mecanismos de convalidação em evolução no nosso sistema.

Como visto, como o nosso sistema executivo é obstaculizado, muita vez, por discussões *a posteriori* em relação à fase decisória, vê-se em nosso sistema um grave defeito processual que afeta o *statuo viæ*, com reflexo direto sobre o mérito das operações. E assim, o novo sistema montado em comitês *ad hoc* não logrou evitar tais litígios quando eles são necessários, nem mesmo permitir que esses litígios atinjam o desiderato pretendido pelos demandantes (acionistas terceiros prejudicados), a saber, o direito de obter uma relação de substituição mais favorável e uma *avaliação independente*. Muitos litigantes procuram o judiciário com o único e exclusivo intento de provar que a avaliação para estabelecer as relações de substituição ou mesmo os valores de recesso não esteve correta.

Em outras palavras, em boa parte das operações, a intenção dos acionistas não é impedir a operação, mas meramente autorizar a operação, desde que o reembolso ou a contraprestação a ser recebida pelo acionista afetado seja adequada, justa (o que apenas reafirma o acerto do princípio do *statuo viæ*). O sistema clama, pois, por um mecanismo de convalidação que não impeça a operação de ser realizada nem prejudique a companhia, se a operação for da essência de seu sucesso – em outras palavras, o sistema clama por uma fase que permita *reavaliações independentes* e não decisões por comitês independentes ou ainda decisões assembleares independentes do controle ou dos demais acionistas ordinaristas. Tirar o essencial direito de voto não é solução que atende aos interesses de muitos acionistas, quando a operação é boa e interessante (no mérito) e apenas peca pelo preço; tampouco exigir que alguém "negocie" em nome dos minoritários e não controladores, sem lhes dar um mecanismo formal de *revisão* (semelhante ao que ocorre nas OPAs de cancelamento de registro tal qual previsto no art. 4º-A e parágrafos da Lei das S.A.).

Na esteira desse sistema previsto para as OPAs, o sistema brasileiro dos processos de incorporação de ações deveria, por seu turno, optar por reforçar os mecanismos de convalidação com base nos *appraisal rights* e no *test of fair price* de Weinberger com maior destaque para o papel da *Justificação* da operação, ao invés de interferir na estrutura do processo criando uma fase de negociação que definitivamente não se encaixa no nosso sistema nem mesmo em nossas tradições societárias[179].

Além disso, cumpre lembrar que outro formato de mecanismo de convalidação baseado no direito inglês lança mão, ao invés do *appraisal right*, na estrutura de *peer review*. Na Inglaterra, o mecanismo de convalidação baseado no sistema de *peer review* defere a uma fase executória a revisão da operação em obediência às regras do *City Code*. Essa revisão se dá por meio da análise categorizada de pares de mercado, que formam uma espécie de tribunal de integração da regulação na autorregulação[180], de natureza híbrida entre o público (função) e o privado (forma) conhecido como *Take Over Panel*.[181]

---

[179] Nos parece que no Caso Oi/PT a CVM deixou, uma vez mais, de explorar esse tema com maior ousadia, alocando essa ousadia para temas políticos e, no caso de assuntos envolvendo soluções patrimoniais, assumiu posição de cautela ultraconservadora, como se depreende do voto da eminente Diretora Relatora, L. P. Dias, §§140 a 144, que pode ser resumido nesta máxima: "Diante da opção pela instituição de um sistema que atribua o direito de recesso, tanto o legislador quanto o intérprete da lei devem se pautar pela difícil tentativa de proteger de maneira equilibrada tanto as boas decisões quanto os direitos dos acionistas minoritários". Lembre-se entretanto que as verdadeiras boas decisões, que beneficiam todos de fato e de direito, "não têm preço", como diz o jargão.

[180] A experiência estrangeira no funcionamento da autorregulação, como se verá, é fundamental. O *Take Over Panel* inglês, como se verá, na forma de um "caso de sucesso", deve ser lido em um contexto mais amplo. Ronald J. GILSON, Henry HANSMANN e Mariana PARGENDLER ("*Regulatory Dualism as a Development Strategy: Corporate Reform in Brazil, the United States, and the European Union*", In Stanford Law Review, vol. 63. Palo Alto, CA: Board of Trustees of Leland Stanford Junior University, 2011, pp. 475-510), exploram, comparativamente, os avanços conquistados pelo Novo Mercado, em comparação com o Neuer Markt alemão e algumas várias experiências européias e estado-unidenses. Com base, sobretudo, nas experiências do Neuer Markt alemão, os autores exploram os problemas e vicissitudes da autorregulação no mercado de capitais: "*Brazil's current experiment with a 'New Market' for corporate share listings offers a textbook example of this strategy. But regulatory dualism as a strategy for capital markets reform is not unique to Brazil, nor is it suited just to developing countries. The United States has a long and successful record of regulatory dualism in corporate law, and the European Union seems now to have set out on the same path. Germany's conspicuous recent failure with this strategy in its Neuer Markt emphasizes the need for care, effective enforcement, and – as with all human affairs – luck in deployment. But with more systematic attention to the means of deploying the strategy, and more attention to the political forces whose opposition to reform it is intended to address, the scope for its successful application may continue to expand*" (pp. 536-537).

[181] A integração entre o ambiente regulado (obrigatório e sujeito a interpretação) e o ambiente autorregulado entre pares (facultativo e sujeito a negociação) tem sido um objeto recente e constante de estudos teóricos de alto nível. Dentre as abordagens jurídico-filosóficas,

Neste particular, a Inglaterra é, sem sombra de dúvida, o berço da autorregulação em assuntos societários, sobretudo no âmbito dos processos de fusões e aquisições, que no Reino Unido como um todo é conhecido como *takeover regulation*. O histórico da autorregulação na Inglaterra é robusto, complexo e pode ter seu marco inicial identificado no alvorecer do

tem ganhado corpo a conhecida *Teoria Palco-Plateia*. Luiz Felipe A. CALABRÓ (*Regulação e autorregulação do mercado de bolsa: teoria palco-plateia*. São Paulo: Almedina, 2011) assim define o papel dos autorreguladores, formados por membros de diversos setores representativos da sociedade, com o escopo de aproximar os entes regulados da aderência ao ambiente regulado: "Como o objeto das normas, o indivíduo se situa na plateia perante um palco regulador; como sujeito criador de normas o indivíduo sobe ao palco fisicamente ou representado por alguém. Podemos sugerir, com isso, que o ideal para o indivíduo é que haja o máximo de coesão entre os estímulos do ambiente (em nossa metáfora, os estímulos advindos dos palcos reguladores) e seus estímulos internos. Posto que, assim, o equilíbrio será alcançado de forma mais simples, sem muitos esforços e dispêndio de energia" (p. 184). Reparando, entretanto, o trecho em que CALABRÓ menciona ser o indivíduo "objeto das normas", quando na verdade seria o "destinatário das normas", aceitamos integralmente a tese, partindo do brocardo oriental do equilíbrio entre resultado e dispêndio de energia para se admitir que a integração dos pares em decisões que podem afetá-los de maneira futura, incerta e difusa se mostra absolutamente mais eficaz que uma regulação inquisitória, como ocorre na CVM de então. É como lembra o mesmo CALABRÓ (Ibidem, p. 178): "A questão essencial é que a formação dos juízos individuais e das convenções sociais é fruto da interação entre regulação (tomada no sentido amplo de estímulos externos ao organismo) e autorregulação (tomada no sentido amplo de estímulos internos ao organismo), interações essas que ocorrem entre ambientes e sistemas estruturados que se comunicam e se influenciam reciprocamente".

A compreensão da autorregulação sob a ótica da teoria palco-platéia é, sem sombra de dúvida, revolucionária, pois reinsere no meio jurídico o papel dos órgãos de classe como formadores e criadores do direito. Essa concepção de uma criação do direito *integrada* entre Estado e Sociedade, Palco e Plateia, nasce, na verdade, com a doutrina do tão saudoso e querido mestre Goffredo da Silva TELLES JUNIOR, que ao discorrer sobre o que chamou de *direito institucional*, bebe nas fontes de Hauriou e Renard, em uma das mais revolucionárias teses de democracia jurídica e pluralismo de direito jamais dissertadas (*A Criação do Direito*, 2ª ed.. São Paulo: Juarez de Oliveira, 2004, pp. 387 e ss). Por essa razão, usamos propositalmente o termo "reinserção" ao nos referirmos à proposta de CALABRÓ. De Goffredo TELLES JUNIOR já se lia, desde há muito: "... a ordem jurídica, tomada em *seu* conjunto, globalmente, não é, apenas, a ordem de *uma* instituição, e sim as ordens internas de todas as instituições componentes de uma sociedade e, mais, a ordem que entrosa essas instituições umas com as outras. A sociedade, de fato, é composta de instituições de pessoas e de instituições de instituições: a família, o sindicato, a sociedade mercantil são instituições de pessoas; o município, o Estado são instituições de instituições. Cada instituição tem o seu direito interno, que a organiza, e direito externo, que a situa numa instituição superior. Assim, o direito interno do Estado é o direito externo das comunidades formadas no interior do Estado. Ora, a ordem jurídica abrange o direito interno e externo das instituições" (Ibidem, p. 463).

Século XX, a partir de decisões judiciais que se ocuparam de temas envolvendo os conflitos de interesse em operações societárias de aquisição compulsória de ações[182], em processos semelhantes à nossa incorporação de ações, aos nossos resgates compulsórios e outros processos locais de *squeezeout merger* e *freezout merger*.[183]

Dessas discussões, começou-se a conceber, durante a Década de 1960, alternativas não legislativas para resolver o problema dos conflitos decorrentes de operações societárias complexas, prevenindo discussões judiciais. Ao longo do tempo, principiou a tomar corpo, no seio da sociedade civil, uma entidade sem fins lucrativos, de natureza autorregulatória e suportada pelo Banco da Inglaterra, com o fim de produzir normas de boa conduta em processos de reorganizações societárias e alterações de controle, atuando, também, como órgão regulador e fiscalizador do cumprimento dessas normas de adesão voluntária. Nascia então, em 1968[184], o *Panel on Takeovers and Mergers* ou, como é conhecido, o *Takeover Panel*. Acompanhado de um complexo Código de Fusões e Aquisições intitulado *City Code on Takeovers and Mergers* ou meramente *City Code*, o sistema de autorregulação britânico passou a funcionar com precisão... britânica.

---

[182] Não se trata, pois, de sutil coincidência. É fenômeno jurídico que não pode ser desprezado. John LOWRY e Alan DIGNAM (*Company Law*, 2ª ed.. Londres: LexisNexis UK, 2003, p. 74): "*The UK statutory scheme was in effect introduced to resolve a conflict of interest between the owners or contingent owners of a newly acquired majority shareholding in a company and the minority shareholders of the same company. The ultimate aim of the legislation was to make it easier to take companies over. The legislation provides a contingent right of the majority shareholder to compulsorily purchase the shares of the minority shareholders*".

[183] LOWRY e DIGNAM (Ibidem), explanando sobre o contexto de operações societárias semelhantes ao nosso *resgate* do art. 4º da Lei das S.A., com a única diferença de que no Reino Unido é necessário apenas 90% do capital total para dar início a esse processo, dispensada oferta pública prévia; ao passo que no Brasil a detenção mínima é de 95% do capital total, sendo necessária oferta pública de cancelamento de registro prévia.

[184] "*The Panel and the Code aims to achieve equality of treatment and opportunity for all shareholders in a takeover bid. The Panel and the Code have been in existence since 1968 when the Governor of the Bank of England and the Chairman of the LSE set it up in reaction to a number of controversial takeovers in which it was felt unfair tactics had been used to the detriment of shareholders*" (LOWRY e DIGNAM, Op. cit., Idem, p. 75). Vide, também, sobre o histórico do *takeover panel* britânico, de EIZIRIK, HENRIQUES e VIEIRA, "O Comitê de Aquisições e Fusões: versão brasileira do *takeover panel*", In *Temas Essenciais de Direito Empresarial...*, Op. cit., Idem, pp.894 e ss. Os autores ainda fazem detalhado estudo sobre o *takeover panel* australiano, apresentando comparações em relação ao modelo inglês.

Atualmente, o *Panel* funciona por meio de um órgão colegiado onde seu presidente é diretamente eleito pelo Banco da Inglaterra, junto com outros dois membros. Seu colegiado é completado por outros três membros indicados pela comunidade e por outros órgãos paritários de classe e de mercado. Membros adicionais são nomeados por outras entidades representativas do setor financeiro, contando, ao todo, com subcomitês por assunto e especialidades compostos num total de 17 membros (incluindo os seis membros do órgão colegiado). O principal escopo do *Panel* é julgar processos de fusão e aquisição sob uma perspectiva de uma conduta justa e adequada e se houve o escorreito zelo em se seguir recomendações de boa prática emanadas pelo *City Code*, não sendo sua função avaliar o mérito financeiro ou comercial das operações, nem tampouco questões de natureza concorrencial.[185] Desta forma, questões envolvendo *valuation* e *appraisal rights* não são, em seu mérito, retiradas do âmbito da análise do Poder Judiciário.

O *City Code* como um todo é estruturado sob uma gama robusta de princípios, de onde regras e procedimentos são apresentados aos aderentes e, sempre, cumpridos à risca para se evitar litígio. Dentre os princípios fundamentais, LOWRY e DIGNAM enfatizam quatro[186]:

1. equidade de tratamento e oportunidade para todos os acionistas;
2. informação e assessoria adequada para permitir que acionistas avaliem escorreitamente o mérito da proposta;
3. evitar ações que possam frustrar a aceitação da oferta por uma companhia alvo durante o período em que a operação esteja em curso, sem que os acionistas tenham a oportunidade de votar sobre a situação;
4. a manutenção de um mercado de ações justo e ordenado durante o período em que a operação estiver pendente.

No Brasil, desde meados da década de 2000, a ideia de constituição de um *Take Over Panel* local começou a tomar corpo e culminou com a constituição do CAF, ou Comitê de Aquisições e Fusões e o Código de Autorregulação de Aquisições e Fusões. O CAF é um órgão ligado a uma entidade de natureza privada, a Associação dos Apoiadores do Comitê de

---

[185] LOWRY e DIGNAM, Op. cit., Idem, pp. 75-76.
[186] Ibidem.

Aquisições e Fusões ou ACAF, fundada AMEC, ANBIMA, BM&FBovespa e IBGC. Em 30 de julho de 2013, a CVM celebrou um convênio, aprovado em reunião do Colegiado da autarquia, entre CVM e ACAF, com o fim de "aproveitamento da atuação autorregulatória do Comitê de Aquisições e Fusões (CAF) em relação à reorganização societária entre partes relacionadas, ou seja, a operações de incorporação, incorporação de ações, fusão e cisão com incorporação envolvendo sociedade controladora e suas controladas ou sociedades sob controle comum de compahia aderente".

O Comitê em si é composto por onze (11) membros eleitos de forma unânime pelos associados fundadores da ACAF. Recentemente, em 21 de janeiro de 2014, o Colegiado do CAF reuniu-se para aprovar a minuta final de seu regimento interno e as primeiras normas e circulares do órgão, data que marca a instalação definitiva e o início dos trabalhos do CAF. Por se tratar de entidade de adesão voluntária e com nítido aspecto e natureza jurídica de *autorregulação* e *interesse público*,[187] o CAF emanda decisões e pareceres sobre as operações submetidas, que podem ocorrer pelos seguintes meios (segundo previsto na Circular CAF 001): adesão, consulta prévia, consulta e reclamação.

Especificamente em relação às operações de incorporações de ações, o CAF abarca em sua competência de análise o inteiro teor de operações que se utilizam desse processo, objeto deste trabalho.

O CAF é um avanço monumental nas políticas de proteção de direitos das partes envolvidas nas operações aqui estudadas. Entendemos que quanto maior for a adesão de partes e do mercado a esse sistema de autorregulação, sobretudo por meio de consultas e consultas prévias, maior será a segurança jurídica das operações aqui estudadas, tendo que vista a capacidade de antecipação de problemas e conflitos que surgem no decorrer dos debates de tais operações.

Fazemos nossas as palavras de EIZIRIK, HENRIQUES e VIEIRA: "Como se verifica, o mercado de capitais brasileiro encontra-se em importante estágio de evolução, atraindo cada vez mais investimentos. Entretanto, esse desenvolvimento 'esbarra' em deficiências constantes do arcabouço legal e regulatório no tocante às operações de fusões e aquisições. Espera--se que o CAF, à semelhança do que ocorreu com o Novo Mercado, venha

---

[187] Cf. EIZIRIK *et alli*, "O Comitê de Aquisições e Fusões...", Op. loc. cit., Idem, p. 906. Sobre o aspecto voluntário, os autores dão ênfase a esse aspecto na p. 910.

a ser também um grande marco do sucesso da autorregulação no Brasil, contribuindo para o desenvolvimento do mercado de capitais brasileiro, ao fazer com que os processos de reorganização societária e modificação de controle envolvendo companhias abertas tenham decisões mais rápidas e previsíveis, tomadas por um órgão especializado na aplicação de um conjunto de princípios e regras claras, que reflitam o consenso dos participantes do mercado".[188]

---

[188] Ibidem, p. 912. Destaque-se que parte das "deficiências constantes do arcabouço legal e regulatório no tocante às operações de fusões e aquisições" são apontadas neste trabalho.

PARTE I
OPERAÇÃO DE VERTICALIZAÇÃO

Capítulo 4
Conceito, Finalidade, Processo

Após termos debatido, na parte introdutória desta tese, as principais características do *processo* de incorporação de ações, iremos analisar, detidamente, as operações societárias que se utilizam desse processo.

Iremos notar que as nuances específicas de cada tipo de operação pode implicar maior ou menor ênfase nas características específicas do processo. De modo geral, um processo unificado e aplicável para diferentes operações tem gerado discussões, na prática, que se desenrolam pela visível falta de atenção à finalidade específica da operação e demasiada preocupação com esse processo unificado e suas formalidades. As discussões formais, deste modo, exacerbam a finalidade precípua dessas operações.

Para que se possa, desta forma, ter-se em pauta cada operação segundo a sua finalidade primordial, cumpre ao intérprete abandonar as amarras do processo e dar atenção para o objetivo final pretendido e aos princípios que devem ser obedecidos nesses tipos de operação. Em operações societárias há duas características de fato que influenciam diretamente as formalidades que regem as operações: (i) a primeira delas diz respeito à independência, entre si, das companhias envolvidas; (ii) a segunda, à existência de pelo menos um acionista controlador.

A independência entre partes deve levar à construção de uma premissa básica que observa se as companhias envolvidas integram ou não um mesmo grupo econômico de fato ou de direito: qual seja, se são companhias pertencentes a uma *mesma empresa*. Isso, de imediato, já nos força admitir que há, necessariamente, relação de controle entre as companhias envolvidas, dispensando-nos do segundo questionamento.

Para os fins deste trabalho e no sentido aqui empreendido, é necessário que a dependência entre partes seja necessariamente estabelecida por uma relação de *controle societário* tal qual tipificado pelo artigo 116 da Lei das S.A.[189] Participações não majoritárias, embora relevantes e inclusive

[189] Advogamos aqui com o apoio no corajoso e notável texto de autoria do mestre Modesto CARVALHOSA, onde o autor defende a dicotomia, em nosso direito, entre companhias com controle definido nos moldes do artigo 116 *versus* companhias sem controlador ("O Desaparecimento do Controlador nas Companhias com Ações Dispersas", *In Temas de Direito Societário e Empresarial Contemporâneos*, org.: Marcelo Vieira von Adamek. São Paulo: Malheiros, 2011, pp. 516 e ss.). Para CARVALHOSA, com quem concordamos integralmente, a figura jurídica do "controle minoritário" ou do "controle gerencial", são reflexo de um "indevido e canhestro uso da figura institucional do controlador", que nem a importação de Berle e Means se mostra suficiente para tratar, *a contrario sensu*, a definição adotada pela nossa lei. CARVALHOSA é incisivo ao afirmar que "não existe controle gerencial" e "não existe controle minoritário" nos termos da lei brasileira e do nosso sistema societário em vigor. A regulamentação infralegal procura ser coerente em relação aos parâmetros adotados no Brasil para se definir poder de controle, inclusive ao tratar de matéria contábil, como é o caso da ICVM 247, que trata dos métodos para avaliação de investimentos em coligadas e controladas, consagrando o método da *equivalência patrimonial*. Nesta Instrução, em seu artigo 3º, a CVM mantém o espírito fundado em nossa Lei das S.A., artigo 116, lançando os casos que não se encaixam naquele conceito para o padrão de *coligada*. Tal qual defende CARVALHOSA, o que muito se tem chamado na doutrina como "controle minoritário" ou "controle gerencial", a ICVM 247 trata simplesmente como *investimento em coligada*, sedimentando a não existência dessas figuras peculiares de controle, que CARVALHOSA atacou corajosamente. Nesse mesmo sentido, Nelson EIZIRIK, nos idos de 1987 já questionava a existência de um controle minoritário na mesma linha das ideias recentemente desenvolvidas por CARVALHOSA (vide "O Mito do 'Controle Gerencial' – Alguns Dados Empíricos", *In RDM*, vol. 66. São Paulo: Revista dos Tribunais, 1987, pp. 103-106). Esta abordagem do poder de controle segundo um princípio majoritário definido por uma *maioria pré-constituída* é trazida também por LAMY FILHO e BULHÕES PEDREIRA (*Direito das Companhias*, vol. I, Op. cit., Idem, p. 813). Nesses casos, as decisões surgem antes das assembleias, que são usadas para ratificar as decisões tomadas ou referendadas pelo(s) acionista(s) majoritário(s) (vide ainda interessante escorço teórico de Alfredo LAMY FILHO, "O princípio majoritário – Os direitos essenciais dos acionistas", *In Temas de S.A.:Exposições e Pareceres*. Rio de Janeiro: Renovar, 2007, 195-202). Essa tendência inaugurada por EIZIRIK, seguida por LAMY FILHO e BULHÕES PEDREIRA e lapidada por CARVALHOSA, foi esposada, na prática, pela CVM, no famoso Caso CBD, no voto do Diretor-Relator Pedro Oliva Marcílio, que desvincula o conceito de controle da ideia de vencer ou sucumbir em votações. Para Marcílio de Souza, seria fundamental o "prevalecimento permanente", sem prejuízo, ao nosso ver, do elemento "uso efetivo do poder", de que fala a lei. Nesse caso, *a presença em assembleia já caracteriza esse uso efetivo*. Na prática, desconhecemos situações onde o detentor da maioria das ações com direito a voto larga o exercício do controle para outros acionistas, calcando sua posição no absenteísmo reiterado. A questão do "uso efetivo do poder", nesse sentido, fica ao campo dos debates teóricos, hipotéticos e acadêmicos. Exemplo clássico des-

sa preocupação teórica é explanado por LAMY FILHO e BULHÕES PEDREIRA (*Direito das Companhias*, Vol. I, Op. cit., Idem, p. 817): "... a experiência mostra que há pessoas naturais que, embora sejam titulares da maioria dos votos, não exercem efetivamente o poder de controle, como no caso da viúva do empresário que o sucede na maioria dos direitos de voto mas deixa a administração da companhia entregue aos administradores profissionais em que o marido confiava, sem exercer efetivamente o poder de controle". *Data maxima venia concessa*, o caso citado, da viúva em questão, é um caso clássico de *exercício efetivo do poder de controle*. Ninguém, em sã consciência, "deixa a administração de companhia entregue" a quem quer que seja – a administração é eleita em uma assembleia geral ordinária, seja ela profissional ou não e apenas e tão somente o ato de eleger administradores, já configura poder de controle e gera responsabilidades (diferentemente seria se a mencionada viúva "deixasse a companhia entregue *aos demais acionistas*..."). Se o acionista controlador *não faz parte da administração* porque não se autoelege e porque não supervisiona o trabalho de quem por ele foi eleito, deixando de interferir nas decisões da administração, independentemente de seu estado civil, esse acionista responde, perante os demais, se elegeu administrador inapto ou corrupto, ainda que seja profissional ou da confiança de seu falecido consorte. Exercer efetivamente o poder de controle se dá, primordialmente, pela presença em assembleia (independentemente de como se vota, ainda que venha a comparecer e se abster), sendo o caso excepcional, apenas, quando o sucessor pessoa natural é inimputável e tem seu patrimônio gerido por tutor: caso de um sucessor amental, onde a responsabilidade pelo poder de controle pode trazer sérias discussões sobre o regime jurídico da responsabilidade dos tutores perante terceiros (acionistas não controladores) em uma empreendimento empresarial.

Em sentido contrário, destacamos o trabalho de KALANSKY (*Incorporação de Ações*..., Op. cit., Idem, pp. 78-83), que analisa o conceito de controle a fim de identificar as situações onde o art. 264 da Lei das S.A. deve ou não ser aplicado. KALANSKY se apoia em nada menos que COMPARATO (*O Poder de Controle*..., Op. cit., Idem, onde identificamos as ideias sobre o controle minoritário à luz do art. 116 da Lei das S.A. nas pp. 64-67 e 135-142): "A distinção entre 'maioria dos votos nas deliberações da assembleia geral' e 'preponderância nas deliberações sociais' prende-se ao fato de que a sociedade controladora, *no grupo societário, pode não ser uma anônima*. Em qualquer das hipóteses, porém, a fórmula legal abrange o chamado controle minoritário, dado que não se exige a detenção da maioria do capital votante", assim concluindo: "A norma do art. 116 prevê a ocorrência de controle conjunto, quando se refere a 'grupo de pessoas vinculadas por acordo de voto, ou sob controle comum'. Cometeu-se, aí, o vício lógico de fazer entrar o definido na própria definição" (Ibidem). O texto de COMPARATO utilizado por KALANSKY, incluindo o trecho que abre referência contígua a EIZIRIK é o mesmo da nota 25 da decisão exarada no Caso TIM/TelCo, relatada pelo Diretor Eliseu Martins. De fato, COMPARATO, em contexto, não nos parece ampliar tanto o entendimento isolado do art. 116 da Lei das S.A. ao ponto de incluir peremptoriamente as situações do chamado "controle minoritário" no entendimento *de lege lata* do art. 116 da Lei das S.A.: "A rigor, um controle minoritário bem estruturado, em companhia com grande pulverização acionária, pode atuar com a mesma eficiência que um controle majoritário. *Mas a lei brasileira estabelece uma distinção importante, ao impor, para a aprovação de certas deliberações, o concurso do voto de metade, no mínimo, do capital com direito a voto (Lei nº 6.404, art. 136)*" (grifamos, COMPARATO, Ibidem, p. 67).

Fato é que, na doutrina de COMPARATO, KALANSKY pode captar o sentido geral da tese comparateana sobre o controle interno minoritário, estando correta a sua afiliação, que lhe permitiu concluir com tese que, apesar de discordamos, por pura filiação às ideias de CARVALHOSA, respeitamos, pela profundidade técnica que representa: "O poder de controle pressupõe o comando e a possibilidade de determinação do rumo dos negócios sociais. Como já explorado acima, a lei adotou, como critério para caracterização desse fenômeno, o fato de o acionista ter, de modo permanente, a maioria dos votos nas assembleias e o poder de eleger a maioria dos administradores, porém isso não significa dizer que o controle não possa ser exercido com menos de 50% do capital votante" (Ibidem, p. 82). *Data maxima venia concessa* e com a inestimável ajuda de CARVALHOSA, ousamos discordar – a lei é clara e a detenção permanente da maioria do capital votante é *conditio sine qua non* para a definição de acionista controlador no Brasil. Vale ainda lembrar que recentemente a CVM veio encampando esse entendimento e de forma supreendente, passou a assumir a possibilidade de existência de um "controle minoritário" (ainda que em situações bem limitadas, como a de pedido de registro de OPA para cancelamento de registro pelo "acionista controlador") no curiosíssimo e criativo Caso BHG, no qual o Colegiado aplaudiu argumentos da área técnica no seguinte sentido: "Como se observa, em ambos os dispositivos a definição de acionista controlador de uma companhia não depende de que o mesmo seja titular de um percentual mínimo de ações com direito de voto, como 50% mais uma ação, por exemplo, situação em que tal companhia teria o chamado 'controle majoritário' (ou ainda 'controle totalitário', caso o acionista controlador fosse titular de 100% do capital votante)". Ao referir-se ao art. 116 da Lei das S.A. em cotejo com o art. 3º da ICVM 361, a área técnica entende que a lei e a própria instrução dispensariam uma titularidade "de um percentual mínimo de ações com direito a voto" ao dizer que para ser controlador seria necessário ser "titular de direitos de sócio que lhe assegurem de modo permanente, a maioria dos votos nas deliberações da assembleia geral", consolidando entendimentos anteriores da própria autarquia que insistem em afirmar que esse trecho da lei seria condescendente com a doutrina do "controle minoritário" ou do "controle relativo". O escorço teórico passa pela tarefa de se admitir que "definir controle não é uma tarefa fácil", sendo que, o que nos parece muito claro é que definir "controle minoritário" é que não é tarefa fácil, necessitando, como se verá, de se afugentar no conceito da permanência. No caso a CVM oscila tanto em suas afirmações que deixa, ao fim, a porta de si mesma entreaberta: "eventuais pleitos da mesma natureza, com o reconhecimento do controle minoritário, deverão ser analisados circunstancialmente, conforme as condições do caso concreto". Saímos, pois, de uma situação de plena ciência do conceito de *acionista controlador* para uma situação "circunstancial" onde a CVM passa a ter que ser consultada *sempre* que estivermos com percentual abaixo de 50%, abrindo-se a porta de um conceito de controle no "caso a caso". Esse perigosíssimo passado abre flancos para decisões autoritárias e injustas, onde fica-se na mão de 5 agentes de estado para sabermos se o acionista deve ir para a direita ou para a esquerda. Saímos de uma situação onde a lei definia *acionista controlador* para uma situação em que essa definição sai do colo de Thêmis e cai nas mãos da CVM, que decidirá em suas reuniões, a portas fechadas, quem está no "clube dos controladores" e quem ficará no "clube dos minoritários". Entendemos que para reestabelecer a ordem, é necessário, *data maxima venia concessa*, seguir a orientação de CARVALHOSA ou, como se faz nas democracias – mudar o texto de lei... Ou, *a contrario senso*, deveríamos admitir que outros acionistas possam buscar, item, a responsabilidade de inúmeros "acionistas controladores" que, embora estejam com menos de 50% das ações com direito a

consideradas "controle" em outros contextos aquém do que dispõe a Lei das S.A.[190], não forma, no nosso entender, uma relação de dependência para classificar a operação no mesmo contexto das operações que ocorrem entre companhias de um *mesmo grupo econômico de fato ou de direito*. Relações de "controle eventual", "controle efêmero", "controle presumido" ou "controle minoritário"[191], ou como se queira chamar o poder eventual

voto, teriam muito a responder à sociedade (também à companhia e aos demais acionistas), nos termos do art. 238, combinado com essa "nova leitura" do art. 116, todos da Lei das S.A., sobretudo quando tais "acionistas controladores", mesmo com menos de 50% das ações com direito a voto, parcipam de loteamento de cargos em conselhos de administração (agregando à característica de suas ações um certo "poder de eleger a maioria dos *administradores* da companhia", que, nestes casos puramente fictícios e hipotéticos, inclui o preenchimento dos cargos em diretoria e a eleição *indireta* em cargos-chave da administração da companhia ou de empresas do conglomerado).

[190] Salientamos aqui o nosso desconforto, na linha do que propõe CARVALHOSA, em relação à definição trazida pelo Regulamento do Novo Mercado da BM&FBovespa, acompanhado pelo estatuto de várias companhias abertas brasileiras, no tocante ao conceito de "Poder de Controle" presumido e possivelmente minoritário, assim: "poder efetivamente utilizado de dirigir as atividades sociais e orientar o funcionamento dos órgãos da Companhia, de forma direta ou indireta, de fato ou de direito, **independentemente da participação acionária detida**. **Há presunção relativa** de titularidade do controle em relação à pessoa ou ao Grupo de Acionistas que seja titular de ações que lhe tenham assegurado a maioria absoluta dos votos dos acionistas presentes nas 3 (três) últimas assembleias gerais da Companhia, **ainda que não seja titular das ações que lhe assegurem a maioria absoluta do capital votante**" (grifamos). CARVALHOSA, no texto citado ("O Desaparecimento do Controlador...", Op. cit., Idem, p. 520, nota 6), lança nota bastante ácida sobre esta iniciativa de autorregulação da BM&FBovespa que classifica como *contra legem*, nestes termos: "Essa 'norma' é inexistente no mundo jurídico, na medida em que afronta o direito expresso contido no art. 116 da Lei Societária. Não pode, com efeito, a autorregulação da BM&FBovespa contrariar dispositivo de lei. Na tentativa de fazê-lo, a BM&FBovespa 'suprimiu' o termo 'permanente' contido no art. 116, para, assim, 'legislar', a fim de, dentre outros efeitos, introduzir a *look back provision* no processo de *floating* das ações das companhias do Novo Mercado com capital disperso". Vale lembrar, conforme nota anterior, que a CVM vem caminhando no mesmo sentido; desta forma, essas observações de CARVALHOSA são fundamentais para as ideias aqui defendidas, sobretudo nas operações de verticalização procedidas entre companhias sem acionista controlador, nos termos do artigo 116 da Lei das S.A. Ao se aplicar esse dispositivo do Novo Mercado com o fito de "identificar" um controlador e desfigurar a verticalização para verdadeira operação de consolidação de controle ou dispersão originária, estar-se-ia forçando a noiva em um vestido de debutante. Respeitada a natureza própria de nossa lei societária e o seu grau de maturidade, teremos, com César, o que é de César, como em outras palavras nos fez perceber CARVALHOSA.

[191] Não se pode confundir nenhuma dessas situações com a aquela prevista em lei e chamada de "controle compartilhado", que é quando o poder de controle é exercido por "grupo de pessoas vinculado por acordo de voto ou sob controle comum". Nesses casos há maioria de

exercido pelo favorecimento do absenteísmo de uma maioria em prol de um acionista relevante ou ativista, mas com ações abaixo do percentual de maioria disposto pela Lei das S.A., não teriam o condão, portanto, de atrair regras específicas de operações intragrupo[192], por lhe faltar o caráter da *perenidade das ações*.

Dito isto, cumpre agora iniciar a análise específica do conceito a ser adotado para a nomeada operação de *verticalização*.

A operação de verticalização envolve duas companhias independentes entre si, sem relação de controle, embora possa ter, eventualmente, o registro de alguma participação de uma companhia na outra[193].

A segunda característica, além da independência, é o capital pulverizado de ambas (ou todas) as companhias envolvidas na operação[194].

Desta forma, chamamos de *operação de verticalização* a operação em que duas ou mais companhias de capital pulverizado ou disperso e sem a presença de um acionista controlador, resolvem unificar suas bases acionárias em uma companhia *holding*, tendo como resultante esta última, com seu capital totalmente pulverizado, e uma ou mais companhias como suas subsidiárias integrais.

Dado o estado do mercado de capitais brasileiro, contando, até o fechamento deste trabalho, com aproximadamente quarenta companhias sem um acionista controlador na forma do artigo 116 da Lei das S.A., esta operação é dada como hipótese incomum (mas não rara) em nosso direito. No histórico de operações realizadas, o maior paradigma de *verticalização* no mercado brasileiro foi a Operação BM&F/Bovespa.

---

votos, mas todos não nas mãos de único acionista, mas sim dois ou mais que, por convenção, votam permanentemente em conjunto e sempre no mesmo sentido. Há uma socialização da regra da maioria, mas, tal qual prevê a lei, a maioria é condição essencial para o controle. Vide, nesse sentido, LEÃES, Luiz Gastão P. B., "Notas sobre o controle compartilhado", *In ReDE*, vol. 0, São Paulo: Thomson Reuters/RT, out-dez, 2013, p.103-114.

[192] Desta forma, ainda que a ICVM 247 defina a relação entre companhias, sob o ponto de vista contábil, como *coligadas*, obrigando-as a reconhecer patrimonialmente, por equivalência, a participação relevante em alguma companhia aberta, essa participação jamais poderá ser reconhecida como "controle".

[193] Tal qual dispõe a ICVM 247, se os valores circunscritos à regra forem atingidos sem o estabelecimento de uma relação de controle, essa participação, mesmo que relevante, implicará sempre em uma relação de *coligação*, mas nunca de controle.

[194] Mais sobre o tema da dispersão do capital pode ser estudado em Erik F. OIOLI (*Oferta Pública de Aquisição de Controle de Companhias Abertas*. São Paulo: Quartier Latin, 2010, pp. 27-76).

Em meados de 2007, início de 2008, após terem passado por processo de transformação societária com abertura de capital (vulgarmente chamado de "processo de desmutualização", por força de infeliz tradução do termo *demutualization process*), as antigas associações civis Bolsa de Mercadorias e Futuros – BM&F S.A. e Bovespa Holding S.A., feitas depois em duas companhias de capital aberto e pulverizado, anunciaram, por meio de suas administrações, que se integrariam em um único grupo econômico por meio da incorporação de capital da Bolsa de Mercadorias e Futuros – BM&F S.A. para uma nova sociedade, a Nova Bolsa S.A., com subsequente incorporação das ações de emissão da Bovespa Holding S.A. ao patrimônio da Nova Bolsa S.A.

Desta forma, duas sociedades independentes e de capital pulverizado usaram um veículo denominado Nova Bolsa S.A., que iria resultar na sociedade holding responsável por absorver a integralidade do patrimônio da Bolsa de Mercadorias e Futuros – BM&F S.A. e atuar como subsidiária integral da Bovespa Holding S.A.

A operação, como um todo, envolveu decisões assembleares sem a presença de acionista controlador, resultando igualmente em uma sociedade sem acionista controlador. O processo de incorporação das ações de emissão da Bovespa Holding S.A. ao patrimônio da Nova Bolsa S.A., se prestou, desta forma, a integrar as operações de duas companhias com objeto social distinto, porém complementares.

Esta operação foi completamente entabulada, de forma independente, pela administração de cada companhia, em nome de suas respectivas massas acionárias e tendo por guia implícito a busca de sinergia.[195]

---

[195] Este talvez seja um dos casos mais importantes para o estudo das sinergias nesse tipo de operação. Na época, as companhias eram consideradas complementares, mas de fato e sob o olhar da lupa, iríamos notar que se tratavam de duas companhias distintas, com produtos pouco parecidos e que atuavam em distintos ramos do mercado de capitais. Enquanto a BOVESPA centrava-se no mercado de ações, a Bolsa de Mercadoria e Futuros tinha os derivativos de índice como o seu "carro chefe". Os *swaps* e os contratos de futuro ocupavam fatia de mercado completamente distinta da fatia de mercado onde a BOVESPA atuava. Tanto é preciso admitir-se assim, que ao analisarmos a organização interna das corretoras afiliadas, as mesas de ações eram áreas completamente distintas das mesas de negociações de futuros e *swaps*. O mercado reconhecia essa diferença na própria forma de se organizar perante ambas as bolsas. Mais: a missão de cada bolsa era distinta, o que nos leva a crer que o *interesse societário* assumido por cada entidade era não apenas distinto, mas sobretudo antagônico – enquanto a BOVESPA, na onda do populismo político que reinou no período que antecedeu a sua fusão

Em direito comparado, este tipo de operação de verticalização, altamente sofisticada, foi visto também na Operação AOL/Time/Warner, onde um conglomerado de entretenimento e comunicação se formou a partir da integração de companhias distintas e sem controlador definido.

com a BM&F, remava no sentido de sua popularização e do franqueamento do seu acesso ao poupador médio e às pessoas físicas, a BM&F ia sentido oposto, apresentando instrumentos sofisticados e que atraiam o interesse de grandes exportadores e de investidores altamente qualificados. As dessemelhanças não paravam por ai: enquanto a BOVESPA vangloriava-se da diversidade que representa a participação ampla nos mercados de ações, a BM&F orientava-se por uma forte *commoditização*, com alta *standardização* e consequente padronização de seus produtos – a BM&F, nesse sentido, buscava mais os chamados "produtos de prateleira" enquanto a BOVESPA oferecia diversidade e produtos únicos. Cada ação era, nesse sentido, um universo único. No âmbito da operação em si, a Operação BM&F/Bovespa visou constituir, em princípio, uma empresa com características de *conglomerado (conglomerate firm)*, à imagem de como as suas antigas associadas, as sociedades corretoras, se organizavam, com alguma segregação de áreas e funções. O Instrumento de Protocolo e Justificação de Incorporação das Ações de Emissão da Bovespa Holding S.A. ao patrimônio da Nova Bolsa S.A., datado de 17 de abril de 2008, nada mencionou a respeito de sinergias, sendo igualmente silente sobre os "motivos ou fins da operação", resumindo-se a justificá-la simplesmente assim: "Conforme descrito no preâmbulo deste Protocolo e Justificação, a Incorporação das Ações da Bovespa Holding é parte de uma reorganização societária que tem por objetivo integrar as atividades da Bovespa Holding e da BM&F, cuja segunda etapa ocorre mediante a incorporação, pela Nova Bolsa, da totalidade das ações de emissão da Bovespa Holding, por seu valor de mercado. Como resultado da Incorporação das Ações da Bovespa Holding, haverá um aumento do patrimônio da Nova Bolsa em valor equivalente ao valor de mercado das ações da Bovespa Holding, valor esse que leva em conta as respectivas perspectivas de rentabilidade futura". Contudo, a BM&FBovespa não se organizou totalmente na forma de *conglomerate firm*, unificando boa parte das operações e mantendo áreas específicas quando os "produtos" não podem ser tratados indistintamente (como no caso da área que dá apoio ao Novo Mercado). A união foi, de fato, um enorme sucesso, sem que sinergias tivessem sido debatidas com a profundidade necessária, durante o processo da operação societária. Ao fim e ao cabo, um resultado: a BM&FBovespa é hoje uma das empresas mais respeitadas do mundo em seu mercado de atuação e um exímio autorregulador, além de ser uma empresa de altíssima rentabilidade (inclusive em períodos de crise), com uma administração profissional altamente admirada. Mas a aquisição desse *status* não veio sem que conflitos societários ocorressem no percurso e sem que, ao que se sabe, um choque de culturas pudesse ser amainado ao longo de anos, justamente por força das diferenças apontadas. Fato é que, no âmbito que nos diz respeito (análise jurídica), boa parte desses conflitos poderiam ter sido reduzidos se o tempo de discussão no contexto específico das *justificativas*, seguido de um *appraisal remedy* mais amplo, pudesse ter sido perseguido. Nem sempre a prática irá admitir que o tempo poderá ser amigo do *momentum* – muitos dirão que se mais tempo fosse necessário, talvez a operação não se concluísse; outros dirão que o tempo maior no planejamento economiza percalços na execução. Estamos com os últimos.

Esse contexto comparado é de máxima valia e importância para que, ao analisarmos as finalidades semelhantes nessas operações aqui e acolá, possamos especular sobre soluções viáveis para as nossas *verticalizações* realizadas por meio de uma (ou várias) incorporação(ões) de ações.

Nessa conjuntura teleológica e axiológica das verticalizações (sejam elas efetuadas por meio de *incorporação de ações* ou por mera *permuta de ações*), identificamos que a ausência de um acionista controlador faz com que a carga de responsabilidade da administração das companhias seja bastante e mais ainda acentuada.

Vimos na experiência estado-unidense que as verticalizações ou as integrações de conglomerados com a transformação de uma companhia em *holding* de várias outras têm por foco principal os deveres fiduciários dos administradores e a verificação, por estes, se as características do *estado de sócio* anterior, com as ressalvas do *statuo viæ*, não foram afetadas na sua essência.[196]

Este tipo de operação tem por *escopo jurídico* equilibrar os interesses das companhias, com atenção aos direitos essenciais dos acionistas por quem os administradores são responsáveis, na qualidade de verdadeiros *gestores de interesse alheio*, conforme já pudemos analisar.

Por meio desses parâmetros, que definem e estabelecem as finalidades principais de operações de verticalização processadas por meio de incorporação de ações, passaremos a analisar, com detalhes, as fases do processo, bem como os efeitos jurídicos relacionados à responsabilidade da administração neste tipo de operação.

Em um processo de incorporação de ações que informa uma operação de verticalização, portanto, com partes independentes e sem a presença de acionista controlador em ambos os *lados*, notar-se-á que o processo tem início no seara exclusiva da administração, seja no conselho, seja na diretoria[197].

---

[196] Vide THOMPSON JR., S. *Business Planning...*, Op. cit., Idem, pp. 144 e ss.

[197] Conforme se verá, operações de verticalização contam, quase sempre, com a presença de assessores jurídicos e financeiros atuando no interesse de todos os *lados* envolvidos na operação. Geralmente, as discussões são capitaneadas por bancos de investimento. Há inúmeras razões de ser para que o processo, na prática, seja articulado dessa forma: (i) assessores financeiros podem identificar de forma antecipada o *eixo de equivalência* da operação; (ii) auxiliam a administração a manejar com temas que se distanciam do objeto da companhia e não integram o dia-a-dia da administração, emprestando aos administradores uma expertise que assegura

a estes o pleno cumprimento de seus deveres de diligência; (iii) intermedeiam negociações por meio de mandatos, impedindo que as mesmas possam enfrentar crises de representação e legitimidade. Este último ponto, de extrema relevância jurídica, é, sem dúvida, uma das maiores justificativas para a eleição e contratação de um assessor financeiro para negociações. Em operações de verticalização, sempre paira a dúvida se, à luz do artigo 144, *caput* e Parágrafo Único da Lei da S.A., poderia o conselho de administração dar início a conversas envolvendo a concretização da operação. Tecnicamente a resposta seria não: cabe à diretoria representar a companhia com exclusividade; mas na prática, não é incomum que operações de verticalização sejam recebidas, nas companhias, pelas portas do conselho de administração, pois assim se dá nos EUA, onde as amarras do art. 144 da nossa lei não existem. Isso é uma prática que deve ser evitada no Brasil. Por outro lado, quando o processo se inicia via Conselho de Administração, à diretoria caberá tomar ciência da situação e coordená-lo, tomando a frente das ações. Geralmente essa função é desempenhada, em muitas companhias, por seu Diretor Presidente ou por seu Diretor Financeiro. Em companhias com inúmeros diretores estatutários onde não há mandatário especializado constituído (como, por exemplo, bancos de investimento ou firmas de assessoria financeira especializadas em fusões e aquisições), gera-se grande risco de instabilidade no processo, sobretudo se o estatuto não demandar, para tais decisões, um entendimento colegiado, autorizando que qualquer diretor possa representar a companhia. Nesses casos, se não houver uma convenção interna na companhia para se eleger um interlocutor, o risco de demora e ineficácia do processo é aumentado. Por essas razões, aliadas a um pleno preenchimento de um dever fiduciário de diligência por parte da administração, as tratativas iniciais acabam sendo conduzidas por mandatários.

Um importante ponto a respeito dessa prática de nomeação de mandatários toca diretamente na questão da responsabilidade. Uma vez que a administração consegue esterilizar quase que por completo as suas responsabilidades por *dever de diligência* mediante uma correta e diligente contratação de assessores, ADAMEK chega a nos lembrar, quanto a este pormenor: "Não tem o juiz o poder de proceder a uma análise retrospectiva da gestão para saber se as decisões tomadas foram acertadas ou não. Mas pode condená-lo se ficar provado que as escolhas de gestão foram tomadas de forma improvisada, sem que o administrador tenha se informado ou sopesado as vantagens ou desvantagens que a operação poderia apresentar à sociedade" (*Responsabilidade Civil dos Administradores...*, Op. cit., Idem, p. 128). No caso, então, de atos que fogem à mera gestão regular, como os atos preparatórios de uma operação de verticalização, o improviso é mais grave na comprovação de uma falta de diligência, mas a contratação de assessores adequados não apenas pode atenuar, mas se atrelada a um correto cumprimento do *dever de vigilância*, pode eximir. Nestes casos, é mister que o assessor tenha a sua responsabilidade devidamente apurada, não apenas perante a companhia, mas também diretamente perante a massa acionária, ainda que não figure como contraparte contratual do mandato. Carece a lei de critérios claros de responsabilidade objetiva nesses casos, para que o acionista não fique desamparado caso o administrador comprove o cumprimento de seus deveres fiduciários. Neste ponto, cabe-nos voltar ao direito comparado. Vide interessante texto de Breen M. HAIRE, ao estudar o caso Daisy Systems (*"The Fiduciary Responsibilities of Investment Bankers In Change-Of-Control Transactions: In Re Daisy Systems Corp."*, In New York University Law Review, vol. 74.. Nova Iorque: NYU Law Review, 1999, pp. 277-306). No mesmo sentido, interessante estudo apresentado por COX e BURGMAN aborda a questão das responsabilidades

O processo, portanto, tem início no âmbito da administração e visa construir uma estrutura decisória em que caberá exclusivamente à massa acionária aprovar ou desaprovar a proposta da administração. A administração é portanto responsável pela elaboração do processo, pela formação dos elementos da operação (com destaque para a relação de substituição escolhida sobre um *eixo de equivalência*). Responsabiliza-se, desta forma, por levar à massa acionária os elementos e as informações que farão parte do pacote de dados que suportará uma decisão, com impacto direto em direitos políticos e patrimoniais dos acionistas, que são informados e tomam a decisão com base nessas informações.[198/199]

atreladas à emissão de *fairness opinions* emitidas no contexto do caso *Weinberger*, tão citado neste trabalho e na doutrina especializada (BURGMAN, Dierdre e COX, Paul. *"Reappraising The Role of the Shareholder in the Modern Public Corporation: Weinberger's Procedural Approach to Fairness in Freezeouts"*, In Wisconsin Law Review. Madison, WI: University of Wisconsin Press, 1984, pp. 593-648). Neste texto, COX e BURGMAN abordam, de forma interessante, como o papel e o eventual desamparo do acionista comum em uma operação complexa como *Weinberger* pode impactar na elaboração de um procedimento/processo adequado para cada tipo específico de operação, tal qual vimos defendendo aqui. Essa abordagem de COX e BURGMAN se insere exatamente no contexto das responsabilidades de atores que o direito societário estado-unidense vem chamando pelo nome singelo de *gatekeepers* (ou, meramente, "vigilantes de portaria"). John COFFEE JR. alinha os bancos de investimento entre atores do mercado financeiro e de capitais que devem ter sua função como *gatekeepers* expandida para além dos usuais deveres fiduciários que já lhes pairam em ofertas públicas e assessorias de fusões e aquisições: *"an investment banking firm can refuse to underwrite the issuer's securities if it finds that the issuer's disclosures are materially deficient; similarly, an auditor or an attorney who discovers a serious problem with a corporate client's financial statements or disclosures can prevent a merger from closing by declining to deliver an opinion that is a necessary precondition for a transaction. In the first sense, the gatekeeper is a private policeman who has been structured into the process to prevent wrongdoing"* (Gatekeepers – The Professions and Corporate Governance. Oxford: Oxford University Press, 2006, p. 2). Em perspectiva, COFFEE JR. assevera que atualmente, os banqueiros, muita vez responsáveis dentro dos limites de suas assessorias (cujo escopo é estabelecido por contrato) bem como pela emissão de suas opiniões (sobretudo as *fairness opinions*), tendem a ter o seu papel de *gatekeeper* cada vez mais ampliado; primeiro, porque lidam diuturnamente com riscos reputacionais, segundo, por seu próprio papel como intermediário entre a companhia (contratante) e alguns investidores, sobretudo os institucionais (Ibidem, pp. 353-354).

[198] No âmbito de um complexo processo de incorporação de ações para ultimar uma operação de verticalização, a administração das companhias envolvidas está totalmente exposta aos seus deveres de diligência, lealdade, vigilância e informação. Esses deveres devem ser avaliados, no caso de responsabilidade da administração, à verificação de faltas fiduciárias em um contexto muito específico e peculiar, a saber, os deveres não em relação à *gestão* do objeto social, mas sim em relação a um ato que, fugindo do cumprimento imediato do objeto social, têm impacto direto na estrutura da *empresa*. Esse simples fato nos faz ter muitas dúvidas se,

nestes casos, o dever fiduciário da administração estaria adstrito somente a uma *obrigação de meio*, sem qualquer responsabilidade pelo resultado, como nos alerta Marcelo V. VON ADAMEK (*Responsabilidade Civil dos Administradores...*, Op. cit., Idem, pp. 128 e ss.). É um tanto quanto difícil imaginar que o administrador se desincumba de ter o mérito de suas decisões revistas, bem como o resultado, quando a sua conduta teve por fim assegurar um determinado resultado societário aos acionistas, por meio de um processo e de informações. Nos parece, num primeiro debate, que este seria o caso de termos uma exceção à regra de que a responsabilidade por resultados seria escusável, especificamente nos casos de verticalização, o que não necessariamente ocorreria nas outras operações que contam com a presença de um acionista controlador. À administração não cabe, sob o ponto de vista lógico, ter fatiada a sua tarefa de informar a decisão segundo nichos acionários (que podem nem existir de fato), como propõe o PO CVM 35: neste caso da verticalização, a responsabilidade da administração é diretamente verificável em relação à massa de acionistas como um todo. Casos de acionistas com participação relevante e que influam de certa forma no trabalho da administração não teriam o condão de desviar o assunto para um controle pressuposto: são casos inquestionáveis de *abuso de minoria* ou ainda de *abusos de igualdade*, cujo regime jurídico tem soluções próprias e distintas das do *abuso do poder controle* (cf. ADAMEK, M. V.. *Abuso de minoria...*, Op. cit., Idem, pp. 183 e ss. e 427 e ss.).

Anote-se, contudo, que ADAMEK apresenta outros pressupostos para o seu conceito de "minoria" opondo-se ao paradigma numérico (Ibidem, pp. 60 e ss) e por isso, onde aqui notamos um *abuso de minoria*, talvez ADAMEK possa enquadrá-lo como um verdadeiro *abuso de poder de controle* por força da influência determinante, qualificando o "abusado" como parte de uma estrutura que importe em *relação qualitativa de poder* de que lhe deu fonte BULGARELLI (*Regime Jurídico da proteção às minorias nas S/A*. Rio de Janeiro: RENOVAR, 1998, p.33). Nesse mesmo sentido navega OIOLI (*Regime Jurídico do Capital Disperso na Lei das S.A.*. São Paulo/ Coimbra: Almedina, 2014, pp. 60 e ss.). Embora não seja esse nosso entendimento, conforme se depreende desta nota e do trabalho como um todo, onde esposamos a noção de CARVALHOSA sobre a inexistência de um regime jurídico no Brasil para outros tipos de controle que não seja o majoritário, cumprimos o dever, aqui, de informar o leitor da existência, com bons argumentos, de posição contrária que não nos encanta.

[199] No espectro do direito comparado, é mister lembrarmos as lições de Giovanni FIORI (*Corporate Governance e qualità dell'informazione esterna d'impresa*. Milao: Giuffrè, 2003, pp. 23 e ss.) que, com foco maior nas chamadas *fraudes contábeis*, estuda amplamente a responsabilidade dos administradores e a respectiva redução da margem de discricionariedade para a formulação de realidades contábeis-econômicas. Transpondo essa lição para o universo das operações societárias que se processam por meio de incorporação de ações, nota-se como a responsabilidade específica do administrador, por força de seu dever de diligência, se avulta quando a operação em questão é uma verticalização: "*La riduzione dei margini di discrezionalità nella redazione del bilancio incontra limiti legati alla natura stessa della gestione aziendale e quindi indipendenti dalle scelte normative, degli organi deputati dell'emanazione dei principi contabili (standard setters) o degli operatori aziendali*" (p. 29). Em direito italiano, é, porém, com Antonio FRANCHI (*La responsabilità degli amministratori di S.p.a. nel nuovo diritto societário – I Principi per una disciplina 'Europea' e i riflessi nell'ambito delle società bancarie*. Milao: Giuffrè, 2004, pp. 38 e ss.) que o tema

Desta forma, nos parece não fazer sentido algum dar aplicabilidade ao PO CVM 35 bem como ao artigo 264 da Lei das S.A. às operações de verticalização[200]: o processo se rege integralmente pelo disposto nos artigos 252 em conjunto com os artigos 224 e 225. Cumpre analisar, *cum grano salis*, quais princípios e elementos desse processo geral são pertinentes às verticalizações, segundo o que já foi exposto acima na Parte Geral deste trabalho.

Sendo assim, em um processo regido por companhias independentes e de capital pulverizado e com concentrações abaixo do parâmetro previsto pelo artigo 116 da Lei das S.A., cumpre à administração estruturar o processo integralmente em torno do *princípio da maioria*.

As formas pelas quais se dá a decisão que conduz a realização de um processo de incorporação de ações de emissão de companhias com capital pulverizado ao ponto final de uma verticalização, onde todos os acionistas serão reunidos de forma dispersa no âmbito acionário de uma das companhias, sem consolidação de controle e mantendo uma das companhias

---

ganha relevo, sobretudo nas situações específicas da responsabilidade dos administradores perante sócios e terceiros, bem como da responsabilidade pela implementação de decisões assembleares. No âmbito dos sócios, e na mesma linha de VICARI (*Gli Azionisti...*, Op. cit., Idem), FRANCHI analisa a nova disciplina do artigo 2395 do *Codice*, que cuida da ação dos sócios e terceiros contra a administração por danos em geral, esclarecendo que a nova disciplina italiana restringe individualizações de conduta para impor um regime de responsabilização, sempre que possível, orgânico. Especificamente em relação aos casos em que o administrador responde por atos praticados para implementação de decisões assembleares, o novo regime do art. 2364 do *Codice*, mais precisamente o item 4 deste artigo, cria, no âmbito assemblear ordinário, a possibilidade de delegar para o regime assemblear algumas questões que dizem respeito à gestão, estando a responsabilidade perante acionistas "minoritários" presente na mesma proporção da participação destes no acervo decisório alvo da controvérsia.

[200] Além da lógica fiduciária que envolve uma operação de verticalização, reforçamos aqui o entendimento, com base na lição de Paulo Cézar ARAGÃO ("O Parecer de Orientação 35/2008 da CVM e a Incorporação de Companhia Fechada por sua Controladora Companhia Aberta", *In Temas de Direito Societário e Empresarial Contemporâneos*, org.: Marcelo Vieira von Adamek. São Paulo: Malheiros, 2011, p. 522 e ss.): "A limitação no escopo da norma, ao estabelecer deveres de conduta, parece perfeitamente clara e lógica: a recomendação acerca da constituição de comitê independente prevista no Parecer de Orientação CVM-35 recai sobre os 'administradores das companhias abertas controladas', sobre os quais a CVM tem jurisdição. Assim, não havendo no contexto da operação uma companhia aberta controlada cujos administradores devam seguir o critério ali previsto, a recomendação do citado Parecer de Orientação CVM-35 não se aplica." (p. 526).

(ou mais) como subsidiária integral da outra, legitimarão, de certa forma, o cumprimento dos deveres fiduciários da administração[201].

Neste quadro, podemos resumir desta forma o processo de incorporação de ações aplicável à operação de verticalização:

Fase Preparatória: A administração dá início ao processo, com as tratativas para verticalização, privilegiando o dever de sigilo e a exceção à imediata divulgação[202]. É recomendável e usual que as administrações busquem pareceres e opiniões que reforcem a ideia de que o processo de incorporação de ações é o mais indicado para as pretensões de combinação de todas as companhias envolvidas. No âmbito dos estudos, as companhias devem identificar, de antemão, a faixa de valores possíveis para a eleição da relação de troca ideal. Essa faixa abstrata, que chamamos aqui de *eixo de equivalência*, mostra para a administração quais são as avaliações possíveis das várias companhias envolvidas, seus reflexos no valor das ações que serão afetadas[203] bem como os possíveis efeitos sobre o valor expectativo (ou "valor futuro") das ações resultantes da operação. Nesta fase, o que se vê de forma bastante comum, em operações verdadeiramente classificadas como de *verticalização*, é uma intensa negociação de termos e condições entre a administração das companhias envolvidas de forma independente no negócio jurídico. Como logo se verificará adiante, as companhias irão discutir intensamente sobre métodos mais adequados de avaliação de cada uma delas para a identificação do *eixo de equivalência*. De fato, as companhias não negociam relações de substituição tal qual se negocia o preço de um contrato de permuta, mas sim debatem e convencionam

---

[201] M. CARVALHOSA anota, com precisão, as características específicas dos deveres fiduciários dos administradores nas companhias sem acionista controlador, para quem não apenas o dever de gestor de patrimônio societário vai importar, mas também e sobretudo, "a função de governar a companhia autonomamente" (*Comentários...*, 3º Vol., Op. cit., Idem, pp. 330-331).

[202] Situação para a qual, diga-se de passagem, o PO CVM 35 trouxe recomendação contendo advertência em sentido semelhante: "o início das negociações deve ser divulgado ao mercado imediatamente, como fato relevante, a menos que o interesse social exija que a operação seja mantida em sigilo".

[203] Como a maioria das companhias de capital pulverizado tem seu capital social dividido apenas em ações ordinárias, esse problema, na prática, tem maior relevância em relação a companhias que tenham parte de seu capital social dividido em ações preferenciais. A questão fica mais complexa ainda se a companhia contar com ações preferenciais de várias classes distintas, com regimes de remuneração, pagamento de dividendos e direitos políticos diversos.

sobre métodos de avaliação que resultam em um *eixo de equivalência* entre as mesmas, que será resumido em uma relação de troca[204]. Os debates são

[204] VIO; CASAGRANDE e FREOA ("Conflito de Interesse na Incorporação e na Incorporação de Ações...", Op. Loc. Cit., Idem, pp. 159-194) chegam a afirmar: "Em uma operação regular de incorporação ou incorporação de ações", que aqui identificamos como sendo as operações de verticalização ou de consolidação de controle, "as relações de troca entre as ações detidas pelos acionistas da incorporada por novas ações de emissão da sociedade incorporadora são negociadas livremente pelas duas maiorias societárias, como o preço de qualquer outro contrato", para, logo em nota de rodapé, trazer a seguinte referência de Paulo Cézar ARAGÃO e Monique Mavignier de LIMA ("A Incorporação de Controlada – a disciplina do art. 264 da Lei 6.404/76", *In Direito Empresarial – Aspectos Atuais de Direito Empresarial Brasileiro e Comparado*, orgs.: PERIN JUNIOR, Écio; KALANSKY, Daniel e PEYSER, Luis. São Paulo: Método, 2005, p. 346): "aplica-se às aludidas operações a regra da liberdade de contratar, o que permite às administrações e aos sócios das sociedades envolvidas convencionar a relação de substituição de ações e o critério que embasará a valoração do patrimônio líquido das mesmas sociedades a serem incorporadas". A diferença é bastante sutil: a liberdade de se estabelecer convenções em uma verticalização veiculada por incorporação de ações diz mais respeito à escolha e aceitação de métodos de avaliação que desaguarão num *eixo de equivalência*, que será usado na relação de troca, do que, efetivamente, na negociação direta de um valor em si, como ocorre nos contratos de permuta e no estabelecimento de uma contraprestação para uma venda. Nunca é demais reafirmar: a relação de substituição não é direito patrimonial disponível. A contraprestação de uma venda pode compreender fatores subjetivos; já, a relação de troca, comporta limites e é uma discussão muito mais técnica e (ao menos teoricamente) bem menos carregada de subjetividade. Nesse sentido, nos parece que a ponderação de KALANSKY estaria mais adequada ao âmbito das relações de troca, quando afirma que há "liberdade convencional dos parâmetros para a determinação das relações de troca" (*Incorporação de Ações...*, Op. cit., Idem, p. 84), qual seja, a liberdade em relação ao resultado final da relação de troca é relativa e dependente das convenções adotadas para avaliação. Em suma: barganhar por valores é algo que deve-se pensar, sob o ponto de vista da hermenêutica dessas operações, como algo que a lei não confere validade, sobretudo se a relação de troca resultar meramente de uma negociação "como o preço de qualquer outro contrato", como se a relação de troca fizesse parte de um universo de direitos patrimoniais disponíveis, ideia esta duramente combatida neste trabalho. Desta forma, pensando-se no processo que envolve as operações efetivadas por incorporação de ações, as partes contratam, cada a qual, a "avaliação de si mesmas". Em uma venda e compra ou em qualquer contrato de permuta, as partes avaliam um certo bem que compõe a relação jurídica como um de seus elementos intrínsecos, mas externos e alheios a cada parte (um bloco de ações, por exemplo, cujo emissor não é nem o comprador, nem o vendedor). Nas operações envolvendo incorporação de ações não: cada parte avalia a própria companhia e é justamente o cotejo dessas avaliações que resultará em um *eixo de equivalência*, que ultimará uma relação de troca final. Nas relações jurídicas de permuta, as partes avaliam a contraprestação pela troca de titularidade de um bem e, em qualquer caso, a vontade é elemento fundamental: ninguém é compelido a nada e se não há concordância, não há negócio. Nas operações processadas por incorporação de ações há um elemento nitidamente compulsório e a avaliação de cada bem *não*

mais complexos do que aqueles que visam identificar a contraprestação de uma venda de ativos e, de fato, a relação de troca é muita vez discutida de forma indireta. Basta comparar o teor das discussões travadas em um processo de alienação de controle com as discussões travadas em uma operação de verticalização, onde os debates se aprofundam de maneira muito mais complexa em relação a métodos adequados para uma verticalização, qual seja, uma conjugação de negócios que gerará uma companhia *holding*. Essa situação é muito diferente de uma mera aquisição de controle contra valor em dinheiro, onde os alienantes não farão parte do conglomerado concentrado que vai se formar. Antes que a gama informativa seja levada aos acionistas, é prudente que a Diretoria a aprove de forma colegiada, buscando ratificação dessa decisão junto ao Conselho de Administração de cada companhia envolvida, que deverá certificar a operação com o selo do *interesse societário*. Superada a fase preparatória inicial, com a coleta de dados suficientes e seguros para informar os acionistas, bem assim com o beneplácito da administração como um todo, agindo no interesse da massa acionária, a situação torna-se pronta para ser compartilhada com o mercado, via fato relevante, dando notícia da intenção de realizar a operação e da estimativa para a divulgação de novo fato relevante atendendo à ICVM 319. Não há, nas operações de verticalização, a formação de comitês: tudo é feito exclusivamente pela administração de cada companhia envolvida,

se faz de forma isolada, mas sim em conjunto. Assessores das partes envolvidas devem estabelecer contato e colocar em linha todas as premissas que são utilizadas na avaliação dos bens que serão afetados, a fim de se convencionar qual será o bem final que caberá às partes envolvidas. No bojo deste tipo de operação, assim como nas consolidações de controle, discute-se, além de valores financeiros, direitos políticos que podem migrar de uma companhia para a nova *holding*, discussão que muita vez *não se resolve na mera relação de troca* ou *valor de recesso*. Estamos pensando em duas ou mais pessoas (companhias) e dois ou mais elementos (as ações dessas companhias, referenciadas em uma "auto-avaliação") com todas as características que lhe compõem o valor financeiro e político, onde se buscará uma equivalência de termos, do qual o termo resultante deverá ser o mesmo para todos os envolvidos (partes ou lados), com alteração mínima de *status* (*statuo viæ*). Ao alinhar premissas e expectativas de resultados possíveis, as partes "negociam" métodos de avaliação (e não "preço" ou "relação de troca"), evitando uma maximização desarrazoada na contraparte. É fantasioso achar que uma contraparte incorporadora em uma operação de verticalização não aceite facilmente uma maximização de valor da incorporada "por desrespeito a regras de governança corporativa": neste caso, os acionistas da incorporadora se esforçam para minimizar o efeito de diluição que podem sofrer com a operação, com possíveis efeitos sobre direitos políticos que podem ser reduzidos em uma nova *holding*, como ocorreu no caso Glencore/Xstrata.

sem a necessidade de nomeação de terceiros ou da criação de órgãos *ad hoc*. O passo seguinte seria delegar a consultores jurídicos a elaboração da peça de *Justificação*, centrando o documento nos "motivos ou fins da operação" e no(s) "interesse[s] da companhia na sua realização" (art. 225, I da Lei das S.A. e que chamamos aqui de *interesse societário*, onde deverá estar clara a afinidade da operação com a missão, as metas e objetivos estratégicos da companhia). Ao Conselho de Administração, concluído o processo inicial documentado em uma *Justificação*, caberá dar à publicação fato relevante na forma da ICVM 319, bem como convocar assembleia geral extraordinária, divulgando documentação pertinente na forma da ICVM 481 (incluindo estudos e pareceres), a fim de se decidir exclusivamente sobre os termos da sua *Justificação*.

Fase decisória: A fase decisória, para a segurança da operação, deve se desdobrar em duas partes, a saber – *Justificação* e, uma vez aprovada, elaboração do *Protocolo* nos termos aprovados na *Justificação*. Idealmente estamos falando de duas assembleias, ao invés de uma, unificada[205]. Na *Justificação*, aprovam-se as razões da operação, seus fundamentos, princípios e, sobretudo, a definição da relação de substituição segundo o eixo de equivalência apresentado, conforme manda a lei: expor "a composição, após a operação, segundo espécies e classes das ações, das companhias que deverão emitir ações em substituição às que deverão" ser incorporadas ou absorvidas pela futura *holding*. Além disso, na assembleia de *Justificação* é fundamental que se decida sobre a alternativa para os dissidentes, com a consequente apresentação do valor de reembolso (art. 225, IV da Lei das S.A.) e a decisão a respeito das alternativas jurídicas em relação aos direitos de reavaliação (*appraisal rights*), caso o eixo de equivalência contrarie o *statuo viæ*. No *Protocolo*, conforme já dito acima, as partes poderão se ocupar de questões atreladas à governança da nova *holding* pós-operação (redação de estatutos, reestruturação da administração, quando aplicável, e reestruturação dos órgãos de fiscalização societária, se for o caso). Neste segundo momento do *Protocolo* não caberia, portanto, rever números, nem rediscutir alternativas ao recesso, nem tampouco *appraisal rights*, pois estes

---

[205] Na impossibilidade ou por inconveniência, a unificação deverá, ao menos, respeitar, no conclave uno, a separação das deliberações, com destaque para votos, debates a aprovações em momentos distintos.

são pressupostos da aprovação da operação e da aceitação de suas bases. O segundo crivo em relação ao *Protocolo* visaria verificar se a administração executou corretamente, e dentro dos seus deveres fiduciários, os termos de um novo *status socii* aprovado na assembleia anterior e discutido num âmbito do *statuo viæ*.

Fase executória: Esta é a fase em que aprovações externas poderão ser necessárias[206] e ocorre quando a administração de cada uma das companhias envolvidas dá início à execução dos termos e condições do protocolo aprovado. Nesta fase podem ocorrer desdobramentos decorrentes de exercício de direitos de reavaliação (*appraisal rights*), conforme veremos adiante. É importante lembrar aqui, que os direitos de reavaliação estão em um contexto estrito de responsabilidade fiduciária da administração. Os fundamentos da dissidência devem ser tecnicamente substanciais e o pedido de reavalição não pode impedir o curso da operação aprovada, exceto no caso de violação da lei ou estatuto. Adicionalmente, efetiva-se o aumento de capital da companhia incorporadora, com consequente entrega das novas ações para os acionistas da(s) companhia(s) incorporada(s), seguido dos registros competentes, e divulgações e publicações de praxe. Nesta fase também se discutem os direitos decorrentes de recesso.

Relevante, na fase executória, é destacar os direitos de reavaliação, o que nos permite fazer a transição para o próximo capítulo.

---

[206] Como dito, há setores que demandam aprovação regulatória específica; sem prejuízo de aprovações de autoridades antitruste do Brasil ou de outros países (dependendo do espectro transnacional alcançado por cada *empresa* envolvida na operação).

Capítulo 5
A Relação de Substituição Justa e a Responsabilidade da Administração – O Eixo de Equivalência

Neste capítulo, cumpre trabalhar especificamente a questão da relação de substituição à luz do princípio da justa causa e da adequação do valor, como substrato do *statuo viæ*.[207] Busca-se um engajamento maior desta

---

[207] Repita-se aqui que somos do entendimento de que o estabelecimento de uma relação de substituição em processos envolvendo incorporação de ações *não é um direito patrimonial disponível* e portanto não pode estar acessível para que as partes *negociem* sobre o valor. O que pode haver (aliás, deve haver) é a discussão sobre a fixação das premissas para avaliação, bem como a metodologia para fixação da relação de troca. Mas tais discussões, contudo, devem ocorrer de forma técnica e *justificada*, sendo inacessível às partes e suas respectivas administrações qualquer margem para tratar a relação de substituição do mesmo modo com que se trata o preço de um carro usado. Verticalizações, migrações e consolidações de controle, da forma como aqui tratadas, não são contratos e *não têm natureza contratual* – são operações de natureza societária e seguem uma disciplina completamente *institucional* de interpretação jurídica. O estabelecimento e a justificação de uma relação de substituição não pode ocorrer da mesma forma como se dá com o estabelecimento (carente de fundamento jurídico por natureza) do preço de um contrato bilateral de natureza permutativa. A relação de troca não pode ser resultado da *vontade das partes convencionada sobre um valor* (muita vez aleatório), mas sim de um processo de avaliação onde se convencionou, de forma jurídica e economicamente motivada e justificada, quais as premissas e metodologias adequadas para o caso em questão. É uma discussão, portanto, técnica e nada tem de *barganha proposicional* em sua estrutura. É o mesmo raciocínio que se aplica para valores de reembolso (seja por recesso, seja por conta de uma operação típica de reembolso): o seu estabelecimento jamais pode ser objeto de *negociação entre partes interessadas*. Assim, qualquer fixação de relação de troca que resulte de barganha entre administrações ou desta com acionistas poderá colocar a situação do administrador em fragilidade, ante as *finalidades de suas atribuições* perante os chamados *atos de verdade* (que não se confundem com os *atos de conveniência*). Nesse sentido, vide SILVA, T. J. *Administradores...*, Op. cit., Idem, pp. 106-119.

questão com as operações de verticalização, estudadas nesta parte da obra. Mas de modo geral, a relação de substituição é abordada de forma genérica para que a ênfase nas operações de verticalização seja dada ao final. Nas partes subsequentes, o tema voltará a ser debatido para retomar as preocupações segundo o perfil de cada operação, mas essa retomada não se dará pontualmente e sim incidentalmente.

De início, podemos recuperar a ideia de que toda a questão da relação de substituição (ou relação de troca) reside, precisamente, na fórmula aristotélica do *justo*: duas pessoas e dois elementos, as pessoas em face dos elementos, numa relação de equivalência e equidade. Assim e, portanto: as pessoas avaliam seus respectivos elementos e cada elemento é posto em oposição ao outro. Nessa balança imaginária, as pessoas buscam ver o ponteiro a meio termo, e, em cada prato, as quantidades necessárias para o equilíbrio. Como em toda balança, a precisão do ponteiro oscila entre um espaço ideal, um certo *eixo de equivalência*.

Nas operações envolvendo incorporação de ações, é exatamente isso que acontece.

Fala-se muito em laudo de avaliação, em avaliação para incorporações, em *appraisal rights*, mas pouco se distingue, no âmbito específico das operações envolvendo incorporação de ações, como se dão tais avaliações.

Assim, toda operação envolvendo um processo de incorporação de ações deve, no mínimo, englobar *duas avaliações*, com a respectiva emissão de dois *laudos de avaliação*.

Mas o que quer dizer a lei quando se refere a *laudos de avaliação*? Qual o seu regime jurídico?

Há um regime jurídico único para laudos?[208] Qual seria?

Essas são questões frequentes na doutrina e na prática, que raramente aparecem na jurisprudência e menos ainda em debates na CVM.[209]

---

[208] Debatemos, alhures, sobre a não unicidade do regime jurídico dos laudos no direito societário brasileiro e concluímos, em resposta a esse questionamento, que devemos devolver a essa pergunta um *afirmativo "não"*.

[209] Um dos raros casos sobre laudo de avaliação apenas tangencia o tema no contexto das discussões do Caso Aurora, relatado pelo Diretor Luiz Antonio de Sampaio Campos. De forma diversa, o Caso Ambev/CBB debate sobre o mérito de uma avaliação, nos termos do art. 264 da Lei das S.A., bem como o Caso CPM, sobre critérios para definição de aumento de capital entre companhias coligadas. Estas são as poucas discussões que tocam o mérito de laudos de avaliação – as demais todas, dizem respeito a dispensas de laudos em OPA, conflito de interesse entre avaliador e assessor financeiro ou acionista relevante, tratamento sigiloso para

No âmbito estritamente pragmático, o IBGC editou em 2011 uma terceira "Carta Diretriz" sobre recomendações de governança corporativa para laudos de avaliação. No Item 2 da Carta Diretriz 3, há um apanhado sobre os pontos da legislação em que as demandas por laudo se apresentam. De forma ampla, acompanha-se um sentido geral da doutrina[210] em relação aos laudos de avaliação e de como a lei os menciona (sem, de certa forma, organizá-los ou sistematizá-los).

De forma geral, os laudos de avaliação são tratados na Lei das S.A. nos seguintes pontos:

(i) Laudo de avaliação para OPA de cancelamento de registro de companhia aberta (art. 4º, §4º)[211];

(ii) Laudo de avaliação para fixação do valor de bens ofertados como contraprestação em aumento de capital (art. 8º);[212]

laudos em processos que se encontram em questionamento e processos afins, tangenciando o tema sem enfrentá-lo diretamente.

[210] A doutrina é bastante vaga a respeito do regime jurídico dos laudos de avaliação. Unifica-os sob o *nomen iuris* de laudo uma seara ampla de avaliações, como se a teoria geral ou a regra geral das avaliações estivesse consagrada a partir do artigo 8º, o que é totalmente falso (nesse sentido, vide CARVALHOSA, M.. *Comentários...*, Vol. 4º, Tomo I, Op. cit., Idem, pp. 303-304).

[211] Este laudo de avaliação, assim como todos os demais laudos de OPA, visam exclusivamente analisar, dentro das metodologias determinadas pela CVM, os valores possíveis e o comportamento econômico, patrimonial e de mercado de uma determinada classe de valor mobiliário de emissão de determinada companhia. O valor em si da ação, nas OPAs, é estabelecido pela administração da companhia e os laudos de OPA visam apenas e tão somente informar os acionistas se o valor escolhido pela administração está mais próximo (e quão próximo ou distante estaria) de parâmetros de mercado, econômico e patrimonial. Escusado dizer que esse laudo e esse tipo de avaliação têm escopo completamente distinto das avaliações perpetradas em incorporações de ações.

[212] Neste laudo, o avaliador tem por escopo avaliar um bem específico e atribuir-lhe um preço, um valor. O valor atribuído ao bem avaliado se presta a autorizar a subscrição de um aumento de capital. A operação tem natureza de *dação em pagamento*, pois o subscritor intenta adquirir um valor mobiliário de emissão de companhia, pagando, por esse bem, por meio da entrega de outro bem que é quantificado. Seu escopo é, portanto, completamente diferente do laudo de relação de troca das operações efetuadas por meio de incorporação de ações. Ao se avaliar um automóvel, por exemplo, ofertado por um subscritor, o avaliador analisa o bem para lhe estabelecer um equivalente em moeda. Essa avaliação terá efeitos contábeis importantes sobre o patrimônio da companhia, razão pela qual o §6º ao artigo 8º da Lei das S.A. apresenta uma preocupação extra com a responsabilidade do avaliador. Por outro lado, o avaliador se cinge apenas ao bem sob análise: o preço de emissão da ação que será entregue em intercâmbio ao bem avaliado e integralizado na companhia, tem critérios completamente diversos de formação daqueles traçados no laudo de avaliação do artigo 8º.

O preço de emissão, estabelecido com base no artigo 170, §1º da Lei das S.A. não tem relação sequer indireta com a avaliação prevista no artigo 8º, razão pela qual não há que se cogitar nem sequer mínima semelhança com o laudo para incorporação de ações. A propósito da responsabilidade civil e criminal que a lei estabelece para os avaliadores, cumpre notar aqui a falha de elo ou nexo jurídico entre o sistema societário e o sistema penal. A doutrina societária (vide CARVALHOSA, M.. *Comentários...*, 1º Vol., Op. cit., Idem, p. 214; EIZIRIK, N.. *A Lei das S/A Comentada...*, Vol. I, Op. cit., Idem, p. 110) deixa a questão circunscrita ao âmbito do art. 177 do Código Penal, que diz ser crime "promover a *fundação* de sociedade por ações, fazendo, em prospecto ou em comunicação ao público ou à assembleia, afirmação falsa sobre *a constituição* da sociedade, ocultando fraudulentamente fato a ela relativo: Pena – reclusão, de um a quatro anos, e multa, se o fato não constitui crime contra a economia popular". Atalha em primeiro parágrafo a seguinte especificidade: "incorrem na mesma pena, se o fato não constitui crime contra a economia popular: o diretor, o gerente ou o fiscal de sociedade por ações que, em prospecto, relatório, parecer, balanço ou comunicação ao público ou à assembleia, faz afirmação falsa sobre as condições econômicas da sociedade, ou oculta fraudulentamente, no todo ou em parte, fato a elas relativo". Escusado lembrar que a lei penal se interpreta restritivamente e, neste caso, há algumas características que não podem ser ignoradas pelo intérprete. A primeira diz respeito à circunstância específica: o crime do art. 177 só ocorre no contexto da fundação ou da constituição de sociedade. Das operações societárias, isso seria aplicável, estritamente, ao caso da fusão. Ainda que se categorize a incorporação como espécie de fusão e se considere, como aqui já se expôs, que a sociedade resultante de incorporação é, para todos os efeitos econômicos, sociedade nova, *ultima ratio* esse entendimento jamais caberá nas operações processadas por incorporação de ações, onde sociedade nova não há. Em segundo lugar, a norma é absolutamente clara ao *não incluir*, dentre os meios de cometimento desse delito, os *laudos de avaliação*. Supondo-se que, no entendimento amplo de "parecer ou relatório", possa caber o termo *laudo de avaliação*, carecerá, por fim, a figura do avaliador entre os sujeitos ativos do crime descritos nos incisos do §1º ao art. 177. DELMANTO, DELMANTO, DELMANTO JUNIOR e ALMEIDA DELMANTO (Celso DELMANTO, Roberto DELMANTO, Roberto DELMANTO JUNIOR e Fábio M. de ALMEIDA DELMANTO. *Código Penal Comentado*, 7ª ed.. Rio de Janeiro: Renovar, 2007, p. 545) salientam que o sujeito ativo do crime do art. 177 está em *numerus clausus*, excluindo-se desse âmbito o membro do Conselho de Administração, por se tratar de *crime próprio*. SILVA FRANCO (Alberto SILVA FRANCO, *et alli*. *Código Penal e sua interpretação jurisprudencial*, vol. 1, Tomo II, 6ª ed.. São Paulo: Revista dos Tribunais, 1997, p. 2791) circunscreve o elemento subjetivo do crime aos *fundadores*, lembrando que o objeto material é o "prospecto", qual seja, "documento a que se refere o art. 84 da Lei 6.404, de 15.12.76" (Ibidem) e não o laudo referido no artigo 8º. Edgard MAGALHÃES NORONHA (*Direito Penal*, vol. 2, 18ª ed.. São Paulo: Saraiva, 1982, p. 483) é explícito ao mencionar: "O delito ocorre na fase em que a sociedade se constitui". Clássicos como Bento de FARIA (*Código Penal Brasileiro*, Vol. IV. Rio de Janeiro: Jacintho, 1943, pp. 242-252) reforçam o entendimento da doutrina moderna. Mas é com Nelson HUNGRIA (*Comentários ao Código Penal*, Vol. VII, 2ª Ed.. Rio de Janeiro: Forense, 1958, pp. 279-294) que o tema ganha cores vívidas. HUNGRIA lembra, de início, que "laudos de aportes *in natura*" (e, neste caso, embora tenha escrito antes da Lei das S.A., HUNGRIA refere-se exatamente aos laudos do atual art. 8º), o crime, na verdade, seria o de *falsidade ideológica* do art. 299 e não o de frau-

(iii) Laudo de avaliação para estabelecimento do direito de recesso geral (art. 45, §3º) e específico para operações societárias de incorporação de companhia controlada (art. 264)[213];

de na fundação do art. 177 do Código Penal (p. 281). Ao contrapor, entretanto, essa subsunção teórica ao contexto jurisprudencial atual, voltamos a DELMANTO *et alli* (Ibidem, p. 752), que nos apresenta farta e robusta jurisprudência de vários Estados brasileiros e várias decisões de cortes superiores no sentido de que não há falsidade ideológica em documento sujeito à verificação. Vale lembrar que os laudos de avaliação da Lei das S.A., sem exceção, são todos documentos sujeitos a dupla ou tripla verificação, seja por meio da administração (diretoria e conselho de administração), seja ao final pelos acionistas, em assembleia. Retornando-se ao contexto do art. 177, HUNGRIA ressalta que o crime do *caput* não extrapola o momento da fundação, cingindo a figura subjetiva do crime aos fundadores (e não aos avaliadores). Nesse mesmo sentido, doutrinou Heleno Claudio FRAGOSO (*Lições de Direito Penal: Parte Especial 2*, 3ª Ed.. São Paulo: Bushatsky, 1977, p. 128). No contexto específico do tipo, HUNGRIA destaca que o elemento objetivo é a burla, que não pode ser confundida com o otimismo natural dos negócios: "É dos negocistas o acentuar, *com óculos cor de rosa*, a vantagem de suas propostas" (itálicos no original, p. 282). O documento tem que ser, especificamente (e aqui, interpreta-se a lei penal restritivamente) o *prospecto*, podendo ser estendido para as peças publicitárias, atualmente reguladas pelo art. 50 da ICVM 400 (no mesmo sentido, H. C. FRAGOSO. *Lições de Direito Penal...*, Op. cit., Idem, p. 129, com expressa referência ao artigo 84 da Lei das S.A.). É crime formal, cujo elemento doloso é essencial (que FRAGOSO trata tecnicamente como *dolo específico*, cf. *Lições de Direito Penal...*, Op. cit, Idem, pp. 130-131), onde fundadores podem receber o concurso consciente e formal de coordenadores (que HUNGRIA nomeia expressamente como "banqueiros"), sem mencionar nesse concurso o papel dos avaliadores, o que reforça a responsabilidade do intermediário, em contrabalanço à menor carga de responsabilidade penal dos avaliadores pelo art. 177 do Código Penal, sem prejuízo de tentativas de enquadramento (que a jurisprudência tem rejeitado, conforme já visto) no contexto da falsidade ideológica do art. 299 do Código Penal. Por fim, vale colacionar a lembrança de HUNGRIA de que o art. 177 é de aplicação subsidiária ao contexto dos tipos contra a economia popular, regulados pela Lei nº 1.521, de 26 de dezembro de 1951, sobretudo o art. 3º. HUNGRIA diferencia essa subsidiariedade para reservar a Lei dos Crimes Contra a Economia Popular ao contexto das "sociedades de feição marcadamente popular", cujos valores mobiliários tenham cotação inferior a um tanto que o art. 3º, X da Lei nº 1.521/51 não nos representa mais: "fraudar de qualquer modo escriturações, lançamentos, registros, relatórios, pareceres e outras informações devidas a sócios de sociedades civis ou comerciais, em que o capital seja fracionado em ações ou quotas de valor nominativo *igual ou inferior a um mil cruzeiros* com o fim de sonegar lucros, dividendos, percentagens, rateios ou bonificações, ou de desfalcar ou de desviar fundos de reserva ou reservas técnicas" (grifamos). Ainda nesse contexto, HUNGRIA interpreta que o conceito de relatório seria algo próximo do documento previsto no art. 133, I, da Lei das S.A. e o conceito de parecer seria exatamente o documento previsto no Parágrafo Único ao art. 164 da Lei das S.A., não cabendo à Lei nº 1.521/51 dirimir problemas relativos aos *laudos de avaliação*.

[213] Tanto o laudo previsto no artigo 45 quanto o laudo previsto no artigo 264, ambos, visam estabelecer e verdadeiramente fixar um valor de recesso. Analisa-se a ação e o quanto ela deverá

(iv) Laudo de avaliação para o estabelecimento do valor de aumento de capital em processos de operações societárias de capital (incorporação, fusão e cisão, pelos arts. 227, 228 e 229)[214];

valer na hipótese específica de manifestação de intenção de um direito específico, a saber, o de retirada. Esse laudo importará em valor de desembolso possível e provável pela companhia, caso conte com alto grau de dissidência atrelada com animosidade societária. Igualmente, escusado dizer que em nada se relacionam com o tipo e o escopo dos laudos de incorporação de ações.

No caso do reembolso por recesso, onde o art. 137, *caput*, remete ao art. 45 da Lei das S.A., o reembolso é exercido, praticamente, sem avaliação e à luz de um valor de patrimônio líquido da ação, conforme estabelece o §1º ao art. 45 da Lei das S.A. Na maioria massacrante dos estatutos sociais, o recesso é sempre franqueado a valor de livro, como determina a lei, embora a própria lei dê a alternativa de apuração por "avaliação" cujo laudo "satisfaça os requisitos do §1º do art. 8º e com a responsabilidade prevista no §6º do mesmo artigo". O texto legal, *de lege ferenda*, não ajuda, conforme vimos. Nada mais equivocado do que a analogia forçada com o art.8º, cuja avaliação se presta para modificações de capital social: escopo de avaliação completamente diverso daquele buscado na apuração de um valor de recesso. O texto é realmente lastimável, nesse sentido, e serve como um grande desestímulo para que companhias adotem modelos de avaliação para recesso mais próximos do conceito de *valor justo*.

Em relação à avaliação e ao laudo previsto no art. 264 da Lei das S.A., trata-se efetivamente de um tipo de avaliação para apuração de valor especial de recesso especificamente para operações de migração. Esse laudo, também conhecido como laudo de avaliação de valor de patrimônio líquido a mercado ou meramente "laudo de liquidação", busca, por meio da atualização a valor de mercado de todo o ativo, simular uma liquidação da companhia para assegurar ao acionista, em eventual recesso em operações de migração, não um *valor justo* ou uma avaliação econômica, mas ao menos um valor que receberia caso a companhia passasse por um processo de liquidação, com venda do ativo a preços de mercado para pagamento de todas as contas do passivo, deixando as sobras a serem fracionadas entre todos os acionistas, hipoteticamente falando. Esse valor é utilizado ainda no estabelecimento do *eixo de equivalência* de uma operação de migração, para comparar o valor da ação da incorporada com o valor da incorporadora, identificando-se um valor de troca alternativo, que poderá balizar o uso de um recesso por valor de liquidação ou um recesso conforme disposto no estatuto da companhia, normalmente a valor de livro ou de patrimônio líquido. É uma avaliação, pois, com dupla função: estabelecer uma relação de troca paralela e, com isso, dar uma alternativa de valor de recesso. Nesse sentido, CARVALHOSA (*Comentários...*, 4º Vol., Tomo II, Op. cit., Idem, p. 325) salientou, com precisão: "Além de servir para demonstrar a *equidade da relação de substituição* estabelecida pelos administradores das sociedades envolvidas, a avaliação do patrimônio líquido a preços de mercado também pode constituir uma alternativa para a determinação do valor de reembolso dos acionistas dissidentes". A CVM, entretanto, por força do *caput* ao art. 264 da Lei das S.A., pode franquear critérios alternativos de avaliação. A norma nos parece ser confusa em seu intento duplo, dissipando uma disciplina unificada de avaliações e direitos de reavaliação em matéria de processos envolvendo incorporação de ações.

[214] De todos, o laudo mais controverso *vis-à-vis* os laudos de incorporação de ações. Conforme salientado, é mais fácil entender o escopo desse laudo em operações de cisão: avalia-se um

(v) Laudo de avaliação de companhia incorporada e incorporadora para estabelecimento do eixo de equivalência que embasará a relação de troca em operações societárias envolvendo ações (verticalização, consolidação de controle e migração por incorporação de ações);
(vi) Laudo de avaliação para aquisição de controle de sociedade que importe em investimento relevante (art. 256)[215];

patrimônio a ser vertido; no caso das incorporações e das fusões, assim como nas cisões totais, o patrimônio a ser vertido é integral, sendo nas cisões parciais, como o próprio nome diz, apenas uma versão parcial de patrimônio. Mas, de fato, é o patrimônio da companhia incorporada, cindida ou fusionada que é avaliado e não suas ações, razão pela qual há, nessas operações de capital, uma *relação de substituição ou troca imprópria*, conforme veremos.

[215] Alhures, são chamados também de *fairness opinions* e possuem, ao seu turno, não apenas regime jurídico próprio, mas pressupostos econômicos e justificativas (jurídicas e econômicas) de sua emissão de modo completamente distinto dos demais laudos. No sentido clássico do termo *laudo* ("eu louvo", como diriam os latinos), esse documento é o que mais se aproxima de sua concepção original – aqui o avaliador louva uma decisão já tomada e um preço já dado: nada fixa nem estabelece de novo, nenhum tipo de *due diligence* é feita. Apenas se diz, "eu, no seu lugar, acho que pagaria esse preço, pois me parece um preço *adequado* (... *it seems, from a financial standpoint, a fair price*...). No que tange ao uso desse tipo de de laudo, espontaneamente, em operações de verticalização, é de se notar que, sendo de recente uso no meio empresarial estado-unidense (exigido a partir do Caso Van Gorkom), seu uso tem crescido no Brasil nos últimos anos em operações que vão além do art. 256, sobretudo a partir da edição do PO CVM 35. O crescimento do "mercado de *fairness opinion*" é, digamos, um efeito colateral positivo da edição do PO CVM 35. No tocante às operações de verticalização, as *fairness opinions* são estudos elaborados por instituições financeiras e são emitidas em favor da administração da companhia contratante, com o fito de assegurar que é justa a relação de troca estabelecida em uma determinada operação (que pode ser uma operação societária de incorporação, fusão ou cisão, bem como uma operação de verticalização, consolidação de controle ou migração no âmbito de um processo de incorporação de ações, ou mesmo ainda uma operação de transferência de ativos, venda e compra de participações societárias com ou sem controle, e assim por diante). Os administradores solicitam tais estudos, evitando assim que acionistas litiguem com base em uma inadequação da relação de troca. Importante lembrar que no contexto específico das *fairness opinions* contratadas para operações societárias e fora do âmbito do art. 256 da Lei das S.A., é fundamental que esse "avaliador" seja independente e, pois, não relacionado (nem direta, nem indiretamente) com o assessor externo da operação e que eventualmente auxiliou em outras fases da operação, sobretudo na elaboração de outros laudos. Sobre as *fairness opinions*, vide Patrick A. GAUGHAN. *Merger, Acquisitions...*, Op. Cit., Idem, p. 26. Vide também, Steven M. DAVIDOFF. *"Fairness Opinions"*, Wayne State University Law School Legal Studies Research Paper Series, nr. 07-07, *In American University Law Review*, vol. 55 Washington, DC: AULA Press, 2006: pp. 1557-1625 e Charles M. ELSON. *"Fairness

(vii) Laudos de avaliação para OPAs nos termos da ICVM 361 (que chega a trazer metodologias no Anexo III da regra[216], visando dar o máximo de transparência).

Importante observar que a própria Lei das S.A., ao se referir aos laudos mencionados no item "(iv)" acima, fala, impropriamente, de uma *relação de substituição* a ser mencionada no Protocolo (art. 224, I, da Lei das S.A.), pelo simples fato de que a avaliação do patrimônio que é sujeito à operação societária, levará à substituição das ações da sociedade a ser extinta, por ações da sociedade nova, para onde o patrimônio há de migrar. Isso leva, de certa forma, a se supor que as operações de capital, em si, geram uma *substituição* de ações que se extinguem com a incorporação, mas, de fato, a relação de troca pura apenas ocorre nos processos de incorporação de ações[217].

Nas operações processadas via incorporação de ações, há efetivamente uma troca, uma substituição decorrente da absorção compulsória das ações em circulação emitidas pela companhia incorporada; ao passo que em uma incorporação, por exemplo, as ações da companhia incorporadora são franqueadas à luz de uma avaliação do patrimônio da companhia incorporada. Qual seja, nas operações por incorporação de ações, são avaliadas efetivamente *ações*, cujo valor é estabelecido, dentre outros critérios, pela análise do patrimônio da companhia emissora, cujas ações serão incorpo-

---

Opinions: Are They Fair or Should We Care?", In *Ohio State Law Journal*, vol. 53, nr. 4. Columbus, OH: Moritz College of Law Press, 1992, pp. 951-1004.

[216] A metodologia adotada pelo Anexo III da ICVM 361 se assemelha ao chamado *Delaware Block Method* ou *DBM* e nele se espelha. Vide, nesse sentido, sobre o *DBM*, BAINBRIDGE (*Mergers and Acquisitions...*, Op. cit., Idem, pp. 92-94), PALMITER (*Corporations...*, Op. cit., Idem, p. 704). Embora KALANSKY apresente uma leitura de *Weinberger* sobre o *DBM* como uma conclusão da corte de que o método seria "demasiado rígido" (*Incorporação de Ações...*, Op. cit., Idem, p. 62), nos parece que BAINBRIDGE, com sua feroz crítica ao *DBM* e à provável leitura de *Weinberger*, teria sido mais preciso, nestes termos: "*The Delaware block method compares apples and oranges. The three factors have very little to do with each other, are based on radically different assumptions and methodologies, and thus can lead to widely divergent results. Courts than blithely proceed to compound the problem by assigning largely arbitrary weights to each factor. The method's sole justification is that the calculations are simple and relevant expert testimony is easy to understand. Accordingly, the block method is easy for nonexpert judges and juries to apply*" (pp. 94-95).

[217] Infelizmente, foge de nosso escopo adentrar na natureza da "troca" efetivada em uma operação de incorporação de capitais. Mas indicamos o leitor curioso a luz da dação em pagamento decorrente de uma liquidação forçada.

radas. Na incorporação de capital é *o próprio patrimônio da companhia que é avaliado*, de forma direta, e as ações a serem emitidas decorrem desse valor de patrimônio e não, diretamente, do valor das ações que serão extintas.

Essa diferença que estamos tentando estabelecer aqui, de forma clara e didática, se presta a provar que, ao aceitarmos a existência e a diferença de uma *relação de troca imprópria* em face de uma *relação de troca pura* pode, especificamente diante da *relação de troca pura* típica das operações decorrentes de processo de incorporação de ações, demandar *regimes jurídicos distintos, próprios* e *peculiares*, imediatamente correspondentes à peculiaridade que permeia cada tipo de operação.

Essas diferenças não são atacadas pela doutrina por um simples fato: a análise empreendida é sempre de natureza *formal*.[218] O *nomen iuris* laudo de avaliação convoca análises formais que jogam na mesma vala técnica toda e qualquer avaliação que demande um "laudo", iluminando-os na forma e menos no escopo[219]. Deste defeito de nossa doutrina, mais formal e menos teleológica, resulta um sistema com quebras e injustiças[220]. Defen-

---

[218] Façamos justiça, entretanto, com quem já manifestou preocupação, como Nelson EIZIRIK (*A Lei das S/A Comentada...*, Vol. III, Op. cit., Idem, p. 501), que com lastro em Bebchuk e Hamdani, lembrou: "Conforme vem sendo academicamente, não existe modelo único para avaliar a qualidade da governança corporativa das companhias. Com efeito, tal análise depende fundamentalmente da estrutura de controle dominante em determinado país", fato que, diga-se de passagem, estamos tentando demonstrar alongadamente nesta obra. E assim conclui: "Dessa forma, alguns instrumentos legais que podem ser benéficos para companhias sem controlador são praticamente irrelevantes ou mesmo contraproducentes em companhias com controlador".

[219] Como dito acima, um dos mais equivocados efeitos é assumir uma linha de teoria geral para o artigo 8º da Lei das S.A., aplicando o seu regime às demais hipóteses de laudo, principalmente o regime das responsabilidades previsto no seu §6º. Entendemos que esse regime de responsabilidades é exclusivo para os laudos tirados no contexto de uma conferência de bens para constituição, formação ou modificação (aumento) do capital social, mas não cabe nas demais hipóteses, sem contar o já criticado vácuo da legislação penal, diretamente referida pela lei societária, em matéria de laudos de avaliação e criminalização de avaliadores. O regime é não apenas exclusivo para esse tipo de laudo, como e sobretudo, em matéria penal, inaplicável em qualquer outra hipótese por falta de norma penal específica e tipo penal preciso, circunscrevendo as hipóteses de antijuridicidade e culpabilidade quando da emissão e divulgação de *laudos de avaliação* e não outras que não digam respeito especificamente a *laudos de avaliação*.

[220] CANARIS, C. W.. *Pensamento Sistemático...*, Op. cit., Idem, pp. 200 e ss.. Com base em Karl Engisch, afirma: "No que respeita, em primeiro lugar às quebras no sistema, colocaram-se elas a propósito da fundamentação do conceito de sistema acima apresentado *como contradição de*

demos aqui expressamente um regime jurídico específico para cada tipo de avaliação e para cada laudo, que atenda àquilo que CANARIS chamou de *interpretação jurídica sistemática*.[221]

Em segundo lugar, uma vez identificado o tipo de avaliação pelo escopo buscado nos diferentes processos (incorporação, fusão, cisão, OPA, aumento de capital, incorporação de ações por verticalização, para consolidação de controle ou migração), é necessário avaliar, no caso específico das operações envolvendo processo de incorporação de ações, qual o melhor critério, metodologia e premissas de avaliação para as companhias envolvidas na hipótese concreta, que se preste para identificar um *eixo de equivalência* adequado.

Dentre as metodologias de *avaliação de ações* conhecidas e utilizadas[222], temos:

(i) Avaliação pelo critério contábil-patrimonial: é a apuração do valor da ação com base no valor de patrimônio líquido da companhia, dividido pelo número de ações em circulação, sem estabelecimento de valor de prêmio de controle ou de desnível entre classes de ações;

---

valores e de princípios; pois se o sistema mais não é do que a forma exterior da unidade valorativa e da adequação da ordem jurídica, então uma quebra no sistema tem de reportar-se a uma perturbação dessa unidade e adequação e, com isso, a uma inconseqüência valorativa. O perguntar pela possibilidade e pelas conseqüências de quebras no sistema desemboca assim na questão da possibilidade e do significado de contradições de valores e de princípios" (pp. 200-201). Não exatamente na mesma obra citada por CANARIS, Karl ENGISCH (*Introdução ao Pensamento Jurídico*, 6ª ed., Trad.: J. Baptista Machado. Lisboa: Fundação Calouste Gulbenkian, 1988, pp. 115 e ss.) explora a formulação de juízos abstratos (ou a chamada "premissa maior jurídica") a partir das regras postas, lembrando este desafio: "Uma primeira e mais complicada tarefa de que o jurista tem de se desempenhar para obter a partir da lei a premissa maior jurídica consiste em reconduzir a um todo unitário os elementos ou partes de um pensamento jurídico-normativo completo que, por razões «técnicas», se encontram dispersas – para não dizer violentamente separadas" (p. 116). O tema é, entretanto, enfrentado por CANARIS de forma direta e percuciente em interessante monografia intitulada *Función, estructura y falsación de las teorias jurídicas* (trad.: Daniela Brückner e José Luis de Castro. Madri: Civitas, 1995, pp. 48 e ss.). O mestre germânico deixa claríssimo, com esteio em Wittgenstein e Stegmüller, que a construção de um sistema por um certo pareamento de familiaridade linguística entre casos (e não especificamente entre normas) tem efeitos limitados.

[221] CANARIS, C. W. *Pensamento Sistemático*..., Op. cit., Idem, pp. 157 e ss.
[222] Vide Lucila SILVA, *O Valor Justo em Incorporação de Sociedades*..., Op. cit., Idem, pp. 65 e ss., onde os métodos são analisados em conjunto com os riscos que podem representar, segundo os defeitos que podem apresentar.

(ii) Avaliação pelo critério do patrimônio líquido a preços de mercado: é também conhecida como apuração de valor de liquidação atualizado, onde o ativo é ajustado a preços de mercado, simulando um valor de reembolso em hipotética liquidação;
(iii) Avaliação pelo preço de mercado: normalmente apurado com base em médias por período, métricas, valores apurados em pregões recentes e outras faixas de período de apuração;
(iv) Avaliação pelo valor econômico: neste critério, normalmente a metodologia utilizada é a do *fluxo de caixa descontado* (tradução direta de *discounted cash flow*), onde um valor presente é apurado com base em uma projeção futura do comportamento do fluxo de caixa da companhia, trazido a "valor presente" (*net present value*), obtido mediante uma taxa de desconto.[223]

Por fim, o terceiro vetor a ser apurado e que constitui a tese central ora defendida, diz respeito à finalidade de cada operação que lança mão do processo de incorporação de ações. E nesse sentido, a operação de verticalização, por suas características próprias, como ausência de um acionista controlador para interferir nas avaliações, métodos e critérios (sobretudo quando a administração não é profissional e o controlador tem assento na diretoria e no conselho), coloca em total evidência a responsabilidade dos administradores e os seus deveres fiduciários em relação aos acionistas que representam.

[223] Embora este seja o método mais utilizado para apuração de valor econômico – importante afirmar –, não é o único, sobretudo na apuração de valores de *equity*, onde ainda se encontram métodos como o dos "múltiplos", cujo uso indiscriminado vem sendo alvo de críticas (Vide também Póvoa, Alexandre. *Valuation – como precificar ações*. Rio de Janeiro: Elsevier, 2012, p. 291 e ss.). Em primeiro lugar, o método do *discounted cash flow* nasce como metodologia de avaliação de ativos, que logo se adaptou ao fenômeno dos valores mobiliários (vide Richard A. Brealey e Stewart C. Myers. *Principles of Corporate Finance*, 7ª ed.. Burr Ridge-IL: Irwin McGraw-Hill, 2003, pp. 12-31). Entretanto, apesar de não ser o único (Ibidem, pp. 58-89), é ainda considerado o mais eficiente (Ibidem, pp. 90-117). Vide, com uma abordagem mais jurídica, William Klein, John Coffee Jr. e Frank Partnoy, *Business Organization and Finance – Legal and Economic Principles*, 11ª ed.. Nova Iorque: Foundation Press, 2010, pp. 320-343. Sobre o FCD no Brasil, vide Alexandre Póvoa, Alexandre. *Valuation...*, Op. cit., Idem, p. 95 e ss. Adicionalmente, cumpre lembrar que a nossa jurisprudência no Brasil já enfrentou a situação quando o Tribunal de Justiça de São Paulo julgou a Apelação Cível 219.385-4/2, Rel. Des. José Geraldo de Jacobina Rabello, 4ª C.D.Pv., j.: 26/06/2008, que sabiamente afastou o método para apurar o valor determinado pelo art. 264 da Lei das S.A.

Diferentemente do que ocorre em uma consolidação de controle ou em uma migração, onde a figura do controlador se faz presente, o regime de responsabilidade civil dos administradores nas verticalizações deve, em tese e *de lege ferenda*, receber tratamento distinto e mais rigoroso.

Nesse quadro, podemos resumir os vetores ligados à avaliação e à escolha do *eixo de equivalência*, em duas categorias jurídicas distintas, a saber:

(i) *Escopo da avaliação* – se presta a dar o conceito e conteúdo da avaliação, ditando o processo, as fases e os critérios específicos de condução fiduciária do procedimento; e

(ii) *Metodologia da avaliação* – associa o conteúdo definido pelo escopo ao resultado obtido na avaliação, em respeito a um critério de coerência na justaposição da avaliação de dois bens.

Diferentemente do que ocorre nas demais operações, em verticalizações os deveres fiduciários dos administradores são colocados à frente da operação. Ganha destaque e relevo o *dever de diligência*, em associação ao *dever de informar* os acionistas, mais amplamente visitado na doutrina de "governança corporativa" como o chamado *pilar da transparência*: eis os deveres fiduciários centrais da administração em operações de verticalização ou "*holdinização*".

Durante o processo de avaliação das ações que serão incorporadas, bem como do valor de emissão das ações que serão emitidas para viabilizar o aumento de capital e perpetrar a troca de valores mobiliários, os administradores são requeridos – justamente porque não há um acionista controlador a quem os administradores tenham que se reportar diretamente ou sofrer determinada influência –, a empregar um nível de transparência absoluto nas ações tomadas. Atrelado a isso, o dever de conduzir essas ações com a total diligência de um mandatário, atendendo ao interesse dos acionistas que representará na troca, ou os acionistas que sofrerão diluição na operação, de modo a lhes assegurar uma identidade político-patrimonial, dentro da liberdade vigiada que lhe assegura o princípio do *statuo viæ*.[224]

---

[224] Neste particular, a participação de um assessor financeiro e de um assessor jurídico é quase que uma concretização da obrigação fiduciária de diligência da administração. Em um processo de verticalização, os elementos de avaliação podem comportar riscos que fogem da atividade hodierna do administrador, requerendo um olhar específico de um assessor financeiro e de um banco de investimento. Prestadores de serviços especializados, porém,

Por intermédio desses deveres, a administração não é apenas responsável pelos acionistas que partirão para a nova estrutura, mas também e sobretudo pelos *dissidentes*.

Desafortunadamente, o tema da *dissidência* e do *recesso* em operações societárias é um dos temas de maior transtorno na prática e de maior atraso em nossa legislação. Permitimos que as companhias estabeleçam de forma muito ampla os critérios do valor de recesso e os métodos de apuração, não nos indignando com o fato de que o universo do direito brasileiro pratica, de maneira ampla, um recesso a valor de livros, sendo rara exceção quem o faça pelo valor econômico.

sobretudo em operações de verticalização, ganhando um relevo especial, acabam tendo suas responsabilidades maximizadas. No caso de verticalização, o assessor da incorporada, inclusive, pode chegar a ter responsabilidades muito próximas das de um *coordenador líder* em oferta pública de distribuição, pois parte de seu trabalho é assegurar à administração da companhia e, por consequência, aos seus acionistas, um certo resultado patrimonial e político ao cabo da operação. Nesse sentido, esse tipo de responsabilidade vem sendo, mui recentemente discutida, no âmbito do chamado *Caso Dragon*. No mês de julho de 2012, dois acionistas da extinta Dragon Systems acionaram o banco de investimentos Goldman Sachs no contexto de operação semelhante a uma incorporação das ações da Dragon na L&H, que veio a falir no estouro da "bolha da internet", em 2000/2001, levando os antigos controladores da Dragon a perder um dos mais preciosos ativos da Dragon na liquidação da L&H: a tecnologia de reconhecimento de voz. A história é contada em longa matéria do *The New York Times* de 14 de julho de 2012, por Loren Feldman, em "*Goldman Sachs and the $580 Million Black Hole*" e até a conclusão e publicação desta obra, segue sem sentença final.

PARTE II
OPERAÇÃO DE CONSOLIDAÇÃO DE CONTROLE

Capítulo 6
Conceito, Finalidade, Processo

Nesta parte do trabalho, abordaremos a segunda categoria de operações que são efetivadas por meio do processo de incorporação de ações. Esta operação, que denominamos *consolidação de controle*, tem ocorrido com mais frequência que a verticalização, mas ainda não com tanto alcance como a migração, que será objeto da próxima parte da obra.

Chamamos de consolidação de controle o processo de incorporação de ações entre partes independentes e companhias sem relação de controle entre si, mas onde há, em cada companhia, a presença de um acionista controlador bem definido e identificado, nos moldes da descrição trazida pelo artigo 116 da Lei das S.A..

O ambiente hipotético proposto nesta tese, entretanto, cuidará de algumas situações específicas e híbridas, intermediárias entre a verticalização e a consolidação de controle, de forma pontual. Importa termos em mente estes três cenários (o terceiro dos quais será objeto da próxima parte), abordando apenas circunstancialmente as hipóteses em que apenas uma das partes (incorporadora ou incorporada) tem controlador definido, enquanto a outra (incorporadora ou incorporada) tem capital pulverizado ou apenas acionista relevante[225], mas com participação inferior a 50% do capital

---

[225] Acionista relevante ou participação relevante, para os fins deste trabalho, é o regime jurídico que também é chamado de *influência relevante* ou *influêcia significativa*, conforme previsto no artigo 243, §§4º e 5º da Lei das S.A.. Na medida em que adotamos um critério numérico de controle em consonância com os artigos 116 e 243, §2º, ambos da Lei das S.A., eliminando qualquer sombra de existência de "controle minoritário", "controle gerencial" ou "controle externo" em nosso regime jurídico, visualizamos um regime jurídico de *influência*

votante[226]. Essas situações híbridas, de fato, poderão tomar por empréstimo valores tanto de um cenário hipotético, quanto de outro, podendo-se construir, nestes casos específicos, soluções pontuais e *ad hoc*, desde que sempre dentro dos princípios aqui defendidos[227]. Nesta situação se

significativa sem controle ao lado de um regime jurídico de *capital disperso* ou *pulverizado* (já bem debatido por OIOLI, E. F.. *Regime Jurídico do Capital Disperso...*, Op. cit., Idem, pp. 101 e ss), ficando bem claro e delineado que essa *influência* é de natureza *interna*, sempre, pois a lei fala em "investida", o que nos leva a concluir que o §4º cuida exclusivamente de uma situação de *equity* ou ainda de *quasæ equity* (como é o caso de certos tipos de debênture que já tratamos neste trabalho e que José Romeu AMARAL noticia como as chamadas "debêntures perpétuas", cf. *Regime Jurídico das Debêntures*. Op. cit., Idem, pp. 66 e 249 e ss.). Cumpre entretanto informar que há entendimento em sentido contrário, diferenciado *influência relevante* de um *efetivo controle minoritário* (vide BOCATER, Maria Isabel P. "Poder de Controle e influência significativa", *In Temas de Direito Empresarial...*, Op. cit., Idem, pp.833 e ss.). Saliente-se ainda que a situação hipotética do "controle externo", para nós impossível até sob o ponto de vista socrático (uma vez que a Lei das S.A. não define *controle*, mas sim *acionista controlador* [116] ou *sociedade controlada* [243]), não autoriza nem sequer que a matriz da *influência significativa* trazida pela Lei nº 11.941, de 27 de maio de 2009, que deu nova redação ao artigo 243 da Lei das S.A. inserindo-lhe o §4º, que fala de "poder de participar nas decisões das políticas financeira ou operacional da investida, sem controlá-la", possa admitir a migração para um regime de controle externo (nesse sentido, vide ALVES, Joamir M. R., "A introdução do conceito de 'influência significativa' na Lei das S.A. representa a introdução do controle externo no direito brasileiro?", *In Direito dos Negócios em Debate*, coords.: Andrea Zanetti e Marina Feferbaum. São Paulo: Saraiva, 2011, pp. 356-376). De fato, somos da opinião de que essa mudança no artigo 243 veio capturar hipóteses de acionistas especiais e debenturistas como aqueles mencionados por Romeu AMARAL, sem, entretanto, alterar a nossa matriz de poder controle definido por maioria permanente de votos. Salientamos também que após a edição da Nota de Esclarecimento CAF 004, de 27 de janeiro de 2014, as dúvidas em relação a uma eventual adoção de um conceito de "controle externo" para fins de definição do termo "Acionista Controlador" nos termos do Código CAF, art. 2º foram completamente eliminadas por manter a figura do sócio de maneira centralizada na definição de controle.

[226] Há ainda outras situações mais complexas que, teoricamente, podem ocorrer e não estão completamente absorvidas pelos três universos hipotéticos aqui propostos nesta obra. Exemplos: (i) companhias sem controlador que, ao fim da operação, passam a ter um controlador consolidado, pois antes da operação a mesma pessoa detém menos de 50% em cada em companhia, consolidando sua posição de controlador com um resultado final superior a 50% das ações com direito a voto, por força dessa posição relevante nas duas companhias envolvidas na operação; (ii) companhias com controlador definido que, após a operação, juntas, resultam em uma *holding* sem controlador mas com dois acionistas com posição relevante, mas não majoritária.

[227] Essa casuística está intimamente ligada ao regime de comando das companhias alvo da operação, pois para cada forma de comando, haverá de se reconhecer um *sistema de freios e contrapesos* que deverá ser próprio e, muita vez, *tailor made*. Nesse sentido, vide MUNHOZ, E. S.,

enquadra o clássico exemplo do Caso Sadia/Perdigão/BRFoods e o complexo Caso Aracruz/VCP/Fibria. É a hipótese, também, sob certa ótica, do Caso Datasul/Totvs.

Dentre os casos clássicos de consolidação de controle, temos o Caso Boavista Interatlântico, o Caso Itaú/Unibanco e o Caso Company/Brascan[228].

No Caso Boavista Interatlântico, os controladores do Banco Boavista Interatlântico S.A. assinaram, diretamente, com o Banco Bradesco S.A., protocolo de intenções para transferência do controle societário daquele para este por meio da incorporação da totalidade das ações do primeiro (Boavista) ao patrimônio do segundo (Bradesco), com a migração de todos os acionistas (controladores e não controladores) do Banco Boavista para o quadro societário do Bradesco, em uma operação em que os controladores do Banco Boavista efetuaram verdeiro *drag along* sobre os demais acionistas.

No Caso Itaú/Unibanco, o fato relevante publicado em 3 de novembro de 2008 dá conta que os controladores do Unibanco, a Unibanco Holdings, bem como os controladores do Itaú, a Itaúsa Investimentos, ajustaram, por meio da incorporação da totalidade das ações de emissão do Unibanco ao Itaú, a consolidação do controle do Itaú, que passaria a se chamar Itaú-Unibanco, deixando o Unibanco como subsidiária integral do Itaú a fim

---

"Quem deve comandar a companhia? Alocação do poder empresarial", *In Temas Essenciais de Direito Empresarial*..., Op. cit., Idem, pp. 505-517, de onde se depreende a seguinte conclusão: "A resposta, portanto, à questão sobre quem deve comandar a companhia não pode ser dada de forma unívoca ou singela. Acionistas e administradores podem ser bons líderes da atividade empresarial, levando a companhia ao cumprimento de sua função social. É preciso, porém, que o direito societário estabeleça um regramento equilibrado, que assegure a presença de um sistema de freios e contrapesos para o exercício desse poder" (p.517); a saber, no que diz respeito a este trabalho, que dentre as várias hipóteses práticas de alocação do poder de comandar a companhia, soluções híbridas poderão ser apontadas como saídas viáveis para problemas surgidos em operações atípicas de consolidação de controle que tomam recursos da verticalização de empréstimo para o seu processo peculiar e talvez, eventualmente, único.

[228] Outros casos, negociados também entre acionistas controladores independentes, como foi o Caso Duratex/Satipel, optaram pela via da incorporação direta entre as companhias, cujo modelo de negócio, como vimos e como estamos defendendo nesta tese, é completamente distinto do modelo previsto para incorporação de ações. Por se tratar de operação de capital, ainda que haja debate sobre relação de troca e justiça da operação, entendemos que as premissas que levam duas empresas (ou conglomerados) a optar pela via da incorporação ao invés da consolidação de controle por incorporação de ações são rigorosamente distintas, o que pode afetar diretamente a análise jurídica desses institutos, nos métodos de avaliação, na forma dos laudos e em outros detalhes importantes mas que a prática deixa *ao largo*.

de inaugurar o maior conglomerado financeiro privado do Hemisfério Sul naquela época. Essa consolidação de controle gerou profundas modificações na governança de ambas as companhias, literalmente combinando executivos, políticas, culturas de administração e gestão, produtos, órgãos e respectivos membros em um dos maiores e mais clássicos casos de fusão por sinergia. O controle passou a ser compartilhado e essa opção, muito comum no mercado bancário, permitiu que a integração de sistemas e produtos se desse paulatinamente e com aproveitamento para acionistas e clientes[229]. Mesmo tendo sido a operação aprovada pela unanimidade dos presentes em conclaves de ambas as companhias, a área técnica da CVM jogou questionamentos sobre a operação a fim de se verificar a incidência do PO CVM 34 para esta operação.[230]

No Caso Company/Brascan, divulgado em 10 de setembro de 2008 (dias antes do anúncio da quebra do Lehman Brothers), uma subsidiária integral da Brascan incorporou todas as ações de emissão da Company, migrando para a base acionária daquela todos os antigos acionistas desta, incluindo seu grupo de controle. Esse caso foi objeto de análise pela CVM para fins de verificação da aplicabilidade do art. 254-A da Lei das S.A. e consequente dispensa de oferta pública de aquisição obrigatória para os demais acionistas. Nesse caso, a CVM recupera o conceito de *aquisição*

---

[229] O anúncio da operação, na época, teve impacto fundamental no sistema bancário brasileiro, que apresentou operação dessa magnitude, após ocorrências em sentido contrário algumas semanas antes, quando da quebra do Lehman Brothers e o início oficial de uma crise financeira sem precedentes na história dos EUA e da Europa.

[230] Colhe-se do voto do Dir. Otávio Yazbek, relembrando o contexto de criação do PO CVM 34: "No presente caso, a meu ver, se está lidando com situação distinta, em que, para as ações preferenciais, se adotou critério objetivo e verificável e, para as ordinárias, se pode falar na realização daquelas efetivas negociações – os critérios para a definição da relação de troca, neste último caso, foram definidos com base em negociação de fato realizada com um terceiro, que seria o grupo de acionistas do Itaú Holding Financeira". Dessa percuciente análise de Yazbek, podemos intuir que até a unanimidade precisa ser olhada com atenção, na esteira da supercautela exercida pela área técnica da CVM. Por estarmos lidando com um cenário onde não há um direito patrimonial disponível (refirmo-nos ao *eixo de equivalência*), a análise deve ser sempre feita – portanto, correto o exercício fiscalizatório da autarquia, que somente desempenhou, neste caso, o papel que era esperado. Ao fim e ao cabo, o resultado da análise efetuado pelo Colegiado da CVM selou o que a unanimidade nos sugere intuir – a operação tornou-se um clássico de sucesso entre os *cases* de operações societárias no Brasil: seja para os analistas do Direito, seja para os da Ciência da Administração, seja para os Financistas.

originária de controle, válido para os outros casos analisados no conjunto, a saber, Tenda/Gafisa e Datasul/Totvs.[231]

Sob o ponto de vista estrutural, a principal marca destas operações, que é a presença de dois acionistas controladores negociando diretamente em nome de cada respectiva massa acionária inserida em cada companhia envolvida na operação, tem início, quase sempre, como uma alternativa a uma alienação de controle nos moldes clássicos, com a venda do bloco de ações que pode conferir o poder de controle de um acionista determinado para uma companhia, sob controle de outro acionista/contraparte. Esse aspecto é absolutamente fundamental para diferenciar esta operação das demais. É, portanto, uma operação típica de alteração de controle societário, estruturada como alternativa à alienação direta das ações de uma parte a outra[232]. Nasce, dessa forma, no seio do universo acionário.

[231] Se a aquisição originária de controle, como bem exposto pela CVM, com apoio em Lamy Filho, Carvalhosa e Carlos Augusto Junqueira, nada mais é do que um procedimento onde, não havendo um controlador definido, com pulverização das ações no mercado, o ofertante "não compra o bloco de controle", mas sim "forma esse bloco", tratando de adquirir o poder de comandar a companhia, constituindo originariamente esse poder, é cediço que nos três casos citados no MEMO CVM/SRE/GER-1/nº 214/2008 de 17 de setembro de 2008, apenas dois possuem essas características. O Caso Company/Brascan, como vimos, é um caso clássico de consolidação de controle e nesse caso há, efetivamente, uma *mudança* ou *transferência* do controle. A não aplicabilidade do art. 254-A da Lei das S.A. não decorre, especificamente, de haver ou não uma aquisição originária de controle (o que só ocorreu em dois casos), mas pelo fato de que o art. 254-A da Lei das S.A. não determina a implementação de oferta pública de *tag along* quando há "transferência de controle" ou "mudança de controle", mas sim quando há "alienação de controle", espécie de transferência mas que com essa (gênero) não se confunde. Conforme teremos a oportunidade de analisar no próximo capítulo, é a ausência de alienação que afasta a aplicação do art. 254-A da Lei das S.A. A aquisição originária de controle é uma das formas de se afastar o conceito de alienação de controle, mas não é o único, nem tampouco no contexto dos casos analisados, onde o Caso Company/Brascan passa ao largo desse argumento.

[232] Defendemos que a *alienação de controle* é uma *subespécie* do gênero *alteração de controle*. Importante aqui lembrar a doutrina de Eduardo Secchi MUNHOZ (*Aquisição de Controle na sociedade anônima*. São Paulo: Saraiva, 2013, pp. 372 e ss). MUNHOZ prevê, corretamente, a separação de regimes contratuais daqueles societários, bem como dos chamados regimes de mercado, no que aderimos integralmente, haja vista que os pressupostos jurídicos do âmbito contratual (previstos no Código Civil no Livro das Obrigações) são completamente distintos dos pressupostos jurídicos do âmbito societário (previstos no Código Civil no Livro da Empresa, na esteira do Título II do Livro das Pessoas da Parte Geral do mesmo Código, complementado pela Lei das S.A.) que também não se confundem com os pressupostos jurídicos dos Mercados de Capitais (previstos na Lei do Mercado de Capitais). Portanto, tratamos nesta obra sobre um dos possíveis regimes societários e nesse ponto, concordamos

integralmente com MUNHOZ acerca dessa separação. MUNHOZ trata adequadamente de uma das sub-espécies da *alteração de controle* que ele, com muita precisão, chama de *aquisição de controle*, que pode se dar via mercado de capitais ou contratualmente (de forma privada). Sua hipótese é orientada no sentido da regulação de um regime típico de mercado de capitais, a saber, as OPAs, tal qual abordado, item, por OIOLI (*Oferta Pública de Aquisição de Controle de Companhias Abertas*. São Paulo: Quartier Latin, 2010), Letícia F. L. COUTINHO (*Aquisição de Controle de Companhia de Capital Pulverizado*. São Paulo/Comibra: Almedina, 2013, pp. 20 e ss.) e João Pedro Barroso do NASCIMENTO (*Medidas Defensivas à Tomada de Controle de Companhias*. São Paulo: Quartier Latin, 2011).

Por outro lado, MUNHOZ leciona que "sempre que se verificar, em determinado caso concreto, que as formas jurídicas próprias dos negócios de reorganização societária foram utilizadas de maneira abusiva, sem visar ao seu fim econômico, mas com o objetivo único de levar a uma aquisição de controle acionário fora do regime próprio dos institutos dessa disciplina, será o caso de desconsiderar a forma adotada, aplicando-se o efeito da disciplina de aquisição de controle que se pretendeu desviar" (p. 374). Defendemos, entretanto e *data maxima venia concessa* ao renomado professor, com base na casuística estudada, que a *incorporação de ações* é também uma das formas jurídicas processuais próprias, seguras e adequadas para se efetivar uma transferência de controle (pois, na verdade, não há propriamente uma *aquisição de controle* ao fim e ao cabo de um processo de incorporação de ações ou mesmo de incorporação), sobretudo quando há crise de liquidez que assegure ao *consolidador do controle* efetuar desembolsos para o controlador da incorporada bem como para os demais acionistas em OPA de *tag along* (daí uma plausível justificativa pela transferência de controle por outro meio que não a *aquisição direta* desse poder de controle, onde todos se beneficiam de uma relação de substituição estabelecida segundo um *eixo de equivalência*). Outra situação ainda é quando o novo controlador tem o interesse, na consolidação, em contar com a expertise do controlador da incorporada, situação essa vista no Caso Itaú/Unibanco. Outro ponto bastante defendido quando se opta por uma operação processada via incorporação de ações é no sentido da redução dos custos da operação para o acionista controlador, pois em operações de alteração de controle como as aqui estudadas, os custos são partilhados por todos os acionistas, ao mesmo tempo em que os benefícios (em virtude das relações de substituição) são, também, hauridos por todos. Ao abrir mão de densos custos para uma aquisição direta do controle, quando o acionista controlador, na operação de consolidação de controle resolve lançar mão do processo de incorporação de ações, partilha esses custos (bem como os benefícios) diretamente com os demais acionistas (essa economia de custo é apontada como um dos benefícios das operações de *fusión* na Espanha, conforme nota A. PEREZ TROYA, *La Determinacíon del tipo de canje...*, Op. cit., Idem, p. 16). Desta forma, defendemos que essas formas jurídicas alternativas são sim meios adequados para alterações no regime de controle de uma companhia e, dado o seu regime jurídico próprio (não livre de críticas, que são aqui endereçadas), não se poderia, teoricamente, pressupor um abuso pelo simples fato de se optar por outra forma que apresente um mesmo resultado final de consolidação de controle para dois grupos econômicos distintos. O abuso de forma, para tais casos, dependeria de extensa, complexa e trabalhosa atividade probatória, incompatível, ao nosso ver, até com o regime jurídico processual recentemente aprovado por meio da Lei nº 13.105, de 16 de março de 2015 ("Novo CPC" ou simplesmente CPC), que em quase nada mudou o regime anterior do Código de Buzaid (vide os artigos

Nessa diferença, há um princípio econômico básico que deve ser levado em consideração quando os aspectos jurídicos precisam ser aprofundados. A diferença básica estaria no uso dos recursos. Enquanto em uma operação de transferência de controle em que acionista controlador de companhia "A" usa os recursos dessa companhia "A" para comprar ações de emissão da companhia "B", que lhe asseguram o controle, o acionista controlador dessa companhia "B" está efetivamente *alienando* o controle dessa companhia "B" para a companhia "A". Nesse mesmo sentido, pode o controlador da companhia "A", diretamente e com seus próprios recursos, adquirir o controle da companhia "B", cujo acionista controlador, igualmente, figura como *alienante* desse controle. Tanto em uma situação como em outra, o acionista controlador da companhia "B" recebe dinheiro a vista ou equivalente com liquidez, celebrando um contrato de venda e compra. Dispara, agindo desta forma, os efeitos do artigo 254-A da Lei das S.A.

Em uma consolidação de controle não é isso que ocorre. O princípio é completamente diverso. O acionista controlador de hipotética sociedade "A", em conversas com o acionista controlador de sociedade "B", acerta a transferência de toda a base acionária da sociedade "B", para a estrutura societária da sociedade "A". Ao tornar a sociedade "B" subsidiária integral da sociedade "A", não há desembolso de recursos nem transferência de caixa ou de riquezas de parte a outra. Na substituição das ações, os acionistas que passam a integrar o contexto societário da sociedade "A" não recebem valores e, portanto, *não alienam coisa qualquer*. Não há venda e compra: o ato de alhear-se de um bem, na realidade, ocorre dentro de

---

369 e ss. do Novo CPC em relação aos artigos 332 e seguintes do regime de 1973, notando-se avanços em detalhes e assuntos colaterais, como os "documentos eletrônicos" e o "incidente de arguição de falsidade", que apenas deixa a atividade probatória mais complexa e propícia a debates prolongados). Comprovar que a simples eleição do meio com respeito a um correto *eixo de equivalência* seria um abuso, torna o debate algo de uma complexidade probatória que flertaria com o impossibilitante.

Por outro prisma, não podemos nos esquecer que a eleição do meio deve respeitar os parâmetros previstos para tais operações. Exemplo disso é o que já abordamos acima acerca do uso malfadado de "meras escusas" no lugar de verdadeiras *justificativas* na forma do artigo 225 da Lei das S.A., situação essa que, salvo melhor juízo, há de agravar a situação da responsabilidade do administrador e, em certos casos, também do acionista controlador que aprova a operação nessas bases com *justificativas falsas*. É exatamente a regulação adequada dos meios que irá minimizar as vantagens questionáveis obtidas por intermédio de uma verdadeira "arbitragem de meios" que se aproveita de um medíocre regime jurídico de recesso para tais casos.

um aprimoramento (ou depreciação, dependendo do *statuo viæ*) da situação societária dos acionistas da sociedade incorporada. Mais: em uma consolidação de controle, o acionista controlador que migra para a sociedade *holding* resultante da operação, permanece no negócio, ao contrário de uma *alienação de controle*, onde a saída do antigo controlador se dá contra pagamento (independentemente de quitação), ficando o comprador e os demais acionistas com os efeitos de contingências que não tenham sido assumidas contratualmente pelo alienante.

A operação de consolidação de controle é uma operação típica de *fusões e aquisições*, alternativa à alienação de controle ou a um mecanismo de *hostile takeover* (qual seja, OPA voluntária para aquisição de controle, conforme previsto pela ICVM 361, art. 32). Seu paralelo é mais imediato e instantâneo em relação a essas estruturas, que também são formas de *consolidação de controle* ou *transferência de controle*, como ocorreu no Caso Company/Brascan.

Em termos comparados, identificar uma operação similar é extremamente difícil. Nos EUA, como a grande parte das companhias de capital aberto não tem um controlador definido, é muito mais comum termos uma verticalização do que uma consolidação de controle. Entre as fechadas, há sempre a opção pela compra direta de ações em uma transferência de controle típica.

No cenário europeu, a experiência não lega qualquer caso ou operação que pode ser usada em termos comparativos: em raras situações ocorre uma fusão, mas não há registro (até onde esta pesquisa pode atingir) de algo semelhante a uma consolidação de controle processada por meio de incorporação de ações, nos moldes do art. 252 da Lei das S.A. ou dos casos ocorridos no Brasil, como o Duratex/Satipel.

Dadas as dificuldades, o espectro comparado, escolhido o ambiente estado-unidense, apresenta um exemplo clássico de caso de consolidação de controle atípica no polêmico (por vezes admirado, por vezes duramente criticado) *Smith v. Van Gorkom*.[233] O caso, julgado em 1985 pela Suprema

---

[233] 488 A.2d 858, Suprema Corte de Delaware, caso relatado por Horsey, pela maioria, 1985. O caso é atípico e não se encaixa totalmente na proposta teórico-hipotética das consolidações de controle processadas por meio de incorporações de ações no Brasil. Em primeiro lugar, uma das companhias envolvidas, precisamente a companhia alvo (Trans Union) não contava com um acionista controlador definido, mas apenas e tão somente a adquirente. Em segundo lugar, a operação ocorreu na forma de um *cash out merger*, onde os acionistas da Trans Union foram "resgatados" a certo preço pago em dinheiro, ao invés de ações de emissão do veículo

Corte de Delaware, é ainda um dos principais parâmetros de discussão sobre deveres fiduciários da administração, sobretudo sob a ótica da doutrina do *business judgment rule* e do dever de tomada de decisões informadas. O caso atrai defensores rigorosos e críticos contumazes. Dentre os grandes críticos, podemos destacar Daniel FISCHEL, que chegou a afirmar que o caso *Smith v. Van Gorkom* seria *"surely one of the worst decisions in the history of corporate law"*[234].

Basicamente, o caso tem início no começo da década de 1980 quando Jerome Van Gorkom, o "todo poderoso" presidente da diretoria e do conselho de administração da Trans Union Co., uma companhia de capital aberto e pulverizado, estuda alternativas para iniciar um *leveraged buyout* onde ele, Van Gorkom, apareceria como principal adquirente e consolidador dos ativos da Trans Union Co.

De posse de algumas informações e tendo recuado em seu intento de adquirir, Van Gorkom, em um evento corporativo seleto patrocinado em sua residência, entra em conversações com Jay Pritzker e Robert Pritzker, acionistas controladores da Marmon Group, Inc., para transferir à New T Co., uma subsidiária integral da Marmon Group, Inc., o controle da Trans Union Co. por meio de uma operação societária conhecida como *cash out merger*. Em seu estilo excessivamente recluso, Van Gorkom creditou a deveres de sigilo uma postura onde fiou compartilhar informações da operação apenas e tão somente com seu diretor financeiro na época, Donald Romans, alheando seus assessores jurídicos e financeiros (incluindo escritórios internos de confiança da companhia e respectivos banqueiros de investimento), demais diretores e conselheiros de administração. Nos instantes finais da negociação, Van Gorkom envolveu Carl Peterson, o *controller* da Trans Union Co., a quem pediu um estudo de viabilidade de um trecho da operação. Fora isso, Van Gorkom conduziu a operação praticamente sozinho, trazendo as informações e detalhes da operação *"very close to the heart"*.

adquirente, a New T. Apesar desses detalhes, a operação gerou um litígio que contou com elementos importantes e relevantes para uma consolidação de controle pura: os direitos de reavaliação e os deveres fiduciários da administração, razão pela qual escolhemos esse caso, um motivador indiscutível dessa discussão em operações societárias que visem transferir ou consolidar controle societário de uma companhia (New T, Marmon) para outra (Trans Union).

[234] FISCHEL, Daniel. *"The business judgment rule and the Trans Union case"*, In *The Business Lawyer Journal*, Vol. 40, nº 4. Chicago, IL: ABA Publications, Agosto de 1985, pp. 1437-1455.

Após muitas idas e vindas, os acionistas, reunidos em assembleia, aprovaram a operação por aproximadamente 70% dos votos, contando com pouco menos do que 23% dos votos em abstenção e apenas pouco mais do que 7% de votos contrários. A operação foi aprovada para consolidar o controle da Trans Union com a família Pritzker, que controla a Trans Union até os dias atuais.[235] Entretanto, em virtude da postura do então presidente da Trans Union e dos controladores da New T, os irmãos Pritzker, dois acionistas, Alden Smith e John Gosselin, ajuizaram uma *class action* para discutir o cumprimento dos deveres fiduciários por parte dos réus.

Ao fim de um longo processo, a Suprema Corte do Estado de Delaware entendeu que o uso da doutrina do *business judgment rule* para afastar a incidência de dever de indenizar por quebra de deveres fiduciários de diligência e lealdade não foi corretamente aplicada. Reverteu a decisão e determinou que fosse feita uma completa reavaliação das ações e valores mobiliários envolvidos na operação, observando-se os parâmetros de *valuation* preparados por *Weinberger*. Adicionalmente, determinou montante de indenização por parte dos réus, para todos os acionistas, equivalente a diferença entre o valor apurado e não divulgado quando das pesquisas para o *leveraged buyout* de Van Gorkom e o valor apurado na nova avaliação, caso superasse o valor reservado por Van Gorkom (o que de fato ocorreu).

Entusiastas se alinharam na questão voltada para os resultados factuais e para os resultados positivos gerados por uma doutrina mais rigorosa em relação aos deveres fiduciários de administradores com postura mais agressiva.[236] Contudo, na esteira dos ataques que se sedimentaram de forma

---

[235] Recentemente, em Abril de 2010, a representante da família Pritzker, Penny Pritzker, selou acordo com a Madison Dearborn Partners, passando a compartilhar o controle da Trans Union depois de 30 anos à frente da companhia.

[236] CLARK, R. C. *Corporate Law*..., Op. cit., Idem, p. 129 chega a afirmar: "*Of apparent importance to the result (on my reading) is the circumstance that Van Gorkom seems to have been a rather autocratic leader who acted and made decisions in a solitary rather than a consultative fashion, without soliciting substantial discussion with and feedback from the company's top officers and board members*". Byless MANNING, em resposta a Daniel FISCHEL na mesma *Business Lawyer Journal* publica a sua defesa ostensiva aos ensinamentos legados pelo caso *Smith v. Van Gorkom* em "*Reflections and Practical Tips on Life in the Boardroom after Van Gorkom*" (*In The Business Lawyer Journal*, Vol. 41, nº 1. Chicago, IL: ABA Publications, Novembro de 1985, pp. 1-14). M. P. DOOLEY (*Fundamentals...*, Op. cit., Idem, p. 250) chegou a afirmar: "*Taking practical evidentiary considerations into account, the justification for the heavy burdens placed on defendants is also found in the essence of the loyalty violation. Although technically applicable to all agents, the duty of loyalty primarily constrains the actions of agents*

mais racional ao longo dos anos, restou grande questionamento a respeito das soluções, no âmbito da administração, abordando deveres fiduciários, quando, na verdade, o caso envolve um debate sobre uma transferência ou consolidação de poder de controle.[237]

Nesse espectro, a experiência em Trans Union nos mostra que os deveres fiduciários da administração, ao contrário do que ocorre na operação de verticalização, correm na sombra dos deveres e responsabilidades do acionista controlador e os efeitos jurídicos do exercício abusivo desse poder, sobretudo quando envolve interesses de acionistas não minoritários. Mais: inserir a arma dos deveres fiduciários em batalhas de avaliação resultam, no mais das vezes, em soluções pouco eficientes.

O processo, como um todo, tem um fluxo de informações completamente distinto, pois origina-se entre os acionistas controladores, descendo, de forma hierárquica, para a administração, que retransmite as informações para os demais acionistas. Os controladores se envolvem diretamente na construção do *eixo de equivalência*, que gera efeitos sobre direitos dos demais acionistas e interfere nos deveres da administração, que ao controlador se subordina (sem prejuízo da *finalidade das atribuições*, que deve ser lida *cum granu salis* quando o acionista em questão é o controlador, operando em situação abusiva).[238]

---

with discretionary authority, such as directors, executive officers and dominant shareholders. Thus, the paradigm of loyalty complaint is that the defendants misused their position of authority to appropriate a benefit to which they were not entitled. Because a brazen announcement of self-dealing will result in certain liability, all breach of loyalty complaints rest on another implicit allegation: defendants used the informational advantages inhering in their position to conceal, disguise or otherwise misrepresent the unfair advantage that they gained. Accordingly, knowledge of facts necessary to prove that a suspect transaction was, in fact, commercially reasonable or, if not, the nature and extent of the advantage illicitly taken is peculiarly within the knowledge of the defendants".

[237] Jonathan MACEY e Geoffrey MILLER, (*"Trans Union Reconsidered"*, In *Yale Law Journal*, vol. 98. New Haven, CT: Yale Law Journal Co., 1988, pp.127-144) lembraram com proficiência: *"Our intuition is that Trans Union may be harmful to shareholders: the benefits of increasing the likelihood of auctions will tend to be outweighed by the costs in terms of beneficial takeover bids that are abandoned or never initiated, and increased investment banker and lawyer fees.* **Any adequate evaluation of the decision, however, must take into account the all-important implications of the fact that Trans Union is a takeover decision and not an ordinary business judgment case"** (grifamos, p. 143).

[238] *A contrario sensu* do que afirma M. CARVALHOSA (*Comentários...*, 3º vol., Op. cit., Idem, pp. 337 e ss.), que admite uma flexibilização dos deveres fiduciários para administradores que agem em "legítima defesa dos minoritários" (assim, p. 337: "nas companhias com controlador a prevalência do interesse social sobre o dos acionistas minoritários representados na

Portanto, na esfera processual, a independência entre partes e a distinção entre acionistas controladores que representam, cada qual, os interesses isolados de cada sociedade envolvida, excluem, de toda forma, a aplicabilidade do artigo 264 da Lei das S.A., bem como o PO CVM 34[239] e o PO CVM 35, aplicáveis somente para operações de migração[240].

Portanto, em termos procedimentais, podemos resumir o processo da seguinte forma:

Fase Preparatória: A fase preparatória de uma operação de consolidação de controle tem início, geralmente, em um contexto semelhante a uma operação de alienação de controle. Acionistas controladores de com-

---

administração (art. 147) não impede que estes recebam do seu representante uma proteção e atenção especiais"), é importante lembrar que na outra face da moeda, a transposição do conflito assemblear para o âmbito da administração pode, do lado dos administradores que representam o controle, deixar mais leniente a vinculação dos deveres fiduciários desses administradores, lançando a questão para o âmbito da responsabilidade do acionista controlador, nos termos do art. 117 da Lei das S.A., sem contar nos deveres atrelados à finalidade das atribuições, quando a lei exige, no §1º ao artigo 154 que "o administrador eleito por grupo ou classe de acionistas tem, para com a companhia, os mesmos deveres que os demais, não podendo, ainda que para defesa do interesse dos que o elegeram, faltar a esses deveres".

[239] A não aplicabilidade do PO CVM 34 às operações de consolidação de controle é expressa no documento, quando cerca a sua hipótese à seguinte situação: "se submete à assembléia geral uma relação de troca que atribui valor diferente (e maior) às ações de emissão da Companhia que sejam de propriedade da sociedade incorporadora (ou incorporada, em caso de incorporação reversa), mesmo quando o único ativo, ou único ativo relevante, de tal sociedade (aqui referida como Sociedade Holding), sejam essas mesmas ações de emissão da Companhia".

[240] Luiz Leonardo CANTIDIANO ("Incorporação de Sociedades e Incorporação de Ações", Op. Loc. Cit., Idem, pp. 151 e ss.) foi incisivo sobre a impertinência do PO CVM 35 como um todo e, especificamente, sobre a sua total inaplicabilidade em operações com partes independentes. LEÃES, com a sua habitual elegância, cuidou de mostrar com cristalina clareza como o artigo 264 deve ter interpretação restritiva ("Incorporação de Ações de Companhia Aberta Controlada", Op. Loc. cit., Idem, p. 1415), assim: "Com efeito, em se tratando de companhias com controladores diversos, a operação de incorporação se resolve como resultado de *negociações* em que vários aspectos em jogo são livremente apreciados pelas sociedades envolvidas, e a[o] final aprovados pelas maiorias distintas dos sócios que vão compartilhar o patrimônio comum". Neste tema, o citado CANTIDIANO (Ibidem, pp. 143-145) acompanha LEÃES, nestes termos: "sempre que inexistir vínculo societário entre a companhia incorporadora e a sociedade incorporada ou convertida em sua subsidiária integral, não há razão alguma que determine a submissão da operação às normas e aos procedimentos estabelecidos no artigo 264 da lei societária" (Ibidem, p. 145).

panhias distintas trocam informações preliminares, assessorados, muita vez, por bancos de investimento ou assessores do mercado de fusões e aquisições. Essa troca de informações se dá sob a assinatura de um compromisso de confidencialidade, cujo reforço contratual na linha das perdas e danos apenas reitera o dever de sigilo e a exceção à imediata divulgação. Nesta fase, as partes passam informações de cada companhia alvo a fim de subsidiar a contraparte com elementos para a elaboração de uma avaliação (*valuation*). Essa avaliação, normalmente providenciada pelo assessor financeiro de cada controlador, é feita com base em uma auditoria (jurídica e financeira) que indica, com maior precisão, o valor das sociedades envolvidas[241]. Muita vez, a situação envolvendo as companhias e respectivos controladores aponta para a elaboração de uma operação de consolidação de controle, ao invés de uma transferência de controle pura e simples. Os motivos que envolvem essa decisão pelo processo de incorporação de ações devem constar no núcleo principal da *Justificação*. Na sequência, avaliações são refeitas com o fito de se precisar os *eixos de equivalência* possíveis. Uma vez delineados os princípios jurídicos e econômicos, a administração começa a ser envolvida, passando a preparar as informações recebidas para torná-las acessíveis aos demais acionistas. Tem início a elaboração do fato relevante na forma da ICVM 319, sem a necessidade de comitês.[242] Ato contínuo, assessores jurídicos passam a estruturar o texto da *Justificação*, em respeito às razões que levaram os envolvidos nesta fase preliminar da operação a optar pelo processo de incorporação de ações ao invés de outro modelo de fusões e aquisições como OPA voluntária ou alienação de ações. Com a divulgação dos documentos da operação na forma da ICVM 481, caberá ao Conselho de Administração convocar assembleia geral extraordinária para que os acionistas debatam sobre a *Justificação*.

---

[241] Já citamos, mais acima, um trecho interessante de Raúl Ventura (*Fusão...*, Op. cit., Idem, p. 60), lembrando como nesta fase, neste tipo de operação, as companhias se revelam e abrem, "por assim dizer, as portas à outra, facultando-lhe os pormenores até aí mais ocultos da sua actividade...". Por essa razão, os acordos de confidencialidade e sigilo, sobretudo as cláusulas expressas de destruição das informações em caso de insucesso da operação, têm relevância bem superior ao tratamento que normalmente recebem na prática.

[242] D. Kalansky (*Incorporação de Ações...*, Op. cit, Idem, pp. 248 e ss.), nos mostrou quão imprópria foi a interpretação da CVM conferida ao PO CVM 34 e o PO CVM 35 no contexto do Caso Sadia/Perdigão/BRFoods.

Fase decisória: Na fase decisória das consolidações de controle também defendemos que o processo se desdobre em duas partes: *Justificação* e elaboração do *Protocolo* (sujeita à aprovação da *Justificação* e nos seus próprios termos), em duas assembleias distintas[243]. Na *Justificação*, a escolha pelo processo que onera os acionistas da incorporadora em detrimento de uma aquisição direta do controle da companhia incorporada deve estar bem fundamentada e com suficientes argumentos que sustentem que a alternativa de uma consolidação de controle por meio da incorporação de ações é a mais coerente proposta em vista de outras hipóteses. Nesta fase do processo, as subfases ocorrem de forma idêntica à operação de verticalização, aprovando-se na *Justificação* as razões da operação, seus fundamentos, princípios, a definição da relação de substituição segundo o eixo de equivalência apresentado e os valores de reembolso para os dissidentes, com as propostas para reavaliação (*appraisal rights*). Ficam para o *Protocolo* as questões de gestão, administração e governança, com conseqüente redação de estatutos e possíveis novas regras e políticas internas que passarão a reger a vida da companhia após a consolidação, em outras palavras, o *statuo viæ*. Os deveres fiduciários da administração devem ser interpretados sempre em conjunto com o arcabouço de normas que trata da responsabilidade do acionista controlador (art. 117 da Lei das S.A., bem como a ICVM 323), principalmente em decorrência dos efeitos jurídicos que irradiam sobre o processo como um todo, mas que nascem, precisamente, na fase preliminar e por iniciativa dos controladores.

Fase executória: Na fase executória, a administração apenas cumprirá as decisões dos acionistas, iniciando, como nas operações de verticalização, pelas aprovações regulatórias (quando aplicáveis) e de autoridades antitruste (também, quando aplicáveis). Aqui também ocorre um dos momentos mais importantes da operação de consolidação de controle, que são as discussões sobre recesso e direitos de reavaliação. Por se tratar de uma operação construída sob a ótica do acionista controlador, as consolidações de controle, diferentemente das verticalizações, podem remeter uma par-

---

[243] Idealmente, duas assembleias seria recomendável. Caso se opte por assembleia una, as deliberações devem estar segregadas no conclave, não sendo nem sequer admissível que se aprove um documento de *protocolo e justificação* num mesmo *thumbs up, thumbs down proceeding*. Os debates devem estar separados de forma visível e o voto contrário baseado em *justificativa rejeitada* deve ter seu *locus* próprio em relação a decisões sobre o *protocolo*.

cela de acionistas não controladores a situações marginais nas operações. No contexto de uma verticalização, a falta de um acionista que coordena e pode decidir pela realização da operação, reforça os deveres fiduciários da administração, mas em uma consolidação de controle, ressaltando-se a responsabilidade do controlador e contextualizando-se os deveres fiduciários da Administração, o mecanismo alternativo dos direitos de revisão se mostra como instrumento fundamental para o equilíbrio das relações e a consolidação do *statuo viæ*.

Na fase executória das consolidações de controle, é onde mais se carece debater o tema dos *direitos de reavaliação (appraisal rights)*. Nestas operações, há um bloco de controle que maneja o procedimento desde o seu primeiro momento e pode, por meio do voto, não apenas aprovar a operação, mas influenciar outros acionistas, amenizando a carga de dissidências.[244] Con-

---

[244] BAINBRIDGE, S. *Mergers and Acquisitions...*, Op. cit., Idem, p. 87, nota 99, chega a afirmar, no auge da vestusta experiência estado-unidense: *"The fiduciary duties of the controlling shareholders have laid a significant gloss on the appraisal remedy. The result has been most unfortunate, at least insofar as doctrinal clarity is concerned"*. Vale lembrar, entre nós, o pensamento de Calixto SALOMÃO FILHO (*O Novo Direito Societário*, Op. cit., Idem, pp.169-171) que vê na disciplina dos arts. 116 e 117 da Lei das S.A., certos "deveres fiduciários para com os demais acionistas", quando a lei impõe "deveres e responsabilidades para com os demais acionistas da empresa" a quem "deve lealmente respeitar e atender". No mesmo sentido, vide lição de Erasmo VALLADÃO FRANÇA ("Dever de Lealdade do Acionista Controlador por ocasião da alienação de controle – dever de maximização do valor das ações dos acionistas não controladores – interpretação de estatuto de companhia aberta – possibilidade de cumulação de OPAs", *In RDM*, vol. 158, São Paulo: Malheiros, Abr-Jun 2011, pp.251-266, esp. 255-257), que expressamente defende a existência de um dever fiduciário de lealdade do acionista controlador em relação aos demais. FRANÇA é acompanhado por ADAMEK no tocante a existência de um *dever de lealdade* (ainda que não escrito) mas deduzível do sistema e aplicável a todos os acionistas (vide o seu *Abuso de Minoria em Direito Societário*. São Paulo: Malheiros, 2014, pp. 117-118 e 161 e ss.). De outro lado, o grande LAMY FILHO ("Acionista Controlador na Nova Lei das S.A.", *In Temas de S.A.*, Op. cit., Idem, pp.157-158) lembra que "... a Lei nº 6.404 deu *status* jurídico à figura do acionista controlador (Seção IV, Cap. X, arts. 116 e 117), definindo seus deveres e responsabilidades, especificamente".

O pensamento, entretanto, descontado o preço da ousadia, não encontra nossa adesão, conforme já adiantamos na Nota 67 acima: os *fiduciary duties* em uma consolidação de controle não recaem no *controlling shareholder*, quem de fato nem sequer possui *fiduciary duties* (embora a lei o obrigue em sentido contrário), deveres tais que caberiam, *de lege ferenda*, no âmbito exclusivo da administração. Aos controladores cabem as responsabilidades típicas de acionista controlador, ao invés de deveres fiduciários, que, diga-se de passagem, não existem, na prática, de uma acionista para outro, exceto se exista, de antemão, uma predisposição paternalista para tratar a função do acionista controlador. Já sinalizamos esse pensamento acima e nesta

tudo, a regulação atual coloca as consolidações de controle em um *limbo dantesco*: não têm a proteção do PO CVM 34, nem do PO CVM 35, nem a alternativa de recesso pelo art. 264 da Lei das S.A, restando a elas o regime geral do art. 252 da Lei das S.A. em paralelo aos "deveres fiduciários do controlador" pelo Parágrafo Único ao art. 116 do mesmo diploma legal. Assim, podem usar o mecanismo do abuso do poder de controle ou, *de lege*

nota, afinamos: a relação entre acionistas é de puro conflito, pois na base, é uma relação que se estabelece com deveres de reciprocidade, mas sem *fides* (art. 981 do Código Civil). Talvez a falta de clareza decorra dessa separação entre Administração-Deveres Fiduciários *versus* Acionista Controlador-Responsabilidade pelo Controle. Cumpre aqui admitir, desta forma, que o resultado natural sobre os deveres fiduciários dos Administradores é de amenização contextual, em troca de um rigor maior em relação à situação dos Controladores. *Data maxima venia concessa* ao pensamento unânime da leitura *de lege lata* sobre a Segunda Parte do Parágrafo Único ao art. 116 da Lei das S.A., *de lege ferenda* ousamos notar, entretanto, que o conflito maioria-minoria não torna os deveres e responsabilidades do acionista controlador como "fiduciários", nos moldes dos deveres da Administração, que os tem no contexto dos arts. 153 e seguintes da Lei das S.A., justamente por atuar como representante em *fides* do cumprimento do objeto social, seja de forma direta (art. 144), seja de forma indireta (art. 142, I). O elemento representativo que vincula colégio de acionistas (leia-se, assembleia) à administração não existe, juridicamente, entre controladores e não-controladores. Os deveres e responsabilidades de que fala a nossa lei são essencialmente aqueles do limite dos conflitos, mas de fiduciários, pouco há, ainda que a lei obrigue lealmente tratá-los com respeito e atendê-los em seus direitos. O linguajar que exige educação, urbanidade e respeito aos direitos, adotado pela Lei das S.A. no Parágrafo Único ao art. 116, está na linha dos arts. 77 a 81, todos do Novo CPC. Os deveres de lealdade e boa-fé com o *ex adverso*, juridicizando uma norma de conduta ética, controlam e padronizam as formas dos relacionamentos conflituosos, mas não teriam, tecnicamente, ao nosso ver, o condão de tornar o conflito entre partes uma hierarquia de deveres fiduciários, onde um tem o dever de cuidar do outro. *Ultima ratio*, o acionista contrator pode até ter deveres fiduciários para com a companhia, mas daí a estendê-los para outros acionistas, nos parece, *data maxima venia*, uma imposição textual que a lógica jurídica põe em questionamento. Cabe lembrar, portanto, que a matriz da responsabilidade do controlador (diversamente da responsabilidade do administrador) tem que ser baseada em um *dano* decorrente de um *abuso de poder* (art. 117 da Lei das S.A.) ao passo que os administradores, além da causa baseada em *dano* por *dolo* ou *culpa*, responde ainda por violação *ex lege* dos deveres fiduciários ou por violação dos estatutos. As situações são, pois, diferentes e os regimes jurídicos, item. José VASQUES (*Estruturas e Conflitos de Poderes nas Sociedades Anónimas*. Coimbra: Coimbra Ed., 2007, pp. 242) minuciosamente nos esclarece que os conflitos intra-orgânicos de assembleia (qual seja, os conflitos *entre acionistas*) é de natureza completamente distinta daquele conflito que envolve deveres fiduciários quando se opõem a assembleia (organicamente considerada) em face dos órgãos de administração (na função de suas competências, vislumbra-se *subordinação* permeada por *fides*, já que estes cuidam de patrimônio que não lhes pertence).

lata, a falta aos deveres fiduciários do controlador em relação aos demais acionistas, e combinando com certa carga de eventual violação do dever de fidúcia por conta da Administração, compensa-se, quando consegue, por meio de indenização. O *eixo de equivalência* não é afetado e a operação, se aprovada de forma iníqua, assim ingressa no mundo jurídico. Não há mecanismos para corrigir essa iniquidade e cada acionista que se sentir prejudicado, que o faça *sponte propria*, com suas provas de prejuízo: *caueat emptor*, ou melhor, *caueat socii*.

Em direito comparado, sobretudo no direito estado-unidense, os *appraisal rights* têm papel fundamental nessa reposição do equilíbrio e na recomposição do *statuo viæ*.[245] O sistema de *appraisal rights* e seu respectivo processo é altamente complexo e merece atenção dos operadores. Emulamos o direito estado-unidense em matéria de incorporação de ações, trazendo alguns retalhos de *Weinberger*[246] e terminamos por descaracterizar

---

[245] Edward ROCK, Hideki KANDA e Reinier KRAAKMAN (*"Significant Corporate Actions"*, In *Anathomy of Corporate Law – A Comparative and Functional Approach*. Nova Iorque: Oxford University Press, 2006, pp. 140-141) dão interessante notícia sobre a adoção, pelo Japão, em nota comparativa, do sistema de *appraisal rights* nos moldes de Delaware. Na mesma linha, expõem porque as jurisdições europeias recusam adotar a estratégia de *appraisal rights*, na linha de que os *appraisal rights* seriam uma *exit strategy* menos eficiente do que as ações de responsabilidade por *"managerial misconduct"*.

[246] Interessante lembrar que uma das questões centrais de *Weinberger*, não importada no contexto do PO CVM 35, é justamente a questão dos *appraisal rights*. Houve, em *Weinberger*, um ataque ao *Delaware Block Method*, legando ao mercado, pelo caso, o uso dos *appraisal rights* a situações de *"fraud, misrepresentation, self-dealing, deliberate waste of corporate assets or gross and palpable over-reaching"* (BAINBRIDGE. *Mergers and Acquisitions...*, Op. cit., Idem, p. 88). O caso *Weinberger* é, inclusive, a base principal dos deveres de reavaliação impostos em *Van Gorkom* e outros casos franqueando direitos de reavaliação para não controladores. CLARK chega a ressaltar que o *Weinberger* foi uma das principais forças motrizes no desenvolvimento e modernização da Lei de Delaware *em matéria de avaliações (valuation)* (*Corporate Law...*, Op. cit., Idem, p. 455). Outra grande virtude do caso *Weinberger* está exatamente na sua força como precedente e nas discussões que provocou em casos seguintes. Uma das discussões mais importantes que se seguiram a *Weinberger* é o justo equilíbrio entre direitos (subjetivos) das minorias e direitos (potestativos) da maioria. O sistema de *appraisal rights*, revisto em decisões posteriores, como *Rosenblatt* (que será alvo de análise logo adiante), *Rabkin, Sealy* e *Tecnhnicolor* é alvo de um estudo profundo de Rand D. RICHEY (*"Balancing the Rights of Majority and Minority Shareholders in Take-Out Mergers: Trends in Delaware Law"*, In *New England Law Review*, vol. 25., Boston, Mass.: New England Law Review, 1990, pp. 699-731). Lembra RICHEY, no sentido desta nota: *"Future Delaware Supreme Court actions in balancing the interests between majority and minority shareholders have been clarified by its decisions since Weinberger, and the rationale utilized*

o nosso direito por força de usos de uma roupagem inadequada[247]: eis o caso da nossa *incorporação de ações*, onde os *appraisal rights* deveriam merecer mais atenção que os *comitês* ou o *divieto di voto* que importamos de maneira um tanto quanto polêmica.[248]

Vale lembrar que, como bem colocou KALANSKY[249], os *appraisal rights* nos EUA seriam, de forma aproximada, espécies de direitos de retirada, com mecanismos para avaliação das ações a fim de permitir que os acionistas dissidentes realizem o desinvestimento.[250]

---

therein. The court perceives no impediment to majority shareholder rights by requiring fairness in their dealings with the minority" (p. 728).

[247] KALANSKY, nas conclusões de seu trabalho, deu escorreita linguagem jurídica à picardia cometida no texto a que esta nota se refere, com estas elegantes palavras: "O estudo do direito comparado é imprescindível para o exame deste tema pois a importação do modelo norte-americano tem sido implantada no Brasil, levando a sérios problemas de legalidade quanto às posições adotadas pela CVM no sentido da criação de novos procedimentos não estabelecidos em lei. A importação desse modelo descarta a realidade diversa de nosso sistema societário, especificamente quanto à existência de um controle concentrado *vis-à-vis* o controle difuso existente nos Estados Unidos" (*Incorporação de Ações...*, Op. cit., Idem, p. 267).

[248] Note-se que uma das forças do sistema de *appraisal rights* é o seu caráter exclusivo, qual seja, é um remédio que, se optado pelos acionistas, pode excluir outras alternativas e hipóteses, como a saída indenizatória. Esse norte geralmente recebe reparos e cautelas em seu uso (vide CLARK, R. C. *Corporate Law...*, Op. cit., Idem, p. 456). O já citado caso *Singer v. Magnavox* é exatamente o precedente que flexibilizou a regra da exclusividade (ou saída única) quando os *appraisal rights* são invocados em detrimento de uma avaliação de deveres fiduciários ou de responsabilidades do controlador. Maiores detalhes, vide Randolph B. GODSHALL e Douglas L. HENDRICKS, "Singer v. Magnavox Co.: *Delaware Imposes Restrictions on Freezout Mergers*", In *California Law Review*, vol. 66, n.1, Berkeley, CA: California Law Review, Inc., Jan-1978, pp. 118-136.

[249] KALANSKY, D. *Incorporação de Ações...*, Op. cit., Idem, p. 60.

[250] É por essa razão que muitos Estados nos EUA, com o apoio e o suporte de estudiosos e doutrinadores, limitam o uso desse mecanismo para companhias abertas. Vide PALMITER, A. *Corporations...*, Op. cit., Idem, pp. 700-701; BAINBRIDGE, S. *Mergers and Acquisitions...*, Op. cit., Idem, p. 87; CLARK, R. C. *Corporate Law...*, Op. cit., Idem, p.p. 447-448: *"The dissenter who doesn't like a forthcoming merger can simply sell on the market and cash himself out of the unwanted new enterprise"* (p. 448). No Brasil, há uma regra muito mais sofisticada para excluir o uso de direito de retirada quando a companhia emissora apresenta alternativas mais eficazes e eficientes de saída. Trata-se de nosso art. 137, II da Lei das S.A., que se aplica, inclusive, ao âmbito das operações processadas por meio de incorporação de ações, por força do disposto nos §§1º e 2º ao art. 252 da Lei das S.A. Se imaginarmos que o sistema de *appraisal rights* seja estendido às avaliações, precisaremos temperar *cum grano salis* as restrições do art. 137, II da Lei das S.A. como corolário local da doutrina do *exclusive remedy*. Somos da opinião de que a adoção de mecanismos de *appraisal rights* adaptados a direitos de reavaliação não poderão

O princípio básico dos *appraisal rights* e dos direitos de avaliação é a busca do *fair value* ou do *ajuste do eixo de equivalência*.[251] Portanto, nesse sentido, os *appraisal rights* são mecanismos de dupla possibilidade de efeito: se a corte entender que o *valor adequado* ou o *valor justo* comporta devolução de valores para a companhia ou o ajuste de participação em favor dos acionistas da incorporadora, os dissidentes devem, de certa forma, estar preparados não apenas para uma eventual improcedência, mas também para um ajuste que lhes reduza a carga de participação equivocadamente franqueada[252]. O justo é o justo: o justo não é o equivalente do que o controlador meramente ofereceu (ainda que majorado), já que noutra ponta, se oferecido a mais, gera diluição injusta de outros.[253] Esse cenário é decorrência imediata da qualificação jurídica do *eixo de equivalência* como um direito indisponível, qual seja, não passível de negociação.

Em tema de *appraisal rights*, ninguém foi mais fundo que EASTERBROOK e FISCHEL. Assim definem o conceito que gera os direitos de reavalição (aqui, no âmbito das transferências de controle contratuais): *"presumptive contractual term setting the minimum price at which the firm may be sold in situations where those in control are tempted to appropriate wealth. This price floor implements the Pareto principle of welfare economics: it ensures that corporate*

---

ser reduzidos, no caso das consolidações de controle e das migrações, por mecanismos de liquidez e dispersão: nem sempre o mercado será a melhor saída para o acionista que se sentir prejudicado e caberá a ele escolher, democraticamente, se prefere sair pela direita ou pela esquerda. Não é função da lei fechar portas e reduzir alternativas para amenizar conflitos; pelo contrário: é função da lei manter o máximo de alternativas e portas abertas para que conflitos não ocorram.

[251] CLARK assim definiu *appraisal rights*: *"Corporate statutes often give a shareholder who dissents from certain major corporate transaction the right to be bought out by the company at a price reflecting the value of his shares as determined in a judicial proceeding. Typically, this right of appraisal is given in connection with mergers, sales or exchanges of substantially all assets of the corporation, and charter amendments that materially and adversely affect the rights of the dissenting shareholder"* (Corporate Law..., Op. cit., Idem, p. 443).

[252] PALMITER, A. Ibidem, p. 703: *"Shareholders seeking appraisal also face the risk that the court will undervalue the firm and its shares"*.

[253] A frase, aparentemente vazia, poderia ser desdobrada em longa reflexão sobre o *justo*, mas propõe-se atermo-nos ao *justo* que a doutrina de direito societário fixa como definição, em caso de operações societárias envolvendo troca de controle: *"the 'fair value' paid in an appraisal is the same for all investors. No state tries to find and compensate for idiosyncratic value. Single-price assessments of value conform well, however, with our understanding of the function of the appraisal"* (EASTERBROOK e FISCHEL. The Economic Structure..., Op. cit., Idem, p. 153). Outra forma de se interpretar esse justo é no sentido aristotélico, alvo de análise na Nota 90 deste trabalho.

control transactions increase value by seeing to it that the transaction makes one worse off".[254]

Ao trabalhar o tema no âmbito teórico jurídico, EASTERBROOK e FISCHEL abrem debate com Bayless MANNING[255], que analisa a conveniência dos *appraisal rights* dentro de um contexto de riscos de perda. EASTERBROOK e FISCHEL põem em perspectiva a análise desse risco dentro de um contexto *ex post* e *ex ante* resultados da operação e a possibilidade de acumulação de novas riquezas ao valor *ex ante* estabelecido para aquele bem mobiliário. Além disso, criticam severamente a restrição desse recurso para as companhias abertas e realinham o conceito de "*fair value*" dentro dessa perspectiva de análise *ex post* e *ex ante* operação. Debatem ainda todos os problemas levantados aqui: desde os problemas de método de avaliação e o uso do *Delaware Block Method* e o método reformado por *Weinberger*, criticando, por fim, os *appraisal rights* como remédio excludente.[256]

A tese de EASTERBROOK e FISCHEL é revista por DOOLEY.[257] Investigando os casos *Weinberger* e *Van Gorkom* dentro da perspectiva *ex post* e *ex ante* de EASTERBROOK e FISCHEL, DOOLEY descobre uma tendência à construção, dentro dos *appraisal rights* revistos por *Weinberger* e *Van Gorkom*, de uma certa regra de fiscalização (*policing rule*). Mas de todos os argumentos, o mais importante se dá quando DOOLEY recoloca o tema para o centro de uma discussão envolvendo uma consolidação de controle pura, tal qual propomos aqui para operações puramente equitativas (*arms length*).[258]

---

[254] EASTERBROOK e FISCHEL, Ibidem, p. 145.

[255] No clássico texto sobre *appraisal rights* intitulado "*The Shareholder's Appraisal Remedy: An Essay for Frank Coker*" (*In Yale Law Journal*, Vol. 72, nº 2. New Haven, CT: Yale Law Journal Co., Dezembro de 1962, pp. 223-265), MANNING explora uma série de eventos corporativos que classifica como "externos", cuja natureza econômica inclui o risco de se investir em renda variável, o que, em sua concepção, não inclui os eventos societários e corporativos que aqui associamos à mobilidade do *status socii*.

[256] EASTERBROOK e FISCHEL (Ibidem, p. 161) assim concluem: "*We expect continuing expansion in the scope of appraisal as firms and their lawyers become increasingly creative in altering the risk-return attributes of investment through methods that do not require the managers to raise new capital and submit to the judgment of market*".

[257] M. P. DOOLEY (*Fundamentals...*, Op. cit., Idem, pp. 648 e ss.) analisa a tese de EASTERBROOK e FISCHEL segundo texto anterior à publicação do *The Economic Structure...*, intitulado "*Corporate Control Transactions*", *In Yale Law Journal*, vol. 91, nº 4. New Haven, CT: Yale Law Journal Co., Março de 1982, pp. 698-737.

[258] DOOLEY (Ibidem, p. 657) expõe a questão nestes termos: "*How convincing are these arguments when applied to a non-conflict transaction such as negotiated, arms-lenght merger between*

Nesse contexto, surge a preocupação típica do *substantive fairness*, bem trabalhada tecnicamente por Steven EMANUEL.[259] Adaptando às situações específicas recentemente ocorridas em casos polêmicos no Brasil, essa situação preocupa especialmente quando os acionistas controladores de

---

two independent companies – an event for which appraisal is provided under all existing statutes? Under those circumstances, there may be differences of opinion, but there is no conflict of interest, between the dissidents and the majority of their similarly situated shareholder colleagues who must vote to approve the merger before appraisal rights are triggered".

[259] S. EMANUEL (*Corporations*, Op. cit., Idem, p. 443) assim define o problema: *"the majority-approval procedure gives no guarantee that the minority shareholders (i.e., those not approving the transaction) are being treated **fairly**. This is especially true where there is a **single shareholder** or small tightly-knit group that controls a majority of the corporation's stock – this control group might engineer a sale or merger of the company on terms that are very generous to the control group but unfair to the outside minority holders"* (negritos no original). Note-se que não se trata, aqui, das situações de *self dealing*, aplicáveis somente para operações de migração, conforme veremos. A questão aqui é realmente de o que Steven EMANUEL (Ibidem, p. 455) chama de *"bad deal"*. Ao tratar do tema dos *freezouts mergers*, EASTERBROOK e FISCHEL lançam pesada dose de realidade nesse pensamento (*The Economic Structure*..., Op. cit., Idem, p.138): *"A related, and more plausible, argument has that the insiders in freezouts know more than the outsiders and use this knowledge either to depress price of the stock just before the transaction, so that the 'premium' is illusory, or to take out the public investors with knowledge that the firm's prospects are better than outsiders believe, thus scooping up gains that the public would have enjoyed but for the freezout. If a firm makes a valuable mineral discovery, for example, and this information is not yet reflected in the price of the firm's shares, a controlling shareholder might be able to reap a considerable gain by freezing out the minority, even though the value of the firm is not increased. Such concerns have been expressed especially loudly concerning MBOs. But this possibility has not led to a ban on going-private transactions, for several good reasons. First, its likelihood has been exaggerated. Second, the possibility of insiders' profiting is a well-known risk for which investors can demand compensation. Third, tricking the market about current value is hard. Freezouts usually take some time to accomplish and almost always require the shareholders to vote. During the delay the truth may come out – generally the insiders must reveal the news when they seek the needed votes – or an auction develop. If insiders attempt to go private at a price less than the firm's future prospects indicate, the firm in all likelihood will be the subject of a higher bid. Auctions in response to proposed MBOs are common".* Especificamente em relação às operações envolvendo controladores e suscitando direitos de reavaliação (*appraisal rights*), acrescentam: *"Does it then follow that pretransaction market value is the wrong standard to use in corporate control transactions? We think not. If the controlling party can depress prices forever, the helpless investors will be delighted to receive an extra penny for their shares. They would not assert a claim for more, if such a claim would prevent the change of control. Moreover, the shareholders suffer their loss when the wastrel takes control, because the lower profit expectation is reflected in lower share prices. People who buy shares after the existing control group becomes entrenched will receive an ordinary return on their investment. If a control change in the future is accompanied by a premium payment to those owners, they will receive a windfall, and the other shareholders who sold in the interim will receive nothing. We can think of no argument for such windfalls when part of the cost is the suppression of at least some otherwise beneficial transactions"* (Ibidem, p. 147).

partes independentes iniciam tratativas para selar uma operação de consolidação de controle por meio de incorporação de ações estabelecendo, nesse tipo de operação, um *prêmio de controle* ou um valor distinto para os acionistas em controle.

Vamos abordar esse tema mais adiante, mas já antecipando parte dos argumentos, é cediço que se as partes querem celebrar uma operação onde um *prêmio de controle* deve ser considerado, devem fazê-la por meio de uma venda e compra de ações integrantes do bloco de controle. Operações societárias processadas por meio de incorporação de ações ou por meio de processos de combinação de capitais (incorporação de capital ou fusão) não comportam mecanismos de distinção de avaliação de ações por estarem fora ou dentro de uma situação de controle. Nesse sentido, vamos ter a oportunidade de explorar, no momento adequado e mais adiante nesta tese, o acerto das opiniões do ex-Diretor da CVM, Eli Loria, quando do julgamento de casos como Sadia/Perdigão/BRFoods, Aracruz/VCP/Fibria e Duratex/Satipel.

A indisponibilidade de um mecanismo de *tag along* (como se verá) para operações processadas por meio de incorporação de ações, aliada à experiência estado-unidense, nos provoca sérias reflexões sobre a amplitude, a disciplina e o tratamento jurídico que dispensamos para *direitos de reavaliação*, que é justamente onde os problemas de *injustiça*, como vimos, podem se instalar: não se trata de restrição a direitos políticos ou arrocho de obrigações fiduciárias – a questão é, essencialmente, de uma avaliação justa, adequada e escorreita. Entre nós, ao estudar essa nova tendência da CVM de atacar pelo lado dos deveres fiduciários da administração, EIZIRIK já pode abordar o tema assim: "Ao invés de 'engessar' a atuação dos administradores, poderiam ser aceitos pela Comissão de Valores Mobiliários outros procedimentos, como, por exemplo, permitir aos acionistas minoritários o requerimento de outro laudo de avaliação, alternativo àquele apresentado pelo controlador, de tal sorte que houvesse um novo escrutínio por parte de avaliador independente sobre a equidade das relações de troca."[260]

---

[260] *A Lei das S/A Comentada...*, Vol. III, Op. cit., Idem, pp. 513-514. Importantíssimo salientar que em nota de rodapé (1001) a esse texto, EIZIRIK ainda acrescenta: "Nesse sentido é a orientação adotada na minuta do Código de Autorregulamentação do Comitê de Aquisições e Fusões – CAF, projeto que elaboramos sob o patrocínio da BM&FBovespa, que vem sendo discutido com as principais associações do mercado de capitais".

Nessa linha de transposição segura das experiências em direito comparado, o grande obstáculo que parece se colocar é justamente a característica de recesso que paira sobre os *appraisal rights*, na experiência estado-unidense. Pela conclusão de DOOLEY, temperada pelos alertas de EMANUEL, EASTERBROOK e FISCHEL, tudo parece que, ante a independência de partes ou lados, a ausência de conflito permite que a regra da maioria possa impor uma situação iníqua que os novos remédios da CVM e da Lei das S.A. não alcançariam. Eis aqui o ponto em que necessitamos retomar a lição estudada sob a ótica da experiência do direito comparado para tentar compreendê-la dentro dos mecanismos disponíveis em nossa legislação, *de lege lata* bem como *de lege ferenda*.

Se os direitos de reavaliação (*appraisal rights*) funcionam nos EUA como mera sofisticação de um recesso[261], cumpre sugerir que tais mecanismos possam também interferir não apenas na saída dos acionistas, mas também em sua permanência, como uma espécie de ferramenta de controle, para ficarmos na linguagem de DOOLEY, de reajuste do *statuo viæ*. Nosso direito, de fato, já reconhece mecanismo semelhante, que propomos aqui, seja estendido para operações envolvendo processo de incorporação de ações, com ênfase para as operações de consolidação de controle e migração: trata-se do mecanismo de reavaliação previsto no art. 4º-A da Lei das S.A., aplicável para OPAs de cancelamento de registro.

A Lei das S.A. permite que uma minoria qualificada (10% das ações em circulação ou *free float*, dentro do conceito do art.4º-A, §2º, da Lei das S.A.)

---

[261] A questão de se ampliar o sistema de *appraisal rights* no Brasil, capturando desde as avaliações para apuração do *quantum* para exercício do recesso até as reavaliações que identificam o *eixo de equivalência* das operações, é mais complexa por conta do regime de direito de retirada que o art. 137 da Lei das S.A. impõe. Como bem lembrou COMPARATO (vide "Valor de reembolso das ações de acionista dissidente", *In Direito Empresarial – Estudos e Pareceres*. São Paulo: Saraiva, 1990, pp.234 e ss.), o recesso tem natureza de *remédio jurídico*, mas esse remédio, em nossa lei e sobretudo nas operações aqui estudadas, tem se mostrado não apenas como um remédio insuficiente, mas uma espada de Dâmocles empunhada por administradores e acionistas controladores e colocada sobre a cabeça dos dissidentes. Sem alternativas e sem chances, na lei, de ter o caminho do recesso revisto para que atinja o valor justo e possa representar, realmente, uma opção de desinvestimento, o regime de recesso segue como verdadeiro escudo para abusos cometidos dentro da lei. A reforma, ou melhor, a criação de um regime próprio de recesso envolvendo operações de consolidação de controle e migração é, senão uma das prioridades, pelo menos um tema de grande relevo que precisa ser revisto em nossa legislação, para que o recesso pré-estabelecido dê lugar a um regime de avaliação pontual obrigatória, como ocorrem com os *appraisal rights* nos principais Estados dos EUA.

requeira aos administradores que uma nova avaliação da companhia seja feita "pelo mesmo ou por outro critério", qual seja, os acionistas podem inclusive pedir nova avaliação não só por questões formais, mas também em virtude de questões de mérito e conteúdo (justificação, missão, objetivo estratégico da companhia...), como o critério (metodologia) de avaliação. Importante lembrar que a Lei das S.A. impõe que os custos sejam suportados pelos requerentes se a avaliação resultar em quantia inferior àquela proposta. Neste ponto específico, entretanto, nos parece que a experiência estado-unidense tem melhor mecanismo: o custo da avaliação pode até remanescer com a companhia, mas os efeitos da reavaliação devem ser repassados para a operação, ainda que importem em redução do valor dantes obtido pelos acionistas insatisfeitos.

A Lei das S.A. ainda permite que a CVM regulamente esse item[262], o que foi feito na ICVM 361 por meio dos arts. 23 e 24, na forma do instituto intitulado *Revisão do Preço da Oferta*. O mecanismo é eficiente, sucinto, bem redigido e poderia muito bem servir a operações de consolidação de controle, pois a razão de ser que fundamenta esse pedido de revisão é a mesma que fundamentaria um pedido de reavaliação em uma consolidação de controle.

Um amplo mecanismo de revisão de valores, acessível a minorias qualificadas[263], que possa tanto permitir que os acionistas revisem os termos,

---

[262] EIZIRIK, N. (*Lei das S/A Comentada*, Vol. I, Op. cit., Idem, p. 82) lembra: "A Lei das S.A. não conferiu à Comissão de Valores Mobiliários poderes para questionar o preço oferecido nas ofertas públicas de fechamento de capital, mas apenas para obrigar o acionista controlador a fundamentar o referido preço e a prestar todas as informações necessárias para que os acionistas minoritários tenham condições de avaliar se ele é efetivamente 'justo'". Note-se, na observação de EIZIRIK, como os princípios e elementos do *appraisal rights* estão todos presentes, a saber: (i) ter como destinatário da norma o acionista controlador (e não a administração); (ii) obrigar-lhe a fundamentar e informar os demais acionistas; e, sobretudo (iii) dar condições para que se avalie se o controlador adotou um *fair value* ou *fair price*, eixo central dos *appraisal rights* conforme visto acima.

[263] CARVALHOSA, M. (*Comentários...*, 1º Vol., Op. cit., Idem, p. 176): "Com efeito, não deve ser admitido, sob pena de se incentivar uma *indústria da revisão*, que eventuais 'minoritários' comprem ações após a divulgação do preço da oferta para participar da assembleia especial e forçar uma revisão do preço". Tem total e absoluta razão o mestre CARVALHOSA. Entretanto, na prática, o quórum de 10%, que constitui uma verdadeira *minoria qualificada*, ao nosso ver, é um quórum exatamente elaborado para coibir tais abusos, pois ninguém, em sã consciência, irá adquirir tais 10% apenas para "incentivar uma *indústria de revisão*". Ademais, se o mecanismo do art.4º-A da Lei das S.A. for adaptado para processos de incorporação de ações na forma aqui

critérios e metodologias de avaliação da operação, bem como os termos, critérios e metodologias para estabelecimento de um *valor justo de recesso* ou um *eixo de equivalência corrigido* nos parece ser a melhor solução para dirimir problemas que, *ultima ratio*, são questões de avaliação (*valuation*) e não propriamente problemas cuja matriz ou origem seria política (voto: ser ou não ser, votar ou não votar...).

Cumpre ainda lembrar que a providente regra inserida pela Lei nº 11.941, de 27 de maio de 2009, que acrescentou um §4º ao artigo 252 da Lei das S.A., franqueia à CVM o poder de estabelecer "normas especiais de *avaliação* e contabilização aplicáveis às operações de incorporação de ações que envolvam companhia aberta".

De fato, o poder para implementar as melhorias aqui propostas, não depende exclusivamente de mudanças na legislação: a CVM já está guarnecida com poderes suficientes para implementar, dentro de sua alçada, via Instrução, regras que estabelecem direitos de reavaliação de forma ampla.

Idealmente, uma sistematização dos direitos de reavaliação na Lei das S.A. seria o mais indicado, sem prejuízo do poder que a CVM já possui para instituir medidas que socorram acionistas pelo lado mais adequado, qual seja, o da avaliação (e não pelo lado dos deveres fiduciários da administração)[264].

---

sugerida, onde a avaliação apurada a menor pode afetar o valor a ser recebido, as chances de minorias qualificadas colocarem em jogo o valor que têm por mero diletantismo protelatório se reduzem abruptamente. No caso do art.4º-A da Lei das S.A., caso o quórum seja retirado, abusos de minoria podem realmente ocorrer, pois o mecanismo não apresenta um fator de desincentivo caso a avaliação não atinja o valor pretendido. Os custos incorridos tornam-se uma espécie de penalidade por sucumbência de valor efêmero, sobretudo porque a lei não dá pistas de como solucionar, na prática, o rateio de tais custos entre os dissidentes derrotados (vide CARVALHOSA, Ibidem, pp. 178-179).

[264] A CVM não editou regras de avaliação. Recentemente, por meio da Deliberação CVM 580, de 31 de julho de 2009, revogada pela Deliberação CVM 665, de 4 de agosto de 2011, a CVM deu corpo normativo ao chamado CPC15, que na Deliberação 665 passou a se chamar CPC15(R1). Trata-se de uma regra essencialmente contábil, cujo escopo de avaliação não se refere, especificamente, à avaliação da operação para fins de estabelecimento de relação de troca ou direito de recesso. É uma avaliação para fins contábeis e com escopo delineado: "O objetivo deste Pronunciamento é aprimorar a relevância, a confiabilidade e a comparabilidade das informações que a entidade fornece em suas demonstrações financeiras acerca de combinação de negócios e seus efeitos". É, portanto, uma regra voltada para aprimorar o formato das informações que são veiculadas nas demonstrações financeiras e não em laudos de avaliação. Note-se que o âmbito diz respeito a operações que a CVM chama de *combinação*

de negócios: vala comum onde, na concepção da CVM, couberam operações de capital (como fusão e incorporação), operações com ativos (aquisição de ativos ou de fundo de comércio) bem como operações de controle (tais como as operações aqui abordadas e processadas por meio de incorporação de ações, exceto a migração, bem como a formação de *joint ventures* e as operações que envolvem alienação de bloco ou parcelas de controle). Essa postura já mereceu críticas neste trabalho, mas nunca é demais frisar que a confusão é enorme e a falta de critérios técnicos para dar o devido tratamento a situações que são, de fato, distintas, é espantosa. Já tivemos a oportunidade de abordar passagens muito controversas dessa norma, mas, tecnicamente, ela é controversa do início ao fim: longa, prolixa, confusa, de dificílima compreensão e de técnica redacional questionável, mistura conceitos e os coloca em conflito, dando mais de uma definição para o mesmo conceito, cuja origem vem de uma norma estrangeira que o regulador teve mais trabalho na tradução do que na adaptação jurídica dos conceitos. Exemplo disso é o conceito de *combinação de negócios* em si, cuja definição se dá de maneira direta no *Apêndice* da norma, mas de maneira indireta em vários outros pontos da regra. O excesso de estrangeirismos, aceitável em um memorando, deve ser evitado em regras jurídicas, sendo que nesta, é visto em abundância, o que nos permite observar que nem mesmo o trabalho de tradução saiu como se esperava. Conceitos ainda bastante sérios e delicados, como o conceito de poder de controle, são uma verdadeira violação à Lei das S.A. e a todas as construções jurídicas sobre o tema. Teratologicamente, por essa norma, o poder de controle passa a ser "o poder para governar a política financeira e operacional da entidade de forma a obter benefícios de suas atividades". A doutrina tece poucos comentários a essa regra e à legalidade de sua definição (vide EIZIRIK, N. *A Lei das S/A Comentada*, Vol. III, Op. cit., Idem, pp. 407-408; CARVALHOSA, M. *Comentários...*, 4º Vol., Tomo II, Op. cit., Idem, pp173-178), ressaltando apenas a sua natureza contábil, sem adentrar no mérito das definições e nas lacunas envolvendo a avaliação da operação em si para outros fins que não os contábeis das entidades envolvidas. Mesmo sob a ótica contábil, ficamos com a impressão, *en passant*, de que a norma nem mesmo aos contabilistas desperta simpatia, como parece ter sugerido o comentário de Ian MUNIZ a respeito da imprecisão do conceito de *valor justo*: "Quando se configura a existência de uma combinação de negócios, a primeira decorrência, do ponto de vista contábil, é que todos os ativos que integram o negócio adquirido (tangíveis ou intangíveis) devem ser reconhecidos (identificados) e mensurados (avaliados) pelo seu valor justo. Uma definição objetiva de valor justo é o valor pelo qual um bem pode ser negociado entre partes independentes e livres de pressões externas." (*Fusões e Aquisições...*, Op. cit., Idem, p. 32).

Capítulo 7
O Problema da Oferta Pública Obrigatória

Esta é, talvez, a questão mais polêmica envolvendo as operações de consolidação de controle realizadas por meio de incorporação de ações.

Curiosamente, a questão surge em direito brasileiro no contexto de uma operação de migração, onde nem sequer há troca de controle a ser avaliada, mas sim uma situação abstrata em que o cancelamento de registro de companhia incorporada decorrente de resultado final de operação só poderia ser concluído se houvesse oferta pública prévia autorizando.

Nesse contexto, temos dois tipos de oferta pública obrigatória que costumam ser questionadas em processos envolvendo incorporação de ações: (i) a oferta pública do art. 4º, §4º, da Lei das S.A., quando a operação (no caso, uma migração ou uma consolidação de controle ou, ainda, uma verticalização) resultar em subsidiária integral que, sendo companhia aberta, pede seu cancelamento de registro diretamente à CVM; (ii) a oferta pública do art. 254-A, quando especificamente uma operação de consolidação de controle gera alterações na posição do acionista controlador da companhia afetada (seja ela a incorporadora, seja ela a incorporada).

Cumpre analisar o primeiro tipo de situação, qual seja, quando uma consolidação de controle afeta a situação de uma companhia aberta, que termina tendo o seu registro como tal cancelado.[265]

---

[265] A situação já foi toscamente denominada "fechamento branco de capital" (cf. CARVALHOSA, M. *Comentários...*, Op. cit., Idem, p. 183: "O 'fechamento branco' de capital constitui expressão utilizada pelo mercado para denominar as operações em que o acionista controlador adquire praticamente a totalidade das ações de emissão de sua controlada em circulação no mercado, sem cancelar o registro perante a CVM"). Vale lembrar que o uso indiscriminado

O indigitado §4º ao artigo 4º da Lei das S.A. diz: "O registro de companhia aberta para negociação de ações no mercado **somente poderá ser cancelado** se a companhia emissora de ações, o acionista controlador ou a sociedade que a controle, direta ou indiretamente, **formular oferta pública para adquirir a totalidade das ações em circulação no mercado**, por preço justo, ao menos igual ao valor de avaliação da companhia, apurado com base nos critérios, adotados de forma isolada ou combinada, de patrimônio líquido contábil, de patrimônio líquido avaliado a preço de mercado, de fluxo de caixa descontado, de comparação por múltiplos, de cotação das ações no mercado de valores mobiliários, ou com base em outro critério aceito pela Comissão de Valores Mobiliários, assegurada a revisão do valor da oferta, em conformidade com o disposto no art. 4º-A" (grifamos).

A regra coloca, portanto, como condição essencial ao cancelamento de registro de companhia aberta, sem fazer qualquer distinção quanto à forma pela qual o *status* de subsidiária integral pode ser atingido, que seja antecedida de oferta pública que atenda àqueles requisitos de avaliação.

Qual seja, se o acionista controlador se empenhar em adquirir ações da companhia, na forma do art. 251, §2º, da Lei das S.A., por combinação com o §6º ao artigo 4º da Lei das S.A., fica obrigado a fazer a oferta pública para cancelamento de registro. Entretanto, juridicamente, a articulação entre o art. 251, §2º, combinado com o art. 252, *vis-à-vis* os requisitos do art. 4º, §4º, todos da Lei das S.A., deixa as operações processadas por meio de incorporação de ações em um certo *limbo dantesco*.[266]

Visando regular esse *limbo dantesco*, a CVM[267], nos idos de 2000, analisou o famoso Caso Petrobras/BR concluindo pela obrigatoriedade de oferta pública prévia, como pré-requisito para a realização de uma operação de migração.

---

dessa terminologia chegou, de forma superficial, às operações efetuadas por processo de incorporação de ações. A terminologia "fechamento de capital" deve ser evitada, sempre que possível, tanto quanto a ideia de estender a oferta pública obrigatória para operações que se utilizam de um processo de incorporação de ações, como veremos.

[266] Nesse sentido, vide N. Eizirik ("Incorporação de Ações: Aspectos Polêmicos", Op. loc. cit, Idem, pp. 92-96) de onde extrai-se, sob ótica procedimental, a consequente conclusão de que não haveria, nesse caso, a OPA obrigatória para cancelamento de registro (pp. 96-98).

[267] Sob o prisma da evolução jurisprudencial na CVM, é digno de nota o estudo de Felipe Tavares Boechem, "(In)Exigibilidade de Oferta Pública de Aquisição de Ações por Alienação de Controle – uma análise da jurisprudência da CVM", *In Revista de Direito Mercantil, Industrial, Econômico e Financeiro*, Volume 161/162. São Paulo: Malheiros, jan-ag/2012, pp. 72-100.

Trata-se de uma migração simples da base acionária da BR Distribuidora, então controlada pela Petrobras, para o capital desta, transformando a BR Distribuidora em subsidiária integral da Petrobras.

O caso lança um verdadeiro ataque a operações processadas por meio de incorporação de ações, tendo-se sustentado, de forma absolutamente genérica, abrangente e descuidada, que tais operações teriam "potencial para proliferação de erros, fraudes e agravos contra minoritários". Ao atacar as incorporações de ações atingindo todas as operações que se utilizam desse processo, a CVM maculou um processo, uma forma, sem distinguir conteúdos.[268] Esse foi um efeito de se regular um processo sem atentar para as operações e tratar mencionado processo, conceitualmente, pelos efeitos (subsidiária integral) ao invés de tratá-lo pelo escopo (migração).

A CVM, com certa consciência de que a solução flertava com a ilegalidade, chega a afirmar: "Mas, o fato é que não se pode impedir que uma sociedade se valha da faculdade legal de tornar outra companhia sua subsidiária integral pelo simples fato de ser sua controladora. Excluir-se a utilização de tal faculdade pelas sociedades controladoras seria ilegal".

Invocando a já revogada ICVM 299, que foi substituída pela ICVM 361, gerou-se um completo atropelo de conceitos em relação à noção de *avaliação* (conforme já vimos aqui), deliberando-se: "Em casos como o presente, a única possibilidade de se aferir a legitimidade da relação de troca de ações de controladas por ações da controladora é a realização prévia de uma oferta pública de aquisição de ações dos seus acionistas minoritários, nos termos da Instrução CVM 299/99, com as modificações introduzidas pela Instrução CVM 345/00. Só mesmo a aceitação de acionistas a uma Oferta Pública poderá atestar a validade do valor estipulado para a permuta decorrente da incorporação de ações".

---

[268] A decisão, de forma confusa, ao abordar a questão dos conflitos de interesses do art. 115 da Lei das S.A., faz pequena exceção para as verticalizações e consolidações de controle, nestes termos: "a lei de sociedades anônimas, ao tratar de conflitos de interesses no art. 115, veda o exercício do voto nas deliberações em que os acionistas puderem se beneficiar de modo particular. Assim, se por um lado, os controladores teriam interesse particular na matéria a ser votada na citada assembléia, também os minoritários pelos mesmos motivos não poderiam votar em deliberação que aprova o valor das próprias ações.Tal situação não ocorre quando se trata de companhias com diferentes controladores, pois a operação se resolve como resultado de deliberação autônoma (ou manifestação de duas vontades na operação) de maiorias distintas dos sócios, que vão compartilhar ao final o patrimônio comum decorrente da incorporação das ações".

O posicionamento não tem base jurídica clara. Não se sabe ao certo, juridicamente, porque apenas e tão somente uma aceitação em OPA seria o único meio aceito para atestar a validade de valor estipulado para a "permuta decorrente de incorporação de ações". Esta é a única peça onde se identifica a aproximação da incorporação de ações ao contrato de permuta. A sugestão é tão aleatória quanto distante da técnica.

Pudemos notar neste trabalho o quão diversas podem ser as metodologias e fins de uma avaliação. De fato, a avaliação proposta para uma OPA, que no Brasil se utiliza de um similar do DBM, tem propósitos diferentes de uma avaliação de ativos (separadamente) para apurar o valor relativo de ações que serão comparadas a fim de se estabelecer um *eixo de equivalência*. Não se sabe ao certo, pois não há fundamento econômico, nem financeiro, nem jurídico, que justifique como uma avaliação de uma OPA pode funcionar como referendo para o *eixo de equivalência* identificado para uma operação (neste caso) de migração ou consolidação de controle (como em outros casos).

Se os acionistas não aderirem à OPA, a companhia, teoricamente, não poderia cancelar o registro de companhia aberta, mas isso, tecnicamente, não significa que sua administração ou seu controlador não possam, fazendo uso do art. 252 da Lei das S.A., transformá-la em subsidiária integral, migrando seus acionistas para a incorporadora aberta, mantendo a subsidiária integral no regime de companhia aberta, como ocorre com algumas subsidiárias integrais, por exemplo, do setor de energia.

Por óbvio que a solução dada pela CVM, visando melhorar e ampliar os *direitos de reavaliação*, testou mecanismos completamente incorretos.

KALANSKY chega a sugerir que a justificativa para essa decisão seria a redação anterior do art. 264, da Lei das S.A.: "Deve-se notar, entretanto, que, na época da decisão, a redação do art. 264 da Lei das S.A. tratava apenas da hipótese de incorporação de sociedade controlada por sua controladora, não a estendendo à operação de incorporação de ações. Com a alteração introduzida pela Lei 10.303/01, que deu nova redação ao §4º do art. 264 da Lei das S.A., estendeu-se a aplicação das normas previstas no artigo em foco à incorporação de ações de companhia controlada ou controladora".[269] Adicionalmente, como bem notou o próprio KALANSKY, ainda que o art. 264 da Lei das S.A. tivesse previsão abrangendo as incor-

---

[269] *Incorporação de Ações...*, Op. cit., Idem, pp. 148-149.

porações de ações, "deve-se notar que nesse caso específico os acionistas minoritários da BR não teriam direito a exercer o recesso, porque as ações de que eles eram titulares integravam o índice Bovespa".[270]

O argumento pode ser válido se tivermos em vista apenas as operações de migração, vez que a alteração do art. 264 da Lei das S.A. não alcançou as operações de consolidação de controle nem as de verticalização. De uma forma ou de outra, o argumento da CVM utilizado no Caso BR/Petrobras não resistiu à revisão do caso seguinte, o Caso Serrana/Bunge.

No Caso Serrana/Bunge, a CVM, liderada pela opinião do Diretor Luiz Antonio de Sampaio Campos, que havia se declarado impedido no Caso BR/Petrobras, reviu o seu posicionamento e retirou a necessidade de Oferta Pública prévia para a realização de operações de migração processadas por incorporação de ações. No Caso Serrana/Bunge houve, também, uma migração clássica, colocada no centro da discussão, em revisão ao Caso BR/Petrobras, para se verificar a necessidade de Oferta Pública prévia, dentre outros temas. O Diretor-Relator Luiz Antonio de Sampaio Campos encampou o argumento de que o cenário jurídico teria mudado com a reforma no art. 264 da Lei das S.A.

Mas, de fato e, além disso, o argumento jurídico e a justificativa econômica prevaleceu sobre a argumentação mais intuitiva esposada no Caso BR/Petrobras, no sentido de que: "Com efeito, há uma diferença abissal entre o procedimento de adesão a uma oferta pública e a manifestação do acionista em uma assembléia. Não se pode, nem de longe, *data venia*, querer equiparar um ao outro"[271]. E assim, destacou, dentro da lógica de nossa Lei das S.A. e do espírito que a norteia: "Exigir-se, então, a realização de uma oferta pública como condição à realização de uma operação de incorporação, seja a clássica ou de ações, significa: (i) afastar o direito de voto do acionista controlador, o que claramente a Lei nº 6.404/76 não pretendeu, ao revés, entendeu ser conveniente, conforme se verifica do artigo 264, da exposição de motivos e da opinião do Prof. Lamy (ob.cit., pág. 327); (ii) atribuir aos acionistas minoritários, titulares de ações ordinárias ou preferenciais, o direito de vetar estas operações; (iii) afastar da discussão e destas manifestações a proteção do interesse social"[272].

---

[270] Ibidem, p. 167.
[271] Parágrafo 26 da decisão do Caso Serrana/Bunge.
[272] Parágrafo 32 da decisão do Caso Serrana/Bunge.

Acrescente-se a isso que a natureza das operações de consolidação de controle, bem como as migrações, estão sob um princípio completamente diverso das operações onde há efetiva *compra* de ações da companhia. A migração, assim como a consolidação de controle, são operações societárias onde não há *desembolso* nem tampouco *pagamento* pelas ações da companhia alvo: há uma relação de substituição baseada em um *eixo de equivalência* entre os dois ou mais valores mobiliários em comparação, numa operação assemblear e compulsória, como bem lembrou LEÃES[273]. Não por outro motivo, a CVM, por meio do Diretor-Relator Luiz A. S. Campos, salientou no Caso Serrana/Bunge: "Acresce a isso que se estará transferindo o ônus do recesso, que é da companhia, para o acionista controlador".[274] Essa observação reforça, ainda mais, como cada operação (e não o processo de incorporação de ações), com suas finalidades distintas, merece, cada qual, preocupações específicas.

Apesar disso, o tema foi alvo, em doutrina, de persistentes críticas[275/276], em meio a apuradas opiniões, como a de Luiz Gastão de Paes de Barros

---

[273] LEÃES, Luiz Gastão de Paes de Barros. "Incorporação de Ações de Companhia Aberta Controlada", *In Pareceres*, Vol. 2. São Paulo: Singular, 2004; p. 1411.

[274] Parágrafo 35 da decisão do Caso Serrana/Bunge.

[275] Vide CAMACHO, Marília Gama Rodrigues e MAKANT, Bárbara ("Da utilização do instituto da incorporação de ações como meio de efetuar fechamento de capital de uma companhia aberta sem a realização de oferta pública", *In RDB*, vol. 28. Op. cit.,, Abril/Junho 2005, pp. 46-69), que identificaram "desvios nos procedimentos de fechamento de capital de companhias abertas". Sugeriram se tratar de negócio indireto quando o processo de incorporação de ações utilizado em migrações resulta em subsidiária integral sujeita a cancelamento de registro de companhia aberta sem as formalidades do §6º ao art. 4º da Lei das S.A., nestes termos: "A preocupação maior que a substituição dos procedimentos adequados para a efetivação do fechamento de capital de companhias abertas suscita é que são utilizados mecanismos legais plenamente admissíveis para a realização do negócio substitutivo engendrado, porém, com finalidade distinta do objetivo peculiar ao instituto jurídico criado pela lei para operacionalizar o fechamento de capital em foco". Note-se que o argumento parte do pressuposto que a finalidade é primordialmente cancelar o registro e não migrar a base acionária. Eis onde o equívoco das críticas reside: em supor uma finalidade que não consta dos documentos de divulgação das operações mencionadas e se utilizar de uma das conseqüências como se fossem escopos iniciais. Tanto isso é preciso que as próprias autoras reconhecem, na conclusão, a falha de uma radical linha de crítica que não observe o escopo de cada operação, como este trabalho tenta sistematizar: "Diante do relato dos casos acima, verifica-se que a matéria em exame não comporta um tratamento uniforme. Os dois institutos analisados – a OPA para fechamento de capital e a incorporação de ações que, eventualmente, também pode resultar no fechamento de capital – estão previstos na lei societária brasileira. Desta forma, o que vai

LEÃES[277], que ao longo do tempo, não persistiram sob o debate do caso seguinte, o Caso Ultrapar/Ipiranga.

Após o Caso Serrana/Bunge e a intervenção do Dir. Luiz A. S. Campos, o tema voltou à discussão na CVM no Caso Fosfértil/Bunge e no Judiciário Paulista no Caso Ultrapar/Ipiranga. O tema, a essa altura, já estava completamente sedimentado, pois a CVM reiterou esse entendimento nos Casos ABN-AMRO/Sudameris, Ripasa/Suzano/Votorantim. Após o julgamento desses casos, o fenômeno da oferta pública obrigatória prévia para cancelamento de registro nas incorporações de ações já contava com preciosos

---

determinar a sua aplicabilidade de maneira legítima são, não só as circunstâncias que revestem a operação, mas principalmente o intuito das partes que a realizam. Isto porque é possível se utilizar dos dois institutos para perseguir o mesmo fim, só que não podem ser aplicados de maneira transversa para excluir direitos legalmente atribuídos aos acionistas minoritários de uma companhia". Linhas de argumento que acabam por "demonizar" o instituto normalmente são desprovidas de uma justificativa jurídica e buscam em outras esferas do conhecimento o sustento teórico que o direito não fornece. Exemplo disso é o argumento de que, embora legal, o uso da incorporação de ações resultando em cancelamento de registro não seria "ético". Leslie Amendolara (*apud* KALANSKY, Ibidem, p. 137, nota 158) jactou-se da ideia de que a "estratégia é legal, sem dúvida, mas não é ética", sem, entretanto, explorar o conceito da ética empresarial em operações dessa natureza, seja do *lado* do controlador, seja do *lado* do não controlador quando a operação é de migração ou consolidação de controle, bem como do *lado* do acionista em relação ao *lado* da administração, quando a operação é de verticalização. Fazemos nossas aqui as palavras de Marcelo Barbosa SACRAMONE ("Falsa Polêmica...", Op. cit., Idem), que alertou para os perigos da generalização. Vale lembrar que esse preconceito chegou a invadir o arcabouço infralegal, no âmago do PO CVM 35, que impõe, como "dever fiduciário", a seguinte obrigação para os administradores de companhia aberta que intentem materializar uma migração por meio de um processo de incorporação de ações: "os administradores devem considerar a possibilidade de adoção de formas alternativas para conclusão da operação, como ofertas de aquisição ou de permuta de ações".

[276] O ataque em relação às operações *going private* não foi só alvo de preocupações no Brasil. Nos EUA, a doutrina voltou atenção para operações de *merger* com intenção de cancelamento de registro, notando a insuficiência das leis e certa timidez em alguns casos menos conhecidos, como *Stauffer, Najjar* e *Schloss*, julgados contemporaneamente a *Weinberger* e *Singer* (vide MCGARRITY, John P.. "*Freezeouts under the 1983 Illinois Business Corporation Act: the need for protection of minority shareholders from 'Going Private' Mergers*", In *University of Illinois Law Review*. Chicago-IL: University of Illinois Press, 1985, pp. 679-704). Pouco antes, em 1974, Wisconsin teria sido o primeiro Estado a regular a questão das *"going private transactions"*, gerando interessantes debates na doutrina, no mesmo período de *Weinberger*, como bem demonstrou Steve SULESKI (*"Regulation of Going Private transactions in Wisconsin and the effect of Edgar v. Mite"*, In *Wisconsin Law Review*. Madison, WI: University of Wisconsin Press, 1983, pp. 689-720).

[277] LEÃES, L. G. P. B. "Incorporação de Ações...", In *Pareceres*..., Op. cit., Idem; pp. 1403-1423.

pareceres contrários da lavra de Modesto CARVALHOSA[278] e Luiz Gastão de Paes de Barros LEÃES[279], eliminando completamente a discussão em sede dos processos de incorporação, mostrando a incompatibilidade da obrigação de oferta pública prévia para a realização de operações que se utilizem desse tipo de processo, sobretudo as consolidações de controle. A CVM, por fim, lançou termo à discussão no julgamento do Caso Bunge/Fosfértil.

Essa linha de discussão nos permite adentrar no contexto do segundo tipo de situação ou questionamento, a saber: se a alteração no poder de controle gerada pela conclusão de operações (especificamente) de consolidação de controle processadas por meio de incorporação de ações gera oferta pública obrigatória *a posteriori*, por aplicação do art. 254-A da Lei das S.A.

O histórico da questão acompanha as alterações que ocorreram nesta matéria na Lei das S.A. Basicamente, as conclamações pela aplicação da oferta pública obrigatória *a posteriori* em operações de consolidação de controle levam em consideração o resultado final da operação, com consequente troca de controle na incorporada e, muita vez, na incorporadora, mantendo indiretamente o controle na incorporada por meio da nova holding onde o controle é consolidado.

Esse debate, na prática, teve início no Caso Company/Brascan, já discutidos aqui no Capítulo anterior. Embora o tema tenha sofrido ataques de natureza ética, tão logo se notou que problema jurídico não haveria, ondas de preconceito contra o instituto logo foram dirimidas por ponderações equilibradas e justas.

Argumentos jurídicos que se utilizaram de atalhos como "negócio jurídico indireto", "abuso de direito", "simulação", "fraude à lei", além de outros argumentos, foram aos poucos sendo rebatidos por doutrina abalizada. Neste trabalho poder-se-ia, se o espaço permitisse e a etiqueta editorial não condenasse, fazer desfilar doutrinadores, civilistas, romanistas, pandectistas e comercialistas que, com profundidade, rebateriam um a um os argumentos de "negócio jurídico indireto", "abuso de direito", "simulação", "fraude à lei". Fiquemos com as ponderações de KALANSKY sobre tais quesitos.[280]

---

[278] CARVALHOSA, Modesto. "Inexigibilidade de OPA prévia à incorporação de ações", *In RDB*, vol. 40. Op. cit., Abril/Junho 2008, pp. 161-169.

[279] LEÃES, Luiz Gastão Paes de Barros. "Incorporação da totalidade das ações de companhias controladas", *In RDB*, vol. 40. Op. cit., Idem, pp. 170-173.

[280] *Incorporação de Ações...*, Op. cit., Idem, pp.138-146.

Tecnicamente o ponto central da dissociação entre o art. 254-A e o art. 252 da Lei das S.A. está na própria letra do art. 254-A, que diz: "A *alienação, direta ou indireta, do controle de companhia aberta...*" (grifamos). A oferta pública obrigatória *a posteriori* por alienação de controle tem como pressuposto... uma *alienação de controle*. Alienar significa alhear, tornar alheio, ou, em termos jurídico-comerciais, significa *vender*. O mesmo se dá com a aquisição (normalmente obtida via mercado, por meio de OPA): adquirir significa *comprar*, qual seja, pagar um preço em dinheiro para receber um bem em troca.

O art. 254-A da Lei das S.A. é um mecanismo típico de *venda* e *compra* de controle societário. A consolidação de controle processada por meio de incorporação de ações *não é uma venda*.[281-282] Nem sequer há negociações para definição do *eixo de equivalência* e estabelecimento da relação de troca, mas sim discussão técnica sobre premissas e metodologias de avaliação, que não importam em futuro desembolso de dinheiro de um acionista controlador para outro, decorrentes justamente da inexistência de um direito patrimonial disponível (seja para a administração em *fides*, seja para o acionista controlador em responsabilidade por exercício de poder.

São os recursos da própria companhia incorporadora que são criados a partir da captura dos valores mobiliários de *todos os acionistas da incorporada*, concorrendo os demais acionistas da incorporadora ao aceitarem diluição justificada. O controlador da incorporadora não se beneficia, não desembolsa dinheiro, não paga e nem entrega bens para receber, ele mesmo (ou por intermédio de veículo), as ações que garantem o controle da companhia alvo. Nem tampouco recursos da companhia incorporadora são utilizados em prejuízo dos acionistas não controladores da companhia incorporadora. Em tese, todos têm a oportunidade de participar da operação, debater, votar e, caso discordem, de se retirar da companhia.[283]

---

[281] Não por outra razão, João Pedro Barroso do NASCIMENTO não listou, entre os "métodos de *aquisição do Poder de Controle*" as operações estudadas nesta obra, nem tampouco outras operações societárias de capital como as incorporações, as fusões e as cisões (vide *Medidas Defensivas à Tomada de Controle de Companhias*. São Paulo: Quartier Latin, 2011, pp. 62-72). Nessa mesma linha, como visto, trabalhou MUNHOZ (vide *Aquisição de Controle...*, Op. cit., Idem), alinhando-se a outras formas de aquisição (contratuais e de mercado, mas não as societárias, onde não há compra nem tampouco alienação).

[282] Nesse mesmo sentido, vide BOECHEM, F. T., "(In)Exigibilidade de Oferta...", Op. loc. cit., Idem, pp. 95-100.

[283] O valor pelo qual essa retirada pode ser exercida, justo ou não conforme dispõe a nossa lei atualmente, é uma outra discussão *de lege ferenda* pela qual já passamos, reclamando um

O instituto da venda conjunta (*tag along*) serve justamente para integrar, *a posteriori*, os acionistas que não puderam participar do processo decisório e não puderam se beneficiar, em conjunto, financeiramente, desse fenômeno societário[284]. Nos processos envolvendo incorporação de ações, essa restrição de participação não existe juridicamente, embora sérias práticas reprováveis de governança corporativa possam dificultar essa participação (mas jamais impedi-la ou excluí-la).

Argumentar, portanto, no âmbito do "negócio jurídico indireto", "abuso de direito", "simulação", "fraude à lei", no sentido de que os processos de incorporação de ações, sobretudo as consolidações de controle, seriam formas de contrariar o *espírito da lei* para evitar as obrigações do art. 254-A da Lei das S.A.: seria avaliar uma situação jurídica de uma operação societária em decorrência de obrigações que dizem respeito ao âmbito de outra (alienação).[285]

Impera, portanto, a razão jurídica, neste ponto, já manifesta em parecer de Mauro Rodrigues PENTEADO[286], que classificou o processo de incorporação de ações em sua tipicidade, distinguindo-o de uma alienação de bloco de controle, lembrando: "a modificação de participações acionárias é, assim, típica e co-essencial ao regime jurídico de incorporação de ações

regime específico de *appraisal rights* para esse tipo de operação, separado do atual regime do art. 137 da Lei das S.A.

[284] Cf. KALANSKY (Ibidem, p. 140): "O direito de *tag along* somente se justifica como forma de estender aos minoritários parte do prêmio de controle recebido pelo controlador, por isso a onerosidade da transferência é elemento essencial à obrigatoriedade de realização de OPA por alienação de controle". Mais: "o negócio jurídico de incorporação de ações não será oneroso para o controlador da incorporadora, uma vez que este não auferirá qualquer vantagem patrimonial direta em virtude da incorporação que resultará na mudança do controle acionário da incorporadora".

[285] Nesse sentido, fazemos nossas as palavras de Lucas BRAUN ("Da Inaplicabilidade do art. 254-A da Lei das Sociedades por Ações às Reestruturações Societárias", *In RDM*, vol.155/156, São Paulo: Malheiros, Ago-Dez 2010, pp. 129-138). "A possibilidade de fraude à lei imperativa não é privilégio do negócio jurídico da alienação de controle e não justifica, por si só, a interpretação proposta. Admiti-la equivale a cercear ao legítimo direito dos empresários de dimensionar suas atividades de acordo com o interesse social de suas companhias – a linha-mestra, aliás, que orienta toda a sistemática da Lei das Sociedades por Ações. Em outras palavras, o reputado '*espírito da lei*' não admite a extensão da obrigação de oferta pública prevista no art. 254-A às operações de reestruturação societária" (p. 137).

[286] PENTEADO, Mauro R. "Reorganização Operacional e Societária. Ação Declaratória de Nulidade de Deliberações de Conselho de Administração de S/A. Suposto Conflito de Interesses", *In RDM*, vol. 146, São Paulo: Malheiros, abr-jun 2007, pp.237-268.

para a constituição de subsidiária integral"[287], sem que com isso haja uma caracterização de alienação de controle, outro negócio jurídico que se difere totalmente da consolidação de controle aqui estudada. PENTEADO assim resume: "a incorporação de ações para a constituição de subsidiária integral – operação societária típica, repita-se – além de não configurar 'alienação de ações', não importa, também, em *alienação de controle*'".[288]

Reparando-se apenas a observação de que a incorporação de ações seria uma operação, quando na verdade é um processo que pode servir a vários tipos de operações, como estamos defendendo aqui, esses são ricos argumentos que, de forma razoavelmente definitiva, dissipam a associação aleatória entre o instituto do art. 254-A da Lei das S.A. com aquelas operações efetuadas pelo processo do art. 252 da mesma lei.

[287] Ibidem, p. 260.
[288] Ibidem.

PARTE III
OPERAÇÃO DE MIGRAÇÃO

Capítulo 8
Conceito, Finalidade, Processo

A migração é, sem dúvida, a operação mais comum veiculada por meio de uma incorporação de ações. É uma operação que sempre ocorre no âmbito de um mesmo grupo econômico e se caracteriza pela relação de subordinação acionária (controle) entre a companhia incorporadora e a companhia controlada, onde o acionista controlador (diretamente na incorporadora e indiretamente na controlada) conduz toda e operação e toma todas as decisões. A finalidade primordial é migrar acionistas de uma determinada base acionária para outra companhia do grupo, tornando a companhia controlada uma subsidiária integral e unificando as bases acionárias em uma única entidade ou pessoa jurídica emissora. Muita vez, essa migração tem por resultado, também, permitir que a companhia incorporada cancele o seu registro como companhia aberta sem que necessite fazer uma oferta pública de ações, base de discussões já analisadas no capítulo anterior.

Importante aqui não confundir o conceito de *freezout merger* com o conceito de *squeezout*. Como bem lembra CLARK[289], no *squeezeout* o pagamento em dinheiro com a conseqüente exclusão dos acionistas da base do grupo como um todo difere do *freezout*, onde a possibilidade de pagamento

---

[289] *Corporte Law...*, Op. cit., Idem, pp. 499-502. CLARK ainda equipara a situação de *freezout* a uma detenção acionária constantemente tangenciada pela possibilidade de resgate (*redeemable preferred stock*), que quando ocorre em dinheiro se consubstancia na forma do *cashout merger*, e quando em ações, pode ocorrer em ações ou na forma de várias espécies de técnicas societárias e operações distintas. No mesmo sentido, vide EASTERBROOK e FISCHEL, *The Economic Structure...*, Op. cit., Idem, p. 134.

com ações admite a manutenção dos acionistas migrados no contexto da empresa como um todo. Assim, tecnicamente e como mostra CLARK, o *squeezeout* não seria uma *operação*, mas sim o efeito de uma operação, de modo que o *squeezout* com ações pode ocorrer sob várias formas e sub-espécies de *merger*, tal qual: o *short-form merger stock*, o *reverse stock split* e respectivas variações táticas[290] – muito semelhante, diga-se de passagem, à defesa que aqui fazemos relativamente ao processo de incorporação de ações, que pode englobar diversos tipos de operações. Teoricamente, a operação de migração pura envolve uma companhia *holding* em um grupo de fato, onde seu acionista controlador toma, de maneira unificada, as decisões que levam acionistas não controladores de uma entidade para outra, dentro do que os juristas estado-unidenses chamam de *self-dealing transactions*.

Há um modelo "impuro" de migração, que pode ocorrer quando a companhia *holding* em questão não tem um acionista controlador definido e, tendo seu capital pulverizado, deixa a decisão a cargo de acionistas, que aprovando a operação no âmbito da *holding*, envolvem a sua administração, com seus deveres fiduciários, a buscar essa unificação de bases acionárias em uma única companhia. Há exemplos de operações com incorporações de capital, mas operações de migração com companhias de capital pulverizado por meio de incorporação de ações, o nosso direito não encontra registro. Por outro lado, os exemplos nos EUA são extremamente abundantes para esse tipo de operação, sendo o mais clássico exemplo o caso *Rosenblatt v. Getty Oil Co.*, já estudado neste trabalho.[291]

Em *Rosenblatt*, acionistas minoritários da Skelly Oil Company, liderados por Emanuel Rosenblatt, movem ação judicial contra a companhia Getty Oil Co. e sua administração. O caso remonta aos idos de 1976, quando o acionista controlador da Getty Oil Co., J. Paul Getty, era vivo e se opunha à unificação das bases acionárias de duas controladas da Getty Oil: a Mission Co., companhia controlada diretamente pela Getty Oil com aproximadamente 90% das ações com direito a voto e a Skelly Oil Co., uma companhia controlada por Mission Co., que detinha, por sua vez, aproximadamente 73% das ações com direito a voto de emissão da Skelly Oil. Adicionalmente, Getty Oil ainda detinha, diretamente em Skelly Oil, uma participação de aproximadamente 7,5% das ações com direito a voto. Cum-

---

[290] Ibidem, pp. 501-502.
[291] 493 A.2d 929, Suprema Corte do Estado de Delaware, 1985, relator J. Moore.

pre lembrar que essas companhias operavam em grau mínimo de sinergia sob estratégia de conglomerado. Após o passamento do Sr. Getty e com a diluição do controle, a administração da companhia retoma as discussões com vistas a integrar as bases acionárias de Mission e Skelly para a *holding* Getty. As discussões se estenderam por quase um ano em torno de questões envolvendo avaliações e os respectivos *eixos de equivalência* para cada processo de migração. As companhias, cada qual contando com conselhos de administração compostos com membros independentes, discutiram entre si os termos das operações (sobretudo Skelly e Getty), antes que a proposta pudesse ter sido submetida aos respectivos acionistas reunidos em assembleia.

A operação foi conduzida por comitês independentes de cada companhia, contou com a aprovação de quase 90% dos acionistas presentes, o que representava, no universo de não controladores da Skelly, um consentimento de mais de 58% dos não controladores. Insatisfeitos, acionistas dissidentes liderados por Rosenblatt propuseram, em 1977, uma *class action* contestando a relação de troca, com referência à qual questionaram a inteira justeza (*entire fairness*), baseada em uma avaliação elaborada pelo *Delaware Block Method*. Após seis anos de intensos debates nas cortes de primeira instância, os dissidentes sucumbiram em seus pedidos judiciais: as cortes consideraram que o processo, as avaliações e o resultado final da operação foram inteiramente justos com os autores da ação. As discussões chegaram à Suprema Corte de Delaware em 1985, após, portanto, o Caso *Weinberger*[292], que foi utilizado como precedente para Rosenblatt no tocante ao tema da *entire fairness of the transaction*.[293] Neste caso, a Suprema Corte

---

[292] Note-se aqui como o precedente Weinberger foi completamente adaptado à situação específica da operação de migração em Getty Oil: "*Beginning with the burden of proof, we agree with the trial court that the plaintiffs' allegations were sufficient to challenge the fairness of the merger ratio. Weinberger, 457 A.2d at 703. Clearly, Getty, as majority shareholder of Skelly, stood on both sides of this transaction and bore the initial burden of establishing its entire fairness. Id. However, approval of a merger, as here, by an informed vote of a majority of the minority shareholders, while not a legal prerequisite, shifts the burden of proving the unfairness of the merger entirely to the plaintiffs. See id. Getty, nonetheless, retained the burden of showing complete disclosure of all material facts relevant to that vote*".

[293] O tema da *entire fairness of the transaction* é um dos mais polêmicos até hoje nas tendências jurisprudenciais de Delaware. Recentemente, o caso *In re John Q. Hammons Hotels Inc. S'holder Litig.*, julgado pela Chancelaria de Delaware em outubro de 2009, uma espécie de 1ª instância judicial no sistema de Delaware (Civil Action No. 758-CC, 2009 WL 3165613, Del. Ch. Oct. 2, 2009), enfrentou o tema da *entire fairness of the transaction*, legando ao controlador o dever

centrou suas atenções justamente na administração da Getty Oil por se tratar, na época, de uma companhia com capital pulverizado e com administração completamente à frente da operação e inteiramente responsável pelas avaliações, pela sugestão das relações de troca e pelas informações, aos acionistas, de seus direitos e fundamentos para exercício do voto. Note-se, nesse caso, como foi fundamental a característica de ter-se, no topo da pirâmide societária das companhias controladas por Getty Oil, uma difusão de voto e de capital no mercado, com boa parcela de dever fiduciário pela operação nas mãos da administração da Getty Oil.

Por outro lado, no Brasil, é mais comum termos casos onde as reorganizações societárias para migração de acionistas ocorram em grupos onde há um acionista controlador, culminando com uma migração "pura". No Brasil há vários exemplos desse tipo de operação. A Operação CPFL/CMS/Jaguariúna, ocorrida em 2009, culminou com a incorporação das ações de sete de suas controladas, ao patrimônio da companhia *holding* controladora, a CPFL Energia S.A., uma companhia com acionista controlador definido. O Caso Telemar, cujo grupo de controle da Telemar Participações S.A., unificado por um acordo de acionistas, conduziu a incorporação das ações de emissão de duas de suas controladas, a Tele Norte Leste Participações S.A. e a Telemar Norte Leste S.A., é outro exemplo impor-

---

de provar que a operação seria totalmente justa para os demais. Benjamin KLEIN (*"The Right Solution to the Wrong Problem: The Status of Controlling Shareholders After In re John Q. Hammons Hotels Inc."*, In Yale Law Journal, vol. 120. New Haven, CT: Yale Law Journal Company, Inc., 2011, pp. 1251-1259) abordou em recente estudo as tendências decorrentes dessa decisão, de forma ácida e contundente: *"The Hammons decision thus represents the right reform applied in the wrong context and has the effect of further complicating an already opaque doctrine. Under Delaware law, the presence of a controlling shareholder alone has, until now, been insufficient to trigger entire fairness review. Instead, it is the presence of the controlling shareholder on both sides of a freezeout transaction that has resulted in increased judicial scrutiny. In a third-party acquisition such as the Hammons merger, the controlling shareholder is cashed out along with the minority, and many of the concerns that arise in the freezeout context are avoided. Indeed, the risk of minority manipulation that is present in a third-party merger mirrors the concerns that arise in classic director-conflict transactions and may be allayed by the same procedural protections that are put in place for those transactions"* (p. 1260). Note-se, curiosamente, que o argumento usado no Brasil (controlador nas duas "pontas" da operação) é exatamente o elemento que o leva a criticar a decisão no Caso *Hammons*, noticiando-nos que a inversão do ônus da prova no teste de *entire fairness* nasce, na verdade, com *Hammons* e não com *Weinberger*, como muito anda se pressuponho. Veja-se ainda como KLEIN faz questão de diferenciar o contexto de partes independentes (consolidação de controle) daquele contexto da migração pura.

tantíssimo de migração, ocorrida em 2006. No mesmo ano de 2006, tivemos também a migração dos acionistas da Petroquisa para a Petrobrás, originando o debate do Caso Petrobrás/Petroquisa. Outro caso clássico, ocorrido anos antes, em 2003, e que gerou acalorados debates, se deu no contexto da migração de acionistas da Tele Centro Oeste Participações S.A. após a aquisição de seu controle pela Telesp Celular Participações S.A., resultando no Caso TCOC/TCP. Podemos ainda mencionar o Caso MG Polímeros e o Caso ABN-AMRO/Sudameris.

No âmbito do direito comparado, temos o exemplo do caso *Coggins v. New England Patriots Football Club, Inc.*[294], já citado e estudado capítulos atrás. A situação começa em 1959, quando William Sullivan Jr. adquire a totalidade das quotas sociais do New England Patriots Football Club. Quatro meses depois, Sullivan traz dez investidores minoritários para o clube. Alguns meses depois, novas quotas sociais são emitidas e novos sócios ingressam, como investidores, no famoso clube de futebol americano. Desde então, Sullivan assumia não apenas a função de controlador (pela detenção da maioria absoluta do capital do clube), mas também de presidente do conselho e da diretoria (situação não muito atípica no futebol brasileiro de hoje...). Em 1974, insatisfeitos com a sua gestão, os sócios minoritários conseguem remover Sullivan da administração do clube. Contudo, após "securitizar" uma enorme dívida do clube consigo mesmo em 1975, Sullivan consolida a sua posição como sócio majoritário e coloca, em sua substituição, diretores de sua própria confiança e indicados pessoalmente por ele. Mantendo-se afastado da administração, mas exercendo o papel de controlador absoluto, Sullivan dá início a um projeto de eliminação da base acionária do clube por intermédio da criação de uma segunda companhia, por ele controlada e para onde Sullivan migraria os acionistas não controladores do New England Patriots, de onde seriam resgatados. O autor, David Coggins, um ferrenho torcedor do popular time e dono de 10 ações (em um universo de milhões de ações emitidas), move pleito judicial contra o clube e seu controlador para tentar impedir a operação, com base em um suposto direito de manter-se associado ao clube.

A Suprema Corte de Massachussets conduziu o processo sob a tese da justificativa negocial (*business purpose of the corporation*) como fator de elimi-

---

[294] 492 N.E.2d 1112, Suprema Corte do Estado de Massachussets, 1986, relator J. Liacos. Vide ainda Nota 67 acima neste trabalho.

nação justa das minorias. Entretanto, como a operação de *squeezeout merger* em New England Patriots foi estruturada para beneficiar o acionista controlador, que pretendia facilitar o repagamento dos empréstimos que havia feito do próprio bolso ao clube, empréstimos esses que foram usados para aumentar a sua participação acionária e consolidar o seu controle, não teria havido, nesse caso, uma válida justificativa negocial para a operação. O lapso temporal da discussão, que pendeu por dez anos nas cortes do Estado de Massachussets, não permitiu mais que o negócio fosse desfeito em favor do pleito de Coggins e de outros sócios-torcedores, tendo a situação sido revertida em perdas e danos a serem indenizados pelo controlador. Note-se como, neste caso, não se discutiram "deveres fiduciários da administração", mas propriamente um abuso do controlador em análise *a posteriori*, sem vedar-lhe o direito potestativo, como controlador, de ultimar a operação ou mesmo de votar pela sua conclusão[295]. O caso *Coggins*, tal qual *Rosenblatt*, usou o precedente *Weinberger* e não falou sobre comitê, impedimento de voto ou dever fiduciário da administração.[296]

Há nas migrações uma relação de sujeição entre (todos ou certa classe de) acionistas a um grupo de acionistas ou administradores, titulares de direito potestativo[297] sobre os desígnios organizativos dentro da *empresa contemporânea*, para reutilizarmos o conceito lançado por MUNHOZ.

---

[295] Vide, nesse sentido, os comentários de DOOLEY, M. P. (*Fundamentals...*, Op. cit., Idem, p. 641).

[296] "*The parties have urged us to consider the views of a court with great experience in such matters, the Supreme Court of Delaware. We note that the Delaware court announced one test in 1977, but recently has changed to another. In Singer v. Magnavox Co., 380 A.2d 969, 980 (Del. 1977), the Delaware court established the so-called 'business-purpose' test, holding that controlling stockholders violate their fiduciary duties when they 'cause a merger to be made for the sole purpose of eliminating a minority on a cash-out basis.' Id. at 978. In 1983, Delaware jettisoned the business-purpose test, satisfied that the 'fairness' test 'long... applicable to parent-subsidiary mergers, Sterling v. Mayflower Hotel Corp., Del. Supr., 93 A.2d 107, 109-110 (1952), the expanded appraisal remedy now available to stockholders, and the broad discretion of the Chancellor to fashion such relief as the facts of a given case may dictate' provided sufficient protection to the frozenout minority. Weinberger v. UOP, Inc., 457 A.2d 701, 715 (Del. 1983)*".

[297] A questão envolvendo o *direito potestativo* ou *potestatividade* (também tratada em língua portuguesa por alguns como *potestade*) teve tratamento derradeiro dado por Francesco CARNELUTTI (*Teoria Generale del Diritto*, Op. cit., Idem, pp. 7-187) e por Francesco SANTORO-PASSARELLI (*Dottrine Generali del Diritto Civile*, 9ª ed.. Nápoles: Jovene, 2002, pp. 69-102). CARNELUTTI assim definiu a questão do direito potestativo, em análise perspectiva perante os poderes e os direitos: "*Dei sei tipi di rapporto giuridico cosi delineati tre sono* attivi, *cioè sono forme di potere:* potestà, diritto soggettivo, facoltà; *tre sono* passivi, *cioè sono forme di dovere:* soggezione,

A existência de um *statuo viæ* a partir de uma ótica da *empresa contemporânea*, em substituição ao *status socii* do fenômeno da companhia isolada, faz com que o acionista inserido em um grupo societário (sobretudo

obligo, onere. *Alle due prime figure del potere (potestà e diritto soggettivo) corrisponde la terza figura del dovere (soggezione). Alla terza figura del potere (facoltá) corrispondono le due prime figure del dovere (onere e obbligo)*" (assim, p. 145). Desta forma, o direito potestativo é aquele direito-poder em que o seu titular exerce mediante sujeição legal do sujeito passivo (dever), diferentemente do direito subjetivo, que se exerce perante obrigações e ônus. No caso das operações de migração, o poder de controle em processos conduzidos na forma de incorporação de ações, pode ser exercido como direito potestativo limitado pelo *statuo viæ* dos acionistas não controladores, que se encontram em regime de sujeição jurídica. Essa sujeição jurídica é técnica e deve ser exercida de maneira funcional, respeitando-se os limites impostos pelo regime do *statuo viæ* e pelo regime da responsabilidade do acionista controlador na forma do art. 117 da Lei das S.A. Esse fenômeno de sujeição, tecnicamente inerente às operações de migração, já foi alvo de interessantíssimos estudos em direito comparado. EASTERBROOK e FISCHEL (*The Economic Strucutre...*, Op. cit., Idem, p. 134): "*It used to be very difficult to force a shareholder to disinvest involuntarily, because courts viewed shares as vested rights that could not be taken without consent. Because this rule of unanimity created intolerable holdout problems and frustrated many efficient corporate transactions, it was jettisoned in favor of a rule that allowed the majority to freeze out minority shareholders*".
Insuperável é, contudo, o texto de WIEDEMANN, intitulado "*Ist der Kleinaktionär kein Aktionär?*" (Op. loc. Cit., Idem) já citado neste trabalho nas Notas 113 e 114. O texto é fabuloso a começar pelo título, onde o autor faz um jogo de palavras entre o termo *klein*, que significa "pequeno", mas em termos técnicos significa "minoritário", e o termo *kein*, locução pronominal negativa que significa "nenhum". Desta forma, o título, que é uma pergunta retórica, poderia ser assim livremente traduzido: "Seria o pequeno acionista um 'não acionista'?". Em termos mais barrocos, a tradução seria algo como "Seria o acionista minoritário um 'acionista de nada'?". WIEDEMANN analisa, de forma breve, concisa mas poderosa, o crescimento, sob o ponto de vista jurídico, das potestatividades de acionistas controladores e majoritários em relação aos pequenos investidores, dentro da ótica da jurisprudência alemã, sobretudo em relação às limitações hoje existentes ao caráter patrimonial do investimento em ações, incrementado pelos poderes de exclusão de pequenos acionistas (*litteris*: "*...die Gesellschaftermehrheit Kleinaktionäre aus der Gesellschaft hinausdrängen können*", p. 1731). Lembra o mestre que a lei alemã não admite um "direito adquirido ao *status socii*", legando mera faculdade de compensação financeira associada ao perfil patrimonial de todo pequeno investimento minoritário em ações – que WIEDEMANN chama de atrofia de valores ("*Wertgefälle*"). É, de forma peculiar e elegante, uma maneira de explicar, com outras palavras e em outra língua, a existência do *statuo viæ*. Neste particular do *Wertgefälle*, WIEDEMANN volta sua atenção para o fenômeno do *squeezeout* no direito alemão e observa como o caráter patrimonial do investimento em uma sociedade específica, em substituição aos *status socii*, evolui para expectativas de direito reduzidas em pretensões patrimoniais para o mercado de capitais ("*Vermögensansprüche am Kapitalmarkt*"). WIEDEMANN nota e estuda o posicionamento sobre a inconstitucionalidade dessa tendência frente à garantia constitucional da plena propriedade, tratando de diferenciar, propriamente, a propriedade acionária de outros direitos reais móveis e imóveis.

os grupos de fato), se coloque em uma posição de sujeição jurídica, dentro dos limites aqui estudados do *statuo viæ*. Sua vontade, entretanto, de permanecer naquela sociedade específica pode ter de sujeitar-se a uma decisão de maioria que ocorre no âmbito do controle da sociedade incorporadora e é replicada no contexto da sociedade incorporada, controlada, por sua vez, pela sociedade incorporadora, na contrapartida de retirá-lo daquela sociedade específica, mas mantendo-o no grupo de fato, a saber, mantendo-o na *empresa*.

Neste particular, o primeiro ponto a ser analisado em relação a esta operação é a sua constitucionalidade, à luz da legislação brasileira e na linha do que propõe WIEDEMANN quando analisa a jurisprudência federal e constitucional alemã[298]. Cumpre, em primeiro lugar, verificar, como ocorre na Alemanha, se o direito potestativo exercido nas migrações se concilia não apenas com o direito de propriedade previsto no art. 5º, XXII, da Constituição Federal, mas também e sobretudo com o direito de associar-se ou manter-se associado na forma do artigo 5º, XX, da Constituição Federal.

Comecemos, pois, pelo direito de propriedade.

Antes, porém, cumpre poupar o leitor, neste ponto da tese, dos debates infindáveis sobre direito de propriedade e função social da propriedade, centrando essa discussão em tema já abordado, que trata da natureza da ação na *empresa contemporânea* e os seus mecanismos de garantia encetados pela disciplina do *statuo viæ*, tanto e tanto citado e debatido nesta tese.

Como visto, na *empresa contemporânea*, segundo a ótica de MUNHOZ adotada nesta tese, a característica dos direitos de acionista quando inseridas em um grupo de fato altera não somente a forma como o poder de controle é exercido, mas também de que modo os *status socii* são estruturados a fim de se garantir direitos e um razoável equilíbrio jurídico para os investidores de renda variável. A ótica do investidor de renda variável, como colocou CLARK, associada a essa visão societária da *empresa contemporânea* estabelecida por MUNHOZ, faz com que os *status socii* se transmudem em verdadeiro *statuo viæ*, conforme exposto por COSTA GONÇALVES.

Esse reposicionamento das características e da natureza do exercício de direitos no âmbito da *empresa contemporânea*, como visto, afeta frontalmente não apenas a característica do poder de controle, como ficou claro com MUNHOZ, mas também e sobretudo a natureza própria da ação e suas

---

[298] WIEDEMANN, H. *"Ist der Kleinaktionär kein Aktionär?"*, Op. loc. cit., Idem, pp. 1734 e ss.

características jurídicas. No âmbito do controle (e com fortes efeitos sobre as classificações de operações propostas nesta tese), os estudos pós-coaseanos indicam a existência de uma verdadeira *teoria do controle* pela *teoria do domínio societário-empresarial*, ou, na própria acepção de HANSMANN, *the theory of entreprise ownership*.[299]

As ações, por seu turno, sobretudo de uma companhia aberta, têm suas características reais (como *res*) atrofiadas, por conta de uma maior maleabilidade de suas características políticas, associadas à sua característica patrimonial interpessoal entre companhia e acionista.

Essa característica, que conceitua a ação com a natureza de título de participação de renda variável em um âmbito interpessoal envolvendo acionistas e entidade jurídica corporativa (empresa)[300] tem sua nota revolucionária a partir da positivação, em nosso direito, do conceito de *contrato de sociedade* exposto pelo art. 981 do Código Civil.

Por essa linha técnica, o nosso direito consolida a característica da reciprocidade na contribuição, que gera, na linha do capital intangível, transformado em cifra de retenção, a contrapartida pessoal na eventual liquidação (art. 109, II da Lei das S.A.), na saída (recesso) e na participação nos resultados (art. 109, I da Lei das S.A.).

---

[299] Henry HANSMANN. *The Ownership of Enterprise*. Cambridge, Mass: Harvard University Press, 2000, pp. 18-20; 20-22.
No direito inglês, inclusive, a total ausência de preferência, sob o ponto de vista da ordem na liquidação, retira totalmente o caráter real da obrigação a fim de legar-lhe uma característica totalmente pessoal, como ocorre nas situações envolvendo valores mobiliários (*securities*), com ênfase naquelas de controle societário (vide F. H. LAWSON e Bernard RUDDEN. *The Law of Property*, 2ª ed., 6ª reimp. Oxford: Clarendon, 1995, pp. 188 e ss).

[300] Simples assim, ao analisar a responsabilidade do acionista controlador na sociedade anônima, Rodrigo Almeida MAGALHÃES ("O Controlador e sua Responsabilidade na Sociedade Anônima", *In Sociedades Anônimas e Mercado de Capitais – Homenagem ao Prof. Osmar Brina Corrêa-Lima*, coord.: Arnoldo Wald, Fernando Gonçalves e Moema Augusta Soares de Castro. São Paulo: Quartier Latin, 2011, pp. 225-237): "As ações não possuem por finalidade a propriedade dos bens da produção, mas são títulos que garantem a participação na companhia" (p. 236). A análise sobre a noção de controle centrada nos *bens de produção*, com forte influência comparateana, revolve a ideia de separação patrimonial, tal qual desenvolvida por WIEDEMANN, que notou na autonomia patrimonial da sociedade em relação aos sócios um regime próprio de direitos e obrigações que o direito societário cuida de maneira específica em relação a outros ramos do direito, inclusive o dos direitos reais (vide "Excerto...", Op. loc. cit., Idem, pp. 624-639, esp. 630-633).

A característica, portanto, das relações societárias é de traço completamente pessoal-institucional, não bilateral, fiduciário, fidejussório, dentro mais de uma grandeza creditícia, multi-obrigacional, com pouco ou quase nenhum traço do regime real (*res*). O capital, como cifra de retenção societária e como valor inexigível, integra o passivo da sociedade, em uma categoria especial de *obrigação fidejussória*. Com a segregação e autonomia patrimonial própria do *ordenamento do patrimônio especial* da sociedade em relação aos seus sócios, por meio da transferência patrimonial destes para aquela, institui o direito societário regramento próprio em relação à natureza real dos poderes dos sócios para com aquele patrimônio, agora social, substituído por direitos políticos e patrimoniais de caráter amplamente obrigacional (incluindo responsabilidades contratuais e extracontratuais), próprias dos instrumentos societários.

Não cabe, portanto, invocar, em sede de direito societário, institutos de direito real e, eventualmente, inconstitucionalidade por força de violação de direito de propriedade, quando operações societárias culminam com a migração intragrupo de acionistas de uma entidade para outra ou consolidação de participações em uma entidade após uma operação de controle ou verticalização.[301]

Essa é a razão, como já vimos, de não haver que se discutir natureza *expropriatória* em operações envolvendo um processo de incorporação de ações. Não há expropriação sem propriedade e a modificação compulsória das características de certos direitos não pode, juridicamente, ser considerada uma desapropriação.

Desta forma, não há que se dizer, constitucionalmente, que um processo de incorporação de ações previsto em lei e zeloso em relação ao *statuo viæ* possa estar maculado por constitucionalidade formal por violação de "direito de propriedade".

Especificamente em relação ao direito de associação, cujo inciso XX assegura que "ninguém poderá ser compelido a associar-se ou a permanecer associado", cumpre analisar, especificamente, se a característica da compulsoriedade de uma migração e de qualquer outra operação processada por incorporação de ações feriria a vedação à associação compulsória, segundo proteção constitucional.

---

[301] Embora essa discussão sempre ensaie surgir quando se iniciam discussões acerca de operações de migração, essa discussão não merece qualquer atenção, por não se basear em argumento sério.

A regra constitucional alude a uma garantia que veda a associação compulsória. Num primeiro olhar, as características de um processo de incorporação de ações, sobretudo sob a ótica dos acionistas incorporados, pode levar à precipitada conclusão de que esse acionista da companhia incorporada acaba sendo "compelido a associar-se" àquela companhia incorporadora, que lhe entregará as ações e o tornará, compulsoriamente, acionista dela mesma.

Em princípio, se atentarmos para as operações de migração e entendermos esse conceito constitucional da associação sob a ótica da *empresa contemporânea*, na linha de Munhoz, notaremos que o cidadão está associado, na verdade, não a uma entidade jurídica específica e isolada, mas a um conglomerado societário onde, pelas regras e limitações do *statuo viæ*, poderá estar sujeito a ser movido dentro do grupo ao qual se encontra associado.

Em suma, no direito societário contemporâneo, o cidadão se associa a um grupo empresarial composto por uma seara complexa de entidades e empresas e não especificamente a uma pessoa jurídica específica.

Por outro lado, se o argumento é válido para as migrações, pode não ser válido para as consolidações de controle e para as verticalizações. Nestas duas últimas, grupos empresariais distintos se unem e unificam suas bases de negócios, conforme os casos que já foram estudados nos capítulos anteriores. E nessas situações, o argumento de que a baixa expectativa de manter-se filiado a uma entidade justifica a mobilidade intragrupo pode permitir que a vedação constitucional volte a assombrar os casos de operações de consolidação de controle e verticalização, nas quais acionistas das companhias incorporadas são levados, compulsoriamente, para o contexto societário de outro grupo econômico. Nesses casos, portanto, o acionista estaria sendo "compelido a associar-se" e sim, de fato, a outra *empresa* que não aquela do seu pacto inicial de investimento.

Contudo, mesmo nessas situações, o argumento não sobrevive à fase seguinte de uma operação realizada pelo processo de incorporação de ações. A norma constitucional, de fato e de direito, veda a associação compulsória *sem alternativas*. No caso dos processos de incorporação de ações, a entrega das ações é contrabalançada com um direito de retirada. Não há, portanto, compulsoriedade absoluta nas operações processadas por incorporação de ações. Há uma certa inevitabilidade em relação à operação, mas o estado de sócio na entidade incorporada é transformado em troca de: (i) um novo estado de sócio na incorporadora; ou (ii) equivalente em dinheiro recebido por meio do direito de recesso.

A existência de um regime de recesso dá ao acionista a oportunidade de se retirar, caso queira. Não fica, pois, "compelido a associar-se" nem a "permanecer associado": pode sair, caso queira, recebendo o equivalente do investimento em dinheiro. Não há que se falar aqui, de toda forma, de inconstitucionalidade.

E nesse particular, aproveitamos o debate para tratar do regime de recesso nas migrações, argumento que, de toda forma, nessas operações, afasta por completo o receio de inconstitucionalidade.

Nas migrações, cumpre lembrar, o regime de exercício do recesso é especial, pois conta com um processo próprio regulado pelo art. 264, §3º, da Lei das S.A.

O art. 264 é, de fato, um regime especial de recesso às avessas. Ele começa, em seu *caput*, por definir um sistema de avaliação das relações de troca (na verdade, do *eixo de equivalência* no caso dos processos de incorporação de ações) para migrações[302] com fins que parecem ser "meramente

---

[302] A aplicação desse regime para as migrações encontra-se circunscrita ao §4º ao art. 252, cuja redação foi inserida pela Lei nº 10.303, de 31 de outubro de 2001. Antes disso, a Lei nº 9.457, de 5 de maio de 1997, havia feito correções na redação da norma, que quando de sua promulgação em 1976, saiu com erros grosseiros, trocando, no *caput*, o termo "acionistas não controladores" por "acionistas controladores". Embora apontado pela doutrina, o erro demorou, nada mais, nada menos do que 21 anos para ser corrigido. Além disso, a Lei de 1997 ajustou o §3º em relação ao ponto central da norma, qual seja, o seu regime de recesso, conforme veremos. Especificamente em relação à norma de 2001, o novo §4º veio apenas tornar mais claro o que parte da doutrina, bem como a Comissão de Valores Mobiliários, já determinava antes: a de considerar também as operações efetivadas por processo de incorporação de ações "por analogia" (vide CARVALHOSA, M. *Comentários*..., 4º Vol., Tomo II, Op. cit., Idem, p. 329; CARVALHOSA, M. e EIZIRIK, N.. *A Nova Lei*..., Op. cit., Idem, p. 380). CARVALHOSA e EIZIRIK, inclusive, criticam abertamente o uso da analogia para extensão da aplicação do regime de recesso do art. 264 da Lei das S.A. para situações que não estivessem, na lei anterior, expressamente ali tratadas. A modificação, outrossim, recebeu também a reprovação dos mestres, que notaram de forma precisa a confusão que a nossa lei faz nos regimes de avaliação. Conforme já expusemos, a avaliação de uma operação de incorporação, que se volta totalmente para o patrimônio da companhia que será vertida, não pode se confundir de forma alguma com o regime de avaliação de companhias em operações que são realizadas pelo processo de incorporação de ações, pois nesse caso não é o patrimônio das companhias que é objeto do estabelecimento do *eixo de equivalência* que servirá de base para o estabelecimento das relações de troca, mas sim o valor mobiliário em si, qual seja, a ação que será incorporada, respeitada a sua espécie e classe. Lembram CARVALHOSA e EIZIRIK: "na hipótese de incorporação de

informativos". O artigo fala em "conter, além das informações previstas nos artigos 224 e 225", qual seja, além daquilo que é exigido na Justificação e no Protocolo, um laudo extra. Esse laudo deve apurar "as relações de substituição das ações dos acionistas não controladores da controlada, com base no valor do patrimônio líquido das ações da controladora e da controlada, avaliados os dois patrimônios segundo os mesmos critérios e na mesma data, a preços de mercado, ou com base em outro critério aceito pela Comissão de Valores Mobiliários, no caso de companhias abertas".

Para quem não tem habitualidade com esse tipo de avaliação, não é na primeira leitura que se entende o que a norma quer. Essa avaliação busca ampliar o *eixo de equivalência* das operações circunscritas a esse artigo, por meio de avaliações específicas das companhias envolvidas, onde a "fotografia a ser tirada" do momento societário de cada companhia parte nas operações faça um foco e jogue luzes em seu aspecto *patrimonial*. Qual seja, o avaliador deverá verificar o balanço da companhia e, sobre as informações dispostas em balanço auditado, que reflete a sua situação patrimonial, ajustar as linhas desse balanço referente aos seus ativos, alterando-lhe o valor histórico para que reflita o seu valor de mercado, qual seja, o seu valor de possível liquidação imediata. Por meio desse trabalho, o passivo pode, na maioria das vezes, ficar inalterado, mas o ativo, sobretudo o imobilizado, acaba sofrendo um ajuste que irá majorar o patrimônio líquido da companhia avaliada. Esses ajustes contábeis simulam uma liquidação da companhia.

O avaliador visa, ao atender essa norma, simular uma liquidação imaginando a venda de seus principais ativos não ao valor histórico e de livros

---

ações, por se tratar de um aumento de capital, a lei não exige a avaliação dos patrimônios das duas sociedades a fim de se estabelecer a relação de substituição das ações, mas apenas a avaliação das ações que serão conferidas ao capital social da incorporadora, como estabelece o art. 252, §1º da Lei das S/A. Assim, não há o que comparar com o resultado da avaliação dos dois patrimônios líquidos avaliados a preços de mercado, não fazendo sentido a exigência do cumprimento do disposto no art. 264 da Lei das S/A. Portanto, também por esse motivo, na hipótese da operação disciplinada pelo art. 252 da Lei Societária, *não* havia necessidade de avaliação do patrimônio das duas sociedades envolvidas com base no valor de patrimônio líquido a preços de mercado" (Ibidem, p. 382). Nesse mesmo sentido, caminhou KALANSKY (*Incorporação de ações...*, Op. cit., Idem, pp. 119-120): "O parecer cria, entretanto, regras e requisitos não previstos em lei, extrapolando a competência da CVM. No caso específico, o parecer não está trazendo uma orientação ou opinião como deve ocorrer em pareceres de orientação, mas sim instituindo novos procedimentos não estabelecidos em lei".

contabilizado em suas demonstrações, mas sim por um valor que possivelmente o mercado pagaria caso a companhia fosse liquidada na forma do art. 208 da Lei das S.A. O passivo, por seu turno, é reajustado como se as obrigações estivessem sendo liquidadas no dia da avaliação, a valores "de mercado". Adicionalmente, em relação ao ativo, pelo parágrafo segundo, as ações de "propriedade da controladora" devem ser reavaliadas pelo mesmo critério, pois, muita vez, o investimento da controladora na controlada está contabilizado pelo seu valor histórico e pode acabar sofrendo, por seu turno, um ajuste (para mais ou para menos) do valor de mercado das ações de emissão da companhia controlada.[303]

Ao proceder dessa forma, ajustando o valor de patrimônio líquido de ambas as companhias, esse resultado é dividido pelo número de ações, apresentando um "valor de patrimônio líquido a preços de mercado". O valor apurado para cada ação é comparado e a relação de troca é estabelecida na aproximação e no confronto desses dois valores. Por essa razão, muitos o chamam de *laudo de valor de liquidação*.[304] A exigência, para operações de migração, é imprópria, como já assinalaram com propriedade CARVALHOSA e EIZIRIK, assentida neste trabalho na Nota 302, na página anterior. Fato é, entretanto, que a exigência está na lei e os operadores, concordem ou não, têm o dever de lidar com ela.

No parágrafo seguinte, o primeiro, explica-se brevemente quem pode elaborar esse tipo de laudo: três "peritos" ou "empresa especializada", cabendo, exclusivamente às companhias abertas, se valer apenas de "empresa especializada", sendo-lhes vedado usar de peritos.

A norma chega ao seu ponto central, entretanto, no §3º, ao estabelecer definitivamente o seu escopo, nestes termos: "Se as relações de substituição das ações dos acionistas não controladores, previstas no protocolo da incor-

---

[303] Interessante lembrar que esse artigo, com aplicação direta às incorporações de capital, trata de forma adequada tais operações, onde a extinção da incorporada ocorre de fato. Já nas migrações essa extinção não ocorre, o que nos traz sério alerta sobre a pertinência lógica desse método para as migrações, já que a incorporada sobreviverá plenamente ao fechamento da operação.

[304] Esse entendimento é claramente esposado por LAZZARESCHI NETO, A. S. (*Lei das Sociedades...*, Op. cit., Idem, p. 789, nota 11), que com esteio em decisão da CVM da lavra do Diretor Eli Loria (CVM PAS 8/05, j. 12/12/2007), lembra que a finalidade dessa avaliação seria "simular o valor que seria obtido pela companhia em uma liquidação ordenada", usando aqui as palavras de Loria. Nesse mesmo sentido, vide N. EIZIRIK (*A Lei das S/A Comentada*, Vol. III, Op. cit., Idem, pp. 506-507).

poração, forem menos vantajosas que as resultantes da comparação prevista neste artigo, os acionistas dissidentes da deliberação da assembléia-geral da controlada que aprovar a operação, observado o disposto nos arts. 137, II, e 230, poderão optar entre o valor de reembolso fixado nos termos do art. 45 e o valor do patrimônio líquido a preços de mercado".

A norma, portanto, após estabelecer essa obrigatoriedade de apuração de valores e escolha de avaliadores, dá a finalidade dessa obrigação, que com a precisão que lhe é costumeira, assim explanou CANTIDIANO: "O referido dispositivo apenas existe para permitir ao minoritário da sociedade controlada, que vier a ser incorporada por sua controladora (ou convertida em sua subsidiária integral), receber um valor de reembolso de suas ações majorado, se as bases de relação de troca de suas ações forem fixadas em condições menos vantajosas do que aquelas que resultarem da comparação de que trata o aludido dispositivo legal (dos valores de patrimônio de ambas as sociedades, avaliados a preços de mercado)".[305]

Nota-se, dessa forma, que todo o regime do art. 264 da Lei das S.A. integra um sistema de *appraisal rights* específico para operações de migração, em virtude da característica potestativa do controlador assumir contornos de *self dealing transaction*, como boa parte da doutrina acentua.

Trata-se, portanto, de um regime de recesso estabelecido em lei. A lei não dá direitos de reavaliação, mas acrescenta mais um critério que pode, em determinadas circunstâncias, se mostrar como uma alternativa aos dissidentes. O regime não é muito democrático, quando o comparamos aos demais modelos de *appraisal rights* vistos em direito comparado. O sistema local, por seu turno, é confuso e tem suas falhas e reprovações, sem contar a incompatibilidade lógica com o regime jurídico das migrações, conforme já apontado por CARVALHOSA e EIZIRIK, que igualmente seguimos. Na esteira dessas falhas e nas atrofias das imprecisões de difícil encaixe para as operações de migração, a CVM atalhou na criação de mecanismos de revisão de mérito (e não de valores) das operações de migração, apontando a mira para os administradores, que, como vimos, nem sempre são

---

[305] CANTIDIANO, L. L. "Incorporação de Sociedades e Incorporação de Ações", Op. loc. cit., Idem, p. 145. Lembre-se que, dependendo da situação patrimonial da companhia, mesmo essa avaliação pode resultar em valor *inferior* ao patrimonial não ajustado, caso que, na nossa advocacia, vimos algumas vezes. Vide, nesse pormenor, algumas avaliações na Operação CPFL/CMS/Jaguariúna.

os "controladores" dos desígnios de uma operação dessa espécie. Trata-se do já tão citado e criticado PO CVM 35.[306]

Como já visto à exaustão, o PO CVM 35 apresenta inúmeros problemas e endereça obrigações que parecem criar novos problemas ao invés de resolver os antigos. Como já notamos, a formação do comitê, a questão da representação, sua função no curso da operação, mais causou dúvidas do que propriamente benefícios ao mercado. Não cabe voltar a esses problemas internos e intrínsecos do parecer, restando aqui debater o seu ponto mais crítico e cabal, por sua natureza própria e estrutural: o mecanismo do Parecer de Orientação em si e o seu escopo como "norma".

Até o momento, nas oportunidades em que debatemos o tema do PO CVM 35, nos limitamos a mostrar como a regra, no âmbito lógico, é fraturada. Do ponto de vista estrutural, a regra apresenta seus mais graves problemas. A CVM é, pela Lei do Mercado de Capitais, autarquia responsável por "regulamentar, com observância da política definida pelo Conselho Monetário Nacional, as matérias *expressamente* previstas nesta Lei e na Lei de Sociedades por Ações" (grifamos). Regulamenta essas matérias por meio de *Instruções* ou *Deliberações*. A DCVM 1 foi a peça jurídica que instituiu o sistema do arcabouço regulatório usado pela CVM até os dias atuais. Por essa regra, cabe à autarquia, por meio de *Instruções*, "consubstanciar os atos através dos quais a CVM, nos termos do disposto no inciso I do Art. 8º da LEI Nº 6.385, de 07-12-1976 (Lei que dispõe sobre o Mercado de valores Mobiliários e cria a CVM) regulamentará as matérias expressamente previstas naquela Lei e na LEI Nº 6.404, de 15-12-76 (Lei das Sociedades por Ações)". Por meio de *Deliberações*, a CVM deve "consubstanciar todos os atos do Colegiado que constituam competência específica do mesmo nos termos do Regimento Interno".

---

[306] Paulo Cezar ARAGÃO ("O Parecer de Orientação 35...", Op. loc. cit., Idem, p. 525): "Mais recentemente, contudo, a CVM entendeu, ao editar o Parecer de Orientação CVM-35, que o disposto no art. 264 – o qual, obviamente, não poderia ser objeto de revogação por ato administrativo – supostamente não ensejaria a tutela adequada e suficiente para os acionistas minoritários da companhia incorporada, sugerindo, assim, a adoção de padrões de conduta mais específicos para os administradores da companhia, onde presumivelmente não se acha presente uma vontade independente do acionista controlador, de sorte a assegurar que os mesmos estão atendendo às suas responsabilidades fiduciárias previstas nos arts. 153 e ss.", ressalvado aqui que essas responsabilidades, pela letra do PO CVM 35, não se voltam contra os controladores, que seriam, teoricamente, o motivo da norma, mas contra os administradores a eles sujeitos... (nesse sentido, vide L. L. CANTIDIANO, Ibidem, p. 151).

É de se notar, entretanto, que ao criar um processo adicional para operações reguladas em processos previstos na Lei das S.A., a CVM só poderia alterar esse processo onde a própria lei, especificamente, delegasse competência para tanto. Além disso, segundo critério da própria autarquia, deveria fazê-lo por meio de *Instrução*. Mas optou por fazê-lo por meio de *Parecer de Orientação*, que segundo a mesma DCVM 1, são instrumentos "através dos quais a CVM, nos termos do disposto no artigo 13 da LEI 6.385/1976, dará orientação aos agentes do mercado e aos investidores sobre matéria que cabe à CVM regular". Além disso, "Os Pareceres de Orientação servirão, também, para veicular as opiniões da CVM sobre interpretação das Leis Nºs 6.385/76 e 6.404/76 no interesse do mercado de capitais", segundo dispõe a mesma norma. Trata-se, portanto, de peça que visa "dar orientação geral ao mercado" e especificamente dentro do âmbito de "matéria que cabe à CVM regular". Assim, interpretamos essa norma básica da CVM no sentido de legar aos Pareceres de Orientação a função específica de dar orientação geral ao mercado sobre a aplicação de Instruções já editadas pela CVM. Além disso, os Pareceres de Orientação veiculam "opiniões da CVM sobre a interpretação das Leis da S.A. e de Mercado de Capitais". Não nos parece que se encaixa no âmbito de um Parecer de Orientação a hipótese jurídica de se criar um processo ou mesmo fases adicionais a um processo previsto em lei, ainda que sugira se tratar de um procedimento opcional. Se assim fosse, repetimos, a lei delegaria à CVM essa competência, que deveria fazê-lo por meio de Instrução. Adicionalmente, criar um processo e impor deveres (como mostram os casos subsequentes) não é tarefa de um Parecer de Orientação[307]. Nesse sentido, ainda que muitos leiam o Parecer de Orientação como mera peça de recomendação, nos parece, *data maxima venia*, que nem esse tipo de

---

[307] Um indício de que a matéria deveria ter sido regulada por meio de Instrução foi o próprio procedimento de edição do parecer. Pela primeira vez em sua história, a CVM submeteu para audiência pública algo que deveria em tese refletir apenas a sua opinião. Os procedimentos de audiência pública, típicos das Instruções, utilizados no Parecer de Orientação em questão, onde a CVM pediu para ouvir o mercado a respeito da opinião que emitiria, de pronto levantou dúvidas e questionamentos. Se fosse apenas uma opinião, qual o benefício em se ouvir o mercado antes de emitir uma opinião? O *feedback* do mercado poderia ter o condão de mudar a opinião? Obviamente que não – tanto é que ela em si não mudou, mas as regras do procedimento, essas sim. Tal qual ocorre com as Instruções, sofreu ajustes após oitiva do mercado, o que denota a natureza instrutiva e de adesão compulsória dessa regra, e não mera opinião ou recomendação ao mercado.

"recomendação"[308] de natureza procedimental cabe à CVM fazer, pois as recomendações devem estar circunscritas à lei posta, o que não foi o caso do PO CVM 35. Trata-se de mero esforço de criação de um processo baseado no direito estado-unidense[309], onde forçou-se de maneira impiedosa um encaixe em nossa lei, no âmbito dos deveres fiduciários, porta de entrada que, como se viu, seria totalmente inadequada para migrações puras.[310]

---

[308] Nesse sentido, vide P. C. ARAGÃO, Ibidem, p. 526.

[309] Lembra KALANSKY nesse ponto, com apoio em Calixto Salomão Filho (*Incorporação de ações...*, Op. cit., Idem, p. 118): "Em primeiro lugar, a nossa legislação é diferente – existe uma disciplina específica de proteção aos minoritários – nas operações de incorporação de ações (art. 264 da Lei das S.A.). Em segundo lugar, o nosso sistema difere do dos Estados Unidos – enquanto lá o sistema de controle é diluído, o nosso sistema é concentrado (o controlador, portanto, exerce forte influência sobre os administradores). Por último, como visto anteriormente, em operações de incorporação nos Estados Unidos, é possível oferecer dinheiro ou outro tipo de valores mobiliários aos acionistas minoritários da companhia incorporada. No Brasil, somente é aceitável a atribuição de ações da incorporadora aos acionistas da incorporada (os acionistas não são eliminados da companhia (*freezout merger*), mas continuam sendo acionistas de uma companhia maior)". Irretocável a linha de pensamento, que tentamos, com todo o esforço, transformar em tese; exceto pelo mínimo ponto de que, no nosso entender, nem sempre a incorporadora é "uma companhia maior", como demonstram, por exemplo, os Casos Tenda/Gafisa e Company/Brascan. Para ilustrar a assertividade e a precisão dessa ponderação de KALANSKY, basta observarmos o estudo de Arthur Bardawil PENTEADO, que explora de forma contundente essas diferenças e nuances (*Aspectos jurídicos da estrutura da propriedade acionária das companhias abertas brasileiras* [dissertação de Mestrado inédita sob a orientação do Prof. Luis Gastão Paes de Barros Leães]. São Paulo: Faculdade de Direito da Universidade de São Paulo, 2005).

Adicionalmente, a questão da contraprestação em um *freezout merger* é sempre bastante controversa nos EUA. De acordo com parte da doutrina e dos casos estudados, não seria preciso dizer que em um *freezout merger* o desembolso tem de ser em dinheiro. No caso *NoDak* a discussão estendeu-se sobre o direito dos acionistas que foram migrados, a receber ações da nova companhia ao invés de dinheiro (*NoDak Bancorp. v Clarke*, 998 F.2d 1416-1420, Corte Federal do 8º Circuito, 1993). Nesse sentido, vide Diana IVANOVIC ("*NoDak Bancorporation v. Clarke: redefining the rights of minority shareholders in a freeze-out merger under the National Bank Act*", Villanova Law Review, vol .39. Villanova, PA: Villanova University, 1994, pp. 915-946) e Thomas W. MADDI ("*NoDak Bancorporation v. Clarke and Lewis v. Clark: Squeezing Out 'Squeeze-Out' Mergers Under the National Bank Act*", In Washington & Lee Law Review, vol. 51, Tomo II. Lexington, VA: Wash & Lee L. Rev., 3 de janeiro de 1994, pp. 763-805).

[310] Crítico contundente do PO CVM 35, L. L. CANTIDIANO (Ibidem, pp. 153-154) explicitou com propriedade: "penso ser de todo impróprio a edição de parecer de orientação abordando, em tese, questões que – *como ocorre em operação de incorporação de sociedade ou de ações* – devem ser objeto de análise caso a caso, consideradas as circunstâncias peculiares a cada operação", incluídas aí, acrescentamos, as duas espécies de migração e as várias categorias possíveis de consolidação de controle e verticalização, onde, teoricamente o PO CVM 35 e o art. 264 da

A situação do uso desse instrumento é tão atípica que, sendo mera opinião, em tese, o Parecer de Orientação não estaria sujeito à revogação[311], tal qual uma Instrução ou uma Deliberação, mas sim à revisão de conceitos, como historicamente vem sendo feito com esse tipo de instrumento jurídico. Entretanto, como estruturou verdadeiro processo, o que fazer caso se necessite alterar esse processo juridicamente? Pela edição de novo Parecer de Orientação? Da mesma forma, se a revisão ataca conceitos, como alterar o processo ali estabelecido, que não seria questão de conceito mas de forma, se a regra é meramente uma recomendação? E o seu caráter vinculativo, que ao fim do Parecer aponta a mira para os administradores em caso de não adoção dos processos ali impostos?

Lei das S.A. não seriam aplicáveis. E nessa toada, continua o mestre: "Em outras palavras, não aprovo a ideia, que vem sendo defendida e executada pela CVM, de editar parecer de orientação – *que deve ser ato de caráter genérico* – como resposta à análise que a autarquia faz de casos concretos, cada um deles com particularidades que o diferenciam de outros casos, ainda que similares, mas com características e contornos próprios. Se não bastasse o fato de, a meu juízo, a CVM estar utilizando indevidamente os pareceres de orientação – *seja porque lhe falta competência para tanto, seja porque generaliza situações peculiares que devem ser examinadas separadamente* –, sou da opinião que, no seu conteúdo, o Parecer CVM nº 35/08 contém alguns equívocos sérios e intransponíveis, que impedem sua aplicação". Dentre esses graves equívocos, CANTIDIANO aborda os mesmos equívocos de representação que atacamos nesta tese, com estas observações: "Considerando que os deveres dos administradores da companhia são estabelecidos para resguardar o interesse social, comum a todos os acionistas, e não para defender esta ou aquela relação de troca, em defesa do interesse dos acionistas da companhia, entendo que a fundamentação adotada no Parecer de Orientação CVM nº 35/08 é falha e inadequada. Também é equivocada a postura adotada pela CVM quando pretende atribuir competência ao comitê independente – *especialmente quando ele for composto por terceiros que não forem administradores das respectivas companhias* – para 'negociar a operação e submeter suas recomendações ao conselho de administração', isto porque, como todos sabem, 'as atribuições e poderes conferidos por lei aos órgãos de administração não podem ser outorgados a outro órgão, criado por lei ou pelo estatuto' (conforme determinação expressa constante no artigo 139 da Lei das sociedades por ações)" (Ibidem, p. 155). Nesse mesmo exato sentido, vide N. EIZIRIK (*A Lei das S/A Comentada*, Vol. III, Op. cit., Idem, pp. 512-513).

[311] Em sentido amplo, divergimos, pois, da acepção técnica trazida por KALANSKY (*Incorporação de ações...*, Op. cit., Idem, pp. 130-131) em relação a possível "revogação" do PO CVM 34 pelo 35. Em matéria de *opinião*, podemos dizer que o efeito jurídico equivale a uma "revogação", embora, tecnicamente, seja uma mera mudança de posicionamento que não deveria, em tese, ter efeito vinculativo imediato, por se tratar de mera "opinião" ou "recomendação", e não de "norma geral abstrata com caráter vinculativo imediato". Trataremos deste assunto no próximo capítulo da obra.

De forma concisa e dentro daquilo que de maneira ampla e minuciosa este trabalho tenta defender, Nelson Eizirik assim se manifestou a respeito do PO CVM 35: "Ao invés de 'engessar' a atuação dos administradores, poderiam ser aceitos pela Comissão de Valores Mobiliários outros procedimentos, como, por exemplo, permitir aos acionistas minoritários o requerimento de outro laudo de avaliação, alternativo àquele apresentado pelo controlador, de tal sorte que houvesse um novo escrutínio por parte de avaliador independente sobre a equidade das relações de troca"[312]. Acrescente-se que, dentre as iniciativas de sua competência, a CVM poderia, genericamente, propor alterações na Lei das S.A. via Ministério da Justiça ou até mesmo via Ministério da Fazenda ou Casa Civil da Presidência da República, endereçando-as ao Congresso Nacional; e especificamente, lançar mão do art. 252, §4º, da Lei das S.A., para "estabelecer normas especiais de avaliação ... aplicáveis às operações de incorporação de ações que envolvam companhia aberta".

Fato é, e isso não pode se negar, que o PO CVM 35 é uma realidade que já passou da primeira infância e conta com sete anos de existência, com a qual se deve lidar, apesar de suas visíveis inconsistências internas e de sua frontal ilegalidade instrumental e regulamentar.

Nesse âmbito, sob o ponto de vista estrutural, as operações de migração funcionam mais ou menos de maneira uniforme e em atenção às seguintes fases, considerando aqui as "recomendações" do PO CVM 35:

Fase Preparatória: Nas migrações, a fase preparatória dispensa totalmente o elemento pré-decisório. De fato, a decisão de realizar a operação é tomada pelo acionista controlador da sociedade incorporadora ou por sua administração (no caso das incorporadoras com capital pulverizado). A fase preparatória se centra na escolha dos avaliadores e na construção

---

[312] *A Lei das S/A Comentada*, Vol. III, Op. cit., Idem, pp. 513-514. A filiação de Eizirik à proposta de uma implementação de *appraisal rights* "à moda brasileira" é evidente, algo que defendemos enfaticamente neste trabalho.
Kalansky (*Incorporação de Ações...*, Op. cit., Idem, p. 131) anuncia ainda outros *side effects* que endossamos aqui: "a adoção obrigatória dos procedimentos indicados pelo Parecer de Orientação n. 35/2008 pode acabar por (i) ampliar a possibilidade de práticas de *insider trading*, pelo fato de mais pessoas terem acesso a detalhes da operação no momento de sua concepção; (ii) criar custos expressivos e desnecessários para as companhias envolvidas; e (iii) implicar atividades redundantes entre as atividades dos administradores e dos membros do comitê".

do *eixo de equivalência*, lastreado em laudos para o estabelecimento de relação de troca, incluindo o laudo determinado pelo art. 264 da Lei das S.A. (cuja impropriedade *de lege ferenda* não pode substituir a obrigação *de lege lata*). Nesta fase também já são preparados os documentos da operação de forma consolidada em uma Justificação e Protocolo, bem como o fato relevante para os fins da ICVM 319. Entretanto, a partir da edição do PO CVM 35, a fase preparatória nas operações de migração se modificou bastante. Inseriu-se, logo no início de cada projeto, a obrigatoriedade de uma divulgação do início das discussões efetivas a respeito das relações de troca, via fato relevante, excetuadas as situações em que "o interesse social exija que a operação seja mantida em sigilo". Além disso, os administradores, sejam de companhias com controlador definido, sejam de companhias com capital pulverizado, ficam com o dever de documentar que se empenharam em tratativas efetivas para o estabelecimento de um *eixo de equivalência* adequado, que indique uma relação de troca justa. Como forma de concretizar e viabilizar o trabalho da administração, deve esta repassar, obrigatoriamente, essa função de negociar e representar a companhia para um comitê *ad hoc* de administradores[313], que são indicados no nível do conselho de administração[314]. Não há no PO CVM 35 qual seria o pro-

---

[313] Essa recomendação é extremamente distante da prática nos EUA. Como mostram diversos casos e boa parte da doutrina, os comitês são formados sempre por administradores independentes e eleitos, com cargo e gestão em posse. Não há o costume de se 'instalar' (palavra bem brasileira, diga-se de passagem) comitês de administradores *ad hoc*. Vide, nesse sentido, Elizabeth POLLMAN (*"Strenghtening Special Committees"*, In *Business Law Journal*, vol. 9: Davis, CA: University of California-Davis Press, 2009, pp. 137-164). E. POLLMAN lembra: *"Boards typically form special committees when confronted with the special situation of making a decision or carrying out a negotiation in which certain directors have a real or perceived conflict of interest. The board then vests authority in the special committee to resolve the sensitive matter. Forming such special committees serves an important purpose because, depending on the type of transaction at hand, a special committee composed of disinterested directors can serve to protect the interests of the corporation's shareholders and can help board members properly carry out their fiduciary duties"* (p. 141). Em nota a esse texto, marca: *"The special committee should be formed at an appropriately early stage to handle the matter at issue. Once formed, the special committee must gather information and deliberate without the interested directors and seek sufficient, independent legal and financial advice"* (nota 11).

[314] Especificamente em relação à independência dos administradores, o PO CVM 35 determina: "A independência dos membros do comitê especial não pode ser determinada de antemão, devendo ser examinada a cada caso. De qualquer modo, a CVM presumirá a independência, salvo demonstração em contrário, de pessoas que atendam à definição de 'conselheiro independente' prevista no Regulamento do Novo Mercado da Bolsa de Valores de São Paulo". Eis mais um exemplo de regra polêmica, pois pela atual redação do Regulamento

cesso para repasse desses deveres, para eleição[315] e instalação desse comitê, posse e assunção de responsabilidades, bem como o termo do "mandato e

do Novo Mercado, o conceito de independência caracteriza-se por: "(i) não ter qualquer vínculo com a Companhia, exceto participação de capital; (ii) não ser Acionista Controlador, cônjuge ou parente até segundo grau daquele, ou não ser ou não ter sido, nos últimos 3 anos, vinculado a sociedade ou entidade relacionada ao Acionista Controlador (pessoas vinculadas a instituições públicas de ensino e/ou pesquisa estão excluídas desta restrição); (iii) não ter sido, nos últimos 3 anos, empregado ou diretor da Companhia, do Acionista Controlador ou de sociedade controlada pela Companhia; (iv) não ser fornecedor ou comprador, direto ou indireto, de serviços e/ou produtos da Companhia, em magnitude que implique perda de independência; (v) não ser funcionário ou administrador de sociedade ou entidade que esteja oferecendo ou demandando serviços e/ou produtos à Companhia; (vi) não ser cônjuge ou parente até segundo grau de algum administrador da Companhia; (vii) não receber outra remuneração da Companhia além da de conselheiro (proventos em dinheiro oriundos de participação no capital estão excluídos desta restrição)". Por outro lado, dentre as práticas mais modernas de governança corporativa em matéria de *independência no conselho de administração*, bem consolidadas na Carta Diretriz 1 do IBGC, está na interpretação correta e adequada dos §§8º e 9º ao art. 118 da Lei das S.A., no amplo contexto do art. 139 do mesmo diploma. A discussão, na Carta Diretriz 1, no âmbito da vinculação de voto por acordos de acionista é apenas um mote para estampar a recomendada prática de governança inserida no princípio do art. 139 da Lei das S.A., que reza sobre a indelegabilidade de funções. Aliado a esse princípio, há ainda a finalidade das atribuições insculpida no art. 154, §1º, da Lei das S.A., que impõe ao administrador atuar sempre no interesse da companhia, sendo-lhe expressamente vedado agir no interesse específico do grupo de acionistas que o elegeu. No caso específico do PO CVM 35, o grupo de administradores *ad hoc* é justamente nomeado para proteger, especificamente, o interesse de um grupo de acionistas, em completo choque com os princípios assumidos pela lei em relação à função dos administradores. É certo que a Carta Diretriz 1 foi construída sob um contexto de opressão do não controlador pelo controlador; mas o que o PO CVM 35 é criar lógica perversa ao virar a situação do avesso, sendo, pelos mesmos princípios defendidos pela Carta Diretriz 1, juridicamente questionável e não recomendável, sob o ponto de vista das práticas de governança ali previstas. Curioso, entretanto, sob o ponto de vista lógico, que o próprio PO CVM 35 invoca o art. 154 da Lei das S.A. para sustentar essa justificativa de ter-se administradores *ad hoc*, representanto interesses de acionistas não controladores, para expressar algo que seria, ao fim, o resultado do interesse da companhia como um todo. Aquilo que pode fundamentar a ilegalidade é, na verdade, usado em premissa invertida (petição de princípio) para justificar a legalidade de eventual sanção pelo descumprimento das "recomendações". É deveras interessante notar como os argumentos aqui esposados sobre critérios controversos de independência, incluindo aqueles de avaliação casual, é alvo de críticas no direito continental europeu, sobretudo no direito espanhol, como nos mostra María Isabel CANDELARIO MACÍAS (*La tutela de la minoría en la sociedad cotizada en bolsa*. Barcelona: Atelier, 2007, pp. 225-228).

[315] A regra de eleição dos membros é absolutamente confusa e obtusa, pois, na prática, é um comitê onde os acionistas não controladores podem eleger apenas um membro, enquanto

o término da função".[316] Alternativamente ao comitê, a companhia pode estabelecer procedimento em que o acionista controlador abre mão do seu direito de voto nessas situações, caso não queira constituir o comitê. Em linhas gerais, a fase preparatória ganhou novos contornos, mas que ainda são, de companhia para companhia, desempenhados sem um procedimento prévio estabelecido em lei ou regulamento infralegal[317].

Fase decisória e executória: Uma das características mais marcantes da operação de migração, sobretudo as migrações puras, é a consolidação da fase decisória assemblear com a parte da execução da operação.

o outro é escolhido pelo próprio acionista controlador e o terceiro é eleito pelos próprios eleitos, de forma indireta. O PO CVM 35 cria um regime de eleição onde não fala como essa "assembleia geral de acionistas não controladores" deve ocorrer, ser convocada, instalada e a matéria deliberada. Não estabelece (e nem poderia!) os quóruns. Não fala também como a eleição indireta do terceiro membro ocorre nem como e se há referendo para essa nomeação. Eis um dos critérios: "comitê composto por: (a) um administrador escolhido pela maioria do conselho de administração; (b) um conselheiro eleito pelos acionistas não-controladores; e (c) um terceiro, administrador ou não, escolhido em conjunto pelos outros dois membros". Pior seria investigar, sob esse ângulo, a questão da responsabilidade fiduciária, sobretudo o dever de lealdade e a finalidade das atribuições em relação a um administrador *ad hoc* eleito pelo acionista controlador diretamente (ou pela maioria do conselho) e com funções especificamente delineadas para defender o interesse de acionistas não controladores. O mesmo deve se dizer em relação aos deveres fiduciários daquele membro eleito indiretamente: o que fazer, sob o ponto de vista dos deveres fiduciários, se entender ou agir de forma a não defender os interesses específicos de grupos de acionistas lançando mão de deveres de imparcialidade impostos pela lei?

[316] O uso da Lei das S.A. para cobrir essas lacunas gera bastante conflito e confusão, a começar pela própria função desse administrador *ad hoc* (conselheiro que representa a companhia em nome de acionistas não controladores...), passando pelo seu termo e culminando com a sua responsabilidade.

[317] N. Eizirik (*A Lei das S/A Comentada*, Vol. III, Op. cit., Idem, p. 513) nos dá a seguinte notícia: "Na prática, várias operações entre partes relacionadas têm seguido o seguinte procedimento: o acionista controlador negocia as condições da operação com os minoritários que possuem maior participação acionária e, depois, não vota na deliberação da assembleia geral. É mais simples e menos burocratizado do que constituir um comitê, aguardar suas reuniões e deliberações, para depois colocar o assunto em discussão no conselho de administração e posteriormente submetê-lo à deliberação da assembleia geral". Noutros casos, já viu-se na prática nomear esse tal "representante dos minoritários" em reunião de conselho de administração, cujo "mandato" é depois "referendado" no bojo da assembleia *catch all*: uma única AGE onde tudo é submetido a um unificado *thumbs up, thumbs down* (inclusive a escolha desse administrador, o resultado de seu trabalho, a escolha dos avaliadores, o teor dos laudos, a justificação, o protocolo, a relação de troca, a operação em si...).

Na realidade, a decisão é de fato tomada antes e como o acionista controlador tem certeza de que terá votos suficientes para aprovar a operação, a deliberação assemblear se reveste de caráter de mera execução. Após a divulgação da operação e o término efetivo da fase preliminar, com a dissolução do comitê de administradores *ad hoc*, o material é levado a conhecimento dos acionistas em ambas as companhias para a aprovação (ou não) da operação e efetivação das medidas aprovadas, com a abertura dos prazos para exercício de direitos de recesso dos dissidentes. As assembleias ocorrem na forma regulada pela Lei das S.A., entretanto as deliberações e os votos têm sido estritamente regulados pela CVM, no caso das companhias abertas. Não apenas o PO CVM 34, mas também a seara de decisões posteriores emitidas pelo órgão Colegiado forma um regime jurídico de voto bastante peculiar nas operações de migração, de que trataremos com mais detalhamento no capítulo seguinte.

Especificamente em relação ao regime de voto e o contexto do PO CVM 34, passamos o debate para o próximo capítulo.

Capítulo 9
A Questão da Proibição de Voto

Desde 2006, com a edição do PO CVM 34, as práticas referentes às operações de migração e de consolidação de controle têm sofrido várias modificações em relação ao modo como o *statuo viæ* vem sendo desempenhado, sobretudo no âmbito da decisão final e da legitimação jurídica do polo decisório para a conclusão dessas operações.

Por meio de um ataque contundente ao direito do voto do acionista controlador em operações de migração e consolidação de controle[318], a CVM aprofundou-se em questões políticas para resolver um problema que é, de antemão, relacionado a métodos de avaliação (*valuation*).

O PO CVM 34, ao contrário do PO CVM 35, lança mão corretamente do instrumento *Parecer de Orientação* e inaugura, na CVM, uma interpretação amplificada do art. 115, §1º, da Lei das S.A., exarando opinião sobre a sua aplicação no contexto de operações de migração (dentre outras) onde o exercício do direito de voto pelo acionista controlador seria, de antemão, vedado.

O próprio PO CVM 34 reconhece a complexidade da questão e se propõe, de certa forma, a lançar regra interpretativa sobre o conceito de *benefício particular*, diferenciando-o do conceito de "voto sob interesse conflitante com o da companhia".

---

[318] Erasmo Valladão Azevedo e Novaes FRANÇA ("Ainda o conceito de benefício particular: anotações ao julgamento do Processo CVM n. RJ-2009/5811", *In RDM*, vol. 149/150, Op. cit., Idem, Jan-Dez, 2010, pp. 293-322) chegou a afirmar: "Parece que, hoje, ser acionista controlador virou um estigma. Ao invés de se adotar uma posição equilibrada entre os interesses dos minoritários e do controlador, este último vai sendo encarado quase que como um marginal da vida societária" (p. 322, nota 54).

O enfocado normativo diz: "o acionista não poderá votar nas deliberações da assembléia-geral relativas ao laudo de avaliação de bens com que concorrer para a formação do capital social e à aprovação de suas contas como administrador, nem em quaisquer outras que puderem beneficiá-lo de modo particular, ou em que tiver interesse conflitante com o da companhia".

Em princípio, e como se vê, a regra não faz distinção entre acionistas, sendo a regra aplicável tanto para acionistas controladores, quanto para não controladores.[319] Excetuadas as situações *específicas* de laudo de avaliação de bem para a formação de capital e aprovação de contas, a norma traz duas situações *gerais* de proibição de voto, a saber: (i) benefício particular; e (ii) conflito de interesse.

O PO CVM 34, reconhecendo as amplas dificuldades de se traçar paralelos e distinções entre o conflito de interesse e o benefício particular, determina seu escopo nestes termos: "este Parecer de Orientação tem por objetivo divulgar a interpretação da CVM sobre a incidência do impedimento prévio de voto de que trata o § 1º do art. 115 da Lei 6.404/76 em certas deliberações que possam beneficiar de modo particular os acionistas controladores ou proponentes de operações de incorporação ou de incorporação de ações"[320].

Antes porém, de destrincharmos o PO CVM 34, cumpre recuar um pouco no tempo, em período anterior à edição do Parecer, que foi quando o tema a respeito das possíveis interpretações desse normativo da Lei das S.A. começaram a surgir no mercado, indicando soluções políticas para problemas patrimoniais.

O primeiro momento na CVM onde o direito de voto foi questionado se deu quando do julgamento do Caso TIM, que, embora não se trate de um caso de reorganização societária ou incorporação de ações, os mesmos

---

[319] Cf. N. Eizirik. *A Lei das S/A Comentada*, Vol. I, Op. cit., Idem, p. 655; no mesmo sentido, F. Martins. *Comentários...*, Op. cit., Idem, p. 399.

[320] Note-se que, como a CVM trata a *incorporação de ações* como uma *operação* e não um *processo*, acaba capturando situações que a recomendação ou opinião não visa, teoricamente atingir, como no caso das verticalizações aqui estudadas e em casos de migração impura ou consolidações de controle atípicas. Tratar toda e qualquer situação pela *vala comum e procedimental* da incorporação de ações gera dúvidas e debates conflituosos, com a possível imposição final de regra injusta para determinadas situações que diferem daquelas cujo escopo o normativo pretende abranger.

argumentos foram transpostos para tais situações. Tratou-se de um caso sobre pagamento de *royalties* pelo uso da marca *TIM* por uma das controladas da Telecom Italia Mobile (a CTRM, controlada indiretamente pela Telecom Italia Mobile por meio da Tele Celular Sul Participações S.A.) à sua controladora indireta, a saber, a própria Telecom Italia Mobile. A Relª Dirª Norma J. Parente afirmou: "Na presente hipótese, é inquestionável, a meu ver, que o benefício do controlador decorre do próprio contrato por figurar ele nos dois lados, razão pela qual deveria abster-se de votar independentemente de o contrato ser ou não eqüitativo. Trata-se de negociação consigo próprio". O posicionamento da CVM neste caso, que se estendeu para outras hipóteses de reorganização societária (incluindo os procedimentos de incorporação de ações) mereceu críticas na doutrina, bem como manifestações favoráveis.

Esse caso abriu caminho, entretanto, para que se construísse, anos depois, o *landmark* desse normativo (se assim podemos convencionar). Coincidentemente também não ocorreu em uma operação associada a um processo de incorporação de ações e nem tampouco no âmbito do benefício particular, mas sim e especificamente na revisão dos *conflitos de interesse* para impacto no direito de voto. O caso que aperfeiçoou essa discussão nos tempos atuais foi o Caso Sistel-PREVI, cujo amplo debate extrapolou o âmbito da Rua Sete de Setembro no Rio de Janeiro.

Nesse caso, a Telemar Participações S.A. e a Tele Norte Leste Participações S.A., controladora e controlada, respectivamente, contando com os votos dos acionistas Sistel e PREVI, aprovaram a celebração de um Acordo de Prestação de Serviços entre elas. Sem entrar profundamente no mérito e nos detalhes do caso, o debate Sistel-PREVI, no âmbito Telemar-TNLP, disse respeito a um ato jurídico de natureza puramente contratual e não de natureza societária, como é a situação abordada pelo PO CVM 34. Fato é, entretanto, que nesse caso o mercado teve sua atenção atraída para um espectro amplo de situações que poderiam, sob a ótica da CVM, impedir de antemão o exercício do direito de voto.

Nesse caso, o acalorado debate centrou-se no tema do conflito de interesses e do voto exercido em situação em que o acionista pode, potencialmente, estar em cenário conflitivo com o da companhia e, consequentemente, com os demais acionistas. No caso Sistel-PREVI, a então Relatora, a Dirª. Norma J. Parente, entendeu haver uma desobediência ao citado normativo, por força de conflito formal de interesses que impediria, em tese, os acionistas de exercício de direito de voto. O Diretor Wladimir Castelo Branco Castro entendeu, entretanto, que o eventual conflito deveria ser apurado *a posteriori*, sem que, com isso, o direito ao exercício do voto fosse afetado. O Diretor Luiz Antonio de Sampaio Campos, não apenas acompanhando o voto de Castelo Branco, mas apresentando verdadeiro compêndio sobre o tema em voto em separado, ampliou a divergência. O então presidente Luiz Leonardo Cantidiano, acrescentando pontos de vista aos votos de Castelo Branco e Sampaio Campos, fica com a maioria e afasta, no mérito, a existência de um conflito de interesses *a priori*.

O voto de Sampaio Campos, que faz grande e profunda incursão no direito italiano, valendo-se de nomes como Galgano, Ascarelli, Jaeger, Sena, Mengoni e Santagata, reflete a questão no direito brasileiro, observando a doutrina de Lamy Filho e Bulhões Pedreira. O voto chamou a atenção do mercado e do meio acadêmico, gerando um comentário fundamentado de Erasmo Valladão Azevedo e Novaes FRANÇA.[321]

O texto segue na esteira de comentário anterior feito pelo mesmo Erasmo VALLADÃO FRANÇA em relação ao Caso TIM.[322] No alto de ser uma das maiores autoridades sobre o tema,[323] VALLADÃO FRANÇA debate o tema e chama atenção para o excessivo rigor da CVM, acompanhando os fundamentos do voto vencido de Luiz Antonio de Sampaio Campos no Caso TIM.

Retomando o tema no Caso Sistel-PREVI, VALLADÃO FRANÇA chama a atenção, com lastro no Direito Alemão e no Direito Italiano, que há uma forte tendência a se restringir as hipóteses de proibição de voto. Dentro desse âmbito dos conflitos de interesse decorrentes de votos atrelados a contratações particulares, o tema voltou à discussão na CVM em 2010, no propalado Caso Tractebel, que contou, item, com voto de Eli Loria como dissidente. Em tema de interesse conflitante, a nossa doutrina, igualmente, preocupou-se em navegar sempre em sentido mais restritivo.[324]

---

[321] E. V. A. N. FRANÇA. "Comentário à Decisão da CVM no 'Caso Sistel-PREVI'", *In Temas de Direito Societário...*, Op. cit., Idem, pp. 647-703. Publicado também na *RDM*, vol. 128, Op. cit., Idem, Out-Dez, 2002, pp. 225-262, sob o título "Conflito de Interesses: Formal ou Substancial? Nova decisão da CVM sobre a questão".

[322] E. V. A. N. FRANÇA. "Acionista Controlador – Impedimento ao Direito de Voto", *In RDM*, Vol. 125, Op. cit., Idem, Jan-Mar, 2002, pp. 139-172.

[323] Vide o seu clássico *Conflitos de Interesses nas Assembléias de S.A. (e outros escritos sobre conflito de interesses)*, 2ª ed.. São Paulo: Malheiros, 2014.

[324] N. EIZIRIK. *A Lei das S/A Comentada*, Vol. I, Op. cit., Idem, p. 655; A. S. LAZZARESCHI NETO. *Lei das Sociedades por Ações...*, Op. cit., Idem, p. 243 ; F. MARTINS. *Comentários...*,

O debate não se arrefeceu e, pelo contrário, ganhando mais corpo alguns anos depois, migrou para o tema das operações processadas por meio de incorporação de ações, gerando, em 2006, um estudo mais específico por parte da CVM em relação à aplicabilidade do art. 115, §1º, da Lei das S.A., sobretudo no conceito de *benefício particular* aplicável ao âmbito das migrações e consolidações de controle ora estudadas. E nesse caso, a CVM contratacou com pesada artilharia aos direitos políticos de acionistas que pudessem ser encontrados, de antemão, em deliberações cujos efeitos poderiam, em certas circunstâncias, beneficiá-los especialmente em relação aos demais acionistas.

O PO CVM 34, como não poderia deixar de ser, nascia sob críticas[325]. Erasmo VALLADÃO FRANÇA, em palestra na CVM[326], reanalisa as questões envolvendo o princípio que disciplinam a lógica do §1º ao art. 115 da Lei das S.A., invocando o direito alemão e o direito francês, aprofundado por percurso histórico valiosíssimo em direito brasileiro. Com lastro em Trajano de Miranda VALVERDE[327], identifica esse benefício particular como

---

Op. cit., Idem, p. 398; A. LAMY FILHO, "Abuso do direito de voto e conflito de interesses – Interpretação do art. 115 e seu §1º – O voto do controlador", *In Temas de S.A....*, Op. cit., Idem, pp.349-358. Esses posicionamentos, embora majoritários, não são unânimes, contudo. M. CARVALHOSA. *Comentários...*, 2º Vol., Op. cit., Idem, pp. 490-561, posiciona-se claramente na linha de uma interpretação mais extensiva e formal (chegando até a entender que a diferença entre conflito formal e substancial seria falaciosa, cf. pp. 514-515), acompanhado por Jairo SADDI ("Conflitos de Interesse no Mercado de Capitais", *In Sociedade Anônima: 30 anos da lei...*, Op. cit., Idem, pp.339-360). Ressalte-se ainda robusto e aprofundado estudo publicado recentemente sobre o assunto, aplaudindo a interpretação menos restritiva que vem sendo adotada pela CVM, sobretudo no Caso Tractebel, da lavra de Andréia Cristina BEZERRA, Luiz Eduardo Malta CORRADINI, Maria da Glória Ferraz de ALMEIDA PRADO e Maria Fernanda C. A. R. CURY, "Conflito de Interesses. Impedimento de Direito de Voto e Conflito Material. Interpretação do art. 115, §1º da Lei das Sociedades por Ações", *In Mercado de Capitais Brasileiro...*, Op. cit., Idem, pp. 105-158.

[325] As críticas persistem, de forma contundente e consistente. Destaco aqui o interessante trabalho de JACOMINI, WANDERLEY, CASELTA e MERLUSSI ("Incorporação de Sociedades e incorporação de ações: operações de reorganização societária entre controladora e controlada e os Pareceres de Orientação CVM 34 e 35", *In ReDE*, vol. 0. São Paulo: Thompson Reuters/RT, nov-dez, 2013, pp. 173-208), onde as autoras defendem claramente que há, além de um "extravasamento das competências da CVM" (p.191) uma verdadeira desfuncionalidade do mecanismo (pp.193-196), com a qual concordamos integralmente.

[326] Vide o inteiro teor do pronunciamento em "O Conceito de 'Benefício Particular' e o Parecer de Orientação 34 da CVM", *In Temas de Direito Societário...*, Op. cit., Idem, pp. 568-580.

[327] T. M. VALVERDE. *Sociedades por Ações (Comentários...)*, Vol. II, Op. cit., Idem, p. 66.

sinônimo de *contrapartida* para determinado acionista e não uma vantagem ilícita. É, nas palavras de VALLADÃO FRANÇA, a *vantagem lícita*. A vantagem ilícita estaria, no seu entender, restrita ao âmbito do *conflito substancial de interesse*, com controle de legitimidade de voto *ex post* e não *ex ante*.

Ao passar para os casos específicos do PO CVM 34, VALLADÃO FRANÇA entende que as hipóteses lá aventadas não seriam, tecnicamente, situações de *benefício particular*, pois não se trata de *contrapartidas*, qual seja, não há que se falar em *vantagem lícita*. VALLADÃO FRANÇA ainda lembra como, no contexto do art. 264 da Lei das S.A., o sistema se articula por meio de saída por recesso (e não de outra forma a lei menciona a hipótese de alternativas para "dissidentes") e não o da *legitimação política*, como já mencionava o Diretor da CVM Pedro Oliva Marcílio em seu voto no Caso TIM.

Reajustando o tema para o âmbito procedimental, VALLADÃO FRANÇA nota que "*de lege lata*, o art. 264 não prevê qualquer impedimento de voto, seja do controlador, seja dos acionistas titulares de ações ordinárias, e nem outorga voto aos titulares de ações preferenciais – pelo que se nos afigura que o Parecer 34 extravasa dos lindes da lei"[328].

O tema volta a tona quando do julgamento do Caso Duratex-Satipel, merecedor, no âmbito da aplicação do PO CVM 34 para esse caso, de novos comentários do mestre.[329] O tema colecionou críticos de peso, como Luiz Leonardo CANTIDIANO[330], e Daniel KALANSKY[331].

---

[328] E. V. A. N. FRANÇA. "O Conceito de 'Benefício Particular'...", *In Temas de Direito Societário...*, Op. cit., Idem, p. 580. No mesmo sentido, N. EIZIRIK (*A Lei das S/A Comentada*, vol. III, Op. cit., Idem, p. 403): "não há qualquer impedimento ao voto do acionista controlador na escolha dos peritos ou empresa especializada na deliberação sobre o laudo de avaliação e na aprovação da operação como um todo", bem como LAMY FILHO, Alfredo. "Incorporação de Subsidiária – Avaliação das Ações – Abuso de Direito – Recesso", *In Temas de S.A....* Op. cit., Idem, p. 260 (resposta ao 1º quesito). Vide também PENTEADO, M. R. *Aumentos de Capital...*, Op. cit., Idem, pp. 249-271, bem como o seu profundo estudo sobre o tema em "Reorganização Operacional e Societária. ...", Op. loc. cit., Idem, pp.243-258; c/c 267-268.
[329] "Ainda o conceito de benefício particular...", Op. loc. cit., Idem, pp. 293-322.
[330] L. L. CANTIDIANO. "Análise Crítica do Parecer de Orientação CVM 34", *In RDB*, vol. 41. Op. cit., Idem, Julho/Setembro 2008, p. 133-147.
[331] *Incorporação de Ações...*, Op. cit., Idem, pp.102-115. Vale comentar aqui curiosa passagem da obra do jovem estudioso, onde se cogita a possibilidade de "revogação" do PO CVM 34 pelo PO CVM 35, vez que este, ao deixar claro que o voto está autorizado, teria, de certa forma, "revogado" aquele ou, de algum jeito, ampliado hipóteses para que sejam compatibilizados com interpretações alternadas (Ibidem, pp. 130-131). À parte a questão da verdadeira teratologia técnica causada pelo PO CVM 35, entendemos, humildemente, que o regime imposto pela

Em 2014 a polêmica ganhou mais um capítulo, desta vez, retomando o entendimento que a CVM esposava sob a liderança do Dir. Luiz Antonio de Sampaio Campos, quando dos votos proferidos no Caso Previ-SISTEL, em um típico movimento de *dualismo pendular* sobre a questão[332]. Trata-se do Caso Oi/PT, um caso complexo cuja última etapa para consolidação da operação se dava por intermédio de uma migração dos acionistas de

---

DCVM 1 para a edição e vigência de Pareceres de Orientação não comporta "revogação". Em se tratando de Parecer de Orientação, é mister cotejar escopos para verificar se a opinião da autarquia e o seu périplo de interpretações sobrevive, tornando a recomendação mais ou menos (com o perdão da redundância) recomendável. Não se trata, pois, de uma "revogação" técnica, mas sim de uma "mudança de opinião", e nos parece, neste caso do PO CVM 34 e do PO CVM 35, não ter ocorrido tal mudança, como apontado por KALANSKY, mas mera complementariedade para se tentar amenizar o rigor do PO CVM 34 com procedimentos complexos impostos pelo PO CVM 35. De toda forma, reconhecemos que o conflito lógico da redação de um parecer para outro pode, de fato, jactar para o mundo prático uma situação em que o voto deveria ser proibido *ex ante*, mas, tendo sido colhido por conta de cumprimento hipoteticamente questionável do PO CVM 35, acaba tendo que ser solucionado exatamente da forma proposta por VALLADÃO FRANÇA, a saber: análise *ex post*.

[332] O termo "dualismo pendular" é da lavra do grande Fábio Konder COMPARATO (*Aspectos Jurídicos da Macro-Emprêsa*. São Paulo: Revista dos Tribunais, 1970; pp. 95 e ss.), quando analisou a orientação dominante na legislação falimentar brasileira, que sempre oscilou entre posições pro-credores e pro-devedor. Lembrava o grande mestre: "Em nosso país, a legislação falimentar tem seguido um ritmo nitidamente pendular: protege-se alternadamente o insolvente, ou os seus credores, ao sabor da conjuntura econômica e da filosofia política do momento". Essa precisa observação, entretanto, extrapola o universo falimentar. Vale dizer, extrapola o universo societário. E porque não, admita-se, extrapola o direito comercial e se vê também no processual (estado-juiz *vs.* jurisdicionados), no penal (pro-reu *vs.* pro-vítima), no administrativo e no tributário (pro-Estado *vs.* pro-cidadão/contribuinte). Mais: extrapola o próprio direito e se vê na economia, na ciência da administração e em muitas outras searas do conhecimento humano. Esse movimento de dualismo pendular é uma verdadeira característica do "jeitinho brasileiro" em acomodar na linha do tempo posições verdadeiramente conflitantes. Voltando ao direito societário, é exatamente o que se vê na CVM em relação à interpretação do art. 115 da Lei das S.A.: uma oscilação que segue os ventos da conjuntura econômica para a qual o estado (CVM) tende a pender mais para o lado do acionista controlador, as vezes contra esse (e não necessariamente a favor de quem quer que seja). Nessa oscilação "sou contra" *vs.* "sou favorável", a CVM vai, a cada 4 (quatro) ou 5 (cinco) anos, alterando a sua orientação e ampliando a margem de insegurança jurídica (para quem se coloca em torno dos argumentos favoráveis ao voto) ou de injustiça (para quem se coloca em torno dos argumentos desfavoráveis ao voto). Fato é que entre o *justo* e o *seguro*, há que se admitir que o *seguro* é sempre *justo*, pois sabe-se de antemão que a regra do jogo vai no sentido de se permitir (ou peremptoriamente não permitir) algo que podemos ter certeza que não ficará ao "sabor da conjuntura econômica e da filosofia política do momento".

Oi para a sua controladora, a Telemar. Essa migração ocorreu de forma atípica, pois passos anteriores previam aumentos de capital e conferência de bens ao capital da Oi, com conversões de debêntures e dívidas e, concomitantemente à migração, ocorreria uma incorporação de capital da PT na Telemar (controladora da Oi). A questão ora estudada, da existência ou não de benefício particular, aplicava-se a fases anteriores à migração, a saber, quando da conferência de bens ao capital da Oi e por ocasião da aprovação dos laudos.

Pois bem, a área técnica, nesse caso, estendeu a proibição de voto para "todos os acionistas vinculados ao Acordo de Acionista (controladores diretos e indiretos da Companhia) e os signatários do MOU e aqueles que compartilhem, direta ou indiretamente, o mesmo interesse deste" não apenas para os acionistas "signatários do Acordo de Acionistas e do MOU que sejam titulares ou acionistas diretos dos ativos integralizados no capital social da Companhia", recebendo a guarida do voto da Dir. Luciana Dias, que não viu diferenças entre o aumento de capital em questão e a capitalização das *holdings* que ocorria em tais fases preliminares da operação. O processo foi instruído com pareceres de Calixto Salomão Filho, Marcos Pinto, Nelson Eizirik, Luiz Alberto Rossman, Marcelo Trindade e José Alexandre Tavares Guerreiro, todos analisados com profundidade pela área técnica e pela Diretora Relatora, que votou no seguinte sentido: "a única interpretação que poderia dar sentido à letra da lei seria a de que o benefício particular lá referido é mais amplo e envolve qualquer situação em que um acionista se beneficie". Fato é que o caso apresentou-se mais complexo e sem precedentes em pelo menos quatro detalhes adicionais.[333] Neste caso, como o benefício admitido pela companhia não seria constituído pelo resultado direto da deliberação a ser tomada em assembleia, o

---

[333] Dentre eles, o argumento principal pode ser resumido na seguinte frase da lavra da Diretora Relatora: "A preocupação da CVM em limitar o impedimento de voto em situações em que ele não seja claramente identificado *a priori* era, portanto, de impedir o julgamento desses casos pela mesa da assembleia geral. No entanto, não é disso que trata o caso em tela. A Companhia não nega que a Operação, como um todo, confira um benefício econômico diferente e maior para os acionistas da TelPart. O argumento da Companhia é que a deliberação de que trata a AGE – Oi não versa exatamente sobre esse sobrevalor que os acionistas de TelPart receberão por meio da Operação. Em outras palavras, as Deliberações para o Aumento de Capital, discutidas na seção abaixo, não tratam do benefício que os acionistas da TelPart receberão no âmbito da TelPart e, por isso, não haveria impedimento de voto."

impedimento de voto deveria ser tomado de forma restritiva. Em profunda análise, conclui a Diretora Relatora: "Dito isso, não acredito que deva prevalecer o argumento de que os acionistas da TelPart possam votar com as ações que detenham diretamente na Oi, ainda que sua participação direta em Oi supere sua participação indireta detida por meio da TelPart. Tais acionistas, ainda que em proporções e volumes diferentes, permanecem tratados de modo mais benéfico e diferente dos demais acionistas da Oi. Por isso, acompanho o entendimento da SEP no sentido de que nenhum acionista de TelPart poderá votar com as ações que detenha diretamente na Oi"[334].

O entendimento encontrou, contudo, resistências no Colegiado, que com os votos da Diretora Ana Novaes, do Diretor Presidente Leonardo Pereira e do Diretor Roberto Tadeu Antunes Fernandes, alterou o resultado final do processo naqueles termos aventados pela área técnica com a seguinte advertência: "ao contrário do que faz crer a Diretora Luciana Dias em seu voto, a delimitação do que vem a ser benefício particular está longe de estar consolidada nesta autarquia". A dissidente Diretora Ana Novaes, sem entretanto rechaçar a pertinência do PO CVM 34 apenas conclui que neste caso ele seria inaplicável, votando nestes termos: "na operação que resultou na edição do Parecer de Orientação CVM nº 34, bem como em todos os casos julgados posteriormente onde o referido Parecer foi considerado aplicável, os diferentes valores atribuídos para as ações em razão de sua espécie, classe ou titularidade, tinha como efeito direto uma diluição da participação total dos titulares das ações que não eram beneficiadas. No caso concreto, não há esta diferenciação"[335]. Parece, de fato, não haver

---

[334] No caso, a parte "Telemar" foi definida como "TelPart".

[335] O debate acerca da aplicação do PO CVM 34 é, talvez, o prólogo do próximo capítulo, pois um acaladorado debate cercou-se nestes termos: "Uma segunda discordância seria em relação à afirmação da Diretora Relatora Luciana segundo a qual: 'O texto do Parecer de Orientação nº 34, de 2006, deixou em aberto, ao que parece propositalmente, a extensão do que a autarquia entendia como benefício particular, ao afirmar que «*o impedimento de voto, portanto, se dá pela especificidade do benefício, pela particularidade de seus efeitos em relação a um acionista, comparado com os demais*»' . A ementa do Parecer de Orientação CVM nº 34/2006 é clara ao mencionar: 'Impedimento de voto em casos de benefício particular em operações de incorporação e incorporação de ações em que sejam atribuídos diferentes valores para as ações de emissão de companhia envolvida na operação, conforme sua espécie, classe ou titularidade. Interpretação do §1º do art. 115 da Lei 6.404/76'. Portanto, este Parecer foi concebido para esta situação particular e, a meu ver, não permite extensões não previstas em Lei."

uma volta ao entendimento dos tempos de Sampaio Campos[336], contudo, o voto recupera embasamentos do voto do Diretor Presidente Marcelo Trindade em caso anterior: "A definição de 'benefício particular' proposta no voto da Diretora Relatora alarga, a meu ver, o conceito, confundindo-o, sem embasamento legal e sem suporte na jurisprudência deste Colegiado, com vantagens indiretas que determinados acionistas podem experimentar em decorrência de determinada operação. Sobre as distinções entre benefício particular (para fins do §1º do art. 115) e benefícios indiretos, reporto-me, primeiramente, ao voto do Presidente Marcelo Trindade no caso Tele Norte Leste"[337].

É extremamente injusto com este trabalho exigir que as minúcias de um caso tão complexo atropelem a ética do espaço editorial e a objetividade em torno do tema-título do trabalho (*incorporação de ações*), mas, de fato, pudemos notar como esse movimento de dualismo pendular do *"vota"* X *"não vota"* tende ainda a ter outros capítulos após a publicação deste trabalho.

Adicionalmente, um agravante: essa questão do voto ainda não foi totalmente enfrentada de forma específica em operações de migração ou de consolidação de controle ou por meio de qualquer operação efetivada na forma processual de uma incorporação de ações. Contratações entre partes relacionadas, modificação de capital social, conferência de bens e operações de incorporação de capital dominaram o tema da *proibição* ex ante *de voto*. Por isso, é importantíssimo discuti-lo, ainda que sob ângulo teórico, pois o alinhamento sem levar em conta as diferenças teleológicas de cada

---

[336] Do voto dissidente chega-se a colher este entendimento, que poderia ser uma novidade em termos de doutrina de benefício particular para proibição de voto: "Para que se caracterize o benefício particular, este teria que se corporificar na assembleia em questão ou ser diretamente decorrente da decisão assemblear. E não me parece ser este o caso. Todos os acionistas, independentemente de ser parte do grupo de controle ou minoritário, serão igualmente diluídos pelo aumento de capital na Oi e na incorporação de ações de Oi por Telpart. No caso concreto, nenhum benefício particular é objeto ou resulta da decisão da assembleia. Portanto, não há que se falar em benefício particular no caso em tela."

[337] Neste trabalho chamamos de "Caso Telemar" o que a Diretora Relatora Luciana Dias chamou de "Caso Tele Norte Leste". Apenas para rememorar, o Diretor Relator Pedro Marcílio, vencido neste caso, concorreu com o voto vencedor do então Diretor Presidente Marcelo Trindade sobre a aplicabilidade do PO CVM 34 a uma operação de migração, especificamente sobre a proibição de voto para certos ordinaristas com autorização de voto para preferencialistas. Interpretações sobre o âmbito do PO CVM 34 divergiram, prevalecendo o entendimento do então Diretor Presidente Trindade.

operação, que tentamos aqui descortinar, pode levar a sérios equívocos futuros. Um aspecto negativo desse *status* que observamos na linhagem de decisões da CVM é que se torna praticamente impossível prever qual seria o posicionamento da autarquia em hipotéticas operações de consolidação de controle ou migração, sobretudo quando se tratam de consolidações de controle ou migração impuras e quando estiverem no contexto de uma operação ainda maior, na qual a incorporação das ações é apenas um passo (situação do Caso Oi/PT, embora a questão do voto não tenha sido objeto na fase final da operação). O PO CVM 34 há muito deixou de ser *uma interpretação da lei* para se tornar *fonte adicional de interpretação*. Notamos que a CVM está, ultimamente, interpretando o PO CVM 34 o que significa admitir que a CVM tem interpretadado a sua interpretação com base em interpretações passadas em torno da Lei das S.A., com o máximo perdão da redundância e da repetição dos termos.

O voto da Diretora Ana Novaes, nesse sentido, reflete com clareza uma preocupação que tentamos transparecer neste trabalho: "Será que é papel do regulador ficar decidindo quem vota e quem não vota em diferentes reorganizações societárias, arbitrando conflitos entre acionistas caso a caso, avaliando se há ou não benefício particular indireto, podendo inclusive colocar em risco o próprio interesse da companhia? Podemos imaginar facilmente situações em que o acionista controlador também poderia começar a alegar que determinado minoritário não pode votar, por ter um benefício indireto, tal como aqui arguido".

Hipoteticamente e no que tange às especificidades das migrações em matéria de proibição de voto fundamentada em benefício particular do art. 115, §1º da Lei das S.A., em primeiro lugar, cumpre lembrar que o formato da relação de troca em operações veiculadas por meio de incorporação de ações, no caminho da definição de um *eixo de equivalência*, compara duas ações, qual seja, dois valores mobiliários, e não dois patrimônios sociais ou duas companhias. A relação de troca para a definição de um eixo de equivalência em migrações é basicamente uma análise de ação contra ação.

Dito isso, e segregadas deste âmbito as operações em que o acionista controlador visa migrar sua base acionária para uma sociedade *holding*, situação que, como vimos, caracteriza a operação de migração, cumpre agora analisar se e quando haveria na lei um dispositivo que pudesse impedir de antemão o acionista controlador de votar e interferir no *statuo viæ* de outros acionistas, sobretudo sob o ângulo de que esse exercício estaria no âmbito do conflito atingido pelo §1º ao art. 115 da Lei das S.A., à luz do tudo o quanto já foi dito pela CVM neste terreno verdadeiramente pantanoso.

Mais: cumpre ainda analisar se e quando, havendo na lei permissivo para que certos grupos de acionistas dêem às suas ações um valor diferenciado a fim de resultar em relação de troca distinta, estariam eles, ou não, autorizados a votar em conclaves para aprovação de operação de migração (ou consolidação de controle) que conte com tais características.

Comecemos, então, pelo mais simples: se há ou não vedação *a priori* para o acionista controlador (ou qualquer outro acionista) exercer seu direito de voto, havendo ainda dever de franquear esse direito a preferencialistas quando o *eixo de equivalência* aponta para relações de substituição ou troca com valores diferenciados entre ordinárias e preferenciais. À luz do que dispõe a doutrina e dentro do que foi discutido em cada caso, nossa tendência é responder *não*[338]: o voto, neste caso, é condição

---

[338] Estamos, neste ponto, com a doutrina de Erasmo VALLADÃO FRANÇA, que em trabalho doutrinário e histórico profundo, nos prova, em contraponto com as doutrinas alemã e francesa e em contexto com o nosso direito em recuo temporal-normativo aos idos de 1882, na Lei 3.150 ("Ainda o conceito de benefício particular...", Op. loc. cit., Idem, pp. 313-317), que a posição assumida pela CVM no Caso Duratex/Satipel deságua em sérias consequências para a caracterização do *papel do acionista controlador* em nossa economia. O ataque aos seus direitos políticos, sob os fundamentos da decisão no Caso Duratex/Satipel, ressalvadas as implacáveis e precisas opiniões dos Diretores Eli Loria e Otávio Yazbek, colide com marcos importantíssimos vistos no regime histórico-comparado exposto por VALLADÃO FRANÇA. Em complemento a essa notável pesquisa, ousamos investigar o tema em outros territórios e qual não foi a nossa surpresa em constatar que a posição defendida por VALLADÃO FRANÇA e com respaldo nos direitos alemão e francês, encontra guarida nos direitos italiano, espanhol, português, argentino e estado-unidense. De fato, é verdadeiramente tendência ampla e mundial (salvo algumas exceções pontuais) dar interpretação restritiva a mecanismos que solucionam questões patrimoniais-econômicas por meio de restrições políticas *ad hoc* (como é o caso da interpretação mais ampla do art. 115, §1º da Lei das S.A.) ao invés de restrições estruturadas, como é o caso do regime político das ações preferenciais.
No direito italiano, interpretações abalisadas de redação anterior à reforma de 2003 para a letra do art. 2373, 1º, do Codice Civile, que dizia *"Il diritto di voto non può essere esercitato dal socio nelle deliberazioni in cui egli ha, per conto proprio o di terzi, un interesse in conflitto con quello della società"*, aventavam seríssimas preocupações quando de seu uso em operações societárias, como lembrava SANTAGATA: *"l'applicabilità del primo comma dell'art. 2373 c.c. che sancisce il divieto di voto nella deliberazione relativamente alla quale sussiste il conflitto d'interessi, importerebbe gravissime conseguenze: escluso dal voto il socio di maggioranza, si lascerebbe arbitra la minoranza di decidere la delicatissima questione del rapporto di cambio; inoltre, nell'ipotesi di controllo di diritto (più del 50% del capitale sociale), diverebbe impossibile la stessa deliberazione di fusione in prima convocazione (art. 2368$_2$ c.c.) e, relativamente a talune ipotesi di fusione (art. 2369$_4$ c.c.), anche la decisione in seconda*

convocazione" (*La Fusione*..., Op. cit., Idem, pp. 271-272), concluindo: "*ciò appare sufficiente per escludere l'impugnabilità della deliberazione, non essendo l'art. 2737 c.c. applicabile in riferimento ad un conflitto d'interessi tra soci*" (Ibidem, p. 275). De maneira brilhante, Andrea VICARI (*Gli azionisti nella fusione*..., Op. cit., Idem, p. 224 c/c pp. 260-266; 275-286) deixou claro como a transformação da deliberação de um ato de reorganização societária em uma *assembleia especial* podia apenas mudar o problema de mãos, deixando que as máculas abandonadas por uma maioria pudessem ser adotadas por uma minoria agindo *no próprio interesse*: "*Gli argomenti esposti nei precedenti paragrafi evidenziano il rischio che uno o più soci, titolari di azioni ordinari e di azioni speciali, possano approvare nell'assemblea di categoria una deliberazione peggiorativa del diritto diverso per le azione speciali, risultando soddisfatti, ad esempio, dalla contestuale (marginalmente superiore) massimizzazione del rapporto di cambio fissato per le azione ordinarie. Risulta, pertanto, fondamentale l'approfondimento del problema del conflitto di interessi ex art. 2373 c.c. dell'azionista specialie nell'assemblea di categoria*" (Ibidem, p. 224). E, desta forma, essencialmente, o manancial de preocupações apontava para um problema de deliberação e não de voto, como teremos a oportunidade de analisar logo abaixo, onde a doutrina de SANTAGATA e VICARI ao direito anterior italiano (semelhante ao nosso atual) serão fundamentais. Importante neste ponto lembrar que esse debate não escapou das análises empreendidas na reforma italiana de 2003, que expandiu o entendimento desse artigo, com adições importantes e que vieram esclarecer a questão da proibição do voto e sepultar por lá essa antiga polêmica, que ainda reina em nosso direito, por conta de redação imperfeita de nosso manancial jurídico sobre o tema. Eis a redação atual: "*La deliberazione approvata con il voto determinante di soci che abbiano, per conto proprio o di terzi, un interesse in conflitto con quello della società è impugnabile a norma dell'art. 2377 qualora possa recarle dano*". Entre nós, Erasmo VALLADÃO FRANÇA analisou o tema da reforma italiana de 2003, em especial o artigo 2737, salientando: "não se fala mais, portanto, que o direito de voto 'não pode ser exercido pelo sócio' a hipótese de interesse conflitante. Diz-se apenas que, na hipótese de o voto conflitante determinar a maioria, com prejuízo ainda que potencial para a sociedade, a deliberação poderá ser anulada. Segui-se a fórmula que já havia sido adotada na lei alemã desde 1937" ("Lineamentos da Reforma do Direito Societário Italiano em matéria de invalidades das deliberações assembleares", *In RDM*, Vol. 134, Op. cit., Idem, Abr-Jun, 2004, p. 21).

Já o direito português, regulando a questão no art. 384 do Código das Sociedades ("Um accionista não pode votar, nem por si, nem por representante, nem em representação de outrem, quando a lei expressamente o proíba e ainda quando a deliberação incida sobre:... qualquer relação, estabelecida ou a estabelecer, entre a sociedade e o accionista, estranha ao contrato de sociedade"), encontrou em MENEZES CORDEIRO (*Manual*..., Vol. II, Op. Cit., Idem, p. 745) um defensor da interpretação amplificada: "A última alínea em causa consigna uma ampla cláusula geral, que permite exclusões vastas, nas mais diversas situações de conflito".

O direito argentino, construído em uma doutrina própria de *interés societario*, espraiada em divesos dispositivos da *Ley de las Sociedades (Ley 19.550)*, cuida de forma muito cautelosa o problema da vedação apriorística ao voto, sobretudo em operações societárias *intragrupo*, como mostra I. HALPERÍN (*Sociedades Anónimas*, Op. cit., Idem, pp. 214-226), reconhecendo que o sócio (majoritário ou não) sempre buscará o *máximo de benefício para si com o mínimo de sacrifício* (p. 214): "*La norma del art. 248 completa la limitación innovadora del poder de la mayoría: el*

sine qua non para a apuração do conflito[339] ou da existência de um *benefício particular*.[340]

De fato, há argumentos, em abundância, para ambos os lados, mas, neste trabalho, a ousadia que obriga ao ineditismo nos força a fazer o seguinte convite à reflexão para o leitor (além da discussão do voto, se pode ou não,

---

socio busca satisfacer un interés propio a través del interés social, común de todos los participantes; cuando media conflicto, la satisfacción del propio interés se haría en sacrificio del interés social. Debe existir una posición objetiva anterior a la asamblea: beneficio o perjuicio a recibir con la decisión social, aunque refiera a un bien futuro (lucro o evitación de daño o sacrificio, por cuenta propia o ajena – aunque no exista representación –). Pero no le impiede considerar suas propias perspectivas como socio para decidir su voto (v.g., en la fusión que se considera)" (pp. 221-222).

O direito estado-unidense, por seu turno, moldado nas companhias de capital pulverizado, nem sequer cogita soluções políticas para problemas econômicos, legando a essas questões o regime dos *appraisal rights* e, na cultura de um país que nasceu por meio de votos diretos, CLARK bem lembra, no contexto dos *takeovers*: *"There must be voting rights"*; ponto (*Corporate Law*, Op. cit., Idem, p. 398).

[339] É interessante notar como o direito italiano aborda essa questão, especificamente ao tratar dos conflitos de interesse entre sócio e sociedade. GALGANO (*Diritto Commerciale*, Op. cit., Idem, pp. 316-320) enfrenta-a de maneira lúcida, observando que, teoricamente, o art. 2373 c.c. é um mecanismo que legitimaria a administração a agir a serviço da sociedade (segundo entendem institucionalistas) ou a agir a serviço de minorias desprotegidas (segundo entendem os contratualistas), concluindo que a legitimação para a ação circunscrita no art. 2377 c.c., *"mostra come non si sia inteso proteggere, con quest'ultima norma* [art. 2373 c.c.], *solo l'interesse dei soci assenti ou dissenzienti"* (p. 317), reinserindo o debate no âmbito de uma análise teórica do *abuso de voto positivo versus abuso de voto negativo*, no contexto específico do art. 2373 c.c., enriquecida por farta jurisprudência do *Supremo Collegio*. Desta feita, detalhe importante é ter em conta que a apuração do conflito de interesse (seja ele formal, seja substancial), deve ser sempre de um conflito entre *acionista* e *sociedade*. A norma, desta feita, não absorve e não resolve, via proibição de voto, questões que envolvam conflitos entre *os acionistas entre si*. No caso de operações de migração ou consolidação de controle, conforme a abordagem do PO CVM 34, a questão é claramente de um conflito dos *acionistas entre si* – não há, pois, conflito, nem aparente, nem formal, nem substancial, entre *sociedade* e *acionista*. Com esteio em GALGANO, defendemos, *data maxima venia*, a total inaplicabilidade dessa norma, com base no *conflito de interesses*, em operações de migração onde o acionista controlador decide pelos dois lados o valor da relação de troca aplicável aos não minoritários, bem como nas operações de consolidação de controle em que o acionista controlador queira estabelecer uma relação de troca com valor "especial" baseado em suposto "prêmio de controle".

[340] Vide, nesse sentido, Luiz Ernesto Aceturi de OLIVEIRA e Marcelo Guedes NUNES ("Voto Irregular e Grupos de Sociedades", *In Reorganização Societária*, orgs.: Rodrigo R. Monteiro de Castro e Leandro dos Santos Aragão. São Paulo: Quartier Latin, 2005, pp. 207-235, esp. pp. 221 c/c 227-234), ressaltando-se, nas operações de migração, qual o papel da controladora *holding* na perseguição do *interesse social*, importantíssimo aqui para a categorização específica do tipo de operação analisada nesta parte do trabalho bem como na anterior.

se o dano deve ser confirmado *a posteriori* ou se a vedação se constata *a priori*): seria adequado, em operações de migração e consolidação de controle, tentar resolver um problema que existe no âmbito do regime da *avaliação das ações (valuation)* com soluções que restringem *direitos políticos* como o de voto? Em outras palavras: estaria a CVM, no longo prazo, oferecendo uma solução razoável ao mercado quando responde com *direitos políticos* a uma demanda que é essencialmente de natureza *patrimonial-econômica*?

Data maxima venia concessa et reverenter liberta, a resposta deve ser, novamente, *não*.[341]

Certos problemas patrimoniais devem ser resolvidos dentro da linguagem que lhes é própria, qual seja, a linguagem patrimonial. A criação de um sistema de *appraisal rights*, com ampla possibilidade de revisão das avaliações elaboradas (incluindo os critérios e premissas desse *valuation*), atrelado a um regime mais amplo e eficaz de conversão desses recursos de revisão em alternativas de saída e recesso; incrementados por um efetivo regime de *peer review*, alimentado por participativa autorregulação nas operações de *fusões e aquisições*, capitaneada atualmente pelo CAF e com o aval da própria CVM – eis as alternativas que nos parecem mais eficazes e duradouras. Medidas que interfiram em direitos políticos para a solução de debates de natureza patrimonial entre acionistas, como a criação de sistemas de negociação paralela[342] instruídos por representantes de setores da sociedade comercial em questão (como é o caso dos comitês), cassação de direitos de voto *a priori* e outras medidas políticas, apenas mudam o problema de sala e o vergalho de mãos.

De lege ferenda, pois, ainda que defendamos um regime cujos princípios clamam por um respeito às próprias características de cada operação aqui estudada, *de lege lata* ainda temos o mistério do art. 115, §1º da Lei das S.A., aplicado às operações aqui estudadas, a ser desvendado, haja vista que a

---

[341] É o problema do conflito que Erasmo VALLADÃO FRANÇA identificou como *estratégia de legitimação versus estratégia de saída*, nestes termos: "A lei aqui, portanto, não adotou a estratégia de *legitimação*", leia-se, a abordagem política, "mas sim a de *saída*", leia-se, a abordagem patrimonial, portanto – "se aquela primeira estratégia é a recomendável – e não estou aqui entrando nesse mérito –, só poderia ser adotada, a nosso ver, *de lege ferenda* e não *de lege lata*" ("Ainda o conceito de benefício particular...", Op. loc. cit., Idem, p. 321).
[342] Adicione-se a isso o equívoco material de se incentivar, nessas operações, posturas que teriam natureza contratual e estimulam um aspecto de barganha em uma discussão que, necessariamente, tem de ser técnica, fundamentada, justificada, lógica, razoável e, acima de tudo, livre de emoções e joguetes propositivos ou posicionais

norma existe e as iniquidades, idem. Para tanto, cumpre, pois, retornar às premissas básicas deste trabalho e trazer novamente os elementos que informam o seu objeto e como, sob o ângulo puramente legal e da validade, podem essas questões ser debatidas, sobretudo quando as operações trazem "relações de troca diferenciadas" e um universo de "vantagens numéricas" para o controlador, em comparação direta com os demais.

Conforme vimos, não nos parece adequado interpretar o art. 115, §1º da Lei das S.A. sob o prisma do conflito formal ou ainda tentar reputar que o controlador, em migrações, por estar presente na decisão de ambas as partes do processo, ou ainda no caso das consolidações de controle, onde tende a querer votar relação de troca privilegiada, possa estar no âmbito de um benefício particular (lícito) ou de um conflito de interesses substancial (benefício particular ilícito).

No primeiro caso, das migrações, o acionista controlador, por poder decidir sobre a questão, como controlador que é, no âmbito das duas partes (incorporadora e incorporada) não nos parece estar em *conflito de interesses*, sobretudo porque vota no contexto específico da *empresa contemporânea*. Em migrações, a decisão do controlador é praticamente uma decisão interna da *empresa contemporânea*,[343] não cabendo ao não-controlador, nem mesmo de forma residual, tomar para a si a última palavra sobre se a operação deve ocorrer ou não[344]. Como vimos anteriormente, não se trata, como quer fazer regular o PO CVM 35, de se restringir o voto do controlador, de lhe impor deveres com administração *ad hoc* ou ainda coagir a

---

[343] Aqui vale lembrar o estudo interessante que fez André A. S. CAMARGO (*Transações entre partes relacionadas: um desafio regulatório complexo e multidisciplinar*, 2ª ed.. São Paulo/Coimbra: Almedina, 2014, pp. 123 e ss.): dentre as inúmeras operações e negócios jurídicos entre partes relacionadas, encontram-se aqueles negócios de natureza societária intragrupo de fato no âmbito da empresa contemporânea, restringindos pela disciplina dos artigos 245 e 246 da Lei das S.A., que vedam expressamente as operações que impliquem em transferência de resultado entre as sociedades (controlada e controladora) excluindo dessa participação outros acionistas, bem como a consecussão dessas operações fora de bases estritamente comutativas (qual seja, operações societárias cursadas fora do *eixo de equivalência*) e com tratamento patrimonial adequado (*statuo viæ*, aqui interpretado de maneira ampla e extensiva à confusa e pouco técnica locução "pagamento compensatório adequado").

[344] Cf. Erasmo VALLADÃO FRANÇA ("Ainda o conceito de benefício particular...", Op. loc. cit., Idem, p. 313): "mesmo sabendo que o acionista controlador e os administradores *determinam a vontade da companhia*, a lei lhes dá liberdade de ação, desde que pautem sua conduta pelo caráter da equitatividade, razoabilidade, comutatividade, sem proibir a prática do ato ou condicioná-lo à autorização de qualquer outro órgão" (itálicos no original).

administração na esfera de seus deveres fiduciários, caso o acionista controlador imponha a sua vontade pelo voto. A questão aqui é resolver esse problema patrimonial com alternativas patrimoniais: revisão das avaliações (que pende de regulação pela CVM, conforme vimos), *peer review* autorregulatório, e, último recurso, imposição de responsabilidades por *abuso do exercício do poder de controle*, na forma do art. 117 da Lei das S.A. e da ICVM 323. Mas mudar o regime de voto, não nos parece nem legítimo, nem legal.

O mesmo pode ser dito no caso das consolidações de controle. Se o *eixo de equivalência* indica relações de troca distintas no âmbito de cada classe de ação, não há que se restringir o voto do acionista controlador nesse contexto, mas verificar, *a posteriori*, se o voto é dado em conformidade com a Lei das S.A. (art. 117) e com a ICVM 323. Situação distinta, entretanto, se dá quando, em consolidações de controle, o acionista controlador da incorporada tem suas ações (integrantes de bloco de controle) avaliadas de maneira distinta e com uma relação de troca, digamos, especial, em relação a todo o *eixo de equivalência* da operação.

Quando a relação de troca se desvincula do *eixo de equivalência*, o problema passa, diretamente, a ser de *deliberação* e não de *voto*. O art. 115, §1º, da Lei das S.A. nem sequer se aplica, pois o problema, nesse tipo de situação, nasce antes.

Como bem lembrado por Erasmo VALLADÃO FRANÇA no Caso Duratex/Satipel, "o que ocorre é que, sendo a incorporação uma operação em que ocorre transferência de patrimônio, soa estranho que, na mesma operação, seja atribuído valor diverso às ações, como anotado no voto do ilustre Diretor Otavio Yazbek".[345]

Ao recuarmos para o voto de Otavio Yazbek, notamos claramente uma aproximação com o Caso Duratex/Satipel em relação às peculiaridades de um negócio de alienação do controle por meio da venda direta das ações para um novo controlador, situação essa completamente distinta de uma incorporação de capital entre partes independentes. Yazbek nota que, em um negócio bilateral de alienação de controle, o objeto específico da transferência de controle, o chamado "bloco de controle", recebe um tratamento jurídico distinto a fim de alinhar a situação do não-controlador (sob o ponto de vista patrimonial), no contexto da oportunidade de negócio conquistada pelo acionista controlador de forma solitária. Com isso,

---

[345] "Ainda o conceito de benefício particular...", Op. loc. cit., Idem, p. 322.

lembra que o direito de venda conjunta (*tag along*), facultado pela Lei das S.A., visa dar uma oportunidade para equalizar a situação dos demais acionistas, o que efetivamente não ocorre em uma incoporação de capital com partes independentes.[346]

Mais efetivamente, Otavio Yazbek faz menção a voto do Diretor Eli Loria: "Entendo, na mesma linha do que entende o Diretor Eli Loria, não ser possível essa verdadeira 'redistribuição' de patrimônio entre controlador e minoritários. Quando se está tratando de alienação de controle propriamente dita, as posições do controlador e dos minoritários são naturalmente distintas – política e economicamente – e assim serão apreçadas. Na incorporação, pela própria natureza da operação, não há como fazer diferenciações desta ordem – as posições majoritárias e minoritárias serão transferidas para a nova sociedade, mantidas as proporções. Vale destacar que, por motivos de ordem lógica, essa proporcionalidade não vigora, nos mesmos termos, quando há diferentes espécies de ações, não havendo

---

[346] No Parágrafo 8 do seu voto, o Diretor Otavio Yazbek lembra: "Se, na alienação de controle, o acionista permanece na mesma empresa, que apenas terá novo acionista controlador, na incorporação ele será 'transplantado' para uma nova sociedade, em conjunto com todos os demais acionistas. O valor da parcela a ser transplantada (e do aumento de capital na incorporadora) será definido a partir da correspondente avaliação patrimonial e, a rigor, distribuído conforme as proporções detidas. No presente caso se está aventando justamente a possibilidade de repartir-se o patrimônio entre os acionistas de forma distinta daquela que era a sua distribuição originariamente, na sociedade incorporada". Em nota a esse texto, lembra ainda: "Para a lógica da manutenção das proporcionalidades, cf. Raul Ventura, *Fusão...*, Op. cit., Idem, p. 78; bem como as observações de Arnoldo Wald em 'Considerações sobre a Aquisição e Alienação de Controle Societário: o Estudo da Jurisprudência' *in* Revista dos Tribunais, Vol. 691, especialmente na p. 21". Ao citar Raúl Ventura e falar da *lógica das proporcionalidades*, Yazbek abre oportunidade para invocarmos as lições do já tão citado Diogo Costa GONÇALVES, por meio da sua teoria do *statuo viæ*. Lembramos aqui e vamos repisar no texto principal logo abaixo, que os princípios do *statuo viæ* tratam, conforme já vimos, do *princípio da identidade* e do *princípio da tutela do investimento*, que nada mais faz do que elaborar, juridicamente, o princípio aristotélico da *justiça nicômaca*, que é uma verdadeira *lógica de proporções entre coisas e pessoas* no estado econômico natural da *instabilidade do investimento em renda variável*. Essa construção jurídica nos leva ao conceito de *eixo de equivalência*, que sendo inquebrantável em uma operação societária, impede, pela sua natureza, abrir portas para tratamentos distintos ou iníquos. Os princípios do *statuo viæ* asseguram o poder de controle em operações societárias e lhe impõem limites, para a observância (do que FRANÇA já alertou) da equitatividade, razoabilidade e comutatividade. Ademais, o Dir. Yazbek necessita se valer de um sacrifício e mostrar que não há, nesses casos, uma alienação do controle, por meio da percepção da existência de uma figura de *transplante*.

como adotar uma mesma racionalidade para a definição das relações de troca de ações ordinárias e de ações preferenciais". Desta forma, ao lembrarmos e citarmos o voto de Yazbek, inescusável trazer também à baila o voto de Eli Loria que, em nossa modesta opinião, é onde encontramos a solução jurídica para a questão.

Na clareza dos verdadeiros estudiosos, Loria lembra: "A operação apresentada, entretanto, no que tange à diferenciação de relação de substituição entre acionistas detentores de ações ordinárias, no meu entender, mais do que configurar benefício particular ao acionista controlador da DURATEX, nos termos do art. 115, § 1º), da lei societária, configura uma ilegalidade. Trata-se de infração ao disposto no art. 15, § 1º), que veda a existência de classes de ações ordinárias na companhia aberta, bem como de infração ao disposto no art. 109, § 1º), ambos da lei societária, que determina direitos iguais aos titulares de ações de mesma classe. A ação ordinária na companhia aberta é de classe única e, portanto, possui características únicas, não podendo existir classes diferentes de ações ordinárias tal como a lei societária permite às ações preferenciais. Desta forma, todas as ações ordinárias devem ser tratadas igualmente, não se admitindo que as ações dos acionistas não controladores tenham um tratamento diverso daquele dado às ações detidas pelos acionistas controladores, não sendo o tratamento não isonômico passível de legitimação nem mesmo em uma assembleia em que somente votem os ordinaristas minoritários".

Eis aí o eixo central do argumento.

Independentemente do tipo de operação (e mais adiante vamos explorar as peculiaridades das consolidações de controle, trabalhando o argumento no âmbito das operações do art. 252 da Lei das S.A.), o estabelecimento de valores diferentes para ações da mesma classe é *ilegal*. Mais do que "causar estranheza", como lembrou Erasmo VALLADÃO FRANÇA, a técnica deve causar reprovação.

O estabelecimento de um valor livre para ações compostas em um bloco de controle decorre de um tipo jurídico específico, de natureza contratual e bilateral, onde partes independentes negociam um preço para aquelas ações. Esse preço é estabelecido de forma livre e é objeto de negociação. A parte alienante pode cobrar o quanto quiser, pois exerce ali uma das faculdades decorrentes de seu direito de *domínio*: o *dominus* dá o preço que bem entende, desde que não seja vil. Por outro lado, essa situação, de troca de controle, gera efeitos na sociedade e pode impor modificações na tutela do investimento. Essa operação *não gera, por lei, direito de recesso*; mas a Lei das S.A. dá uma alternativa de saída para o acionista não-controlador que não deseje permanecer na sociedade sob a tutela do novo controlador: o direito de venda conjunta. E mais: essa alternativa de saída se dá às expensas exclusivas do adquirente do controle e não pode, jamais, se dar às expensas da sociedade e, indiretamente, dos acionistas não-controladores que decidam permanecer. A solução da nossa lei em casos de alienação de controle é *muito sábia*: trata-se, portanto, o direito de venda conjunta, de uma *consequência da troca (alienação) do controle societário para terceiro*. Essa consequência jamais, sob o ponto de vista jurídico, pode ser transformada em premissa para estabelecimento de relação de troca diferenciada para ações de mesma classe.

Eis o problema central, antes de se falar de voto.

A ilegalidade é patente, como demonstrou Loria, acompanhado por Yazbek; pois a lógica do art. 254-A da Lei das S.A. é uma *lógica de consequência* que não pode ser elevada à categoria de premissa. Inverter essa lógica de consequência para que as ações do acionista não controlador possam valer 20% menos em relação às ações do acionista controlador, ou pior, autorizar que essas possam valer 20% mais em relação àquelas é usar o sistema jurídico de forma equivocada, indevida e, porque não dizer, *ilegal*.[347]

O art. 254-A não é uma autorização de avaliação distinta para bloco de controle, mesmo porque, a Lei das S.A., em momento algum reconhece o *controle* sob a forma objetiva: o controle, na nossa Lei das S.A., tem sempre tratamento *subjetivo*, pois a lei sempre faz referência ao *acionista controlador*, não existindo elementos para que se identifique um tipo de ação (classe ou espécie informal, que seja), sob o título de *ações de controle*.

Desta forma, a inversão da lógica de saída do art. 254-A da Lei das S.A. para torná-lo um autorizador de lógica de entrada na nova sociedade é inaceitável, pois aquilo que na saída é uma faculdade, torna-se, na entrada da nova sociedade, uma imposição.[348]

---

[347] Loria afirmou, nesse Caso Duratex/Satipel: "Enfatizo que em uma incorporação não se pode falar em prêmio de controle. A obrigação decorrente do art. 254-A tem por finalidade a proteção ao acionista minoritário e não se confunde com tratamento não isonômico em operação de incorporação".

[348] Lembrou Yazbek: "Ademais, entendo que a adoção de mecanismos como os acima descritos traria ainda outra distorção: se o art. 254-A estabelece um direito para o acionista minoritário, a operação ora proposta representaria, para ele, uma imposição. No primeiro caso é possível

Tais argumentos, porém, foram exarados no âmbito específico de uma incorporação de capital entre duas companhias com controladores distintos. Caso a operação tivesse sido uma consolidação de controle, nos parece que os argumentos deveriam ser acrescentados com os detalhes próprios das consolidações de controle aqui estudadas, com os agravantes que essas peculiaridades trazem para o resultado final da questão.

Enquanto temos na incorporação de capital uma verdadeira combinação de patrimônio em nova sociedade, uma espécie de *fusão imprópria*, onde a companhia incorporadora prevalece com os seus registros civis e burocráticos, isso leva o avaliador a estudar as ações de ambas as companhias bem como as ações da *nova companhia* como frações desses patrimônios. Qual seja, em um primeiro momento, as companhias são avaliadas isoladamente para que se possa definir o quanto cada ação representa nesses patrimônios isolados. Em um segundo momento, o patrimônio combinado é avaliado para que se estude como essa redistribuição pode ser feita *vis-à-vis* a participação de cada acionista no antigo estágio da operação.

Na consolidação de controle por incorporação de ações, os valores mobiliários podem ser avaliados de forma independente, pois os patrimônios de cada sociedade manter-se-ão segregados, cada qual em sua específica entidade jurídica, que não se combinará patrimonialmente com a outra. Isso significa admitir que, por exemplo, responsabilidades civis, trabalhistas, fiscais e etc., manter-se-ão segregadas, por força de total ausência do elemento *sucessão*. Esse detalhe, pouquíssimo visto e raramente tratado de forma adequada em avaliações de operações desse tipo, geralmente ataba-

---

aceitar a oferta e alienar as ações ou, alternativamente, permanecer na sociedade. Neste segundo, mesmo que haja discordância o minoritário será "tragado" para os quadros da sociedade incorporadora, no que se poderia chamar, em expressão que alguns agentes do mercado já vêm adotando, de um verdadeiro *"drag along"*. Creio que por mais este motivo não se podem confundir situações bastante distintas, inclusive quanto aos seus efeitos jurídicos. Não sem perda de transparência". Em nota, adicionou: "Isso sem prejuízo do eventual direito de recesso (que, aliás, inexiste no presente caso), nos termos do art. 137 da Lei n. 6.404/1976, cujo valor será definido nos termos do inc. IV do art. 225". No mesmo sentido, Loria afirmou: "Importante ressaltar que a incorporação obriga a todos os acionistas, nos termos do art. 227. De outra feita, a oferta pública de aquisição de ações decorrentes do disposto no art. 254-A da LSA é de aceitação facultativa pelos acionistas não controladores. Assim, a utilização do parâmetro de 80% de diferença de valor entre ações de controladores e de não-controladores somente pode ser empregada no âmbito do art. 254-A sendo totalmente equivocada a equiparação de institutos diversos, incorporação e alienação de controle."

lhoados por conceitos equivocados, como o da DCVM665 de *combinação de negócios*, faz toda a diferença (sob o ponto de vista patrimonial) na consecução de uma operação de consolidação de controle por incorporação de ações em relação a uma incorporação de capital regular.

Nas migrações e nas consolidações de controle, portanto, as ações são avaliadas em relação às partes (sociedades envolvidas na operação) e não as sociedades reciprocamente entre si, como ocorre nas incorporações de capital regulares. Portanto, a técnica de se segregar as ações que são utilizadas para exercício de um poder de controle em um veículo isolado para sua posterior incorporação, com *spread* ou *prêmio de controle* em relação a uma incorporação do veículo onde o controle é exercido, é uma operação *completamente distinta* daquela onde as partes migram diretamente para uma nova *holding*, como aconteceu na Operação BM&F/Bovespa. E como não poderia deixar de ser, o resultado econômico (com os seus impactos fiscais e tributários) deve ter tratamento distinto.

Nesse âmbito, relações de troca que aviltem o *eixo de equivalência* da operação ou criem *eixos de equivalência paralelos* é, sem sombra de dúvida, prática ilegal e não autorizada por lei, nem pela lógica e nem mesmo pelo sentido econômico.

Se o acionista controlador deseja receber *prêmio de controle* pelas suas ações, que trate de as vender. Consolidação de controle não é, desta forma, meio adequado de se buscar essa maximização. E isso não é, de forma alguma, *benefício particular*, pois não se trata de *benefício lícito*.[349] Não é também uma situação de conflito formal de interesse, nem tampouco de *conflito substancial*, pois, de fato, é uma situação em que voto algum pode ser dado, nem mesmo pelo acionista não-controlador.

Trata-se de questão de equitatividade, comutatividade e razoabilidade jurídica; ou seja, é questão *cogente* e de *ordem pública* que nem ao não-con-

---

[349] Vemos, em especial, essa ilicitude, quando a relação de substituição é atribuída de antemão pelo controlador, sem que qualquer laudo ou avaliação sustente essa posição. Alfredo LAMY FILHO abordou o tema em um de seus pareceres (vide LAMY FILHO, Alfredo. "Incorporação de Ações – Divulgação da oferta aos minoritários antes da avaliação – ilegalidade", *In Temas de S.A....*, Op. cit., Idem, pp. 389-399). Para LAMY FILHO, "a precificação da relação de troca das ações, fixada e divulgada sem observância dos critérios legais, provoca, necessariamente, artificialismo na cotação das ações (da incorporada e da incorporadora, ambas abertas) e as exclui da natural flutuação do mercado. Mas ainda se, como tudo indica, as condições patrimoniais e financeiras da Cia. X foram alteradas, o congelamento do preço traduz prejuízo permanente" (p. 399).

trolador cabe decidir, sobretudo por causa de efeitos perante terceiros, como o Fisco[350]. Se terceiros são atingidos, então a deliberação padece de nulidade absoluta.

E essa técnica de avaliação, que teoricamente pudesse admitir que se atribuísse *spread* para as ações constituintes de um bloco (subjetivo) de controle, em consolidações de controle, violaria completamente o conceito básico de *eixo de equivalência: a relação de igualdade, equidade ou equivalência deve ser uniforme entre as pessoas e os elementos em referência*. Na consolidação de controle, companhias (pessoas) e elementos em referência (ações de emissão dessas companhias) devem atender a um princípio de *equidade, equivalência* ou *uniformidade*. A lei impõe, de início, uma igualdade objetiva e formal entre os valores mobiliários e respectivas diferenças: ordinária (classe única, no caso das companhias abertas) e preferencial (classe única ou não). Definitivamente não reconhece *ações de controle* no estabelecimento dessas igualdades ou diferenças, mas reconhece, subjetivamente, uma ou algumas situações onde o acionista controlador muda essa característica (controle) na companhia[351]. Dentre essas situações, não incluiu

---

[350] Neste caso, o controlador procederia, em uma mesma operação, por meio de uma diminuição da relação de troca aplicáveis aos acionistas não contraladores, a criar dentro do mesmo fato jurídico, dois cenários econômicos distintos, onde a carga tributária dos não controladores é proporcionalmente reduzida na medida da redução do ganho decorrente da operação em si. Como o valor (em ações) a receber entre aqueles não controladores é menor do que o valor (em ações) a ser recebido pelos controladores, aritmeticamente o ganho de capital dos não controladores é reduzido em uma operação onde não se justifica juridicamente a diferença de tratamento (ao contrário da alienação de controle, onde pode haver "prêmio de controle" autorizado por lei decorrente de uma negociação bilateral e muita vez sigilosa). Como a lei não autoriza tratamento diferenciado nesse tipo de operação, essa diferença implica, necessariamente, em menor ganho de capital por parte dos acionistas afetados sem respectiva justificativa jurídica, atingindo assim, indiretamente, o valor a ser recolhido em decorrência de um ganho de capital que seria equivalente àquele do acionista controlador.

[351] Alfredo LAMY FILHO e José Luiz de BULHÕES PEDREIRA (*Direito das Companhias*, Vol. I, Op. cit., Idem, pp. 823 e ss), nesse sentido, ao abordarem a questão do "controle da companhia" fazem clara distinção entre "poder de controle" e "bloco de controle". Lembram (p. 826): "O bloco de controle é uma universalidade de fato – é considerado coisa coletiva apenas em razão da identidade da pessoa (ou grupo de pessoas) titular das ações que o compõem", que, conforme já salientamos no texto acima, essa distinção é puramente *subjetiva* e não prevista pela lei. Nesse sentido, seguem listando razões: "(a) as ações são coisas simples que somente podem ser desdobradas ou grupadas mediante alteração do estatuto social, observados os preceitos da lei; (b) o titular de duas ou mais ações possui cada uma delas como objeto distinto de direito; e (c) o bloco de controle somente existe enquanto as ações são de propriedade

faculdade a ele de sobrevalorização de suas ações quando estiver em operações societárias, sejam aquelas do art. 227 da Lei das S.A., sejam aquelas do art. 252 da mesma lei.

Isso é o que chamamos de *eixo de equivalência*. Diogo da COSTA GONÇALVES foi buscar, no âmago do direito português, os fundamentos para elaborar a sua tese sobre o *statuo viæ*. Essa justificativa foi, de certa forma, vista na decisão exarada pelo Diretor Otávio Yazbek, no Caso Itaú/Unibanco, ao afastar a aplicabilidade do PO CVM 34 a uma operação típica de consolidação de controle onde o *eixo de equivalência* foi devidamente respeitado.

da mesma pessoa (ou de grupo de pessoas vinculadas por acordo de acionistas)" (pp. 826-827). Por essa razão e assim considerando o poder de controle decorrente da relação entre as características intrínsecas desse poder e a pura dentenção de ações em bloco que garantam o exercício do mencionado poder, os autores classificam o poder de controle como *poder de fato* e não *poder de direito* (qual seja, não é um *poder jurídico*). Desta forma, reforça-se: dar-se a esse *poder de fato* representado em *bloco de controle* uma apreciação econômica distinta com avaliação separada não apenas é desprovido de fundamento legal como também avilta a lógica jurídica. Assim, "o poder de controle da companhia não é poder jurídico contido no complexo de direitos de ação: cada ação confere apenas o direito (ou poder jurídico) de um voto. O poder de controle nasce do fato da reunião na mesma pessoa (ou grupo de pessoas) da quantidade de ações cujos direitos de voto, quando exercidos no mesmo sentido, formam a maioria nas deliberações da assembleia geral. *Não é, portanto, bem do patrimônio, no sentido de objeto de direito subjetivo apreciável economicamente*" (Ibidem, p. 827, grifos nossos). Curiosamente, entretanto, os mesmos autores, na distinção de *bloco* e *poder*, admitem, ao tratarem do *valor do controle* (qual seja, valor do *bloco de controle*) a possibilidade de atribuição, a esse bloco, de um valor maior e mesmo tendo afirmado que o poder de controle não é "bem apreciável economicamente", reformulam: "O valor do poder de controle [sic] conferido pelo bloco de controle é, por definição, a diferença entre o valor econômico das ações que o compõem e o preço que o mercado se dispõe a pagar pelo bloco de controle. Sem negociação no mercado do bloco de controle não há, portanto, como determinar a existência e a dimensão do valor do poder de controle [sic]" (pp. 832-833). Ora, se o *poder de controle*, como dito, não é "bem apreciável economicamente", não nos parece, nesse caso, que nem mesmo uma "negociação no mercado do bloco de controle" sujeitaria a constituir esse poder, repentinamente, em um objeto jurídico que se avalia pelo resultado dessa situação altamente hipotética e subjetiva ("negociação no mercado [sic] do bloco de controle") comparada com uma situação apreciável matemática e contabilmente ("valor econômico das ações", sobretudo quando calculadas por métodos como o do fluxo de caixa descontado). Assim, em que pese o esforço de se evidenciar a existência de um *valor nato para o poder de controle*, as restrições enumeradas para a consecussão desse esforço ("Sem negociação no mercado do bloco de controle não há, portanto, como determinar a existência e a dimensão do valor do poder de controle") mostram o quanto a tese descrita no texto parece ser mais razoável; a saber: a lei não reconhece, de forma objetiva e com efeitos econômicos mensuráveis, critérios objetivos para se avaliar as ações constantes de um bloco de controle de forma distinta das demais ações que não compõem tal bloco.

O *statuo viæ*, que admite a existência *a priori* de um *eixo de equivalência* para cada operação, lida com a instabilidade própria dos investimentos em renda variável, impondo-lhe os limites dos princípios da *identidade* e da *tutela do investimento*. Adicionalmente, ao encararmos o *eixo de equivalência* fora do âmbito dos direitos patrimonais disponíveis, a questão do tratamento não equitativo entre as ações de um acionista (controlador) para outro (não-controlador) carecerá inclusive de senso lógico. Além disso, por óbvio que em uma operação de consolidação de controle onde as ações do acionista controlador são majoradas dentro da classe das ações ordinárias, adicionalmente à ilegalidade mencionada por Eli Loria, há uma evidente violação do princípio da identidade, com uma hipertrofia do princípio da tutela do investimento do acionista controlador em detrimento da tutela do investimento do acionista não controlador.

A doutrina italiana é bastante incisiva, nesses casos, para considerar a situação não como um *divieto di voto*, mas uma situação de deliberação nula por violação da lei.[352]

A doutrina brasileira, liderada por Erasmo VALLADÃO FRANÇA, igualmente, sedimenta o tema, lembrando que é caso de nulidade quando o ato deliberado de forma violadora da lei, imputer um *"situação duradoura em contraposição às normas legais"* (assim)[353]: "São radicalmente nulas, outrossim, *as deliberações que infrinjam as disposições legais que têm por objeto a proteção de interesses de terceiros*" (itálicos do original)[354], para quem lembra VALLADÃO FRANÇA, em nota de rodapé, com esteio em Ascarelli e Lobo Xavier, que esses terceiros incluem "futuros acionistas"[355]. Dentre as deliberações, nominalmente lembra: "as que visam assegurar a *integridade do*

---

[352] SANTAGATA (*La Fusione...*, Op. cit., Idem, pp. 274-275), afirmou, em sede de operações de capital: *"Giova rilevare che la decisione di un iniquo rapporto di cambio costituisce un indice evidente della circostanza che il conflitto d'interesse virtuale – dato dall'identità d'interessi tra il socio di maggioranza e le altre società partecipanti alla fusione – s'è trasformato in conflitto d'interessi attuale; di qui l'impugnabilità della deliberazione ex art. 2737 c.c. sulla base del danno sociale rappresentato dall sottovalutazione del patrimonio"*, ficando evidente que para SANTAGATA, a questão extrapola o *divieto di voto* do art. 2373 do Codice para instaurar uma discussão de nulidade de deliberação com apuração de danos. AULETTA e SALANITRO (*Diritto Commerciale*, Op. cit., Idem, p. 168) navegam no mesmo sentido genérico, afirmando que há nulidade quando o resultado da deliberação produz mudança jurídica com base em situação que conflite com a lei.
[353] *Invalidade das deliberações...*, Op. cit., Idem, p. 99, nota 73.
[354] Ibidem, p. 107.
[355] Ibidem, p. 107, nota 93.

capital social: (...) determinando a avaliação de bens com que a sociedade contribuir para o capital social, na composição de subsidiária integral (art. 251, §1º), ou das ações de companhia brasileira que forem incorporadas ao patrimônio de outra companhia brasileira para convertê-la em subsidiária integral (art. 252, §1º)".[356]

Portanto, sabendo-se, de antemão, que esses princípios estão sendo violados, a questão não é de voto proibido, mas de deliberação nula, onde nem a convalidação das minorias supera, por exemplo, eventual violação do mencionado art. 15, §1º, da Lei das S.A., bem como as equivocadas aplicações do art. 254-A para operações societárias que não constituem *verdadeira alienação de controle societário*.

---

[356] Ibidem, pp. 107-108.

PARTE FINAL
CONCLUSÕES E BIBLIOGRAFIA

PARTE FINAL
CONCLUSIONES Y BIBLIOGRAFÍA

Conclusão

Pelo exposto neste trabalho, enumeramos abaixo, pontualmente, as teses que foram defendidas.

§1º A *incorporação de ações* é um *processo*.
    §1ºa Sua definição, na lei brasileira, tomada pelo efeito (subsidiária integral) gera distorções em sua compreensão.
    §1ºb Consequentemente, a topografia utilizada em nossa lei, lançando mão de procedimentos por empréstimo, dificulta a interpretação.

§2º A *incorporação de ações* é um *processo* que pode servir a *distintas operações*.
    §2ºa Dentre as operações que se utilizam do processo chamado *incorporação de ações*, duas características são fundamentais para que possam ser distinguidas e classificadas hipoteticamente, a saber: (i) a independência entre as companhias envolvidas na operação; (ii) a existência ou não de um acionista controlador.
    §2ºb Frente a tais características, podemos identificar, teoricamente, 3 (três) tipos de operação que se utilizam do processo de *incorporação de ações*, a saber: (i) verticalização (incorporação de ações entre partes independentes que não tenham um acionista controlador definido); (ii) consolidação de controle (incorporação de ações entre partes independentes que tenham, ambas, um acionista controlador identificável); (iii)

migração (incorporação de ações entre companhias pertencentes ao mesmo grupo de fato ou de direito, no qual a relação de controle é exercida direta ou indiretamente de uma parte a outra).

§2ºc A análise da *incorporação de ações* sob o prisma procedimental, resguardando cada operação dentro de suas características próprias, descortina, no âmbito da *empresa contemporânea*, um novo universo de princípios e valores que altera o conceito clássico de capital social, de *status socii* e a natureza jurídica da ação, como valor mobiliário referenciado a esse capital e portador de um *estado jurídico societário*.

§2ºd A ação, como título representativo de um *investimento em renda variável*, no moderno direito societário, tem cada vez mais se distanciado do modelo jurídico clássico dominial e assumido, cada vez mais, uma autonomia jurídica com natureza de *título de participação*.

§3º Os princípios jurídicos centrais do processo de incorporação de ações, aplicável a qualquer operação que se utilize deste meio, pairam sob a construção do *statuo viæ*.

§3ºa O *statuo viæ* se assenta sob dois princípios: (i) o princípio da identidade (jurídica); e (ii) o princípio da tutela do investimento (por meio de um *eixo de equivalência* a incidir nas relações de troca).

§3ºb Para cada tipo de *operação* (e menos em relação ao *processo*), o princípio da identidade poderá incidir de forma distinta, respeitando as premissas e a *justificação* que envolve a mencionada operação.

§3ºc O princípio da identidade poderá demandar, em cada caso, um enfoque maior das responsabilidades (fiduciárias) da administração, ou um enfoque maior das responsabilidades do acionista controlador, ou ainda um enfoque maior em questões de natureza puramente patrimonial (*direitos de revisão e recesso*).

§3ºd As operações que se efetivam por meio de um processo de incorporação de ações têm natureza essencialmente societária. Não há qualquer característica contratual nesse tipo de operação, ante a compulsoriedade para todos os acionistas, que evidencia esse tipo jurídico. Desta forma, a identificação de um *eixo de equivalência* retiraria dessas operações qualquer característica contratual ou bilateral sobre as relações de troca ou relações de substituição que necessitam ocorrer para efetivação da operação em questão, incompatível com o regime dos direitos patrimonais disponíveis.

§4º O processo de incorporação de ações, quando interpretado sem a devida atenção às peculiaridades de cada operação, gera distorções e imprecisões.

§4ºa O regime procedimental de incorporação de ações, que atualmente se apoia nos artigos 252, 224, 225, 137 e 264 da Lei das S.A., combinado com as ICVM 319 e 481 e os PO CVM 34 e 35, é insuficiente para dar conta de todo o espectro de operações que são realizadas em seu âmbito.

§4ºb O sistema carece de um aperfeiçoamento urgente dos mecanismos de *avaliação, revisão de avaliação, saída/recesso* e dos instrumentos de convalidação independente por pares (*peer review*).

§4ºc *De lege ferenda*, defendemos outrossim a revisão da obrigatoriedade para que esse processo se dê exclusivamente mediante aumento de capital, abrindo-se a possibilidade para que possa haver o uso de ações em tesouraria para atribuí-la aos novos acionistas oriundos da(s) sociedade(s) incorporada(s).

§5º Especificamente em relação às operações de *verticalização*, por se tratar de uma operação que é regida pela administração de cada parte, de forma independente, o regime fiduciário de responsabilidades deve estar na regência do processo, como um todo, com ênfase para a *finalidade das atribuições*.

§5ºa Ainda no que diz respeito à *verticalização* e aos *deveres fiduciários da administração*, sobretudo à *finalidade das atribuições*, cumpre atentar para o regime de avaliação e perceber como a legislação brasileira é absolutamente superficial na organização e sistematização de um regime jurídico de *avaliação* que atenda às peculiaridades de uma *verticalização* processada por meio de *incorporação de ações*.

§5ºb Nas operações efetuadas via *incorporação de ações* a lei não dispõe de um regime ou de métodos para a avaliação do ativo principal da operação, que é a ação (e não o patrimônio das companhias envolvidas na operação, nem mesmo bem em aumento de capital espontâneo ou em conferência).

§6º No caso das *consolidações de controle*, as partes visam, de certa forma, alterar a estrutura de controle de uma companhia sem necessitar de *alienação do controle*, onde partes independentes consolidam respectivas bases acionárias em uma única companhia *holding*.

§6ºa O ponto central, portanto, não reside unicamente, somente ou propriamente em deveres fiduciários, mas sim nas responsabilidades do acionista controlador, conforme o art. 117 da Lei das S.A. e ICVM 323.

§6ºb Como as *consolidações de controle* não são processos de alienação de controle na forma da lei, o art. 254-A da Lei das S.A. não se aplica e, desta forma, não obriga as partes a formularem oferta pública *a posteriori* (*tag along*).

§6ºc O mesmo pode-se dizer em relação a companhias abertas que são incorporadas e venham a ter seu registro de capital aberto cancelado posteriormente, devido à condição de subsidiária integral, seja em operações de verticalização, seja em consolidações de controle, seja em migrações (as duas últimas, as mais comumente utilizadas com esse efeito): inaplicável, pois, o art. 4º, §4º, da Lei das S.A. para condicionar essas operações a oferta pública prévia (OPA de cancelamento de registro de companhia aberta que terá suas ações incorporadas).

§6ºd O PO CVM 35 representa grande retrocesso jurídico para o regime das operações realizadas por meio de processos de incorporação de ações, pois cria procedimento novo sem previsão legal, impondo obrigações por instrumento cuja utilização não foi autorizada pela lei.

§7º As *migrações* são normalmente operações intragrupo cuja decisão de consolidar bases acionárias cabe exclusivamente ao acionista controlador, estando os demais acionistas, por *statuo viæ*, sujeitos a essa prerrogativa ou direito potestativo daquele.

§7ºa Solucionar problemas de natureza puramente patrimonial com mecanismos políticos pode levar a equívocos e injustiças.

§7ºb A proibição de voto em operações de *migração* ou em *consolidações de controle* não tem respaldo em lei.

§7ºc Entretanto, no caso das *consolidações de controle* que sejam estruturadas de forma a tratar as ações integrantes de um bloco de controle de forma diferenciada, temos aí um problema sério de deliberação absolutamente nula, não sendo, desta forma, um problema de voto.

§7ºd Não cabe, assim, em operações dessa natureza e com essas características, nem mesmo ao acionista minoritário autorizar esse tratamento distinto, pois a assembleia, ainda que sem o voto do acionista controlador, não tem poderes para autorizar algo que a Lei das S.A. e os princípios jurídicos aplicáveis a esse tipo de operação vedam de forma expressa e categórica.

Bibliografia

Doutrina Nacional (Direito Societário)

ADAMEK, Marcelo Vieira von. *Responsabilidade Civil dos Administradores de S/A e as ações correlatas*. São Paulo: Saraiva, 2009.

_____. *Abuso de Minoria em Direito Societário*. São Paulo: Malheiros, 2014.

AMARAL, José Romeu Garcia do. *Regime Jurídico das Debêntures*. São Paulo/Coimbra: Almedina, 2014.

ASCARELLI, Tullio. *Problemas das Sociedades Anônimas e Direito Comparado*, 2ª ed. São Paulo: Saraiva, 1969.

BULGARELLI, Waldírio. *Questões de Direito Societário*. São Paulo: Revista dos Tribunais, 1983.

_____. *Regime Jurídico da proteção às minorias nas S/A*. Rio de Janeiro: RENOVAR, 1998.

_____. *Fusões, Incorporações e Cisões de Sociedades*, 6ª ed.. São Paulo: Atlas, 2000.

CALABRÓ, Luiz Felipe A.. *Regulação e autorregulação do mercado de bolsa: teoria palco--plateia*. São Paulo: Almedina, 2011.

CAMARGO, André Antunes Soares de. *Transações entre partes relacionadas: um desafio regulatório complexo e multidisciplinar*, 2ª ed.. São Paulo/Coimbra: Almedina, 2014.

CARVALHOSA, Modesto de Souza. *Comentários à lei de sociedades anônimas*, 5ª ed.. São Paulo: Saraiva, 2011.

CARVALHOSA, Modesto; EIZIRIK, Nelson. *Estudos de Direito Empresarial*. São Paulo: Saraiva, 2010.

_____. *A Nova Lei das S/A*. São Paulo: Saraiva, 2002.

CASQUET, Andréia Cristina Bezerra. *Os Direitos de Preferência e Recesso em Operações de Incorporação de Sociedades e Incorporação de Ações*. São Paulo/Coimbra: Almedina, 2014.

COMPARATO, Fábio Konder. *Aspectos Jurídicos da Macro-Emprêsa*. São Paulo: Revista dos Tribunais, 1970.

COMPARATO, Fábio Konder e SALOMÃO FILHO, Calixto. *O Poder de Controle na Sociedade Anônima*, 6ª ed.. Rio de Janeiro: Forense, 2014.

CORRÊA-LIMA, Osmar Brina. *Sociedade Anônima*, 3ª ed.. Belo Horizonte: Del Rey, 2005.

COUTINHO, Letícia de Faria Lima. *Aquisição de Controle de Companhia de Capital Pulverizado*. São Paulo/Coimbra: Almedina, 2013.

CUNHA PEIXOTO, Carlos Fulgêncio. *Sociedades por Ações*. São Paulo: Saraiva, 1973.

EIZIRIK, Nelson. *Temas de Direito Societário*. Rio de Janeiro: Renovar, 2005.

_____. *Reforma das S.A. e do Mercado de Capitais*. Rio de Janeiro: Renovar, 1997.

_____. *A Lei das S/A Comentada*. São Paulo: Quartier Latin, 2011.

FERREIRA, Waldemar Martins. *Tratado de Direito Comercial*. São Paulo: Saraiva, 1961.

FIGUEIREDO, Paulo Roberto Costa. *Subsidiária Integral – A Sociedade Unipessoal no Direito Brasileiro*. São Paulo: Saraiva, 1984.

FRANÇA, Erasmo Valladão Azevedo e Novaes. *Invalidade das Deliberações de Assembleia das S/A*. São Paulo: Malheiros, 1999.

_____. *A Sociedade em Comum*. São Paulo: Malheiros, 2013.

_____. *Conflito de Interesses nas Assembleias de S/A (e outros escritos sobre conflito de interesse)*, 2ª ed.. São Paulo: Malheiros, 2014.

GUERREIRO, José Alexandre Tavares e TEIXEIRA, Egberto Lacerda. *Das sociedades anônimas no direito brasileiro*. São Paulo: José Bushatsky, 1979.

KALANSKY, Daniel. *Incorporação de Ações – Estudo de Casos e Precedentes*. São Paulo: Saraiva, 2012.

LAMY FILHO, Alfredo e BULHÕES PEDREIRA, José Luiz de. *A Lei das S/A*, 3ª ed.. Rio de Janeiro: Renovar, 1997.

LAZZARESCHI NETO, Alfredo Sérgio. *Lei das Sociedades por Ações Anotada*, 4ª ed.. São Paulo: Saraiva, 2012.

MARTINS, Fran. *Comentários à Lei das Sociedades Anônimas*, 4ª ed.. Rio de Janeiro: Forense, 2010.

MUNHOZ, Eduardo Secchi. *Empresa contemporânea e direito societário: poder de controle e grupos de sociedades*. São Paulo: Juarez de Oliveira, 2002.

_____. *Aquisição de Controle na Sociedade Anônima*. São Paulo: Saraiva, 2013.

MUNIZ, Ian de Porto Alegre. *Fusões e Aquisições – Aspectos Fiscais e Societários*, 2ª ed.. São Paulo: Quartier Latin, 2011.

NASCIMENTO, João Pedro Barroso do. *Medidas Defensivas à Tomada de Controle de Companhias*. São Paulo: Quartier Latin, 2011.

OIOLI, Erik F.. *Oferta Pública de Aquisição de Controle de Companhias Abertas*. São Paulo: Quartier Latin, 2010.

_____. *Regime Jurídico do Capital Disperso na Lei das S.A.*. São Paulo/Coimbra: Almedina, 2014.

PENTEADO, Mauro Bardawil. *O Penhor de Ações no Direito Brasileiro*. São Paulo: Malheiros, 2008.

PENTEADO, Mauro Rodrigues. *Aumentos de Capital das Sociedades Anônimas*. São Paulo: Saraiva, 1988.

REQUIÃO, Rubens. *Curso de Direito Comercial*, 26ª ed.. São Paulo: Saraiva, 2009.

SALOMÃO FILHO, Calixto. *A Sociedade Unipessoal*. São Paulo: Malheiros, 1995.

_____. *O Novo Direito Societário*, 4ª ed. São Paulo: Malheiros, 2011.

SILVA, Alexandre Couto. *Responsabilidade dos Administradores de S/A – "Business Judgement Rule"*. Rio de Janeiro: Elsevier, 2007.

SILVA, Lucila. *O Valor Justo em Incorporação de Sociedades Controladas*. São Paulo: Almedina, 2011.

SILVA, Thiago J. *Administradores e Acionistas: Limites à vinculação*. São Paulo: Quartier Latin, 2015.

SPINELLI, Luis Felipe. *Conflito de Interesses na Administração da Sociedade Anônima*. São Paulo: Malheiros, 2012.

VALVERDE, Trajano de Miranda. *Sociedade por Ações (Comentários ao decreto-lei 2.627, de 26 de setembro de 1940)*, 3ª ed.. Rio de Janeiro: Forense, 1959.

_____. *Sociedades Anônimas*, Vol. 2. Rio de Janeiro: Borsoi, 1937.

VERÇOSA, Haroldo Malheiros Duclerc. *Curso de Direito Comercial*. São Paulo: Malheiros, 2008.

Doutrina Nacional (Direito Privado)

CARVALHO SANTOS, Joaquim Manuel de. *Código Civil Brasileiro Interpretado*, Volume XVI, 13ª ed.. Rio de Janeiro: Freitas Bastos, 1991.

COUTO E SILVA Clóvis Veríssimo do. *A Obrigação como processo*. São Paulo: José Bushatsky, 1976.

GOMES, Orlando. *Obrigações*, 17ª ed.. Rio de Janeiro: Forense, 2007.

_____. *Contratos*, 26ª ed.. Rio de Janeiro: Forense, 2008.

PONTES DE MIRANDA, Francisco Cavalcanti. *Tratado de Direito Privado*, Tomo 1, 3ª ed.. Rio de Janeiro: Borsoi, 1972.

SILVA PEREIRA, Caio Mário da. *Instituições de Direito Civil*, Vol. III, 14ª ed.. Rio de Janeiro: Forense, 2010.

Doutrina Nacional (Direito Público)

CRETELLA JUNIOR, José. *Tratado da Desapropriação*. Rio de Janeiro: Forense, 1980.

DELMANTO, Celso; DELMANTO, Roberto; DELMANTO JUNIOR, Roberto e ALMEIDA DELMANTO, Fábio M. de. *Código Penal Comentado*, 7ª ed.. Rio de Janeiro: Renovar, 2007.

FARIA, Bento de. *Código Penal Brasileiro*. Rio de Janeiro: Jacintho, 1943.

FRAGOSO, Heleno Claudio. *Lições de Direito Penal: Parte Especial 2*, 3ª Ed.. São Paulo: Bushatsky, 1977.

FRANCO SOBRINHO, Manoel de Oliveira. *Desapropriação*, 2ª ed.. São Paulo: Resenha Universitária, 1977.

HARADA, Kiyoshi. *Desapropriação – Doutrina e Prática*, 8ª ed.. São Paulo: Atlas, 2009.

HUNGRIA, Nelson. *Comentários ao Código Penal*, Vol. VII, 2ª Ed.. Rio de Janeiro: Forense, 1958.

MAGALHÃES NORONHA, Edgard. *Direito Penal*, 18ª ed.. São Paulo: Saraiva, 1982.

SILVA FRANCO, Alberto *et alli*. *Código Penal e sua interpretação jurisprudencial*, 6ª ed.. São Paulo: Revista dos Tribunais, 1997.

Obras Coletivas Nacionais

VON ADAMEK, Marcelo Vieira [org.]. *Temas de Direito Societário e Empresarial Contemporâneos* – Liber Amicorum *Prof. Dr. Erasmo Valladão Azevedo e Novaes França*. São Paulo: Malheiros, 2011.

BULHÕES PEDREIRA, José Luiz e LAMY FILHO, Alfredo [orgs]. *Direito das Companhias*. Rio de Janeiro: Forense, 2009.

BULGARELLI, Waldírio [coord.]. *Reforma da Lei das Sociedades Por Ações*. São Paulo: Pioneira, 1998.

CASTRO, Rodrigo Monteiro de Castro e ARAGÃO, Leandro Santos [coords.]. *Sociedade Anônima: 30 anos da Lei n. 6.404/76*. São Paulo: Quartier Latin, 2007.

____. *Poder de Controle e outros temas de Direito Societário e Mercado de Capitais*. São Paulo: Quartier Latin, 2010.

FRANÇA, Erasmo Valladão Azevedo e Novaes [coord.]. *Direito Societário Contemporâneo I*. São Paulo: Quartier Latin, 2009.

KUYVEN, Luis Fernando Martins. *Temas essenciais de direito empresarial – estudos em homenagem a Modesto Carvalhosa*. São Paulo: Saraiva, 2012.

MUNHOZ, Eduardo Sechhi e PENTEADO, Mauro Rodrigues [orgs.]. *Mercado de Capitais Brasileiro*. São Paulo: Quartier Latin, 2012.

PERIN JUNIOR, Écio; KALANSKY, Daniel e PEYSER, Luis [orgs.]. *Direito Empresarial – Aspectos Atuais de Direito Empresarial Brasileiro e Comparado*. São Paulo: Método, 2005.

WALD, Arnoldo; GONÇALVES, Fernando e CASTRO, Moema Augusta Soares de [coords.]. *Sociedades Anônimas e Mercado de Capitais – Homenagem ao Prof. Osmar Brina Corrêa-Lima*. São Paulo: Quartier Latin, 2011.

WARDE JUNIOR, Walfrido Jorge [coord.]. *Fusão, Cisão, Incorporação e Temas Correlatos*. São Paulo: Quartier Latin, 2009.

ZANETTI, Andrea; FEFERBAUM, Marina [coord.]. *Direito dos Negócios em Debate*. São Paulo: Saraiva, 2011.

Artigos Nacionais

ALVES, Joamir Müller Romiti. "A introdução do conceito de 'influência significativa' na Lei das S.A. representa a introdução do controle externo no direito brasileiro?", *In Direito dos Negócios em Debate*, coords.: Andrea Zanetti e Marina Feferbaum. São Paulo: Saraiva, 2011, pp. 356-376.

ARAGÃO, Paulo Cézar. "O Parecer de Orientação 35/2008 da CVM e a Incorporação de Companhia Fechada por sua Controladora Companhia Aberta", *In Temas de Direito Societário e Empresarial Contemporâneos*, org.: Marcelo Vieira von Adamek. São Paulo: Malheiros, 2011, p. 522-534.

ARAGÃO, Paulo Cézar; LIMA, Monique Mavignier de. "A Incorporação de Controlada – a disciplina do art. 264 da Lei 6.404/76", *In Direito Empresarial – Aspectos Atuais de Direito Empresarial Brasileiro e Comparado*, orgs.: Perin Junior, Écio; Kalansky, Daniel e Peyser, Luis. São Paulo: Método, 2005, pp. 345-357.

BEZERRA, Andréia Cristina; CORRADINI, Luiz Eduardo Malta; ALMEIDA PRADO, Maria da Glória Ferraz; CURY, Maria Fernanda C. A. R.. "Conflito de Interesses. Impedimento de Direito de Voto e Conflito Material. Interpretação do art. 115, §1º da Lei das Sociedades por Ações", *In Mercado de Capitais Brasileiro*, orgs.: Eduardo Sechhi Munhoz e Mauro Rodrigues Penteado. São Paulo: Quartier Latin, 2012, pp. 105-158.

BOCATER, Maria Isabel do Prado. "Poder de controle e influência significativa", *In Temas essenciais de direito empresarial – estudos em homenagem a Modesto Carvalhosa*, coord.: Luis Fernando Martins Kuyven. São Paulo: Saraiva, 2012, pp. 833-845.

BOECHEM, Felipe Tavares. "(In)Exigibilidade de Oferta Pública de Aquisição de Ações por Alienação de Controle – uma análise da jurisprudência da CVM", *In Revista de Direito Mercantil, Industrial, Econômico e Financeiro*, Volume 161/162. São Paulo: Malheiros, jan-ag/2012, pp. 72-100.

BRAUN, Lucas. "Da Inaplicabilidade do art. 254-A da Lei das Sociedades por Ações às Reestruturações Societárias", In Revista de Direito Mercantil, Industrial, Econômico e Financeiro, vol.155/156. São Paulo: Malheiros, Ago-Dez 2010, pp. 129-138.

CAMACHO, Marília Gama Rodrigues; MAKANT, Bárbara. "Da utilização do instituto da incorporação de ações como meio de efetuar fechamento de capital de uma companhia aberta sem a realização de oferta pública", In Revista de Direito Bancário e do Mercado de Capitais, vol. 28. São Paulo: Revista dos Tribunais, Abril/Junho 2005, p. 46-69.

CANTIDIANO, Luiz Leonardo. "Análise Crítica do Parecer de Orientação CVM 34", In Revista de Direito Bancário e do Mercado de Capitais, vol. 41. São Paulo: Revista dos Tribunais, Julho/Setembro 2008, p. 133-147.

_____. "Incorporação de Sociedades e Incorporação de Ações", In Poder de Controle e outros temas de Direito Societário e Mercado de Capitais, Rodrigo Monteiro de Castro e Leandro dos Santos Aragão (Coords.). São Paulo: Quartier Latin, 2010, p. 135-156.

CARVALHOSA, Modesto. "O Desaparecimento do Controlador nas Companhias com Ações Dispersas", In Temas de Direito Societário e Empresarial Contemporâneos, org.: Marcelo Vieira von Adamek. São Paulo: Malheiros, 2011, pp. 516-521.

COELHO, Sacha Calmon Navarro. "Imposto Sobre a Renda e Incorporação de Ações de Sociedade Holding", In Revista Dialética de Direito Tributário, vol. 77. São Paulo: Dialética, Fevereiro 2002, pp. 167-190.

COMPARATO, Fábio Konder. "Funções e Disfunções do Resgate Acionário", In Direito Empresarial – Estudos e Pareceres. São Paulo: Saraiva, 1990, pp. 120-130.

EIZIRIK, Nelson, "Incorporação de Ações: Aspectos Polêmicos", In Fusão, Cisão, Incorporação e Temas Correlatos (coord.: Walfrido Jorge Warde Junior). São Paulo: Quartier Latin, 2009, pp. 77-99.

_____. "Propriedade e Controle na Companhia Aberta – Uma análise teórica", In Revista de Direito Mercantil, Industrial, Econômico e Financeiro, vol. 53. São Paulo: Revista dos Tribunais, abr/jun-1984, pp. 90-104.

_____. "O Mito do 'Controle Gerencial' – Alguns Dados Empíricos", In Revista de Direito Mercantil, Industrial, Econômico e Financeiro, vol. 66. São Paulo: Revista dos Tribunais, 1987, pp. 103-106.

EIZIRIK, Nelson; HENRIQUES, Marcus de Freitas; VIEIRA, Juliana Botini Hargreaves. "O comitê de aquisições e fusões: versão brasileira do takeover panel", In Temas essenciais de direito empresarial – estudos em homenagem a Modesto Carvalhosa, coord.: Luis Fernando Martins Kuyven. São Paulo: Saraiva, 2012, pp. 884-912.

França, Erasmo Valladão Azevedo e Novaes. "Apontamentos sobre a Invalidade das Deliberações Conexas das Companhias", *In Temas de Direito Societário, Falimentar e Teoria da Empresa*. São Paulo: Malheiros, 2009; pp. 69-98.

_____. "O conceito de 'benefício particular' e o Parecer de Orientação 34 da CVM", *In Temas de Direito Societário, Falimentar e Teoria da Empresa*. São Paulo: Malheiros, 2009; pp. 568-582.

_____. "Excerto do 'Direito Societário I – Fundamentos', de Herbert Widemann", *In Temas de Direito Societário, Falimentar e Teoria da Empresa*. São Paulo: Malheiros, 2011, pp. 624-639, esp. 630-633.

_____. "Ainda o conceito de benefício particular: anotações ao julgamento do Processo CVM n. RJ-2009/5811", *In Revista de Direito Mercantil, Industrial, Econômico e Financeiro*, vol. 149/150. São Paulo: Malheiros, Jan-Dez, 2010, pp. 293-322.

_____. "Comentário à Decisão da CVM no 'Caso Sistel-PREVI'", *Temas de Direito Societário, Falimentar e Teoria da Empresa*. São Paulo: Malheiros, 2011, pp. 647-703; ou "Conflito de Interesses: Formal ou Substancial? Nova decisão da CVM sobre a questão", *In Revista de Direito Mercantil, Industrial, Econômico e Financeiro*, vol. 128. São Paulo: Malheiros, Out-Dez, 2002, pp. 225-262.

_____. "Acionista Controlador – Impedimento ao Direito de Voto", *In Revista de Direito Mercantil, Industrial, Econômico e Financeiro*, Vol. 125. São Paulo: Malheiros, Jan-Mar, 2002, pp. 139-172.

_____. "Lineamentos da Reforma do Direito Societário Italiano em matéria de invalidade das deliberações assembleares", *In Revista de Direito Mercantil, Industrial, Econômico e Financeiro*, Vol. 134. São Paulo: Malheiros, Abr-Jun, 2004, pp. 12-24.

Jacomini, Fernanda Perez; Wanderley, Letícia Galdino; Caselta, Lívia Garcia Kerr do Amaral; Merlussi, Natália Parmigiani. "Incorporação de Sociedades e incorporação de ações: operações de reorganização societária entre controladora e controlada e os Pareceres de Orientação CVM 34 e 35", *In Revista de Direito Empresarial*, vol. 0. São Paulo: Thompson Reuters/RT, nov--dez, 2013, pp. 173-208.

Kalansky, Daniel. "A Sociedade em Comum: um novo tipo societário?", *In Direito Societário Contemporâneo I*, coord.: Erasmo Valladão Azevedo e Novaes França. São Paulo: Quartier Latin, 2009; pp. 511-524.

Lamy Filho, Alfredo. "Acionista Controlador na Nova Lei das S.A.", *In Temas de S.A.: Exposições e Pareceres*. Rio de Janeiro: Renovar, 2007, pp.149-165.

_____. "O princípio majoritário – Os direitos essenciais dos acionistas", *In Temas de S.A.: Exposições e Pareceres*. Rio de Janeiro: Renovar, 2007, pp.195-202.

LEÃES, Luiz Gastão de Paes de Barros. "Notas sobre o poder de controle compartilhado", *In Revista de Direito Empresarial*, vol. 0. São Paulo: Thompson Reuters/RT, nov-dez, 2013, pp. 103-114.

MACHADO, Paulo José; MORAIS, Wilson José Ozório; RELVAS, Tânia Regina Sordi. "IFRS 3 – Combinações de Negócios", *In Manual de Normas Internacionais de Contabilidade*, 2ª ed.. São Paulo: Atlas, 2010; pp. 219-244.

MAGALHÃES, Rodrigo Almeida. "O Controlador e sua Responsabilidade na Sociedade Anônima", *In Sociedades Anônimas e Mercado de Capitais – Homenagem ao Prof. Osmar Brina Corrêa-Lima*, coords.: Arnoldo Wald, Fernando Gonçalves e Moema Augusta Soares de Castro. São Paulo: Quartier Latin, 2011, pp. 225-237.

MUNHOZ, Eduardo Secchi. "Transferência de Controle nos Sistemas de Controle Concentrado e de Capital Disperso: Eficiências e Ineficiências", *In Temas de Direito Societário e Empresarial Contemporâneos*, org.: Marcelo Vieira von Adamek. São Paulo: Malheiros, 2011, pp. 298-315.

_____. "Quem deve comandar a companhia? Alocação do poder empresarial: sistema de freios e contrapesos", *In Temas essenciais de direito empresarial – estudos em homenagem a Modesto Carvalhosa*, coord.: Luis Fernando Martins Kuyven. São Paulo: Saraiva, 2012, pp. 505-517.

NUNES, Maurício S.; COSTA JUNIOR, Newton C.A.; MEURER, Roberto, "A relação entre o mercado de ações e as variáveis macroeconômicas: uma análise econométrica para o Brasil", *In Revista Brasileira de Economia*, vol. 59, nr. 4. Rio de Janeiro: FGV/EPGE, out-dez, 2005, pp. 585-607.

OLIVEIRA, Luiz Ernesto Aceturi de; NUNES, Marcelo Guedes. "Voto Irregular e Grupos de Sociedades", *In Reorganização Societária*, orgs.: Rodrigo R. Monteiro de Castro e Leandro dos Santos Aragão. São Paulo: Quartier Latin, 2005, pp. 207-235.

PENTEADO, Mauro Bardawil. *"The efficacy of intra-corporate approvals in negotiated mergers between controlling shareholder and its corporation under Delaware and Brazilian law"*, *In Revista de Direito Mercantil, Industrial, Econômico e Financeiro*, volume 143. São Paulo: Malheiros, jul.-set. 2006, p. 76-105.

PENTEADO, Mauro Rodrigues. "A Lei nº 9.457/97 e a Tutela dos Direitos dos Acionistas Minoritários", *In Reforma da Lei das Sociedades Por Ações* [coord.: Waldírio Bulgarelli]. São Paulo: Pioneira, 1998, pp. 14-58.

SACRAMONE, Marcelo Barbosa. "Falsa Polêmica: sem motivos razoáveis, incorporações de ações passaram a ser vistas como intrinsecamente perversas", *In Revista Capital Aberto*, Vol. 20. São Paulo: Editora Capital Aberto, Abril 2005, pp. 51-52.

_____. "Dever do Administrador de S/A de agir conforme o interesse social", *In Revista de Direito Mercantil, Industrial, Econômico e Financeiro*, Volume 155/156. São Paulo: Malheiros, ag-dez/2010, pp. 301-307.

SADDI, Jairo. "Conflitos de Interesse no Mercado de Capitais", *In Sociedade Anônima: 30 anos da Lei n. 6.404/76* [orgs.: Rodrigo Monteiro de Castro e Leandro Santos Aragão]. São Paulo: Quartier Latin, 2007, pp.339-360.

SILVA, Thiago José da. "Reflexões sobre a Aplicação de Leis Estrangeiras pela CVM", *In Mercado de Capitais Brasileiro*, orgs.: Eduardo Sechhi Munhoz e Mauro Rodrigues Penteado. São Paulo: Quartier Latin, 2012, pp. 333-348.

TAVARES GUERREIRO, José Alexandre. "Direito de Retirada e Poder de Retratação", *In Revista de Direito Mercantil, Industrial, Econômico e Financeiro*, Volume 44. São Paulo: Revista dos Tribunais, 1982, pp. 22-27.

_____. "Abstenção de voto e conflito de interesses", *In Temas essenciais de direito empresarial – estudos em homenagem a Modesto Carvalhosa*, coord.: Luis Fernando Martins Kuyven. São Paulo: Saraiva, 2012, pp. 681-692.

TOMASETTI JUNIOR, Alcides. "A Parte Contratual", *In Temas de Direito Societário e Contratual Contemporâneos*, coord.: Marcelo Vieira von Adamek. São Paulo: Malheiros, 2011, p.755-764.

WALD, Arnoldo. "O direito de preferência e a incorporação de ações em outra sociedade", *In Revista de Direito Mercantil, Industrial, Econômico e Financeiro*, volume 46. São Paulo: Revista dos Tribunais, 1982, pp. 5-14.

VIO, Daniel de Avila; CASAGRANDE, Paulo Leornardo; FREOA, Ricardo Peres. "Conflito de Interesse na Incorporação e na Incorporação de Ações – O Parecer de Orientação nº 34/06 e o Parecer de Orientação nº 35/08", *In Mercado de Capitais Brasileiro*, orgs.: Eduardo Sechhi Munhoz e Mauro Rodrigues Penteado. São Paulo: Quartier Latin, 2012, pp. 159-194.

XAVIER, Alberto. "Incorporação de Ações: natureza jurídica e regime tributário", *In Sociedade Anônima: 30 anos da Lei n. 6.404/76* [orgs.: Rodrigo Monteiro de Castro e Leandro Santos Aragão]. São Paulo: Quartier Latin, 2007, pp. 119-143.

Pareceres (Direito Brasileiro)

CARVALHOSA, Modesto. "Inexigibilidade de OPA prévia à incorporação de ações", *In Revista de Direito Bancário e do Mercado de Capitais*, vol. 40. São Paulo: Revista dos Tribunais, Abril/Junho 2008, p. 161-169.

COMPARATO, Fábio Konder. "Incorporação de Companhia Aberta, subsequente à aquisição de seu controle acionário por operação registrada em Bolsa de Valores – Exceção ao regime especial do art. 264 da Lei de Sociedades Por Ações – Ilegitimidade dos acionistas da incorporada para pleitear judicialmente a anulação da assembleia da incorporadora", *In Novos Ensaios e Pareceres de Direito Empresarial*. Rio de Janeiro: Forense, 1981.

FRANÇA, Erasmo Valladão Azevedo e Novaes. "Avaliação do Investimento em Controladas", *In Temas de Direito Societário, Falimentar e Teoria da Empresa*. São Paulo: Malheiros, 2009; pp. 300-316.

_____. "Conflito de Interesses de Administrador na Incorporação da Controlada", *In Temas de Direito Societário, Falimentar e Teoria da Empresa*. São Paulo: Malheiros, 2009; pp. 334-360.

_____. "Dever de Lealdade do Acionista Controlador por ocasião da alienação de controle – dever de maximização do valor das ações dos acionistas não controladores – interpretação de estatuto de companhia aberta – possibilidade de cumulação de OPAs", *In Revista de Direito Mercantil, Industrial, Econômico e Financeiro*, vol. 158. São Paulo: Malheiros, Abr-Jun 2011, pp.251-266.

LAMY FILHO, Alfredo. "Incorporação de Ações – Divulgação da oferta aos minoritários antes da avaliação – ilegalidade", *In Temas de S.A.: Exposições e Pareceres*. Rio de Janeiro: Renovar, 2007, pp. 389-399.

_____. "Incorporação de Subsidiária – Avaliação das Ações – Abuso de Direito – Recesso", *In Temas de S.A.: Exposições e Pareceres*. Rio de Janeiro: Renovar, 2007, p. 253-262.

_____. "Abuso do direito de voto e conflito de interesses – Interpretação do art. 115 e seu §1º – O direito de voto do controlador", *In Temas de S/A: Exposições e Pareceres*. Rio de Janeiro: Renovar, 2007, p. 349-358.

LEÃES, Luiz Gastão Paes de Barros. "Incorporação da totalidade das ações de companhias controladas", *In Revista de Direito Bancário e do Mercado de Capitais*, vol. 40. São Paulo: Revista dos Tribunais, Abril/Junho 2008, p. 170-173.

_____. "Incorporação de Ações de Companhia Aberta Controlada", *In Pareceres*, Vol. 2. São Paulo: Singular, 2004; pp. 1403-1423.

PENTEADO, Mauro Rodrigues. "Reorganização Operacional e Societária. Ação Declaratória de Nulidade de Deliberações de Conselho de Administração de S/A. Suposto Conflito de Interesses", *In Revista de Direito Mercantil, Industrial, Econômico e Financeiro*, vol. 146. São Paulo: Malheiros, abr-jun 2007, pp.237-268.

Teses

PENTEADO, Arthur Bardawil. *Aspectos jurídicos da estrutura da propriedade acionária das companhias abertas brasileiras* (dissertação de Mestrado inédita sob a orientação do Prof. Luis Gastão Paes de Barros Leães). São Paulo: Faculdade de Direito da Universidade de São Paulo, 2005.

SCHLIECKMANN, Clarisse Mello Machado. *Aspectos Societários da Incorporação de Ações de Controlada Envolvendo Companhia Aberta* (Tese de Láurea inédita sob a orientação do Prof. Dr. Francisco Antunes Maciel Müssnich). Rio de Janeiro: Pontifícia Universidade Católica do Rio de Janeiro, 2010.

TOMAZELLA, Carla Mosna. *Proteção de Acionistas e Credores nas Operações de Incorporação Envolvendo Sociedade Anônima* (Dissertação de Mestrado inédita sob a orientação da Prof. Paula Andrea Forgioni). São Paulo: Faculdade de Direito da Universidade de São Paulo, 2011.

Doutrina Estrangeira (Direito Societário)

ANTUNES, Engrácia. *Os Grupos de Sociedades – estrutura e organização jurídica da empresa plurissocietária*, 2ª ed.. Coimbra: Almedina, 2002.

ARDIZZONE, Luigi. *Le azione proprie nella fusione e nella scissione*. Milão: Giuffrè, 2010.

ASCARELLI, Tullio. *Saggi di Diritto Commercialle*. Milão: Giuffrè, 1955.

_____. *Appunti di Diritto Commerciale – società e associazioni commerciale*. 3ª ed.. Roma: Foro Italiano, 1936.

AULETTA, Giuseppe e SALANITRO, Nicolà. *Diritto Commerciale*, 16ª ed.. Milão: Giuffrè, 2008.

BAINBRIDGE, Stephen M.. *Mergers and Acquisitions*, 2ª ed.. Nova Iorque: Foundation Press/Thomson, 2009.

BAXE, Domingos Salvador André. *A Tutela dos Direitos dos Sócios em Sede de Fusão, Cisão e Transformação das Sociedades*. Coimbra: Almedina, 2010.

BERLE, Adolf Augustus e MEANS, Gardiner Coit. *The Modern Corporation and private property*, 2ª ed., 4ª tiragem. New Brunswick: Transaction, 2002.

CABANELLAS DE LAS CUEVAS, Guillermo. *Derecho Societário*, Tomo 11 – *Fusiones y Otros Actos de Concentración Societária – Los Grupos de Sociedades*. Buenos Aires: Heliasta, 2007.

CARATOZZOLO, Matteo. *I Bilanci Straordinari*, 2ª ed.. Milão: Giuffrè, 2009.

CLARK, Robert Charles. *Corporate Law*, 13ª ed.. Nova Iorque: Aspen Law, 1986.

COFFEE JR., John C.. *Gatekeepers – The Professions and Corporate Governance*. Oxford: Oxford University Press, 2006.

Cozian, Maurice; Viandier, Alain; Deboissy, Florence. *Droit des sociétés*, 19éme ed. Paris: Litec/Lexis Nexis, 2006.

Cunha, Paulo Olavo. *Direito das Sociedades Comerciais*, 2ª ed.. Coimbra: Almedina, 2006.

Dooley, Michael P. *Fundamentals of Corporation Law*. Westbury-NY: Foundation Press, 1995.

Easterbrook, Frank H. & Fischel, Daniel R. *The Economic Structure of Corporate Law*, 4ª Ed.. Cambridge/Mass: Harvard University Press, 1998.

Emanuel, Steven. *Corporations*, 3ª ed.. Larchmont, NY: Emanuel, 2000.

Fiori, Giovanni. *Corporate Governance e qualità dell'informazione esterna d'impresa*. Milao: Giuffrè, 2003.

Franchi, Antonio. *La responsabilità degli amministratori di S.p.a. nel nouvo diritto societário – I Principi per una disciplina 'Europea' e i riflessi nell'ambito delle società bancarie*. Milao: Giuffrè, 2004.

Freund, James C.. *Anatomy of a Merger: Strategies and Techniques for Negotiating Corporate Acquisitions*. New York, NY: Law Journal Seminars Press, 1975.

Galgano, Francesco. *Diritto Commerciale*, 6ª ed.. Bolonha: Zanichelli, 2008.

Gonçalves, Diogo da Costa. *Fusão, Cisão e Transformação de Sociedades Comerciais – A posição jurídica dos sócios e a delimitação do statuo viae*. Coimbra: Almedina, 2008.

Guyon, Yves. *Droit des Affaires*, Tomo 1: *Droit comercial general et Sociétés*, 12ª ed.. Paris: Economica, 2003.

Halperín, Isaac. *Sociedades Anónimas*, 2ª ed.. Buenos Aires: DePlama/LexisNexis, 1998.

Hansmann, Henry. *The Ownership of Enterprise*. Cambridge, Mass: Harvard University Press, 2000.

Klein, William; Coffee Jr., John C. e Partnoy, Frank. *Business Organization and Finance – Legal and Economic Principles*, 11ª ed.. Nova Iorque: Foundation Press, 2010.

Kübler, Friedrich. *Derecho de Sociedades*, 5ª ed.. [trad. Michèle Klein]. Madri: Fundación Cultural del Notariado, 2001.

Lowry, John e Dignam, Alan. *Company Law*, 2ª ed.. Londres: LexisNexis UK, 2003.

Menezes Cordeiro, António. *Manual de Direito das Sociedades*. Coimbra: Almedina, 2006.

Palmiter, Alan. *Corporations*, 6ª ed.. Nova Iorque: Wolters Kluwer / Aspen Law, 2009.

Perez Troya, Adoración. *La Determinación del tipo de canje en la fusión de sociedades*. Madri: Marcial Pons, 1998.

Rizzi, Antonio. *Interpretazione del contratto e dello statuto societario*. Milão: Giuffrè, 2002.
Santagata, Carlo. *La fusione tra società*. Nápoles: Morano, 1964.
Thompson JR., Samuel C. *Business Planing for Mergers and Acquistions*, 2ª Ed.. Durham-NC: Carolina Academic Press, 2001.
Vasques, José. *Estruturas e Conflitos de Poderes nas Sociedades Anónimas*. Coimbra: Coimbra Ed., 2007.
Ventura, Raúl. *Fusão, Cisão, Transformação de Sociedades*, 3ª reimpressão. Coimbra: Almedina, 2006.
Vicari, Andrea. *Gli azionisti nella fusione di società*. Milão: Giuffrè, 2004.
Vicent Chuliá, Francisco. *Concentración y unión de empresas ante el Derecho Español*. Madri: CECA, 1971.

Doutrina Estrangeira (Direito Privado)

Lawson, F. H. e Rudden, Bernard. *The Law of Property*, 2ª ed., 6ª reimp. Oxford: Clarendon, 1995.

Obras Coletivas Estrangeiras

Buonocore, Vincenzo [org.]. *Manuale de Diritto Commerciale*, 8ª ed.. Turim: Giappichelli, 2007.
Griffi, Antonio Patroni [org.]. *In Fusioni e Scissioni di Società*. Milão: Giuffrè, 1995.
Kraakman, Reinier; Hansmann, Henry [orgs.]. *Anathomy of Corporate Law – A Comparative and Functional Approach*. Nova Iorque: Oxford University Press, 2006.
Romano, Roberta [org.]. *Foundations of Corporate Law*. Nova Iorque: Foundation Press, 1993.
Whalley, Michael e Semler, Franz-Jörg [orgs.]. *International Business Acquistions – Major Legal Issues and Due Diligence*, 2ª ed.. Londres: Kluwer, 2000.

Artigos Estrangeiros

Amihud, Yakov e Lev, Baruch. "Risk Reduction as a Managerial Motive for Conglomerate Mergers", *In Foundations of Corporate Law*, org.: Roberta Romano. Nova Iorque: Foundation Press, 1993, pp. 232-233.
Ascarelli, Tullio. "O Contrato Plurilateral", *In Problemas das Sociedades Anônimas e Direito Comparado*. São Paulo: Saraiva, 1945, pp. 285-291.

Asquini, Alberto. "Os Perfis da Empresa" (trad. de Fábio Konder Comparato), In Revista de Direito Mercantil, Industrial, Econômico e Financeiro, volume 104. São Paulo: Malheiros, out-dez 1996, pp. 109-126.

Burgman, Dierdre e Cox, Paul. "*Reappraising The Role of the Shareholder in the Modern Public Corporation: Weinberger's Procedural Approach to Fairness in Freezeouts*", In Wisconsin Law Review. Madison, WI: University of Wisconsin Press, 1984, pp. 593-648.

Clark, Robert Charles. "*The four stages of capitalism: reflections on investment management treatises*" In Harvard Law Review, vol.94. Boston, Mass: Harvard University Press, 1981; pp. 561-582

Coase, Ronald. "The Nature of the Firm", In Economica, vol.4, nov.1937; pp. 33-55.

Davidoff, Steven M.. "*Fairness Opinions*", Wayne State University Law School Legal Studies Research Paper Series, nr. 07-07, In American University Law Review, vol. 55 Washington, DC: AULA Press, 2006: pp. 1557-1625.

Easterbrook, Frank e Fischel, Daniel. "*Corporate Control Transactions*", In Yale Law Journal, vol. 91, nº 4. New Haven, CT: Yale Law Journal Co., Março de 1982, pp. 698-737.

Elson, Charles M.. "*Fairness Opinions: Are They Fair or Should We Care?*", In Ohio State Law Journal, vol. 53, nr. 4. Columbus, OH: Moritz College of Law Press, 1992, pp. 951-1004.

Fischel, Daniel. "*The business judgment rule and the Trans Union case*", In The Business Lawyer Journal, Vol. 40, nº 4. Chicago, IL: ABA Publications, Agosto de 1985, pp. 1437-1455.

Gilson, Ronald J.; Hansmann, Henry e Pargendler, Mariana. "*Regulatory Dualism as a Development Strategy: Corporate Reform in Brazil, the United States, and the European Union*", In Stanford Law Review, vol. 63. Palo Alto, CA: Board of Trustees of Leland Stanford Junior University, 2011, pp. 475-510.

Godshall, Randolph B. e Hendricks, Douglas L.. "Singer v. Magnavox Co.: *Delaware Imposes Restrictions on Freezout Mergers*", In California Law Review, vol. 66, n.1. Berkeley, CA: California Law Review, Inc., Jan-1978, pp. 118-136.

Haire, Breen M.. "*The Fiduciary Responsibilities of Investment Bankers In Change- -Of-Control Transactions: In Re Daisy Systems Corp.*", In New York University Law Review, vol. 74. Nova Iorque: NYU Law Review, 1999, pp. 277-306.

Ivanovic, Diana. "*NoDak Bancorporation v. Clarke: redefining the rights of minority shareholders in a freeze-out merger under the National Bank Act*", Villanova Law Review, vol .39. Villanova, PA: Villanova University, 1994, pp. 915-946.

Klein, Benjamin. "*The Right Solution to the Wrong Problem: The Status of Controlling Shareholders After In re John Q. Hammons Hotels Inc.*", In Yale Law Journal, vol. 120. New Haven, CT: Yale Law Journal Company, Inc., 2011, pp. 1251-1259.

Macey, Jonathan e Miller, Geoffrey. "*Trans Union Reconsidered*", In Yale Law Journal, vol. 98. New Haven, CT: Yale Law Journal Co., 1988, pp. 127-144.

Maddi, Thomas W.. "*NoDak Bancorporation v. Clarke and Lewis v. Clark: Squeezing Out 'Squeeze-Out' Mergers Under the National Bank Act*", In Washington & Lee Law Review, vol. 51, Tomo II. Lexington, VA: Wash & Lee L. Rev., 3 de janeiro de 1994, pp. 763-805.

Manning, Byless. "*Reflections and Practical Tips on Life in the Boardroom after Van Gorkom*", In The Business Lawyer Journal, Vol. 41, nº 1. Chicago, IL: ABA Publications, Novembro de 1985, pp. 1-14.

_____. "*The Shareholder's Appraisal Remedy: An Essay for Frank Coker*", In Yale Law Journal, Vol. 72, nº 2. New Haven, CT: Yale Law Journal Co., Dezembro de 1962, pp. 223-265.

McGarrity, John P.. "*Freezeouts under the 1983 Illinois Business Corporation Act: the need for protection of minority shareholders from 'Going Private' Mergers*", In University of Illinois Law Review. Chicago-IL: University of Illinois Press, 1985, pp. 679-704.

Perez Troya, Adoración. "*La fusión de sociedades. Su regulación en España (tras la ley sobre modificaciones estructurales*", In Temas essenciais de direito empresarial – estudos em homenagem a Modesto Carvalhosa, coord.: Luis Fernando Martins Kuyven. São Paulo: Saraiva, 2012, pp. 385-412.

Pollman, Elizabeth. "*Strenghtening Special Committees*", In Business Law Journal, vol. 9. Davis, CA: University of California-Davis Press, 2009, pp. 137-164.

Richey, Rand D.. "*Balancing the Rights of Majority and Minority Shareholders in Take-Out Mergers: Trends in Delaware Law*", In New England Law Review, vol. 25. Boston, Mass.: New England Law Review, 1990, pp. 699-731.

Rock, Edward; Kanda, Hideki e Kraakman, Reinier. "*Significant Corporate Actions*", In Anathomy of Corporate Law – A Comparative and Functional Approach. Nova Iorque: Oxford University Press, 2006, pp. 131-156.

Santagata, Carlo. "*La fattispecie della fusione*", In Fusioni e Scissioni di Società, org.: Antonio Patroni Griffi. Milão: Giuffrè, 1995, pp. 1-28.

Subramanian, Guhan. "*Fixing Freezouts*", In Yale Law Journal, vol. 115. New Haven, CT: Yale Law Journal Co., 2005, pp. 2-71.

Suleski, Steve. "*Regulation of Going Private transactions in Wisconsin and the effect of Edgar v. Mite*", In Wisconsin Law Review. Madison, WI: University of Wisconsin Press, 1983, pp. 689-720.

THOMPSON JR., Samuel C.. *"The Merger and Acquisition Provisions of the ALI Corporate Governance Project as applied to the three steps in the Time-Warner Acquisition", In Columbia Business Law Review*. Nova Iorque, NY: Columbia Business Law Review, 1996, pp. 145-232.

WIEDEMANN, Herbert. *"Ist der Kleinaktionär kein Aktionär?", Festschrift für Karsten Schmidt zum 70. Geburtstag*, Otto Schmidt Verlag, Köln, 2009, pp. 1731-1742.

VASCONCELOS, Pedro Pais. "Constituição de Grupo por domínio total superveniente – o tempo e o modo", *In Direito das Sociedades em Revista*, vol. 8. Coimbra: Almedina, Outubro de 2012, pp. 35-49.

Teoria Geral do Direito; Filosofia; Economia Política

ARISTOTELES. *HΘIKΩN NIKOMAXEIΩN* [versão bilíngue grego-inglês da *Ética à Nicômaco* organizada por H. Rackham], 2ª ed., 12ª reimp.. Cambridge, Mass: Harvard University Press, 2003.

BETTI, Emilio. *Teoria Generale del Negozio Giuridico*, 2ª ed., 1ª reimp.. Roma: Ed. Scientifiche Italiane, 2002.

CANARIS, Claus Wilhelm. *Pensamento Sistemático e Conceito de Sistema na Ciência do Direito*, 2ª ed., trad. António Menezes Cordeiro. Lisboa: Calouste Gulbenkian, 1996.

CARNELUTTI, Francesco. *Teoria Generale del Diritto*, 3ª ed.. Roma: Soc. Ed. del Foro Italiano, 1951.

COMPARATO, Fábio Konder. *Ética – Direito, Moral e Religião no Mundo Moderno*. São Paulo: Cia das Letras, 2006.

ENGISCH, Karl. *Introdução ao Pensamento Jurídico*, 6ª ed., Trad.: J. Baptista Machado. Lisboa: Fundação Calouste Gulbenkian, 1988.

FERRAJOLI, Luigi. *Principia Iuris – Teoria del Diritto e della Democrazia*, Vol. 1. Bari: Laterza, 2007.

FERRAZ JUNIOR, Tércio Sampaio. *Introdução ao Estudo do Direito – Técnica, Decisão e Dominação*, 2ª Ed.. São Paulo: Atlas, 1994.

FIORIN, José Luiz. *As Astúcias da Enunciação – As Categorias de Pessoa, Espaço e Tempo*, 2ª ed.. São Paulo: Ática, 1999.

GIANNETTI, Eduardo. *Vícios Privados, Benefícios Públicos?: a ética na riqueza das nações*. São Paulo: Cia das Letras, 1993.

NOGUEIRA, André Carvalho. *Regulação do Poder Econômico – A Liberdade Revisitada*. São Paulo: Quartier Latin, 2011.

SANTORO-PASSARELLI, Francesco. *Dottrine Generali del Diritto Civile*, 9ª ed.. Nápoles: Jovene, 2002.

Telles Junior, Goffredo da Silva. *A Criação do Direito*, 2ª ed.. São Paulo: Juarez de Oliveira, 2004.

_____. *O Direito Quântico*, 6ª ed.. São Paulo: Max Limonad, 1985.

Fusões e Aquisições; Administração de Empresas

Ansoff, Igor e McDonnel Edward. *Implanting Strategic Management*, 2ª ed.. Harlow, Essex: Prentice Hall, 1990.

Brealey, Richard A. e Myers, Stewart C.. *Principles of Corporate Finance*, 7ª ed.. Burr Ridge-IL: Irwin McGraw-Hill, 2003.

Bruner, Robert. *Applied Mergers and Acquisitions*. Hoboken, NJ: Wiley & Sons, 2004.

Damodaran, Aswath. *Investment Valuation: tools and techniques for determining the value of any asset*, 3ª Ed..Hoboken, NJ: Wiley, 2012.

Gaughan, Patrick A.. *Merger, Acquisitions and Corporate Restructurings*, 5ª ed.. Hoboken, NJ: Wiley & Sons, 2011.

Gray, Dale; Malone, Samuel W. *Marcofinancial risk analisys*. Chichester, UK: Wiley & Sons, 2008.

Iudícibus, Sérgio de; Martins, Eliseu; Gelbcke, Ernesto Rubens; Santos, Ariovaldo dos. *Manual de Contabilidade Societária – aplicável a todas as sociedades*. São Paulo: Atlas, 2010.

Mankiw, N. Gregory. *Macroeconomics*, 5ª ed.. Nova Iorque: Worth, 2003.

Montiel, Peter J.. *Macroeconomics in Emergin Markets*, 2ª ed.. Cambridge, Mass: Cambridge University Press, 2011.

Póvoa, Alexandre. *Valuation – como precificar ações*. Rio de Janeiro: Elsevier, 2012.

Reed, Stanley Foster e Lajoux, Alexandra Reed. *The Art of M&A*, 3ª ed.. Nova Iorque, NY: McGraw-Hill, 1999.

Sirower, Mark L.. *The Synergy Trap – How Companies Lose the Acquisition Game*. Nova Iorque, NY: Free Press, 1997.

Artigos e Matérias Jornalísticas

"*Glencore Increases Offer in Bid to Secure Deal*", por William Macnamara, *The New York Times*, edição de 7 de setembro de 2012.

"*Goldman Sachs and the $580 Million Black Hole*", por Loren Feldman, *The New York Times*, edição de 14 de julho de 2012.

Casos e Operações Estudadas (Direito Brasileiro)

Caso ABN-AMRO/Sudameris
Processo CVM RJ2004 /2274, j. 20.04.2004, Colegiado acatando sugestão, de forma unânime, de proposta de suspensão de assembleia com interrupção de prazo de antecedência de convocação de AGE com base no Memo SEP/GEA-3/34/04

TJSP, 5ª Câm. Dt. Pvd., Ação Cautelar Inominada nr. 353.476-4/6, rel. Des. Carlos Renato, j. 28.06.2004

Caso Aracruz/VCP/Fibria
Comunicado ao Mercado CVM/SEP, de 24.08.2009

Caso Aurora
Processo CVM RJ2001/4540, rel. Dir. Luiz Antonio de Sampaio Campos, j. 05.02.2002

Caso BHG
Processo CVM RJ2014/10023, rel. Dir. Pres. Leonardo Pereira, j. 24.03.2015

Caso Boavista Interatlântico
Processo CVM RJ2000/6126, rel. Dir. Luiz Antonio de Sampaio Campos, j. 01.11.2001

Caso Braskem/Quattor
Processo CVM RJ2010/4016, Colegiado acatando sugestão, de forma unânime, de admissão de critério alternativo para avaliação pelo art. 264 da Lei das S.A. com base no Memo SEP/GEA-4/98/2010

Caso Bunge/Fosfértil
Processo CVM RJ2007/3453, rel. Dir. Pedro Oliva Marcílio de Sousa, j. 18.04.2007

Caso Cataguazes Leopoldina
Processo Administrativo Sancionador CVM RJ2005/1443, rel. Dir. Pedro Olívio Marcílio de Souza, julgado em 21/03/2006.

Caso CBD
Processo CVM RJ2005/4069, rel. Dir. Pedro Oliva Marcilio de Sousa, j. 11.04.2006

Caso Company/Brascan
Memo CVM SRE 214/2008, de 06.10.2008

Caso Duratex/Satipel
Processo CVM RJ2009/5811, rel. Dir. Marcos Barbosa Pinto, j. 28.07.2009

Caso Datasul/Totvs
Memo CVM SRE 214/2008, de 06.10.2008

Caso GOLF
Processo Administrativo JUCESP NIRE 35300343409, Alteração nr. 997030/07-0 de 23/10/2007 (Revisão Ex-Officio), j. 18/12/2007 pela Presidência

Caso Insol/MSB
Câmara Superior de Recursos Fiscais do Conselho Administrativo de Recursos Fiscais – Ministério da Fazenda, Processo n. 16408.000120/2007-49, Acórdão nr. 9202-00.662, 2ª T, rel. Elias Sampaio Freire, j. 12.04.2010

Caso Itaú/Unibanco
Processo CVM RJ2008/10832, rel. Dir. Otavio Yazbek, j. 10.07.2012

Caso MG Polímeros
Processo CVM RJ2007/8844, j. 23.07.2007, Colegiado acatando sugestão, de forma unânime, de proposta de suspensão de assembleia indeferindo interrupção de prazo de antecedência de convocação de AGE com base no Memo SEP/GEA-4/88/07; TJSP, 4ª Câm. Dt. Pvd., Agravo de Instrumento nr. 522.343-4/6-00, rel. Des. Silverio Ribeiro, j. 07.11.2007

Caso Oi/PT
Processo CVM RJ2013/10913, relª. Dirª. Luciana Dias (voto vencido), j. 25/03/2014, pedido de reconsideração j. 25/05/2014; voto vencedor declarado pela Dirª. Ana Novaes

Caso Petrobras/BR
Processo CVM RJ2000/6117, s/ rel. por ata extraordinária, j. 23.01.2001

Caso Petrobras/Petroquisa
Processo CVM RJ2006/3160, rel. Dir. Pedro Oliva Marcílio de Sousa, j. 18.05.2006

Caso Ripasa/Suzano/Votorantim
Processo CVM RJ2005 /5203, j. 24.08.2005, Colegiado acatando sugestão, de forma unânime, de proposta de suspensão de assembleia indeferindo interrupção de prazo de antecedência de convocação de AGE com base no Memo SEP/GEA-4/66/05

Caso Sadia/Perdigão/BRFoods
Processo CVM RJ2009/4691, rel. Dir. Marcos Barbosa Pinto, j. 11.08.2009, com base Memo CVM SEP/GEA-4/073/09

Caso Serrana/Bunge
Processo CVM RJ2001/11663, rel. Dir. Luiz A. de Sampaio Campos, j. 15.01.2002

Caso TCOC/TCP
Processo CVM RJ2003/12770, j. 11.12.2003, Colegiado acatando sugestão, de forma unânime, de proposta de suspensão de assembleia com interrupção de prazo de antecedência de convocação de AGE com base no Memo SEP/GEA-4/30/03

Caso Tec Toy
Processo CVM RJ2005/4105, rel. Dir. Wladimir Castelo Branco Castro, j. 06.12.2005

Caso Tec Toy II
Processo CVM RJ2010/1058, rel. Dir. Marcos Barbosa Pinto, j. 30.11.2010, 07.12.2010

Caso Telemar (também conhecido como Caso Tele Norte Leste)
Processo CVM RJ2006/6785, rel. Dir. Pedro Oliva Marcílio de Sousa (voto vencido), j. 25.09.2006; relator para o voto vencedor o Dir. Pres. Marcelo Trindade

Caso TIM
Processo CVM TA RJ2001/4977, relª. Dirª. Norma Jonssen Parente, j. 19.12.2001

Caso TIM/TelCo
Processo CVM RJ2009/1956, rel. Dir. Eliseu Martins, j. 15.07.2009

Caso Tractebel
Processo CVM RJ2009/13179, rel. Dir. Alexsandro Broedel Lopes, j. 09.09.2010; vencido o Dir. Eli Loria

Caso Ultrapar/Ipiranga
Processo CVM RJ2007/14245, rel. Dir. Sergio Eduardo Wegelin Vieira, j. 14.12.2007
TJSP, 10ª Câm. Dt. Pvd., Agravos de Instrumento nrs. 561.414-4/6, 560.737/4-2, 546.024-4/6, 548.565-4/9, rel. Des. Galdino Toledo Junior, j. 06.05.2008 e 11.03.2008.

Operação CPFL/CMS/Jaguariúna
Conforme Fato Relevante divulgado por CPFL Energia S.A. em 28 de outubro de 2009

Operação BMF/BOVESPA
Conforme Fatos Relevantes divulgados por Bovespa Holding S.A. em conjunto com Bolsa de Mercadorias & Futuros BM&F S.A. em 19 de fevereiro de 2008, 25 de março de 2008 e 17 de abril de 2008

Casos e Operações Estudadas (Direito Estrangeiro)

Caso Coggins/New England Patriots
Coggins v. New England Patriots Football Club, Inc.
Suprema Corte de Massachussets, 1986, relator J. Liacos.
(492 N.E.2d 1112, Mass, 1986)

Caso Kahn
Kahn v. Lynch Communication Systems, Inc.
Suprema Corte de Delaware, 1994, relator J. Holland
(638 A.2d 1110, Del., 1994)
Suprema Corte de Delaware, 1997, relator J. Walsh
(669 A.2d 79, Del., 1997)

Caso In re John Hammons
In re John Q. Hammons Hotels Inc. S'holder Litig.,
Chancelaria de Delaware, 2009, relator Chanc. Chandler
(Civil Action No. 758-CC, 2009 WL 3165613, Del. Ch. Oct. 2, 2009)

Caso Matteson
Matteson v. Ziebarth
Suprema Corte de Washington, 1952, rel. Juiz Hamley, dissenting J. Grady
(242 P.2d 1025, Wash, 1952)

Caso NoDak
NoDak Bancorp. v Clarke
Corte Federal do 8º Circuito, 1993, Cir. J. Magill
(998 F.2d 1416-1420, 8th Circ., 1993)

Caso Rabkin
Rabkin v. Philip A. Hunt Chemical Co.
Suprema Corte de Delaware, 1985, relator J. Moore
(498 A.2d 1099, Del., 1985)

Caso Rosenblatt
Rosenblatt v. Getty Oil Co.
Suprema Corte de Delaware, 1985, relator J. Moore
(493 A.2d 929, Del., 1985)

Caso Singer
Singer v. Magnavox Co.
Suprema Corte de Delaware, 1977, relator J. McNeilly
(367 A.2d 1349-1358, Del. Ch. 1976; revisto em 380 A.2d 969-980, Del., 1977)

Caso Time-Warner
Warner v. Chris Craft
Suprema Corte de Delaware, 1989, relator J. Allen.
(583 A.2d 962, Del, 1989)

Caso van Gorkom
Smith v. Van Gorkom
Suprema Corte de Delaware, 1985, relator J. Horsey.
(488 A.2d 858, Del., 1985)

Caso Weinberger
Weinberger v. UOP
Suprema Corte de Delaware, 1983, relator J. Moore.
(457 A.2d 701, Del, 1983).

ÍNDICE

NOTA DO AUTOR	7
APRESENTAÇÃO	9
PREFÁCIO	15
ABREVIATURAS UTILIZADAS	19
CONVENÇÕES PARA REGULAMENTAÇÃO INFRALEGAL ESTUDADA	21

PARTE INTRODUTÓRIA

Introdução Geral	27
Capítulo 1 – Definição e Topografia Geral	33
Capítulo 2 – Princípios Gerais	59
Capítulo 3 – Os Elementos e a Estrutura do Processo	99

PARTE I – OPERAÇÃO DE VERTICALIZAÇÃO

Capítulo 4 – Conceito, Finalidade, Processo	149
Capítulo 5 – A Relação de Substituição Justa e a Responsabilidade da Administração – O Eixo de Equivalência	167

PARTE II – OPERAÇÃO DE CONSOLIDAÇÃO DE CONTROLE

Capítulo 6 – Conceito, Finalidade, Processo	183
Capítulo 7 – O Problema da Oferta Pública Obrigatória	209

PARTE III – OPERAÇÃO DE MIGRAÇÃO

Capítulo 8 – Conceito, Finalidade, Processo	223
Capítulo 9 – A Questão da Proibição de Voto	247

PARTE FINAL – CONCLUSÕES E BIBLIOGRAFIA

Conclusão	275
Bibliografia	281
ÍNDICE	303